科学家的故事

——湖北院士风采

湖北省科学技术协会 ◎ 编著

中国出版集团
世界图书出版公司
广州·上海·西安·北京

图书在版编目（CIP）数据

科学家的故事：湖北院士风采 / 湖北省科学技术协会编著 . -- 广州：世界图书出版广东有限公司，2013.6
ISBN 978-7-5100-6203-2

Ⅰ．①科… Ⅱ．①湖… Ⅲ．①院士－生平事迹－湖北省 Ⅳ．① K826.1

中国版本图书馆 CIP 数据核字 (2013) 第 116707 号

科学家的故事——湖北院士风采

编　　著　湖北省科学技术协会
策划编辑　杨力军
责任编辑　杨力军
封面设计　陈　璐
投稿邮箱　stxscb@163.com
网　　址　http://www.gdst.com.cn
出版发行　世界图书出版广东有限公司
地　　址　广州市新港西路大江冲 25 号
电　　话　020-84459702
印　　刷　虎彩印艺股份有限公司
规　　格　787mm×1092mm　1/16
印　　张　28
字　　数　500 千
版　　次　2014 年 10 月第 2 版　2014 年 10 月第 2 次印刷
ISBN　978-7-5100-6203-2/Z·0062
定　　价　128.00 元

编 委 会

撰 稿（以姓氏笔画为序）

王伟举 王玲儿 冯 慧 乔正权
刘书平 刘益善 李旭斌 杨 宁
何存中 沈 沦 沈汉涛 张 同
张书成 张品正 张天然 罗时汉
周 娴 胡育华 胡铁树 施昌学
姜燕鸣 黄世猛 望见蓉 彭宗卫
彭丽丽 寒 青 傅炯业 鲁艺兵
谢学军 蔡 茂 翟 锦

目录
CONTENTS

目录
CONTENTS

目录
CONTENTS

目录

CONTENTS

目录
CONTENTS

目录

CONTENTS

目录
CONTENTS

目录
CONTENTS

前言
PREFACE

当今世界正处在大发展大变革大调整时期。世界多极化、经济全球化深入发展，科技进步日新月异，知识经济方兴未艾。科学技术日益成为经济社会发展的主要驱动力。自主创新能力作为科技竞争力的核心、产业竞争力的突破口和区域竞争力的基石，正以前所未有的力量左右着竞争的格局。科技创新人才作为第一资源服务经济社会发展第一要务的作用和功能日益凸显。我国正处在改革发展的关键阶段，深入贯彻落实科学发展观，全面推进经济建设、政治建设、文化建设、社会建设和生态文明建设，促进工业化、信息化、城镇化、农业现代化同步发展，全面建成小康社会，实现中华民族伟大复兴的“中国梦”，必须坚持“创新驱动”理念，必须发挥科技创新的支撑引领作用，必须更加重视创新人才的使用和培养，统筹协调，协同创新，优化创新环境，凝聚推进创新的强大合力。

当前，湖北省综合实力跨入全国第一方阵，改革开放持续释放活力，人民物质文化生活水平大幅提升，已形成了激情奋进、共促跨越的强大气场，展示出千帆竞发、百舸争流的可喜局面，呈现出蓄势待发、中气十足的强劲态势，为我们实现更高目标奠定了坚实的基础。未来十年，是湖北经济社会发展的“黄金十年”。实现科学发展、跨越式发展，湖北最大的资源是创新资源，最大的优势是创新优势，最大的潜力是创新潜力。整合创新资源、发挥创新优势、激活创新潜力，根本靠科技，基础在教育，关键是人才。

湖北历届省委、省政府历来重视团结和依靠广大科技工作者，坚持科技创新，实施科教强省、人才强省的可持续发展战略，在促进科技人才的成长和提高，促进科技与经济的结合，营造良好的科技创新环境等方面取得了显著成效。在湖北如火如荼的建设和发展中，涌现了众多有理想、有作为的科技创新人才，尤其是在湖北工作的中国科学院、中国工程院院士们。院士，象征着最高学术地位和崇高的终身荣誉。作为科教大省，湖北院士人数位居全国前列。一批又一批院士投身湖北的经济社会发展，长年累月埋头实验室、生产车间、建设工地、湖泊、矿山……孜孜以求探索创新，培养科技创新人才，带领科技创新团队，做出了卓越的贡献。他们的业绩令人折服，他们的人格魅力令人倾慕，他们不畏崎岖坎坷追求理想抱负的精神更令人敬仰，值得每个人学习。

2012年12月3日，在湖北省委“深入学习贯彻十八大精神，做好群团工作座谈会”上，省委副书记张昌尔同志指示省科协要弘扬科学精神，发挥科协联系服务科技创新人才的工作职能，组织专班编撰《科学家的故事——湖北院士风采》，以激励全省人民以科学家为榜样，振奋精神，开拓创新，更好地发挥湖北科技优势，努力实现创新驱动发展，促进湖北跨越式发展。会后，省科协党组迅速研究制定工作方案，组织专业作家团队进行采访写作。

本书以报告文学的形式对湖北两院院士进行集中宣传，在湖北尚属首次。在深入采访和挖掘的基础上，本书以饱蘸激情和深邃理性的文笔，再现我省两院院士无私奉献、立足科研、服务人民、造福人类的高尚情操和丰厚卓著的科研成果，既是对湖北两院院士光辉足迹的真实报告，又具有丰富的教育启迪意义和艺术感染力。本书的组编出版，充分体现了湖北省委、省政府对湖北两院院士宣传工作的高度重视，对科技创新人才培养的极大关心，也是湖北科技创新人才宣传工作的一次有益探索和尝试。

《科学家的故事——湖北院士风采》
编辑委员会
2013年6月

院士名片

刘建康　男，鱼类学家、水生态学家。籍贯江苏省吴江市，1917年9月生于江苏吴江松陵。1938年毕业于东吴大学生物系。1947年获加拿大麦吉尔大学哲学博士学位。1980年当选为中国科学院院士（学部委员）。中国科学院水生生物研究所研究员、名誉所长。曾任中国科学院水生生物研究所鱼类学组组长、所长，政协湖北省第四、第五、第六届委员会常务委员，政协湖北省第七届委员会副主席，湖北省科协第二、第三届主席，第四届名誉主席等。

早期从事鱼类学研究工作，对鳝鱼性别逆转现象进行了专门研究，被誉为“江湖之父”、“中国淡水生态系统研究的奠基人”。1944年发表的《鳝鱼的始原雌雄同体现象》一文引起国际动物学界的关注。1949年2月由美国回到上海任中央研究院动物研究所（水生所前身）研究员。1949年后，着重开展鱼类生态学、淡水生态学的研究工作。1950年1月中科院设立水生生物研究所。参加并领导湖北省梁子湖的鱼类生态调查研究，长江干流上、中、下游鱼类生态调查研究，为我国淡水鱼类的生态学提供了系统的第一手数据资料。参加和领导的武汉东湖渔业稳产、高产试验和水体生物生产力研究，与后续的东湖生态学研究，使东湖渔业生产获得高速发展，并从理论与实践上为发展中国淡水渔业与淡水生态学作出了贡献。编著的淡水鱼类生态学专著《长江鱼类》被称为我国首部长江“鱼书”；他的关于淡水生态学学术思想，通过他的努力正在不断发展和成熟，已经成为水生所乃至我国淡水生态学领域的主要科研方向。

院士寄语

治学当重科学，勤实践，不唯上，不唯书，不唯权威，独立思考，敢于创新。

不老的江湖人生

李旭斌

清晨，朝阳抹去了江城上空的薄雾，绿如绸缎的东湖好似一位温柔成熟的少妇，风情万种，尽展娇水风姿。在渔舟送歌、千绿万花共翻涟漪的湖光山色间，一位年近百岁的老人踏破晨雾，手提公文包，沿着湖岸林荫小道，健步朝中科院水生生物研究所走来。他温和的目光透着一缕淡定，微微佝偻的脊背掩饰不住健朗的神情。也许是他身在江湖 70 年，为水寻求灵性感动了江湖，这会儿，就连鱼儿也耐不住寂寞，似乎要奋然跃出，仰慕这位享誉中外的“江湖之父”。

这位“江湖之父”已 97 岁高龄，他就是学部委员，鱼类学家、生态学家、中国科学院院士刘建康。

从风华正茂到耄耋之年，刘建康一生都在与“江湖”打交道，和鱼做朋友。作为对国家有过特殊贡献的中国淡水生态系统研究奠基人之一，游历“江湖”70 年，有说不尽的故事。

从不知到深爱 认定“江湖”之路

刘建康小时曾就读于上海毓贤小学，毕业后随父母迁往苏州。读完高中后他考入东吴大学理学院生物学系。记得那年是大学二年级，学校派他去上海帮导师办一个淡水生物展览会，展览纯属科普性的，会上，前来看稀奇的市民人山人海，他们最感兴趣的就是鱼，于是纷纷向刘建康讨教一些有关鱼的问题：“这鱼是吃什么长大的？”“这鱼怎么繁殖？”刘建康丈二和尚摸不着头脑，连连摇头说不知道。生在鱼米之乡，居然不了解鱼，他倍感汗颜。这事对刘建康的刺激很大，年轻气盛的刘建康终于认识到：有关鱼的知识和秘密太多太深奥，光知道鱼的外貌、名称远远不够，还得了解其生活和习性，探索它们。他开始对这些摇着尾巴游来游去的水中精灵产生了兴趣。

可惜的是，当时东吴大学缺乏鱼类专业的教授。

“有志者事竟成。”1938 年，21 岁的刘建康从东吴大学生物系毕业了，此时学校生物系部分师生已迁至四川成都。1939 年，经老师刘承钊教授推荐，刘建康如愿以偿地考上国立中央研究院，到动植物研究所做了淡水生物学家伍献文的研究生。

◆与俞正声亲切交谈

伍献文先生是当时中国最著名的鱼类和淡水生物学家，是我国鱼类分类学、形态学和生理学的奠基人之一。刘建康认为即使能爬到最高的山顶，一次也只能脚踏实地地迈一步，而且必须走好眼前这一步，所以他总是尽最大的努力去做好每一个课题，每一项工作，哪怕是十分微小的事儿。读研期间，伍献文逐渐发现这位高挑、文静的小伙子不但勤奋上进，思路敏捷，而且悟性特强，从不为失败找理由，只为成功找方法，于是对他另眼相看。刘建康在与老师长期的接触中，和伍家长女伍韵梅相识相爱，最终与伍献文由师生升级为翁婿关系。

伍献文是 1948 年的中央研究院院士，1955 年被遴选为中国科学院学部委员（院士）。碰巧的是：时隔 32 年，1980 年刘建康也当选为中国科学院学部委员（院士），他们为中国院士群体留下了一段翁婿佳话。

也许是伍献文的唯实品格深刻影响了刘建康。他重视科学试验，着眼社会实践，不唯上，不唯书，不唯权威，独立思考。只要认定事实，看出破绽，他必是直言不讳。当年德国生物学家魏斯曼提出的“种质学说”认为：多细胞生物体可截然地区分为体质和种质两部分。体质随个体死亡而消失，只有种质才能世代遗传，维持种族的优越性。尽管当时很多科学家认为这个学说可能存在错误，但始终无人提出挑战。唯独刘建康“初生牛犊不怕虎”，对种质学说提出了质疑。他苦学德文，克服重重困难，通过研究筒鲺生殖巢和生殖细胞起源与发展，来证明经典种质学说理论的错误。

出国际成果 奠定“江湖”基础

理论与实践相结合的意识贯穿于刘建康整个学术生涯，使他最终能跻身国际学术界。

1944 年，刘建康年仅 27 岁。抗日战争爆发后，为躲避战乱，中央研究院动植物研究所 1941 年由南京迁至重庆的北碚。当时生活相当困难，大伙想吃鱼又买不到，于是刘建康和同事们晚上经常举着火把到田沟去捉鳝鱼。

捉得多了，刘建康就多了个新想法：如果将鳝鱼养起来，就可以大鱼产小鱼，越来越多，鳝池就如同“聚宝盆”，取之不尽。于是，大家动手将一个闲置的混凝土蓄水池改造成了养鳝池，又到市场上买来一批大鳝鱼投进池中。可是养了一年，池中的鳝鱼并没有“越来越多”，第二年，鳝鱼仍然没有生殖。为什么这些鳝鱼都不生殖呢？他将这些大鳝鱼杀掉，一检查，发现全为雄性。只得又从市场上买了一批小鳝鱼，发现小鳝鱼全是雌的。通过研究，刘建康终于得出了结论：刚孵出的小鳝鱼全是雌性，长大以后，就逐渐变成雄性了。

吃鳝鱼这么多年，刘建康第一次发现如此奇怪之事。1944 年，他将这一发现用英文写成《鳝鱼始原雌雄同体现象》论文并在刊物上发表。一石激起千重浪，文章一面世，很快受到了国际动物学界的高度关注。

1947 年 7 月 5 日，英国皇家学会博洛博士在世界顶级科学杂志《Nature》上写了一篇专题评论。文章以刘建康的成果作为开篇引领：“从 1944 年一篇描述黄鳝性腺论文的发表，刘提供了新的和有趣的有关低等脊椎动物性别决定机制的证据，并打开了一个新颖的研究领域之门。”这一评价，对时年只 30 岁的刘建康是极大的鼓舞，从而更坚定了他一生为鱼、为鱼所栖居的生态环境而潜心研究的信念。

编长江“鱼书” 品“江湖”神韵

新中国成立以前，中国一直没有系统的鱼类生态学专著。1954 年，刘建康随中科院水生生物研究所迁至武汉后，上级把研究梁子湖鱼类生态学的任务交给了他。

刘建康对水和水中的精灵有着特殊感情，一踏入鱼类学和淡水生态学领域，他就如鱼得水。针对上级的任务，他提出并实施了以梁子湖为中心进行长江鱼类生态调查的方案。刘建康与长江流域规划办公室的专家密切合作，在长江上、中、下游设立调查站。调查站上游设在重庆的木洞，中游设在宜昌，下游设在崇明岛，全程 1000 多公里。为了让调查得来的数据翔实可信，刘建康时常往返三地，反复核实、比对物种。许多节假日都是在车船上度过的。

刘建康认为，科学来不得半点马虎，研究更容不得时间上的拖沓。只要落笔，那就要对历史负责，绝不能让一丁点谬误传下去。比如说鱼是吃什么东西长大的；最终能长多大；它有什么天敌；它到什么地方去产卵；需要什么样的环境等等。这些都是涉及到生物习性的生态学。要发展水产，提高效益，让江湖更有效地造福人类，你必须掌握生态学规律。

天有不测风云。当刘建康初步掌握不同鱼类的习性，准备系统写作的时候，突然遭遇到“文化大革命”，他作为“反动学术权威”伍献文的学生，不可能平安无事。好在刘建康对生活充满感恩，任何经历他都可以转化为财富。在下放期间，刘建康与农民一起挑担、插秧、割谷。艰苦的生活、繁重的劳动反倒成了他探索科学奥秘的源泉，这也许是他生命不老的重要组成部分。所以他才能一边干农活，一边观察田沟、堰塘里的生物，同时心里还在谋篇布局。晚上，别人都休息了，他还在煤油灯下翻看有关资料。

刘建康对“文革”所遭遇的打击和苦难没有丝毫抱怨，相反，他认为艰苦的基层生活丰富了阅历，在劳动与实践中，他的科学研究更加充实、更加成熟。功夫不负有心人。1976年，正当一些人因为自己与农民一起劳动了几天而满世界抱怨之时，刘建康等经过20余年潜心研究、编撰的《长江鱼类》一书终于问世了！该书40余万字，记录了200多种鱼类的生活习性。《长江鱼类》是我国第一部淡水鱼类生态学专著，被称为我国首部长江“鱼书”，刘建康被誉为“中国淡水生态系统研究的奠基人”。这部《长江鱼类》日后为论证葛洲坝和三峡大坝对鱼类生态的影响，提供了科学依据。

推五项措施 提升“江湖”价值

湖北省是千湖之省，素有“鱼米之乡”的美誉，但让人尴尬的是，千湖之省鱼产量严重不足，导致“鱼米之乡”吃鱼难。20世纪六七十年代，包括武汉在内，全省水产供应非常紧张。原因是当时渔业生产偏重池塘精养，对大面积的湖泊、水库利用不够，长江中下游的湖泊大多数是靠鱼类的自然繁殖、生长。

当时我国内陆可以进行养殖的大水面有7500万亩之多，但是，“荒湖万亩无人问”的怪现象普遍存在。作为荆楚大地最美丽的明珠——位于水生所旁边的东湖养殖场也处于年年亏损状态，无奈之下他们只能向水生所求援。1972年，由刘建康主持，水生所组织科技人员开展东湖渔业增产、稳产和高产试验。

刘建康通过科学分析认为：大水面里的浮游植物和沿岸带的水生植物，通过光合作用可以把无机物制造成有机物。这种生产有机物的能力和速率，就是生态学上所说的初级生产力。初级生产力又通过生态系统食物链的功能而形成鱼产量。在大水面里进行养殖，一般不投喂饲料，而是利用水里现成的饵料生物资源，把初级生产力转化为实际鱼产量。当然，如果人工饵料充裕的话，采用网箱或鱼栏进行投饵饲养，效果就会更好。

针对东湖养殖不景气状况，刘建康的调查结论是：东湖养殖场确实有其特殊的地理条件，问题是有的地方适合养这种鱼，有的地方适合养那种鱼；还有的地方鱼苗投下去不久，多数都被大野鱼吃掉了；另外，东湖的拦鱼设施也存在一定问题，捕捞方法也需改进。

为解决这一连串问题，刘建康提出5项措施：调整放养对象；提高鱼种规格；改进拦鱼设施；控制凶猛鱼类以及改革捕捞技术等。

5项措施得到实施后，东湖鱼产量连续7年平均每年以20%以上的幅度递增。东湖的实践，为我国淡水湖泊的渔业利用开创了成功先例，很快在全国得到推广。刘建康的这一措施使亿万中国人不再吃鱼难。

借鱼儿清洁工 澄清“江湖”风景

“鱼跟环境密切相关。”刘建康一直关注着鱼类赖以生存的水环境。

“仁者乐山，智者乐水。”在东湖之滨生活了60余年，刘建康对东湖有着特殊的感情。刚定居东湖之滨时，东湖四周人烟稀少，湖水清澈见底，像一块晶莹的碧玉。湖里的黄丝草茂密得如同水下森林，是一道亮丽的风景线。随着时间推移，湖区人口激增，工业快速发展，加上对东湖筑堤、分隔等，东湖的水文、水质条件急剧恶化，昔日的粼波碧浪和茂密水草消失殆尽。从此东湖的富营养化问题一直是刘建康心中的痛。

1980年前后，每到夏季，东湖湖面就会爆发水华现象。水华爆发时，东湖水变得黏稠，散发出难闻的恶臭。

刘建康的心情随着东湖生态的恶化而恶化。从20世纪80年代起，他就针对东湖生态开始了保护淡水环境的研究。

有人说东湖的水是养鱼搞坏的，刘建康通过研究分析发现，这是将人害嫁祸于鱼身的谬论。为此他做了一个题为“东湖富营养化的成因分析和治理对策”的学术报告。报告称：包括生活污水在内的外源污染是导致东湖富营养化的“罪魁祸首”，湖底沉积物对磷的释放也在推波助澜。

为了观测水样，刘建康有一次差点掉入湖中。正是抱着这种执著的求实态度，刘建康和科研人员在出现微囊藻水华的水域开始了围隔试验。试验发现，围隔内水域在引进鲢鱼、鳙鱼之后的10天至20天，水华即可全部消失。

◆与谢平研究员一同探讨富营养化水体中蓝藻水华爆发生态学问题

刘建康由此揭开了东湖水华消失之谜，原来是鲢鱼、鳙鱼吃掉了导致水华发生的藻类，改善了水质——是鳙鱼、鲢鱼在充当义务清洁工。随后他提出了用鲢鱼、鳙鱼两种鱼来控制（蓝）藻（水）华，通过饲养鳙鱼、鲢鱼治理东湖。自从以生物操纵方案治理东湖20多年来，东湖的水华一直没再发生。事实证明，这是一个非常好的理论与实践相结合的典范，在我国非经典式的生物操纵里面也开拓了一个治污新领域。该研究成果已在滇池、巢湖水污染治理中得以应用。

“上善若水，水善利万物而不争。”刘建康长期与水打交道感染了“善水”之德，他的关于淡水生态学学术思想，通过他的努力正在不断发展和成熟，已经成为水生所乃至我国淡水生态学领域的主要科研方向。

用流水不腐 造就“江湖”秘诀

刘建康早已步入风烛残年的时岁范畴，可他耳聪目明，步履稳健，笑呵呵堆一脸和蔼，清爽爽披一身精神。

不怕吃苦，不轻易说难，这是刘建康的人生信条，如今他已经年近百岁了，却还不折不饶。他明白自己的时日一天比一天珍贵，正因为自己的生命又消短了一天，所以每一日他都要更积极，不惜一切地抓住今天。

2012 年 5 月，刘建康到医院做心脏起搏器更换手术，术后第二天他就起床走路了。他从来都不愿躺在病床上让人照顾，无论何时都顽强地按照正常人来要求自己。

如今，刘建康本可以在家听听戏、打打拳，安享晚年，但他每天早晨 5 点钟按时起床，坚持“朝八晚五”的工作。平时还能在网上看看新闻，或辅导学生做论文。每天上班前，朝向珞迦山散步 1 小时，大约 7000 步，然后洗个澡，吃早餐，开始一天的工作。

闲不住的刘建康把更多的精力放在编撰论文集上。早期发表的关于鱼类和淡水生态论文网上没有，他把那些论文一一收集起来，好让他的研究生们能简易方便地查到资料。他在自己编撰出版的每一本论文集的第一页，都会印上：“重视科学实验，着眼社会实践，不唯上、不唯书、不唯权威，独立思考、敢于创新”几句话。

与其临渊羡鱼，不如退而结网。为了明天的最好，刘建康几乎集中所有的智慧、所有的热忱，把今天的工作做得尽善尽美。他严谨的科研态度，为真理宁折不弯的作风，将永远激励着一代又一代人。

流水不腐。刘建康的工作能使江湖焕发青春，他的人生也因江湖不老而永远年轻。

院士名片

查全性 男，电化学家。籍贯安徽省泾县，1925年4月生于江苏省南京市。1950年毕业于武汉大学化学系。1957至1959年在前苏联莫斯科大学前苏联电化学创始人A. H. 弗罗姆院士指导下从事电极过程研究。1980年当选为中国科学院学部委员（院士）。武汉大学化学学院教授、博士生导师，湖北省科协荣誉委员。

主要从事电极过程动力学研究。早年对阴、阳离子和非离子型表面活性物质在电极表面上的吸附与联合吸附过程，以及它们对电极反应过程的影响做过比较系统的工作，所总结出的规律对选择电镀添加剂和电池缓蚀剂具有一定的指导意义。20世纪70年代中期在燃料电池和空气电池的研究中，对气体电极（氢、氧）、催化剂和多孔气体扩散电极的极化过程有较深入的研究。在对空气电极表面上固体析出“冒盐”和液体析出“冒汗”机理研究的基础上，制出了长寿命气体电极并组装成功200W氨空气燃料电池系统，曾在微波中继站使用。20世纪80年代以来，主要从事光电化学催化、高比能锂电池及生物酶电极研究，并创建了适用于研究粉末材料电化学性质的“粉末微电极”方法。曾获“国家自然科学奖”三等奖。发表学术论文100余篇。代表作《电极过程动力学导论》，是我国电化学界影响最广泛的学术著作和研究生教材之一。

院士寄语

愿我国的科学家一代要比一代强。

慈悲教育的仁者

谢学军

高考，一场青春与命运搏击的“战争”。从1977年高考恢复到今天，这场没有硝烟的“战争”，如一列高速火车，已在时光轨道上奔驰了36年。高考！高考！！每年初夏，这场气势磅礴的“全民狂欢”，总裹挟着青春挥之不去的“黑色”，牵动着无数青春少年的泪水与欢笑。

六月流金，青春永驻。然而，令许多老一辈无法忘怀的是，36年来，中国唯一一次在冬季举行的高考。那个百花凋零、遍地黄叶的日子，570万青年从四面八方奔袭而来，集结在这个挑战命运的赛场。那时，高考已停滞了11年。11年，足以让青春走向衰老。然而，那一年，千万个沉寂的生命被唤醒，千万个命运也由此改变。时代，带着一路呼啸，也在那里拐了个大弯……

这一切，与一个名字息息相关——查全性。如今，这位改变千万人命运走向的老人，已88岁高龄。走近他，我们就走进了一段波澜壮阔的历史，触摸到一个教育家的殷殷情怀……

“倡议恢复高考第一人”

让我们把时光的胶片回放到1977年夏。

8月3日，武汉大学副教授查全性，忽然接到赴京参加一个“座谈会”的紧急通知。会议内容是什么，他一无所知。

8月4日，人民大会堂江西厅。飞抵京城的查全性才惊然得知，这是一个关于“科学与教育”的座谈会。参会者年龄大多明显比他大，而且都是当时在中国赫赫有名的科学家或教育家，而他不过是一个52岁的副教授，是最年轻的与会者之一。

他不由感慨万千，“文革”爆发后，作为“臭老九”，他被搁置一边，再也没机会上讲台，一直在实验室默默搞科研。作为一个年轻副教授被邀请，说明国家对知识分子尊重的回归。而更让他惊奇的是，会议主持人竟是几番沉浮后复出政坛的传奇人物——邓小平。他和颜悦色，让大家对科学和教育“畅所欲言”。

可当时“文革”刚过去，知识分子大都心有余悸。会议前几天，还摸不准时局走向的专家们谨小慎微，并未敢畅所欲言。可查全性注意到，每会必到的邓小平在一旁安静地听，既不引导大家往哪方面谈，也不对别人的发言表态。“他真的是来听意见的！”查全性第一时间觉察到这个伟人深邃目光背后的真诚。

此时，查全性不知道，几天前，时任国务院副总理兼国家科委主任的方毅和教育部长的刘西尧，分别接到一个内容相同的通知：重返政坛的邓小平，要亲自主持召开一次“科学和教育工作座谈会”，要求他们从科学院系统和教育部所属大学各挑选15名科学家、学者入会。其中对入会者条件有二：第一，要有真才实学；第二，要有见识敢讲话，能说出东西来。

两部委遂在自己所辖部门“全国大搜捕”，终于按照邓小平提出的条件，遴选出30名专家和学者，其中有周培源、苏步青、童第周等，都是当时中国科技、教育界的权威人士。而在电化学界才学深厚、性格耿直的查全性也进入与会名单。相比这些科学家，查全性后来分析自己被邀请的原因时说：“教育部长刘西尧和部办公厅负责人刘道玉（刘道玉当时未任武大校长）跟我是校友，知道我敢讲真话，有意这么安排的。”

这显然是一次别开生面的高规格会议，查全性决定一吐心中沉淀多年的构想。文革10年，知识分子被打倒，教育退化，科学被糟蹋。如今，春天降临了！

8月6日，会议进行到第三天。查全性开始“放炮”：“招生是保证大学质量的第一关。当前新生质量没有保证，原因之一是中小学的教学质量不高，二是招生制度有问题。主要矛盾还是招生制度。”他说，大学的学生来源参差不齐，没法上课，就像工厂进的原材料没通过检验不能生产合格的产品一样，必须废除群众推荐、领导批准那一套，恢复高考招生，凭真才实学上大学。在会上，他指出当时招生制度的四大弊端：埋没人才；卡了工农兵子弟；助长不正之风；严重影响中小学学生和教师的积极性。

随后，他严肃地指出："招生是保证大学质量的第一关。从今年开始就改进招生办法。一定要当机立断，今年能办的就不要拖到明年去办。"查全性抛出这枚"重磅炸弹"，举座皆惊！此前，当年的全国高等学校招生会刚开过，招生办法依然沿用"自愿报名，群众推荐，领导批准，学校复审"十六字方针，几乎已成定局。

当时，虽然"四人帮"已倒台，但"两个凡是"（凡是毛主席作出的决策，我们都必须拥护，凡是毛主席的指示，我们要始终不渝地遵循）的巨剑仍高悬，对"文革"仍未定性，查全性敢于"冒天下之大不韪"，在"两个凡是"的大旗仍在飘扬的情况下，反对毛主席当年的决定，可谓石破天惊。

据当时还只是中国科技大助教的与会代表温元凯回忆："在场所有的代表，包括人民大会堂端水的女孩子，都情不自禁地站起来鼓掌了几分钟！"而在查全性看来："如果说了，兴许会起一定作用，冒一点风险还是值得的；如果不说，错过这种机会太可惜了！"

当时，因会前不知会议内容，查全性没做任何准备，其发言的大纲就是几页纸，是他在会场上急就的，却万万没想到，一个时代的拐点，就在自己手头落定！

邓小平听完后，向查全性点点头，沉吟片刻后，环视四座问："大家对这件事有什么意见？"时任教育部部长刘西尧、吴文俊、王大珩等科学家都表示赞同查全性的意见。邓小平转头问刘西尧："今年恢复高考是不是还来得及？"刘西尧回答说："只要收回文件，重开招生会议，还来得及。"邓小平随即明确指示："要得！就从今年起恢复高考！既然大家要求，那就改过来，今年就恢复高考。"

座谈会结束后，查全性兴奋地回到武汉，向学校传达了会议的情况，也向家人说了在会上发言的事，一时在学校引起轰动，各种传言也不绝于耳，大家更多的是为他担心。

查全性一家五口，夫人张畹蕙是他的老同学，当时担任武大化学系教师；大儿子初中毕业后下农村 3 年，回城当工人 5 年，当时在武汉重型机械厂车间工作；女儿 1976 年高中毕业后，下乡到湖北钟祥劳动；小儿子还在读初中。

那时，查全性的两个大孩子虽然也想上大学，但当时大学招生的机会绝少轮到他们。大儿子听了会上的情况后，忧心忡忡地对父亲说："假如再搞'反右'，你肯定就是头号大右派了。"

然而，他们没有想到，自己的人生会因父亲的历史性"倡议"而发生重大转折。

这年 10 月 12 日，国务院批转了教育部根据邓小平指示制定的《关于 1977

年高等学校招生工作的意见》。文件规定：废除推荐制度，恢复文化考试，择优录取。也就在国务院发布恢复高考消息后的第二天，新华社参加会议的一个女记者对查全性说："你知不知？你扔了一个大炸弹，很快全北京都传遍了！"

听到这个消息，查全性心潮起伏。关闭了11年的考场，再次敞开了大门，一个可以通过公平竞争改变自己命运的时代回来了！

恢复高考的信息，犹如一声春雷炸响，全国人民欢呼雀跃。1977年11月，570万有志青年如过江之鲫，从山村、渔乡、牧场、工厂、矿山奔向考场，上千万人的命运因此发生改变，而整个中国的历史走向，也随之发生了改变……

作为"倡议恢复高考第一人"，敢于"说真话"的查全性教授，也成为人们心中的偶像！

这一年，查全性的大儿子、女儿也参加了冬季高考，一个考上武大物理系，另一个考上武大化学系。当时著名历史学家吴于廑教授与查全性同住一楼，也有3个子女同时考上大学。捷报传来，吴于廑高兴地跟他相互祝贺："我们两家五星高照！"

如今，当年参加高考的学生，许多已成为社会的精英和栋梁。查全性的大儿子、女儿大学毕业后，先后出国深造，获得美国博士学位。查全性说："我那次发言，也使我子女们的人生发生了改变。"

热血一腔筑科厦

探究起来，查全性耿直率真的性格形成，要感谢他的父亲。

生父查谦，1896年11月22日生于安徽当涂小丹阳镇，生长在一个书香门第和官宦之家。养父查秉钧为前清翰林，曾任道台和知县，为人清廉，辛亥革命后返乡时，刚正不阿的他甚至无以为生。深受家庭环境的影响，查谦形成了正直和不愿做官的性格。

1915 年，查谦进入南京金陵大学学习，1920 年赴美，在明尼苏达大学研究院攻读，并在密立根实验室从事光电效应研究。1923 年获哲学博士学位后，查谦回国，到东南大学物理系任教。1932 年，查谦受排挤来到武汉大学，并着手建设物理系，从此他一心一意致力于科教事业，为培养人才不遗余力。1948 年，一个悲痛的日子，其在上海交通大学电机工程系就读的次子查其恒，暑期不幸在东湖游泳时溺亡。他化悲痛为动力，在武汉大学工学院电机系设立了“其恒奖学金”，以鼓励学生奋发上进，努力学习。这对少年时代的查全性，无异于一场心灵的震荡！

1953 年，华中工学院（现华中科技大学）成立，查谦被调到该校，1955 年开始主持全院工作。他领导的校务委员会在全校师生中树立起很高的威信，也为华工严谨校风的形成奠定了坚实的基础。1975 年 1 月 23 日，查谦因病在汉逝世，享年 79 岁。

查全性 1925 年 4 月出生于南京，自幼就聪颖好学，父亲的治学精神和一身正气，渐渐沁入他的骨髓，他把对自由和真理的追求作为最高理想。随着年龄增长，他渐渐爱上了化学，并将其作为自己的毕生事业。1951 年，查全性从武汉大学化学系毕业。1957 至 1959 年赴莫斯科大学留学，师从苏联主要电化学派创始人 A.H. 弗罗姆院士，从事电极过程研究。学成归国后，在武汉大学一干就是 40 多年。

当时，新中国刚刚成立，人们忙碌着解决温饱问题，电化学还不太为人所知。它只是大学教授实验室的课题，没人知道它会为世界带来惊人的财富。

20 世纪 60 年代初，查全性开始研究表面活性物在电极上的吸附方法；20 世纪 70 年代中期，在燃料电池和空气电池的研究中，他对气体电极（氢、氧）&127、催化剂和多孔气体扩散电极的极化过程有独特贡献。在对空气电极表面上固体析出（“冒盐”）和液体析出（“冒汗”）机理研究的基础上，他研制出长寿命气体电极；他还组装成功 200W 氨空气燃料电池系统。这个系统，曾在微波中继站使用。

到了 20 世纪 80 年代，查全性开始从事表面活性剂吸附规律、光电化学催化等研究，并创建了适用于研究粉末材料电化学性质的粉末微电极方法。其成果光电化学催化、高比能锂电池及生物酶电极研究，于 1987 年获得“国家自然科学奖”三等奖。其所著《电极过程动力学导论》，成为我国电化学界最普遍使用的教材和参考书之一。

表面活性剂吸附规律、电化学催化等科研成果先后发挥了实际效益，但查全性并不满足于此，他希望电池的销路不单是商人和竞争者，还包括广大普通劳动者，他开始了新的尝试，使用种种截然不同的制造方法。他一直在改进电池生产的方法，探索怎样才能更快，成本更低，他给自己布置的任务，就是寻找改进生产的原理和方法。他开始研究半导体电化学、燃料电池、生物电化学……

没人知道如何造出最令人满意且造价低廉的电池，科学家们一直在探索之中。 电池、电化学不是查全性发明的，但是他不断创新。一时间，各种新型电池迅速参与到人们生活中，中国的普通家庭都拥有了电池，电池扩大了亿万人的活动范围，人们不再被迫拉着长长的电线听音乐、听电话……

科教园地慈父情怀

科研之路风生水起，查全性却在“中国最美的校园”里构筑教书育人的别样风景。1979 至 1984 年，他担任化学系主任，几乎每天都骑自行车去化学系和实验室上班。对他来说，在科学的王国挥洒汗水，在教育的园地栽培幼苗，是人生最大的乐趣。

“科学创新至关重要。”查全性认为，当前技术落后并不是物质条件缺乏，而是原始创新力亟待提高。“年轻人肩负着祖国复兴的伟大使命，在高科技领域应该努力学习掌握关键技术，并要有所作为。”他一边教书育人，一边进行科学探索。

几十年来，查全性争分夺秒，奋战在电化学（电极过程）教学和科研一线。他所创建并一直担任学术带头人的电化学研究室，现已成为中国该领域的主要研究中心和人才培养基地之一，与世界上各著名电化学实验室交流频繁。查全性在国内主要学术刊物上发表了一百余篇学术论文，其中不少在国际上重要的学术会议上宣读或在权威刊物发表……

1980 年，一个难忘的日子，因其在电化学上深厚的造诣，查全性当选为中国科学院学部委员（即今天的院士）。1987 年，他因在表面活性物质吸附规律、电化学催化和光电化学研究等方面的突出成就，获得国家自然科学三等奖。他还受聘为英国《应用电化学杂志》、俄罗斯《电化学》和美国《化学研究记事》等国际科学刊物的顾问或编委。2011 年获中国化学会电化学委员会授予的“成就奖”。

对于教学，查全性一丝不苟，讲课时总是把最前沿的内容及时教授给学生，从不照本宣科。他撰写的《电极过程动力学导论》，是我国第一部有关电极过程的专著，至今仍是该领域的经典教材。一位 20 世纪 80 年代毕业的校友满怀深情地回忆道：“只要查先生一走进教室，同学们的心一下子给摄过去了。我们在他的指引下，领略化学园地里的处处胜景。”

查老要求学生一定要立足世界前沿，做出具有原创意义的成果，因此他总是有计划地选送人员出国深造。同时，他对学生倾注了慈父般的关怀之情。迄今，高考恢复36年，查老的学生桃李满天下，培养的数十名博士、硕士，都已成为国际国内学术界的中坚力量。

2009年，作为“教育明星”，查全性被电影《高考1977》举办方特邀赴上海参加首映式。这一天，84岁的查老心情异常激动。

他看到，30多年来，高考和高等教育发生了很大的变化。从20世纪80年代“千军万马挤独木桥”一卷定终身、高考上大学公费读书、毕业分配工作，到20世纪90年代末的高校并轨、扩招、学费增加、自主择业，再到21世纪初的分省命题、自主招生。高考一直牵动着亿万家庭和学子的神经，在争议中顽强前行。

然而，高考制度中暴露出来的种种弊端，也让人不得不反思：中国的高考制度向何处去？在高考的指挥棒下，“千军万马挤独木桥”的现状并没有从根本上改变；关于“应试教育”还是“素质教育”的讨论不绝于耳；如何让高考制度更加公平、公正、透明，是教育主管部门尚未完成的考卷；有人甚至激烈地批评高考是制约人才培养的最大障碍，建议取消高考制度。

查老认为，只有兴利除弊，才能使历经沧桑的高考制度跟上时代前行的脚步；只有更加科学化、制度化、规范化，这一“利国利民的好工程”才能真正地成为人民满意的“阳光工程”。

查老在科学界和教育界德高望重，生活中却是普通人本色。在繁忙的科研之余，他爱好摄影、园艺、欣赏音乐，博览群书。生活上则追求恬静淡雅，力避喧闹浮华。

如今，88岁高龄的查全性院士精神矍铄，美丽的珞珈山脚下的资深（教授）楼，那是他的家。一把拉开窗帘，满眼苍翠，山中湿润的空气吹了进来。

几年前，查老曾为一本画册题词：“科学的成就来自于千万科学工作者的默默耕耘，然而由此建成的科学大厦却如此辉煌。每念及此，心旷神怡。身为科学一兵，其乐融融。”

这是一个对高等教育倾注毕生情怀的老科学家的肺腑之言，也是一位以天下为己任的仁者的慈悲情怀！

院士名片

杨叔子　男，机械工程专家、教育家。籍贯江西省湖口县，1933年9月生于江西省湖口县。1956年毕业于华中工学院（现华中科技大学）。1991年当选为中国科学院院士。华中科技大学教授，教育部高等学校文化素质教育指导委员会主任，中华诗词学会名誉会长，中国高等教育学会顾问，中国机械工程学会特邀理事，湖北省高级专家协会名誉会长。曾任原华中理工大学校长、华中科技大学学术委员会主任、中共十五大与十六大代表、国务院学位委员会委员、中国科学院技术科学部副主任、中国人工智能学会副理事长、中国振动工程学会副理事长、中国高等教育学会副理事长、教育部机械工程学科教学指导委员会主任、湖北省人民政府咨询委员会主任委员、湖北省科协副主席等职。受聘为清华大学、浙江大学等30余所高校的兼职教授、客座教授、顾问教授和名誉教授。

立足于机械工程，致力于机械工程与有关新兴学科的交叉，在先进制造技术、设备诊断、信号处理、无损检测新技术、人工智能与神经网络的应用等方面取得一系列成果。在精密机械加工与机械加工自动化方面，发展了切削振动理论与误差补偿技术，研制出切削监控系统，解决了生产中重大关键问题。在机械设备诊断理论与实践方面，建立了一套概念体系，发展了诊断模型与策略，研制出不解体的有关诊断系统。发展了钢丝绳无损检测理论与技术，解决了国际上断丝定量检测难题。在时序分析的应用基础与工程应用上，结合系统理论与数据处理技术，发展了某些理论与方法，对时序分析的工程应用起了一定的推动作用。获国家、省部级科技与教学重要奖励30余项。所指导的研究生中，已有百余人获博士学位，指导的博士后已有10余人出站。获“全国五一劳动奖章”、“全国教育系统劳动模范”等称号。

院士寄语

基奠于勤，根植于诚。

激情横跨越千年

寒 青

自古以来，有多少英雄豪杰横刀跃马，飞跨沟壑，驰骋疆场，威震四方！可我这里要报告的，并非身披戎甲的武士，而是一位学者，我国著名的科学家、教育家杨叔子。

2013 年 1 月 22 日上午，早春的风，裹着霏霏细雨和浓浓的年味，轻轻地摇曳着华中科技大学校园的树枝，轻轻地牵引着一层又一层棉纱似的淡淡的雾，给人以惬意，令人神奇。

带着惬意和好奇的心，在华中科技大学机械科学与工程学院的大楼里，笔者采访了有着 80 岁高龄的杨叔子。中等身材的杨叔子清瘦干练，神采奕奕，面目和蔼可掬。

他那引经据典的敏捷思维，他那谦逊而饱含激情的谈吐，让笔者敬佩不已。从这里，笔者领悟到，疆场上的将士之以所能横刀跃马，靠的是百般武艺，靠的是胆魄和勇气；杨叔子作为一个从事机械工程研究的专家，“偏离”传统的机械工程研究方法，同控制论、信息论、系统论紧密结合，同微电子技术、计算机技术、信息技术、网络技术等新兴技术领域进行交叉研究；作为一个科学家，他跨过自然科学领域，大力提倡民族文化、倡导人文教育。这种所谓的“越界”，这种自然科学与人文学科的横跨，来自杨叔子对中华民族及其文化炙热的情感，来自杨叔子令人震惊的卓越才华和智慧。

儿时梦里算除法

1933 年 9 月，江西省湖口县，早年追随孙中山致力于民主革命的杨赓笙家中添了第三个男丁，取名叔子。

杨叔子身单体弱，1 岁多点得了伤寒，医生说孩子没救，让准备后事，然而，他奇迹般地活过来了。3 岁多，他在一个池塘边抓鱼，掉进池塘，险些淹死。

入世不久就闯过两次死亡关的杨叔子，从小就十分聪明。

因日寇入侵，一直跟随父母逃难的杨叔子9岁还没上学，只是跟父亲系统学了些唐诗、《诗经》、《四书》之类的传统经典，但科技知识太差，连墙上挂钟的几分几秒都弄不清。他家逃到江西黎川时，杨叔子才被送进小学念书。小考，语文呱呱叫，历史也很好，可算术只得了几分，就是除法卡了壳。

初冬的夜，寒气逼人。一家人都睡下了。“只要心意真，铁杵磨成绣花针。”不愿服输的杨叔子还在油灯下学除法。母亲再三催促，好不容易才上床睡觉。

◆ 1954年春，大学二年级

睡梦里，他梦见了老师严肃的神情；梦见同学讥笑的面孔；梦见自己不厌其烦地算呀算……突然，他从梦中醒来，猛地把被子一掀，高兴地叫喊着：“我想通了，我想通了！”

被他惊醒的哥哥不解地问：“你想通了什么？”

杨叔子告诉哥哥：“我想通了除法，除法没什么难的，就是‘试试看’，上1不够就上2，上2不够就上3，一直到不能上为止。所以，29除以7，就能上到4，剩1。”

望着勤奋好学的弟弟，望着能够体悟除法是“逆运算”方法的弟弟，哥哥脸上露出了满意的笑容。小学只念了一年，杨叔子凭着肯学、肯思与肯干，就跳进了初中。

上初中二年级的时候，有位大朋友问小朋友：“1只鸡加1只鸡，等于多少？”

小朋友回答：“两只鸡。”

大朋友又问：“1只鸡加1只鸭，等于多少？”

“两只，两只……”小朋友瞪大眼睛，答不上来。

大朋友笑了笑，告诉小朋友：“1只鸡不能加1只鸭。”

站在旁边的杨叔子连忙上前：“怎么不可以加？”

这位大朋友很不服气地说：“怎么能加？你加给我看看。”

杨叔子胸有成竹地答道：“1只鸡加1只鸭，等于两只家禽。”

接着，杨叔子还告诉这位大朋友。“1只鸡可以加1只狮子，等于两只动物，1只鸡可以加1株树，等于两个生物。1只鸡还可以加1张桌子，等于两件东西……”

面对杨叔子这样一连串的“加”，这会儿，这位大朋友可真是傻眼了。

1+1实在是太简单了，大朋友的话没错，可是他没有杨叔子想得那么深。

那时的杨叔子，虽然一点也不知道共性、个性、一般性、特殊性，可善于思考的他，懂得“学而不思则罔”、“心之官则思”的他，实际上已经思考到这个层次了，会从“具体”抽象到“一般”了。

从杨叔子的儿时，难道不证实了“自古英雄出少年”的说法吗？难道感悟不出美国发明家爱迪生“天才是百分之一的灵感加百分之九十九的汗水”这句话的千真万确吗？

舍身取义终不悔

1949年秋天，新办的南昌一中向社会招生。在教会中学就读的杨叔子毅然决然地前往报考。中学的领导劝阻他说：“你别去报考南昌一中，你的成绩这么好，我们会给你奖学金的。”

“不。我坚决要去读南昌一中！”杨叔子执意地回答。

“为什么？”中学的领导很不理解。

到底为什么？杨叔子心里最清楚。他忘不了，南昌解放的前一天晚上，国民党军队见大势已去，扬言要洗劫南昌城。为了保城，南昌商界凑了数以万计的银元，送给了国民党军队，南昌这才幸免于难。杨叔子更忘不了，南昌解放的第二天早上，他冒雨上街，路过赣江头，桥头附近有家茶馆，一批解放军战士站在茶馆的屋檐下直打寒颤，不少的人还裹着绷带，殷红的血从绷带里渗出。战士们怕打扰老百姓，谁都没有进茶馆……

不满16岁的杨叔子，在这之前对国民党和共产党分不清谁好谁坏。这下亲眼所见，两个军队两重天，更不用讲，同日寇的暴行对比，一种纯洁的爱涌往心头：解放军是仁义之师，中国共产党真好！

“我不念帝国主义的教会学校，我要念共产党的学校。”杨叔子话语虽有些稚嫩，却像一把铁锤，掷地有声。

清新的气息，全新的教育，像春风细雨，无时无刻不抚育着杨叔子；杨叔子像雨后的麦苗儿，“噌噌”地往上长。在南昌一中高二的第一学期，杨叔子加入了青年团组织。

高中毕业后，他就参加工作了。第二年夏天，单位领导找到杨叔子：“国家经济大建设需要人才，组织上让你去学习。”

杨叔子喜出望外，一下子跳了几尺高。组织上提出，中南地区的考生在中南地区只能报考中南地区的大学。说是这样说，哪个考生的眼睛没有盯着祖国首都的清华大学、北京大学？为什么不可以到外地报考？论学习成绩，杨叔子功底扎实，完全可以孔雀北飞。可杨叔子没有这样做。他知道，机械工业是工业的重中之重，国家建设需要重工业，中南地区的经济建设，需要机械工业人才。自己是党培养的青年学生，要听从党的召唤。二话没说，杨叔子填报并以优异成绩考上了武汉大学机械系。

◆ 2002 年 11 月，参加党的十六大，投票选举

1953 年，院系调整，杨叔子被调入 1952 年新组建的华中工学院（后改名为华中理工大学），也就是现在的华中科技大学。暑假期间，学校要抽调 4 名学生参加建校工作，杨叔子第一个报名。在一片荒芜的原野，在荆棘丛生的喻家山，杨叔子和师生一道，挥汗如雨，建设新校……

1956 年，杨柳吐翠的一天，是杨叔子终身难忘的日子，大学尚未毕业的杨叔子，光荣地加入了中国共产党。那天晚上，杨叔子兴奋地跑出校门，对着茫茫的夜空，嘶声高喊着：“我入党啦。我是……党……的人！”

从那一刻起，无论有任何险阻、曲折、挫折，也阻挡不了杨叔子对党和人民的爱。而且爱得更深，爱得更切。对我国科技事业的蓬勃发展，对中华民族的伟大复兴，有着无限的憧憬。

从那一刻起，“杀身成仁，舍身取义”的古训牢牢地镌刻在杨叔子的心灵！

为了“舍身取义”，杨叔子太着迷了——

提前留校，在哈尔滨工业大学进修期间，哈工大是苏联援助的重点工科大学，俄文水平很高，杨叔子俄文不过关，严重地影响着他的学习与交流。为了扫除语言障碍，杨叔子横下一条心学俄文，“一人能之，己百之”，走路、吃饭、睡觉，一刻也不放松，一个劲地读，使劲地背，使劲地记，每天都要记两三百个俄文单词。一天，他去邮局寄信，把信装进大衣口袋就出了门，边走边念俄文，念到邮局后又念回来。同寝室的见他的信仍然揣在他的大衣口袋，问他："你怎么没有寄信？"

杨叔子连忙回答："我的信已从邮局寄走了。"

同寝室的指着他大衣口袋里的信问："怎么信还在你的口袋里装着？"

杨叔子把手伸进口袋，这才恍然大悟，原来信根本就没有寄出。杨叔子确定自己是向邮筒投寄了，但投寄的是什么，到现在仍旧是一个谜。

为了"舍身取义"，杨叔子太卖力了——

1962 年底，学校派杨叔子到北京买书。杨叔子买完了书，正准备返校，突然接到学校的电报，要他分别到北京、天津、沈阳、济南，联系并安排他们机械专业学生的毕业实习。连换洗的衣服都没带，手头的费用也很紧，吃住行都成问题。电报就是命令。执行命令没有任何价钱可讲，杨叔子立即动身。为了节约，不买卧铺票买硬座；为了省时，晚上坐车，白天跑事。每次坐火车时，都要到洗脸间去站着看两个小时的书。一个多星期，杨叔子没有吃上一顿饱饭，没有睡上一夜安稳觉。等他联系安排完毕回到学校，头尾才用了 7 天时间。

为了"舍身取义"，杨叔子太珍惜时间了——

杨叔子的夫人徐辉碧，是杨叔子高中的同学。早在南昌高中读书时，他们同时被南昌市评为了优秀团员。杨叔子读大学时，徐辉碧从华北区考上了北京大学化学系，后又留在北京工作，与杨叔子相爱、结婚后，调到华中工学院任教。从大学毕业到结婚后，他们一直吃食堂，一吃就是 30 年。直到 20 世纪 80 年代中期，他们唯一的孩子成家，孩子为了孝敬父母，说什么也要在家开伙。他们才结束了食堂生活。是杨叔子夫妇不会烹饪吗？是他们懒于锅碗瓢盆吗？全都不是。是学习、科研、教学的强烈紧迫感驱使他们惜时如金！杨叔子和徐辉碧时刻都记着莎士比亚的那句名言："放弃时间的人，时间也放弃他。"

舍身取义终不悔，只缘拳拳爱国心。1996 年 1 月，应台湾成功大学的邀请，身为当时华中理工大学校长的杨叔子随同全国 11 所大学的校长，赴台参加"海峡两岸高等教育现状学术研讨会"。每到一处，无不激发着杨叔子的炎黄民族情怀。晚上，杨叔子思绪万千，夜不能寐。在与台湾友人的座谈会上，杨叔子激情洋溢地朗诵了他写的《浪淘沙•初访台湾感赋》："峡浪接云天，逝水流年，悲欢离合几多篇？本是根生同一脉，梦也团圆！　　举杯醉华筵，情意绵绵，心心相印永相连。要领风骚新世纪，两岸群贤。"

曲径通幽别洞天

1992 年 1 月 3 日，位于喻家山南麓的华中理工大学沸腾了。欢呼声、锣鼓声、鞭炮声，在 3600 多亩的校园上空经久不息地回荡着。

这是华中理工大学千载难逢的喜庆日子。这一天，他们学校的杨叔子当选为中国科学院院士，结束了华中理工大学建校以来五六万毕业生中与当时 2800 多教师中无院士的历史。

杨叔子感慨万千，胸中奔流着一种难以言喻的情感。

夜里，杨叔子挥笔写下了自己的感言。就在那篇感言中，他引用了我国昆明西山的一幅对联“高山仰止疑无路，曲径通幽别洞天。”

这副对联，富有深刻的哲理，也是杨叔子攀登科学高峰、横跨科学与人文的真实写照。

杨叔子从事研究和教学的机械制造专业，是华中理工大学的重点学科，而他所在的教研室则是老专业的新教研室。作为这一学科的领头人，杨叔子清醒地意识到，不论科研还是教学，必须置身于科学的前沿，置身于国家重大急需的前沿，必须开拓、创新。“人是万物之灵”，“才者，德之资也；德者，才之帅也。”

1985 年上半年，杨叔子接到一个难度令人难以想象的课题：要用仪器定量地检测出钢丝绳在哪一个捻距内断了多少根丝。丝断到一定数量，钢丝绳就断裂，轻则物损，重则人亡。从矿山到码头，从旅游到航天，从军用到民用，到处都要用到钢丝绳，而这个定量检测技术全世界都没有过关。在这之前，我国煤炭部门向一个研究所投资了三四十万元，还列为“六五”、“七五”国家重大攻关项目。负责这个项目的研究所解决了传感器的研

◆ 2005 年 6 月，在香港中文大学与杨振宁先生等一起

制问题，但没有解决传感器取出的信号处理问题。他们先后找了五六家单位合作，都没成功。

面临着这一难以攻克的难题，面临仅剩下 1.9 万元的科研经费，是干还是不干？杨叔子与师汉民教授研究，一致回答："下决心干。挑战困难，攻克难关！"

杨叔子他们把任务交给了博士生和硕士生，叮嘱学生，攻关过程中一定要懂得"二人同心，其利断金"，还必须体现在交叉探索、大胆创新上。一年过去了，按照两位教授指点、及时交流，难关终于被攻破了。钢丝绳一通过传感器，计算机屏幕上立即显示出距离测量起点处多远，断了多少根丝，共计断了多少根丝，最危险区在什么地方。原煤炭部科技发展公司组织专家鉴定，称赞"成果取得了突破性进展"。接着，杨叔子的团队同中国有色金属工业总公司合作，研制了第二代检测装置，又获得了成功。《中国科学》、英国的《无损检测国际杂志》、美国的《材料评估》等国际权威性的刊物分别刊发了论文。在当时，这一被外国人认为是做不到的或者是十分困难的事情，被这个团队做到了。"人无远虑，必有近忧。"这个团队一直不断发展着有关技术，占有技术优势。

作为教授，杨叔子鼓励学生超越老师，遵循"芳林新叶催陈叶，流水前波让后波"这一自然规律。那是 1985 年的初冬，杨叔子收到一封厚厚的信，拆开一看，他好不惊奇。这是机械制造专业在东风汽车公司实习的一位学生的来信，密密麻麻写了 8 页纸，给由杨叔子和另一位教师主编的《机械工程控制基础》教材提意见。看了信，杨叔子眼眶一热："多可爱的学生啊！"杨叔子当即委托讲课老师，让讲课老师和这位学生一个问题一个问题地讨论，并建议老师对这位学生给予表扬和加分。

"要让学生成才，就要敢于教些前沿的东西，教些自己还不甚懂的东西，甚至看起来似乎与专业无关的东西。"杨叔子的这一主张，并非很多人能够理解。杨叔子要求他的博士生必须会背《老子》和《论语》前七篇，不背就不接受论文答辩。有人提出质疑："立下这规矩，道理何在？"杨叔子却深信当代著名哲学家冯友兰先生的高足涂又光老教授的论点："基督教世界，所有人都读《圣经》，伊斯兰世界的人都读《古兰经》。作为中国人，应该读《老子》和《论语》。特别是作为高级人才的博士生，读这两本书，对于人性、理想、思维大有好处。"杨叔子高度赞扬钱学森先生的一个论点：教育的最终机理在于人脑的思维过程。"思"，太重要了！

勇于创新，激情横跨，在科研和教学中把科学与人文进行交叉，把工具理性与价值理性有机地融合，看似蹊跷，嚼来意味深长。殊不知，历史上的事实就如此，这正是一个著名科学家、教育家与众不同的卓越建树！

院士名片

许厚泽　男，1934年5月生，安徽歙县人，大地测量与地球物理学家，研究员，博士生导师。上海同济大学工程测量系毕业，测地所地球重力专业研究生。1991年当选为中国科学院院士。曾任中国科学院测量与地球物理研究所所长、中国科学院武汉分院院长、中国测绘学会副理事长、中国地球物理学会理事、湖北省科协副主席等职。现任中国科学院测量与地球物理研究所学术委员会和学位委员会主任，国家测绘地理信息局科技委委员，中国地震局科技委委员，兼任华中科技大学、同济大学等高校兼职、特聘教授。在国际上，历任国际大地测量协会执委、国际重力测量委员会副主席、国际地潮委员会主席、国际大地测量学杂志编委。当选过第六、七、八届全国人大代表，被授予“全国劳动模范”和“湖北省特级劳动模范”称号。在国内外学术刊物发表论文200余篇，研究成果先后获“国家自然科学奖”、“国家科技进步奖”、“何梁何利科技进步奖”等部委级科技奖励10余项。

院士寄语

科学的生命在于创新。

心中装着地球的人

胡铁树 张书成

地球，一个多么神圣的名字啊！可它多半出现在诗人的诗句里，出现在枯燥的地理课本中，对普通人而言它仅仅是一个概念，不仅不被应用，还很少被提及。而偏偏有一种人，他会跟地球结缘，他的一生也跟地球紧紧地联系在一起。这种人，就是大地测量与地球物理学家。

许厚泽绝对是地球上优秀的大地测量与地球物理学家之一。

在中国科学院测量与地球物理研究所的院士办公室，笔者见到了许老。许老正跟一个年轻人争论问题——一个关乎地球的问题。这一幕跟传说中完全一致。传说中，在测地所，谁都可以找许老争论一番，他也乐意奉陪，从来不摆架子。大家自豪地说："我们都不怕他！"

一个知识如此渊博、成就如此卓著的长者，居然是如此地平易近人，这让笔者打小就深藏在骨子里的对科学家的敬畏之情更增添了几分。

由此，笔者对许老产生了浓厚的兴趣。

"担负起天下的兴亡"

许厚泽祖籍安徽，1934 年出生。父亲是一位高级知识分子，这样的家庭背景，让他从小受到良好的教育。不过，他的学生时代却有些凌乱。光是小学就读了 3 个地方：上海、桂林和兰州；中学也分成两段，初一先在兰州，初二以后在上海。这都因为他不幸降生在一个硝烟弥漫的年代。枪炮声中，他和父母还有弟弟一路逃到兰州，哥哥姐姐则躲到了重庆。一家团聚时已是 1946 年，抗日战争刚刚胜利，这个十一二岁的少年结束了颠沛流离的生活，跟随母亲从兰州出发，坐长途汽车到重庆，再坐船回上海。

这条回家之路，深深地刻在他的记忆深处。光是从兰州到重庆，他们就走了十天十夜。车上没有座椅，白天坐铺盖卷，晚上摊开睡觉。一路走来，经过了徽县、两当、双石铺，经过了褒斜道、张良庙、张飞庙，虽然满目疮痍，但他依然惊叹于祖国山河的壮丽。当知道这段貌似很长很长的路在地球上不过是短短的一线时，他震惊了，意识到地球的博大、宇宙的浩瀚和个人的渺小。

2006年，许老去西安讲学重走了这条路上的宝鸡至汉中一段。此时他已是享誉国内外的科学家，似曾相识的风景令他感慨万千。他回忆道："小时候那次，到处都是战争留下的伤痕，一派破败之象，路上提心吊胆啊。那段历史，包括近代史，就是一段受帝国主义侵略的历史。我就想，要结束这段历史，国家必须富强起来，我们每个人都要学好本领，为振兴中华做点事情。"说到高兴处，他记起了当时的一首《毕业歌》，不知不觉打着节拍唱起来："我们今天是桃李芬芳，明天是社会的栋梁……同学们！同学们！快拿出力量，担负起天下的兴亡！"

虽然是轻轻哼唱，但笔者听得热血沸腾。

许老接着说："时隔60年就不可同日而语了，改革开放，百废俱兴，国家发生了翻天覆地的变化，当年花十天十夜走的那段路现在只要一天就能走完。我感到欣慰呀，就对自己说，一定要在有生之年多做贡献，每次我都这样激励自己。"

听得出，这位老科学家对自己的国家有着最朴素的感情，半点都不掺假的感情。

"去南京找方俊"

许老的情绪感染了笔者，问他是不是在兰州至重庆的路上就决定了未来的走向，他摇了摇头："我选择攻读大地测量学专业，是很偶然的事情。"

许老在上海的重点中学——复兴中学读了5年。复兴中学位于北四川路底，和同济大学在同一个院子里，近水楼台，学校就动员他们考同济大学。那是1951年。

"我同时填报了几个志愿，第一是电机工程系，第二才是测量工程系。当时，我以为测量工程系也是电子电器的测量。发榜时知道录了测量工程系第一名，分数下来物理没考好，差了一点点。"许老边说边笑，"到了系里，一打听，嘿，这个系还蛮有名！"

这次的阴差阳错，决定了许老的人生。

同济大学测量工程系就是武汉测绘学院（现合并为武汉大学）的前身，在这里，许老得到了叶雪安教授、夏坚白教授、於宗俦教授等名师的真传。当时学得很宽泛，什么测量都学，大地测量学、地图投影学更为他所钟爱。1953年，高澥浏教授从加拿大回国，又教了他地球形状与重力测量学，引起他很大的兴趣，这成了他毕业以后的主攻方向，但高先生对他说："你要是真想学重力测量学，我的知识有限，中国的权威在中科院，那里有一位方俊教授，他在南京。"于是，他利用实习的机会，到南京专门拜会了方俊教授。通过交流，方俊也喜欢上了这个勤奋好学的学生。1955年，大学毕业生许厚泽怀揣理想，不考虑留校或在上海工作的机会，直奔方俊而去。

许老说："那是9月份。到了南京，中科院地理所来接我们，在下关火车站租了一辆马车，把我们一行9人拉上了九华山。"

九华山是中科院南京地理研究所的驻地，这个研究所是国内重力测量学研究的权威部门。之所以是权威，就是因为有一个方俊，当时他是所里的测量组组长兼地图组组长。

这个方俊不简单，1947年党中央在西柏坡使用的那张地图，就是他绘制的。著名的"申报馆地图"署了3个人的名字，丁文江、翁文灏和曾世英，其实应该是4个人。1937年丁文江留下遗言，说方俊出力最多但没署名，要公派出去留学，这样他就到了德国耶拿学地球物理。不过只待了两年就回国了，没办法，碰上了世界大战。

1956年，许老考取了中科院的第一届研究生，并如愿拜在方俊院士名下，一读就是6年。

"一定要把它学到手"

这6年中，发生了很多事。1957年"反右"，高潲浏教授被打成右派；1958年"大跃进"，同年中科院地理所测量组搬迁至武汉小洪山；1961年测量组独立，改名测地所。但是，不管外界有多大的动静，许老都没有停止过求知的步伐：1956、1957两年，他是南京大学数天系的旁听生，在地理所随吴传钧院士学习英语；1958年9月至1959年6月，他到北京上了中科院计算机学习班。

在南京，许老有幸和方俊院士在一个办公室。许老说："方先生总是很忙，经常外出开会，有时出国。他不在办公室我就翻他书架上的书。满屋子的书，我看了不少。"

在方俊的言传身教下，许老不断实现转型。最早研究的是椭球大地测量和地图投影，随着重力资料在国家天文大地网建设中的作用越来越大，他正式进入重力测量领域。在这个领域，前苏联有个莫洛金斯基院士是世界公认的权威，他的学生布罗瓦尔教授曾经来武汉讲过学，不巧的是许老在南京，未能亲耳聆听。过后，许老总想弥补这个遗憾。

许老讲了这么一件事。1960年冬，他母亲患脑血栓，他在上海陪老人家住院，有一天逛书店，意外地买到了莫氏的原版经典著作《地球形状与外部重力场》，就像捡了个宝。由于没听布罗瓦尔的讲座，他看不进去，拦路虎太多了！他很苦恼。为了鼓励自己，他在这本书的封面上写了8个字："一定要把它学到手！"回来后，他有看不懂的地方，就重新从基础的东西学起，一步一步来。

许老说："做学问很艰苦，一关不突破，前面的路就没法走。"这本《重力场》被他翻烂了，同时翻破的还有郑易里编的英文辞典和陈昌浩编的俄语辞典，但难关也攻破了，此后举一反三，啃下了一块又一块硬骨头。更为可喜的是，他不仅掌握了莫氏理论，还从中发现了一些不足和问题，1962至1963年他相继改进了莫氏天文重力水准的模板和垂线偏差的逼近公式，作出一系列重要创新，引起了学术界的关注。遗憾的是，当时只是在中国杂志上发表，7年之后，国际同行证实和认可了他的观点。

无独有偶。1979年，已被提拔为副研究员的许老又让大家见识了他的狠劲、认真劲。

◆国际交流与合作（会见日、比、韩外宾）

“当时，比利时皇家天文台的梅尔基奥尔率领几位比利时博士来我所讲学，讲固体潮。科学院有一个生活翻译，没带技术翻译，方先生就指定我当技术翻译。”许老边说边摇头，“我好紧张啊！要是翻译不出来，不光是掉我的底子，也掉了中国人的底子。我就把所里的录音机借来，听灵格风磁带。每天晚上关了灯，集中注意力听。连续坚持听了两个月，英语听力大为提高，自信心也大为增强。梅尔基奥尔来后，我就站在他旁边，逐字逐句地翻译，没出一丁点儿错。这件事轰动了小洪山。”

“地球也在呼吸”

许老说：“地球的奥秘需要我们去研究，要想揭开她那层神秘的面纱，就要有勇攀测地高峰的勇气、执著追求终不悔的毅力、脚踏实地的干劲、科学严谨的态度、求真务实的精神、不断创新的方法。”

1966年邢台地震后，测地所一哄而上重点研究地震，1970年连名字都改成了武汉地震大队。1975年、1976年海城、唐山地震之后，许老两次被借调到北京国家地震局参加分析预报工作。也就是在从事地震监测工作期间，许老转入了对固体潮的研究，理由是地震监测的许多观测，如倾斜、应变、重力等都需要做固体潮的改正。他告诉笔者：“人要不懈追求。经常你会发现，你所熟悉的东西随着科学的发展慢慢又用不上了。”

许老打着手势，两只手比划成一个球体，让球体时大时小，一会儿拱起来，一会儿缩回去。他这样给笔者解释固体潮：“地球不是刚性的，地球也在呼吸。”

这太不可思议了！原来，月亮和太阳对地球的引潮力，竟使地球的固体部分也像海洋潮汐一样发生着潮动。宇宙间究竟藏着多少奥秘呀！笔者猛然觉得，这位八旬老者跟我们凡夫俗子有着天壤之别。虽然他的双脚也踏在地球上，但他的思想超越了地球。他俯视着地球。

为研究固体潮，他潜入林木荫蔽的小洪山地脚 20 米深处，参与组建武昌固体潮基准台。此后，他领导的研究小组从西藏一直跑到海南岛，通过对 16 个重力潮汐点的观测和研究，开启了中国的固体潮研究。其后，他与国外学者合作，建立了具有国际先进水平的中国重力潮汐基准，拿出了我国各种精密天文、大地及地球物理测量的潮汐改正方案，并和学生们一起发展了相应的理论模型。

许老说："利用这种观测，一可以研究地球内部的结构，二可以让大地测量更为准确。比如要测量武汉某个点到人造地球卫星的距离，我们可以精确到只有 2 ～ 3 个厘米的误差。而这个距离，由于固体潮影响，在不同的时间是不一样的。8 点钟是一个数据，12 点钟又是一个数据。"

许老和他的伙伴们把我国固体潮研究搞得卓有成效并推向国际，为此，他一度担任国际地潮委员会主席，成为世界公认的权威。2013 年，还被国际固体潮委员会授予"科技贡献奖章"。特别是在"文化大革命"期间，其中的艰辛是外人难以体会的。许老说："这时候，方先生受到冲击靠边站了，我也被贴了大字报，但我们没考虑这些，对固体潮的研究比这些重要得多。"

我们常常用大海来形容一个人的心胸之宽广，对于许老，用大海是远远不够的，得用宇宙。他是一个胸怀地球的人！

桃李满天下

由于发展了莫洛金斯基的高程异常理论中截断误差的研究，1979 年底许老在第 17 届国际大地测量与地球物理学术大会上报告了成果。这是我国第一次参加这个大会。

许老说："这其实是国内众多科学家对我帮助和鼓励的结果，荣誉是大家的。比如报告前，武大的李庆海教授把我叫到他的寝室，让我把自己的报告当他的面朗读一遍，记得我把有限和无限两个英文单词的发音恰恰搞反了，要不是李教授纠正，就出洋相了。由于中国重返国际科技舞台，我报告完后，几乎所有我在文献中读到名字的著名大地测量学家都纷纷与我握手致意，这种场面，到现在还令我感动。"

许老始终对科学界的前辈抱有感恩的心态。而受前辈们的影响，他对后辈也是竭力提携。

有资料介绍，许老最大的成就大体是如下几条：模型逼近方面，发展带约束条件的高逼近级高异常与垂线偏差统一逼近理论和截断误差估算；算子逼近方面，提出虚拟单层密度表示的概念；在中国开拓了固体地球潮汐形变研究；建成了具有国际先进水平的中国重力潮汐基准，发展顾及侧向不均匀性、椭圆、滞弹性、自转地球的潮汐理论；为在国际和中国建立大地测量学与地球物理学的交叉新领域——动力大地测量学做出了重要贡献。

◆ 2013 年获得国际固体地球潮汐委员会 Paul Melchior 奖（地球潮汐领域最高奖项）

但是许老不这么认为。他认为自己最大的成就，是有一批得意的弟子。他说："1982 年，德国的格鲁腾教授推荐我当洪堡学者，为期两年。这是一个难得的机会。当时洪堡基金会为了吸收中国学子还特意放宽了条件，把年龄标准从 45 岁以下改为 50 岁以下。但方先生要我接担子，所以 1983 年我接替了所长职务，后来又担任武汉分院院长。要是出去了，不知道后来是什么样子。"

担任领导职务后的许老，把工作重心转移到人才培养上。

现任所长孙和平就是他慧眼识珠倾力培养的一个。许老说："孙和平在比利时读研究生时，比利时方面提供的经费到期，他陷入两难境地。我帮他找科学院搞到一年的留学经费，条件是必须回武汉。他是 1995 年回来的。"

还有在国外工作的汪荣江博士，以及作为"千人计划"引进回国的毛伟建博士，在国内担任重要科技职务的熊熊研究员、王勇研究员、汪汉胜研究员，都是前程不可限量的后备人才。

罗俊院士也是他的学生，目前许老协助他建设国家精密重力测量重大科技基础设施。许老说："这个项目跟国家经济和国防发展联系紧密，所以罗俊的工作非常重要。他的作用和成就已经超过我了。我年纪这么大，之所以现在还没有脱离国际发展的步伐，跟这一批目前的学术骨干和青年人大有关系。我听他们的学术报告，与他们讨论，学到很多东西。"

快乐的"老许"

笔者的采访其实是断断续续的，因为那几天正好有几场论文答辩会。凡是学生论文答辩会和所里的学术报告会、研讨会之类的，只要他在武汉，是一定要听的。许老说，他喜欢和年轻人在一起，也许他长着一颗年轻人的心。

在与测地所工作人员的接触中，笔者了解到很多关于许老的趣闻故事。比如，他很喜欢别人喊他“老许”，即使在他担任所长、院长的时候。比如，一些毛头小伙在他作学术报告时，无所顾忌地站起来提出异议，他不仅不生气，还说“提得好”。又比如，组织上要授予他研究员职称时，他婉言谢绝：“我的条件不够，等以后再说。”还比如，他参与完成了研究课题，上报成果时他的名字理应列入作者名单，但他总是推辞掉。

听起来，这个研究地球的人好像并不生活在这个地球上。

但是话又不能这么说，实际上，许老是一个热爱生活而且很会生活的人。他跟普通老百姓一样，有着自己的业余生活和诸多快乐。科学研究并不是生活的全部，有人把科学家想象成机器人，那是错的。

他喜欢京剧。忙里偷闲，他会听一段程砚秋的《锁麟囊》，或者哼一曲《定军山》，抒发情怀。他说，他能听出京剧不同流派的细微区别。

他喜欢看球，国际大赛中有中国队争冠军的赛事，他都不会错过。

年轻时，他还喜欢看电影，尤其爱看好莱坞大片，比如《乱世佳人》、《泰坦尼克号》，风靡一时的《哈利波特》他也特别欣赏。

他特别节约。20 世纪八九十年代，到北京出差，他总是住中科院机关楼后面的平房招待所。一次赶着开会，打的去机场只要二三十块钱，但他到处找中巴，上车时他得意地对送行的人伸出 4 个手指：“只要 4 块钱！”

他心态好，很少发脾气，也很少发愁。

他很勤快，回到家经常帮着做家务。

这就是笔者有幸见到的大科学家许厚泽。他和蔼可亲，他笑起来一脸皱纹。他的皱纹跟他丰富的学养成正比，跟他崇高的声望成正比。他不在意身外之物，只专注于他的地球。

地球是一个庞然大物，在地球面前，一切都显得那么渺小。

采访完毕，笔者在位于东湖之滨的测地所逗留了许久。心中想：这个绿荫掩映的幽静之所，就是一个藏于滚滚红尘的世外桃源。这里生活着很多安贫乐道的人，他们正沉迷于自己的理想世界。而许老，不过是其中之一。

离开测地所时，笔者特意看了看宣传栏里面对许老的介绍：

许厚泽，大地测量与地球物理学家，大地测量与固体地球物理学的重要学科带头人，国际大地测量界知名科学家，在国际及我国建立大地测量学与地球物理学的交叉领域——动力大地测量学做出了重要贡献，1991 年当选为中国科学院学部委员（院士）。

院士名片

李德仁　男，摄影测量与遥感学家。祖籍江苏镇江丹徒，1939 年 12 月生于江苏泰县。1963 年毕业于武汉测绘学院航测系。1981 年获摄影测量与遥感专业硕士学位。1985 年获德国斯图加特大学博士学位。2008 年获得苏黎世理工大学名誉博士。1988 年度国家级有突出贡献专家。1991 年当选为中国科学院学部委员（院士）。1994 年被选聘为中国工程院院士。1999 年 10 月当选为国际欧亚科学院院士。武汉大学教授，测绘遥感信息工程国家重点实验室主任。曾任武汉测绘科技大学校长、中国测绘学会理事长，湖北省科协第五、六、七届全省委员会副主席等。

1982 年从验后方差估计导出粗差定位的选权迭代法，被国际测量学界称为“李德仁方法”。1985 年提出“误差可发现性和可区分性基于两个多维备选假设的扩展”的可靠性理论。20 世纪 90 年代从事以遥感（RS）、全球卫星定位系统（GPS）和地理信息系统（GIS）与多媒体通讯技术的科研和教学工作。领导研制了吉奥之星 GIS 系列产品、方略多媒体视频会议系列产品和立得 3S 汽车道路测量与导航系统等高科技产品。代表作有《误差处理和可靠性理论》、《空间信息系统的集成与实现》和《解析摄影测量学》等。

院士寄语

成功在于坚持不懈的努力。

测绘强国梦

寒 青

每个人都有自己的梦，有的梦起青青的草地、繁花似锦；有的梦起车水马龙，高楼林立；有的梦起骏马奔腾，雄鹰展翅……而我国从事摄影测量与遥感学研究的杰出科学家李德仁却梦起测绘，梦起枯燥而又冰冷的数据。他的梦在摄影测量中跌宕，在遥感与数据里遨游，他梦想，通过测绘、数据，我们伟大的中华民族日益昌盛富强；通过测绘、数据，人们能把天地之间以及人类生活点缀得色彩斑斓，绚丽多姿。

求学实践梦相随

1957年，17岁的李德仁在江苏省泰州中学毕业后，被武汉测绘学院航空测量系录取。从那时起，李德仁似乎感到幸运之神来到了他的身边。夏坚白院士是他们学院的院长，王之卓院士是他们的系主任。这是他做梦都未曾想到的。

夏坚白院士的报告，王之卓院士的演讲，使李德仁无比兴奋，他懂得了一个常识：每个行业、每个家庭、每个人的衣食住行都离不开测绘；也使他清楚地知道，人们的生活要富裕，中华民族要振兴，急需一批献身测绘科研事业的人才。不知不觉地，他仰慕的夏坚白、王之卓从课堂上走进了他的心灵深处。没有白天黑夜，没有课里课外，李德仁对测绘学求知若渴。

阅读苏联专家撰写的教科书时，李德仁从中发现了一些问题。他结合自己所掌握的知识一连写了好几篇文章。他想把文章送给系主任王之卓院士，希望得到他的指点，可是很难遇到他。当时，班里有个叫朱宜萱的女同学，她跟王之卓院士的女儿是好朋友。

这天下课后，李德仁找到朱宜萱："朱宜萱同学，有件事麻烦你行吗？"朱宜萱感到有些突然："什么事？你说。""我写了几篇文章，想请王之卓院士指点，麻烦你让他的女儿转给他。"朱宜萱接过文章，一口气读了两遍。读完，她长久地望着李德仁。那目光里，有惊讶，有赞叹，也有羞涩的爱意。说来也真奇，朱宜萱后来竟真的成了李德仁的终身伴侣。看着李德仁的文章，王之卓院士拍案而起："了不得，这真是个了不得的学生啊！"

第二天下午 5 点多钟，王之卓院士把李德仁叫到自己家里。看着王之卓院士对自己文章的多处批注，那一刻，他鼻子一酸，两行热泪夺眶而下。王之卓院士替李德仁擦了擦眼泪，便与他侃侃而谈。一个是德高望重的系主任，一个是才华横溢的大学生，可他们像久别重逢的战友，谈天道地，无话不说。他们谈得最投缘的则是在测绘与遥感领域里共同的看法和不同的见解。对李德仁来说，王之卓院士的言谈似一股甘泉，滋润着他的心田；对王之卓院士来说，李德仁的话语像初升的朝阳，给他蓬勃的生气和无穷的力量。

谈着谈着，夜色渐渐笼罩了校园。王之卓院士的书房里，从窗户射进的阳光已被灯光所替代。

"不早了，到客厅吃饭吧！"师娘多次催促，他们浑然不觉。这一对酷爱测绘学的师生，兴致太浓了。

当他们来到饭桌边时，墙上的时钟已经指向晚上 9 点多……

1963 年，李德仁本科毕业，王之卓院士鼓励他报考自己的研究生。这是多么难得的机遇啊！三门考试科目，李德仁两门得了满分，另一门得了 99 分。本科毕业后回到家的日子里，多少次，天一亮，他就跑到村头等待邮递员送来研究生录取通知书；多少回，李德仁在梦里迎着欢庆的锣鼓和鞭炮，意气风发地踏进武汉测绘学院的校门……可万万没想到，他等到的消息是，因为一个"莫须有"的政治原因，他被取消了录取资格。

对这个结果，尽管李德仁感到迷惘、诧异，但当他从广播里听到周恩来总理在人民大会堂对高校应届毕业生所作的《全面发展，做有社会主义觉悟的有文化的劳动者》报告后，他响应周总理关于毕业生到祖国需要的地方去，到生产一线去经受锻炼、考验的号召，愉快地登上了前往西北高原的火车，开始从事野外测量工作。

无论在航测队还是在"五•七"干校，无论是在水泥厂还是在研究所，无论是当工人还是当炊事员，无论是干技术还是在科室里负责，李德仁从未间断对测绘学的钻研和求索。

在那些日子里，李德仁经常收到来信。这信，来自武汉测绘学院，来自李德仁的恩师王之卓院士。尽管李德仁的录取资格被取消了，但是王之卓院士怎么也割不断对他得意门生的牵挂。

信的字里行间，有鼓励，有叮嘱，更有殷切的期待。每当读着王之卓院士的书信，李德仁的眼睛都湿润了："恩师啊，李德仁决不会气馁，决不会辜负您的重望！"

李德仁果真没有辜负老师的重望。工作之余，李德仁精心研制的硫酸盐水泥系列获得了我国第一届"国家科技发明奖"二等奖。

15 年过去了。1978 年，国家恢复研究生招生。纳贤若渴的王之卓院士向李德仁又伸出了热情的双手，39 岁的李德仁终于以优异的考试成绩当上了王之卓院士的研究生。李德仁回到恩师王之卓院士身边的那一刻，热泪盈眶的师生俩紧紧地拥抱在一起。这一抱，成就了这对师生终身的黄金搭档，为中华民族在测绘遥感领域登上世界重要强国的宝座奠定了坚实的基础！

营造暖流御严寒

在李德仁看来，测绘强国之梦，不是空中楼阁的幻觉，而是科研者崇高的理想和目标。为了这一目标的实现，必须用智慧和勤奋不停歇地精心编织，把貌似冰冷的数据营造成融融的暖流，温暖人类，给人们以各种抵御严寒的抗击力。

为了营造融融的暖流，李德仁在攻读研究生的日日夜夜，埋头苦学，奋力求索，仅专业方面的笔记就做了厚厚的 30 多本，练就了洞悉本学科发展状况和国际著名专家研究方向的过硬本领。研究生毕业，李德仁以全优的成绩获得硕士学位并被留校任教。

为了营造融融的暖流，在联邦德国波恩大学进修时，李德仁不仅熟练自如地运用西方先进的理论和方法，还能指出其优点和缺陷，提出改进方法。仅半年时间，李德仁就发表了两篇高质量论文，引起了西方学者的广泛关注。针对西方学者发现和消除粗差的倾向性方法，他反其道而行之，从验后方差估计理论出发，导出了比丹麦法更优越的新方法，被国际测绘界称为"李德仁方法"。

为了营造融融的暖流，在欧洲摄影测量试验组织主席阿克曼教授门下攻读博士时，早上，实验室或资料室的大门，李德仁总是第一个打开；晚上，李德仁总是最后一个离开。李德仁的敬业精神和独特才干深深地打动了阿克曼。多年之后，阿克曼还教育他的学生说："你们羡慕李德仁教授的成就吧，他为自己的祖国而拼搏，他每天工作都在 14 小时以上，而且经常是通宵达旦！"

只用了两年半的时间，李德仁就完成了通常需要五六年才能完成的博士论文和学位课程。他在《摄影测 量平差中控制点粗差和像片系统误差区分可能性理论和实践》的博士论文中，将占统治地位的荷兰学者巴尔达教授的经典理论进行了扩充和发展，给测量结果的准确度问题研究带来一片光明，使不同模型误差的区分和同一模型误差的定位难题迎刃而解。

怪不得素以严谨著称的大地测量家、德国洪堡基金委员会委员格拉法特教授在李德仁的博士论文上批道："我为这篇文章而激动，它解决了测量学上一个百年来的难题。"

怪不得李德仁的博士论文以"1 分加 5 星"的得分，迄今仍然保持着斯图加特大学博士答辩的最高记录。

怪不得王之卓院士称赞李德仁"获得了前人所没有解决的创造性成果"。

为了营造融融的暖流，李德仁先后创办了 3 家地理信息产业的高科技企业，用最快的速度将最新的科研成果转化为社会生产力：武大吉奥信息工程技术有限公司研制了吉奥之星系列 CIS 高科技产品，打破了国外 CIS 软件"一统天下"的格局；武大方略数码有限公司研制的可视电话系列产品达到国际先进水平；武汉立得空间信息技术发展有限公司研制的中国首套"移动道路测量系统"被誉为"革命性"的高科技产品，向世界推广。

中国人民永远忘记不了 2008 年 5 月 12 日四川省汶川一带发生的历史上罕见的强烈地震。

灾区人民也永远忘记不了在抢险救灾中，李德仁以他的科学成果给灾区人民送去了"拯民救世"的温暖，排除了一般人无法排除的一个又一个险情，创造了震惊中外的奇迹。

"5·12"汶川特大地震后，李德仁领衔的测绘遥感国家重点实验室成立了"'5·12'地震遥感信息收集与灾情评估项目组"，开展"5·12"地震遥感信息收集与灾情评估，为抗震救灾提供决策参考。

震后的一个星期，由于山体滑坡，河道阻塞，位于四川省北川县城约 6 公 里处的唐家山坝，形成了震后面积最大、最危险的堰塞湖。一旦决口，会对下游形成洪峰，严重地威胁下游人民的生命财产安全。

险情就是命令。中南海密切地关注着；抗震救灾指挥部实施着各种应急方案；国家水利部和四川省水利厅组织的“敢死队”24 小时检测着；直升飞机在湖上盘旋着；抢险部队严阵以待；炸湖的工兵爆破队带着炸药和雷管来到了现场……

用什么最有效的方案迅速解除险情？全世界都在为灾区人民的生命财产捏着一把汗！

在这紧急关头，李德仁派往灾区的以马洪超为首的救灾团队将先进设备安装在飞机上，在 3300 米飞行高度，对唐家山堰塞湖进行三维地形扫描，获得了该湖最精细的三维实景图像，如实反映了堰塞湖上游至绵阳市整个流域的三维地形，完整地再现了 2.4 亿立方米的“悬湖”之险。

根据这一宝贵资料，现场抢险队实施了炸坝泄洪，并使用了 30 台挖掘机扩大 溢流槽，扩大泄洪流量……

唐家山堰塞湖险情解除了，下游疏散撤离的 24 万多名群众终于能够安全回到家中。

5 月 31 日，成都军区某陆航团一架直升机在执行任务返航途中在四川映秀附近失事，1.7 万人全力搜寻数天未果。李德仁派出的救灾团队将携带的机载激光雷达系统装在部队飞机上，将可能存在失事飞机的 80 万平方公里范围全部扫描一遍，圈出直升飞机失事高度怀疑区 4.5 ～ 5 平方公里，终于找到了失事飞机的残骸。

成都军区在给武汉大学的感谢信中说：“武汉大学专家充分发挥科技优势，在提供直升机失事疑似点方面给予了无偿的大力支持，对于准确判断失事地域起到了重要作用。” 面对赞誉，李德仁却说：“作为遥感领域的科研人员，在抗震救灾中发挥作用责无旁贷。”

这质朴的语言，道出了一名科学家的社会责任感和崇高思想境界！

肩负使命教为先

结束了阿克曼教授博士的攻读，欧美许多摄影测量教学科研单位纷纷重金邀请李德仁去搞科研，可他始终没有忘记自己是中国的一名大学教师。阿克曼教授的教诲时常在他耳边响起：“教授的第一任务是教学，第二任务是组织科研。好教授就是要给学生上课，要发现和鼓励学生。”在李德仁看来，实现测绘强国梦，必须肩负三大使命：教学、组织科研、自己搞科研。而首当其冲的是 教学。

面对一封又一封的邀请函，李德仁显得很淡漠。因为，他的那颗拳拳报国心早已飞向了遥远的祖国，飞向了等待他的大学讲台。他要把自己所学的科研知识和本领，他要把从王之卓院士、阿克曼教授那里学到的基本治学方法教给学生，他要把从恩师那里学到的博大的胸怀以及关心后生的品德传承下去。

1985 年，李德仁站上了母校的讲台。他不讲职称和待遇，为本科生开设了 3 门课程，编写了 3 本教材。《测绘学概念》是一门针对新生的专业基础课，由 6 位院士和 4 位教授联袂主讲。作为参与讲授的教授之一，李德仁尽管对讲授的内容了如指掌，每次讲授前，仍然认真做好准备。每到 8 月份，他的生物钟就提醒自己做准备。他结合最新资料，对课件进行精心修改。17 年了，他每年都会这样做。只要听说是李德仁讲课，学校能容纳 300 多人的阶梯教室就会被挤得水泄不通。

2011 年 12 月 9 日，李德仁接到弟子龚健雅的电话，当得知龚健雅当选为中国科学院院士时，李德仁老泪纵横。他为龚健雅这个被他破格录取的博士生终于成长为国家栋梁而高兴，他为中国的摄影与遥感学科后继有人而自豪，他更为恩师王之卓和阿克曼“最大限度调动学生的积极性，启发学生的创新思维”的治学方法而无比欣慰！

正是创造性地运用了这一治学方法，李德仁参与讲授的《测绘学概念》入选国家精品视频公开课；他组织并参与的对航测与遥感学以及地理信息系统专业的教学改革，均获全国“优秀教学成果奖”二等奖，其中一项还获得湖北省“优秀教学成果奖”特等奖；他撰写的教材获得获得全国高校“优秀教材奖”。

正是创造性地运用了这一治学方法，李德仁指导的博士生中，有 5 人的学位论文相继入选全国优秀博士学位论文，由此，他成为全国获得指导奖最多的博导之一，在全国教育界引起轰动……

正是创造性地运用了这一治学方法，李德仁指导的博士和硕士生，有上百人的团队。他的学生团队中，有中国科学院院士，有“中国青年科技奖”获得者，有“跨世纪杰出人才基金”获得者，有大学校长，有从国外归来的武汉大学“千人计划”学者，有全国“百千万人才工程”入选者……

了解李德仁的人，说他像个发电机上的叶轮儿，从不停歇，随时都在发光。

正是这耀眼的光，赢得了全世界的荣誉。2012 年 8 月 25 日，在第 22 届国际摄影测量与遥感大会上，李德仁被国际摄影测量与遥感学会授予“荣誉会员”称号。这是国际摄影测量与遥感学会的最高荣誉称号，仅授予全世界在世的最具影响的 10 名杰出科学家。在以李德仁为首的专家团队的努力下，中国测绘科学与美、德并驾齐驱，保持着世界先进水平。

人们也许会说，李德仁的测绘强国梦已经实现了。殊不知，李德仁的梦仍在继续，在延伸，他的最终梦想是构建“数字地球”。

只要提起这个梦想，已 74 岁高龄的李德仁就激动不已：“数字地球与物联网结合到一起，就变成了智慧地球。到那时，人与人、人与机器、机器与机器，都沟通起来，地理信息随之进入一个按需服务的崭新时代。”

多么奇特的梦想！多么执着的追求！朋友，听了这话，难道你对我们的科学家李德仁不油然而生敬意吗？

院士名片

陈宜瑜　男，动物学家。籍贯福建省仙游县，1944年4月出生。1964年毕业于厦门大学生物系。1991年当选为中国科学院院士（学部委员）。中国科学院水生生物研究所研究员，国际生物多样性计划（DIVERSITAS）中国委员会主席，中国动物学会理事长。历任中国科学院水生生物研究所助理研究员、副研究员、研究员、副所长、所长，淡水生态与生物技术国家重点实验室主任。1995年调任中国科学院副院长，2003年任国家自然科学基金委员会主任。曾任国际地圈—生物圈计划（IGBP）中国委员会主席、国际生物多样性计划（DIVERSITAS）科学指导委员会委员、中国动物学会副理事长、中国海洋湖沼学会副理事长、国务院三峡工程建设委员会委员、国务院学位委员会学科评议组成员等职。曾当选第六、七届全国人民代表大会代表，中国共产党第十四、十五、十七、十八次全国代表大会代表，第十、十一届全国人民代表大会常务委员会委员、环境与资源保护委员会委员，中共湖北省委候补委员，湖北省科协常委，武汉市科协副主席。

主要从事淡水鱼类分类和系统进化的研究，是淡水和海洋水域生态系统联网研究的主要学术带头人。对鲤科和平鳍鳅科鱼类进行系统的分类研究，发现了5个新属30多个新种，对鲤亚目科间和平鳍鳅科科下类群提出了新的分类系统，被国内外同行所引用。通过对裂腹鱼类的起源和演化的分析，探讨了青藏高原隆起的时代、幅度和形式，证明青藏高原在第三纪晚期以后曾经历过3次急剧上升和相对稳定的交替阶段，并推测了3次隆升的幅度，提出了可用于解释云贵高原某些湖泊区系起源的同域成种的进化模式。对边域快速成种的实例进行了“渔业—环境优化对策分析”和一系列科学试验示范，在洪湖建立了“兼顾调蓄、渔业、灌溉”的养殖新模式。发表学术论文130余篇，主编或参编10余部专著、译著，11项成果曾获国家或中国科学院“自然科学奖”或“科技进步奖”，2009年获“爱丁堡公爵环保奖”。

院士寄语

笨鸟先飞，以勤补拙。

与生物结缘

蔡 茂

2010 年 2 月 18 日，英国伦敦白金汉宫内，世界各地主流媒体记者云集。2009 年“爱丁堡公爵环保奖”颁奖仪式在这里隆重举行。当时任国家自然科学基金委员会主任的中国科学院院士陈宜瑜从爱丁堡公爵菲利普亲王手中接过“爱丁堡公爵环保奖”证书和奖章时，全场响起雷鸣般的掌声。“爱丁堡公爵环保奖”亦称“环境诺贝尔奖”，陈宜瑜之所以能获此殊奖，是因为他为中国乃至世界环境保护作出了巨大贡献……

在生物王国探幽

陈宜瑜是世界著名动物学家，只要一提起他的名字，家乡福建仙游县的人们无不为他骄傲。陈宜瑜 9 岁升入中学，15 岁考上大学，有一个不寻常的童年，称得上是神童。他在大学里专攻“海洋生物”，这是厦门大学最具特色的学科。大学的熏陶使陈宜瑜逐渐“开窍”，5 年的大学生涯带给他知识的同时，也让他的身心健康成长，完成了从一个懵懂顽童向积极上进的青年的蜕变，并让他与生物结下了不解之缘。

1964 年大学毕业后，陈宜瑜被分配到武汉的中科院水生生物研究所工作。

此时，水生所从上海迁到武汉已经整整 10 年。所址坐落在珞珈山下的东湖之滨，景物旖旎，环境优雅，较之濒临大海的厦门大学，别有一番韵味。尤其是，这里是个专事水生生物研究的自然科学机构。能够被派到这里来工作，陈宜瑜正是如鱼得水，到了一个大有作为的必然王国。尽管他学的是海洋生物，与这儿主攻淡水生物稍稍有点隔行，但这一点儿“隔”，毕竟不是隔山，即使是隔山，他也准备攀登。

然而，初到水生所，摆在陈宜瑜面前的，不单是可以预见的在鱼类科学群峰上攀登的艰巨，还有人们莫测的，许多“老九”不曾幸免的岁月蹉跎和科研生命的丢失，科技人员以及所有有事业心的人最怕的丢失——事业生命的丢失。“文革”中，他和伍献文等一起被关进“牛棚”。“文革”后期，“工宣队”进驻水生所，撤了“牛棚”。陈宜瑜出来之后，像曾受过洗礼的人一样感到了新生。他开始把精力悄悄向鱼类学转移，悄悄移向无声世界。

生物世界，奥秘无穷。陈宜瑜早期主要从事淡水鱼类分类学、系统学和生物地理学等方面的研究，迄今已发表学术论文130余篇，主编和参加编写10余部专著、译著，《鲤形目鱼类系统发育的研究》等11项成果获国家、中国科学院“自然科学奖”或“科技进步奖”。陈宜瑜共培养鱼类学、动物分类学和鱼类生态学研究生17名，其中博士10名。

湖北号称“千湖之省”。1986年陈宜瑜发表《关于开发湖北省水体生物生产力的战略设想》，为制定湖北省经济发展规划提供了科学依据。从当年起，他又领导和组织了中国科学院“七五”重大研究项目“洪湖水体生物生产力综合开发及湖泊优化的研究”。针对洪湖存在的资源和环境的主要问题，运用生态学原理，进行了渔业—环境优化对策分析和一系列科学实验及示范，推广了围圈养殖技术，创造了半堤半网兼顾调蓄、渔业、灌溉的养殖新模式，建立了自然繁殖放流增殖站，使洪湖的渔产量在5年内由年产3000吨上升到8000吨。另外，通过开发洪湖野菰资源，代替粮食作为饲料原料，减缓了洪湖沼泽化的进程，获得了明显的经济效益和社会效益。

陈宜瑜是开创中国珍稀濒危动物白鳍豚生物学研究的少数专家之一。他在1975年就发表过有关白鳍豚解剖学研究的论文，并一直参与白鳍豚保护研究的组织工作。1983年他与刘建康院士共同发出了“要重视和加强我国淡水生物自然资源的保护”的呼吁，对中国淡水生物资源受损的主要原因进行了分析，并提出了具体的保护意见。

1986年起陈宜瑜主持了中国鱼类“红皮书”的编写，确定我国有92种淡水鱼类已处于珍稀濒危的范畴，全面论述了这些鱼类的分类地位、濒危等级、种群现状、致危因素和保护策略。他把毕生的精力投入到生物世界。

科研路上的苦与乐

西藏是一个神奇的地方。在外行看来，陈宜瑜住在东湖边，离长江也不远，要水有水，要鱼有鱼，水生所的鱼类标本也应有尽有，专业图书资料也不少，他高兴去湖边江边走走，不高兴足不出户都行。都可以搞鱼类学研究，何苦要远走西藏呢？

西藏的荒漠与西藏的神秘，本是世人早已熟知的话题。但是，只有当你置身其境，才会懂得在这荒漠而神秘的地方会经历些什么，要付出什么。1975 年，陈宜瑜首次进藏，直达日喀则，以日喀则为辐射点，走遍安多、拉萨、江孜以西，错勒以东，色林错以南，喜马拉雅山西段的广大地区，以老一辈科学家传授的“安分敬业”的精神，不顾高原缺氧、水土不服等困难，默默地、积极地四处搜集鱼类标本。一次在喜马拉雅山南坡的亚东河，为了捕捉夜间活动的亚东鲑鱼，他单枪匹马摸黑到河边采集，一网撒到磨房水道出水口的急流里，网被卡到树枝做的栅栏上了。他急了，网若被挂破或冲走那就糟了，没有网就干不成活了。他顾不得多想，也来不及一试水的深浅，立即跳进刺骨的冷水，将网弄了出来，鱼也捕到了。这喜悦，这欢欣，胜过他少年时在家过生日啊！

更大的喜悦和欢欣还在后面。陈宜瑜根据这次青藏高原之行采集到的标本，证明海拔 5200 米的高原湖泊河流有鱼类生存！他的这一发现与定论，犹如原子弹爆炸，无声的有声的世界都为之震撼。因为世界鱼类教科书说的是，鱼类生存环境的最高海拔不能超越 3800 米这个极限。

次年，即 1976 年，陈宜瑜第二次进藏。这次一共有藏北、阿里、昌都 3 个分队，以青藏高原考察队藏北分队最艰苦，人数最少，仅 28 人，成员包括生物、地学、地质、地貌、水文、气象、物探、冰川、泥石流等专家，以及记者、医生、司机、话务员。他们带着 50 匹马，100 头牦牛。马队在前，牦牛殿后，浩浩荡荡，向藏北羌塘无人区进发。

无人区的温差特别大。8 月天，常常是白天 20 ～ 25℃，夜里却降到 -16 ～ -18℃。在这片无人的高原上，他们这些考察队员坐着心跳每分钟都要达到 100 次，走路时则要升到 120 次左右。心跳频率这样高，那心慌气短的难受滋味就可想而知了。

在封闭的藏北羌塘无人区遨游数月艰辛数月的考察队伍中，搞水生生物研究的只有陈宜瑜一人。为了捕获鱼类标本，他首先得比别人多背一样东西，一张 12 斤重的网，加上枪支弹药、资料和生活用品，负荷重达 150 斤左右。他身负重荷，在海拔5200米以上的高原穿梭考察，艰苦已不是一般，找到河流湖泊，还得下水捕捞。

陈宜瑜两次进藏考察，特别是第二次考察羌塘无人区以后，极大地丰富了知识，为他后来一些开创性工作奠定了雄厚的基础。他根据考察获得的大量第一手资料，理出了一条思路，认为正是因为地球环境的变化才出现了地球上多种多样的生物物种及物种的分布格局，而这些物种身上保留的进化信息又可反映出地球进化的过程，用以解释地球上可能发生的事件。于是，他把鱼类研究的着眼点放在生物进化和地球进化上，两者同步进行，相得益彰。

“十月怀胎，一朝分娩。”陈宜瑜经过缜密调查，广泛收集，刻苦钻研，认真撰写，长达3年的辛劳，付出难计的心血，终于等到“新婴”落地——灿如一株瑰丽的花。又幸逢甘霖，得到伍献文教授的热忱浇灌、曹文宣先生的鼎力支持。陈宜瑜向水生生物学界的同行托出了他的拳头论文《中国平鳍鳅科鱼类系统分类的研究》，洋洋洒洒5万余字。论文以丰富而翔实的资料，科学记述了陈氏所发现的5个新属20多个新种。这对我国的鱼类学研究，已是功不可没。

1981年，由陈宜瑜执笔、伍献文等参与研究，在《中国科学》上发表的《鲤亚目鱼类分科的系统及其科间系发育和相互关系》，对包含250属2500余种的全世界最大的淡水鱼类鱼群的系统发育关系进行了探讨，并提出了一个新的分类系统。这项研究成果，很快被纳尔逊（J.S.Nelsan）引入他编著的权威著作《世界鱼类》（1984年第2版）。这在中国鱼类学研究上是一个飞跃。国际学术界承认了中国的飞跃。以分支系统学创始人威里•亨尼希命名，由世界著名生物系统学家组成的国际威里•亨尼希学会（The Willi Henning Society）将陈宜瑜这位对于中国鱼类学的飞跃有突出贡献的学者吸收为该会的首位中国籍会员。

价值尤为重大的是，陈宜瑜这一系列的工作，带动了中国鱼类分类学的学科发展，新理论、新方法不断引进，新的成果也在不断产生。从此，已经成长为国内鱼类分类学权威的陈宜瑜与生物的情缘更深了。

人与生物共和谐

人与自然，如鱼与水，两者“不可须臾离也”的关系，早已被历史所证实。人类就是在适应自然或改造自然（目的是为了更好地适应）的悠悠历史长河中走进现代的。有关这方面的问题，自有文字以来，已多有记载。当进入现代文明社会以后，众多的有识之士和科学家，都就这方面发表过更多的论述，巨著宏篇，汗牛充栋，个中就有一门生态学。

这门学问的产生，显然是因为人类现代文明破坏了大自然，也破坏了自身的生存环境。滥伐森林，毁掉植被，造成水土流失、土地贫瘠，乃至造成干旱、水患，这是众所周知的一种。污染江河湖海，竭泽求鱼，以至水流变质，湖泊沼泽化，最后鱼无生存之所，人求鱼不仅如同缘木，可供饮用的水也愈来愈少，这是又一种。后一种，正是水体生物学家们研究的范畴。所以说，对水体生物一个门类或者一个分支的鱼类学研究，目的不在于鱼类本身，而最终是为了人，为了人与生物共和谐的空间。

2004 年，作为中国环境与发展国际合作委员会（CCICED）流域综合管理课题组中方主席的陈宜瑜和外方主席 Smits 教授向国务院提交了题为《推动流域综合管理，重建中国生命之河》的报告，指出中国江河流域性生态退化和环境污染问题已经成为影响中国发展的突出问题，呼吁中国政府推动基于生态系统的流域综合管理，恢复江河的生命活力，确保大江大河的健康与流域的可持续发展。

陈宜瑜认为，流域一般包括上游、中游、下游、河口等地理单元，涵盖淡水生态系统、陆地生态系统、海洋和海岸带生态系统。水是流域不同的地理单元与生态系统之间联系的最重要纽带，而大河流域也往往是文明的发源地，人类文明史也是人与自然、人与河流相互作用的历史。“我住长江头，君住长江尾，日日思君不见君，共饮一江水。”这首词生动地描述了流域上下游之间的自然与人文联系。

但是长期以来，人们注重开发利用河流的经济功能而忽视河流的生态功能；人们主要采取工程措施来改造自然河流而忘却了采取综合手段，以充分尊重自然规律；人们对河流的管理通常表现为单一部门对单一要素的管理，行政干预常常是解决水冲突的主要手段。为此，人们付出了沉重的代价，以“治水社会”而著称的华夏民族如今却为水所困。

为此，陈宜瑜带领国合会流域综合管理课题组研究了草海、赤水河、香溪河、涨渡湖、洞庭湖、鄱阳湖、太湖和长江口等国内案例，并结合澳大利亚墨累—达令河流域、欧洲莱茵河流域、加拿大弗雷泽河流域以及《欧盟水框架指令》等国际流域管理经验和教训，提出了“开展基于生态系统的流域综合管理，重建中国的生命之河”的理念；较为系统地分析了我国面临的流域问题现状，提出了中国开展流域综合管理的目标、原则、基本框架和政策建议，为我国实施促进流域综合管理战略奠定了良好的基础。

1991年，陈宜瑜当选为中科院院士，同年被任命为中国科学院水生生物研究所所长；1995年出任中国科学院副院长；2003年底，又调任国家自然科学基金委员会主任。

陈宜瑜从一个一心一意做科学研究的科学家变成了一个管理者。无论是担任水生所所长，还是国家自然科学基金委员会主任，每一次新角色的转变，对陈宜瑜来说都是一个新的学习过程。

陈宜瑜在科学院分管资源环境领域的工作，实际上主要是地球科学领域，跟他所学的专业生命科学完全是两个领域。在中国科学院担任副院长的9年时间里，从生物学家成长为科学管理专家，陈宜瑜又完成了一次新的蜕变，个中的“不简单”，个中的“艰辛”不言而喻。

陈宜瑜上任基金委主任之时，正逢科学基金成长发展的关键时期。如何在良好的工作基础之上开创科学基金工作的新局面，是他需要细细琢磨的事情，他很快就梳理出未来的工作思路。上任伊始，他做的第一件事就是将2004年确定为基金委的“政策调研年”。在深入调研的基础上，明确了科学基金在国家创新体系中“支持基础研究，坚持自由探索，发挥导向作用”的战略定位，提出了“尊重科学，发扬民主，提倡竞争，促进合作，激励创新，引领未来”的新时期工作方针。

陈宜瑜非常重视对人才的培养，特别是对年轻科研人员的培养。在他看来，对颇有成就的科学家的科研要资助，对还在成长中的年轻的“小人物”也要资助。

研究生物学的人跟研究人类学的人一样，对人与生物实质不同的两种演替现象十分清楚，因而在研究生物演替的同时能够直视人的演替，正确对待人的演替。

陈宜瑜就是这样的生物学家。悟透了人生，悟透了人的演替，如今他把目光放在新老科学家的演替上了。

（本文据曹建勋《无声世界》等资料改写）

院士名片

赵鹏大　男，数学地质、矿产普查勘探学家。满族，籍贯辽宁清原，1931 年 5 月出生于沈阳。1952 年毕业于北京大学地质学系，1958 年在莫斯科地质勘探学院研究生毕业并获副博士学位。1993 年当选为中国科学院院士。1995 年当选为俄罗斯自然科学院外籍院士及国际高等学校科学院院士。中国地质大学（武汉）教授，湖北省科协荣誉委员。曾任中国地质大学校长、中国地质大学（武汉）名誉校长，国务院学位委员会委员及地质勘探、矿业、石油学科评议组召集人，第七届全国人大代表，第九届全国政协委员，湖北省学位委员会副主任，国际定量地层委员会表决委员等。

系统研究了矿产勘查中数学模型的应用。建立了矿产资源定量预测理论及方法体系。在对宁芜、个旧、铜陵及新疆等地区不同比例尺找矿统计预测方面，取得了明显效益，并建立了“矿床统计预测”新学科。1978 年在我国率先开设“数学地质”和“矿床统计预测”等课程。享受国家政府特殊津贴。1992 年获国际数学地质协会最高奖——“克伦宾奖章”，成为获此殊荣的“第一位亚洲人”。代表作有《矿床统计预测》、《地质异常成矿预测理论与实践》、《非传统矿产资源概论》和《定量地学方法及应用》等。

院士寄语

勤奋刻苦治学，求实创新开拓；
谦虚诚恳待人，积极热忱工作；
宽阔深邃胸怀，简朴多彩生活。

地学之恋

张 同

1992 年 8 月，在日本京都举行了有 100 多个国家和地区的 5000 多名学者参加的第 29 届国际地质大会。国际数学地质协会主席 McCommon 博士在致词中说："由于他在数学地质领域作为研究者、教育者和带头人的长期经历和对数学地质的杰出贡献，荣获克伦宾奖当之无愧。"致词中的"他"就是中国科学院院士、中国地质大学校长、博士生导师赵鹏大教授。此时此刻，没有人会想到，因为出生后受日寇入侵中国的影响而饱受颠簸流离之苦的赵鹏大，在历经 60 多年的艰难曲折之后，站在了国际领奖台上。那颗因战乱而不断逃难的种子不但顽强地开花结果，还因为他的芬芳影响一代又一代年轻的中国地学人才。他成为当代中国探索矿产资源领域中令人仰慕的功勋之一，在国际地质界，有中国赵鹏大应有的位置。

穿越苦难催生"大地之恋"

1931 年 5 月 25 日，赵鹏大院士降生在辽宁沈阳一个铁路小职员的满族家庭。出生 4 个月后，就爆发了日寇侵占东北的"九•一八"事变，父母带着襁褓中的他逃难入关。然而，父母不论搬迁到何地，无论条件怎样艰苦，都没有让他耽误学业。尽管从初小开始直至高中毕业，他先后换了 9 所学校，但始终没有放弃。

12 岁那年，他离开父母，到四川自贡市静宁寺处的国立东北中山中学住校读初中。那是一所东北流亡中学。不得温饱，无菜可吃，常以辣椒粉拌盐粒佐餐。但学校有很强的师资力量，教师都是从北方流亡四川的原名牌大学教授。这对于正在接受教育的赵鹏大来说，是不幸中的大幸。

在四川自贡市和威远县上小学时，教师带学生下过煤矿矿井参观，去过大坟堡参观盐井和火井，看卤水如何从地下提升到井口，又如何利用天然气"火井"将卤水熬炼成盐。每天上学放学都是从输运卤水的竹管道上自如行走。到

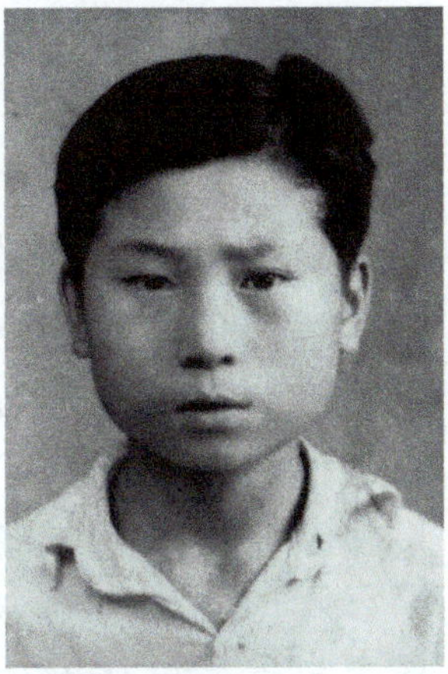

了中学，教师说地质学家能计算出埋藏在地下的矿量有多少。童年时对地下煤炭的好奇和少年时代对地质现象的兴趣激发了赵鹏大对地质学的热爱。1948 年报考大学时，唯一的目标是北京大学地质学系。当时祖父极力反对，认为学地质是“看风水”，不希望自己的子孙成为“风水先生”，父亲则主张他报考军校，推崇军事救国。还是在北京大学上学的哥哥最懂弟弟，极力支持他的意愿，说北大地质学系历史最久、师资最强、条件最好，一个系拥有一所独立的小楼——地质馆。他听从哥哥的建议报考了北京大学，一举而中。

进入大学，赵鹏大犹如进入了一个梦一样的世界。在多梦的年龄和梦一样的环境里，赵鹏大的理想里色彩缤纷。北大地质学系注重培养学生的自学能力、实践能力和创新精神。赵鹏大如鱼得水，在大学一、二年级的时候就超前自学了不少大学高年级的课程，还阅读了大量地质期刊杂志，创作并在报刊杂志上发表和新华电台播放了《漫谈湖泊》、《化石的故事》、《煤》、《石油的成因》等数十篇科普文章。1952 年他以优异成绩毕业，在全国院系调整中被分配到刚刚筹建的北京地质学院参加建院工作。

走出校园的那一刻，赵鹏大脑子中闪过一幕幕在北大读书时难以忘怀的人和事——系主任孙云铸教授生动的“古生物”课，在课堂上不时穿插以英国风情和名人轶事，令人神往；王鸿祯教授的“地史”课带领大家回溯远古、漫游世界，丰富而精彩的教学内容引人入胜；马杏垣教授的“普通地质学”内容新颖，板书秀丽，图文并茂，给人以愉悦的享受。这些中国一流的地质学家对他产生了很大影响，尤其是马杏垣先生多次带领他去野外实习和工作，其野外地质观察能力之强，想象力之丰富，素描之精美，分析问题之深刻，举止言谈之风趣幽默，待人接物之大气，无不给他留下深刻的印象，成为他学习的榜样……

正是在博采各家之长的基础上，赵鹏大选择了“矿”作为“主攻”目标，这不仅因为自幼对矿有较深的情结，更因为当时处在建国初期，百废待兴，他深刻地认识到开发矿产资源对国家建设与保卫国防的重要意义。他的大学毕业论文即以“陕北四郎庙油田地质问题”为研究选题。

20 世纪五六十年代，一列列呼啸的列车穿过广袤的西伯利亚平原，满载着黑头发、黄皮肤的青年与他们求索的渴望、奋斗的激情，从北京驶向他们心中的无产阶级革命圣地——莫斯科。他们，有一个响亮的名字——中国留苏学生。

赵鹏大就是千万名留苏学生中的一个，前往前苏联莫斯科地质勘探学院攻读研究生，师从著名地质学家莫斯科地质勘探学院院长雅克仁教授。这位具有丰富理论和实践经验的导师对赵鹏大说：“你要想成为一名优秀的矿床学家或矿床勘探学家，必须跑上500个矿床！自己才能变成一座富矿。”

这句话就像一枚印章一样，深深地印在了赵鹏大的心坎上。留苏期间的7个寒暑假，他都和考察人员一道啃自带的黑面包，跑了几十个矿床。他和同学们去世界著名的成矿带乌拉尔、乌克兰、外贝加尔、布里亚特蒙古，以及冰雪没膝的克拉半岛北极圈等地，考察各种类型的矿床。

在广阔的大自然里，他的研究视野大大拓宽。在大量的实践中，赵鹏大积累了丰富的地质勘探经验。1956年，原苏联地质部部长访华后得知留苏学生有个赵鹏大，几经周折，约赵鹏大到自己的办公室，希望他能将李四光的地质力学新著翻译成俄文出版。二年级的赵鹏大，非常有底气地接受了这个重任，他和另一位留苏研究生钱祥麟一道利用课余时间奋战，每晚熬到3点多才睡觉。从接受任务到交稿大约有3个月时间，而他们实际只花了一个月时间就高质量地完成了李四光《旋卷构造及其他有关中国西北部大地构造体系复合问题》15万字的翻译，苏方和中国大使对他伸出大拇指。后来通过论文工作，他了解了相关地质学发展动态，并参与了前沿课题的研究。

当时，赵鹏大以我国富有但在当时属于新类型的网脉状钨锡矿床作为论文研究对象。在研究中发现：要求有定量结果的矿产普查勘探工作（如最后要求计算储量）缺乏定量的研究过程。例如，从矿床勘探类型的划分，勘探网度的选择，合理勘探程度的确定到勘查精度的评价等都是定性描述、经验判断乃至主观要求。这种因人而异缺乏客观准则、定性分析缺乏定量依据、规范要求缺乏科学论证、经验总结缺乏抽象提炼的现象比比皆是，这就大大降低了矿产普查勘探作为一门现代学科的科学性，以及作为实践性最强的应用学科和实际工作的可操作性。因而，他的研究生论文把地质勘探工作和矿床地质研究定量化作为首取方向。从此以后，定量地学及后来的数学地质特别是定量勘查就成为他终身的研究方向。

几年后，带着一颗赤子之心，赵鹏大回到祖国，重新回到北京地质学院的工作岗位，对原有的“矿产普查与勘探”教材的一些内容进行了改写，他独创的新章节连原苏联的教材上也没有。1960年，他参加了在北京召开的全国文教战线群英会，也是在这一年，29岁的赵鹏大晋升为副教授，并在中国首次招收矿产普查与勘探学研究生。当时，他是学院最年轻的副教授，也是最年轻的研究生导师。

十丈高坡百丈阶

1963 至 1966 年，赵鹏大患上了严重的膑骨软化症，有时甚至不能正常行走。但他忍着巨痛坚持带领学生到云南个旧锡矿区进行生产实习和科研工作，登山下井身先士卒。他对个旧锡矿的条状矿体、细脉带型矿体等特殊类型的复杂矿体进行了深入研究，提出了系统的矿床地质及勘探方法，在勘探手段的合理选择、勘探精度的正确确定和勘探工程最佳布局等方面均提出独到见解，而且首次利用数学模型模拟矿床勘探过程，其成果受到国内外学术界和生产部门的重视。

◆与志愿者亲切交流

1964 年，赵鹏大提出应用数理统计研究矿床合理勘探手段及工程间距的途径和方法，比美国学者科克 (Kock)、林克 (Llink) 在《地质数据统计分析》一书中提出的类似方法早 6 年。在此基础上逐步建立起了比较完整的矿体变异数学模型，为矿床勘探类型的定量划分提供了可靠准则和依据。他率先在我国开展矿产资源定量预测的研究工作。1975 年起，先后在江苏、安徽、湖北、内蒙古、云南、新疆等地的一些矿区或成矿远景区开展了不同比例尺成矿定量预测工作。在吸取国外先进理论和大量实践基础上，于 1983 年提出了“矿床统计预测”的基本理论、准则和方法体系，并以此为内容，编写了教材和专著，在学校中开设了相关课程，从而创立了“矿床统计预测”新学科方向。至今，矿产资源总量预测已成为我国地质勘查生产中的重要组成部分。1978 年，地质出版社出版了《宁芜火山岩盆地铁铜矿床成矿规律、找矿方向及找矿方法研究》专题成果。由赵鹏大执笔编写的《宁芜地区铁矿床统计预测》作为该项成果的组成部分，于 1982 年获国家“自然科学奖”三等奖。

20 世纪八九十年代，赵鹏大在不断丰富和完善“数学地质”学科方面进行了多方面的研究，建立了“数学地质学”新体系，即研究地质体数学特征，建立地质体数学模型；研究地质作用因素及相互关系，建立地质过程数学模型和研究地质工作方法及地质数据特点，建立地质方法数学模型。1982 年，他发表了《试论地质体数学特征》一文，首次论述了“地质体数学特征”的内容和方法。1989 年，在成矿预测中根据“求异理论”提出“地质异常找矿”新概念，并于 1991 年发表了“初论地质异常”一文，系统阐述了“地质异常”的不同模式、不同尺度水平、成矿意义及其表示和研究方法。1995 年他和研究集体一道发表文章论述中国“地质异常”一改传统的区域构造划分方法，从定量求异的角度对中国主要成矿带的分布总结出新的规律。“地质异常”的提出，丰富了成矿预测的研究内容，完善了对物、化探异常的综合配套解释，为寻找超常矿床提供了新的途径。地质体数学特征和地质异常等新问题的提出，开辟了对地质体进行深入研究的一个新领域，创立了数学地质的一个崭新的学科方向。1990 年，他带领课题组成员，将“数学地质”新体系的研究成果编写成专著《地质勘探中的统计分析》。该专著于 1992 年获国家教委首届“全国高等学校优秀著作奖”一等奖，同行专家鉴定为“总体上达到国际水平，其中部分数学地质方法的应用达到国际先进水平，地质体数学特征研究处于国际领先地位”。

赵鹏大不断找矿的过程，让人想起著名诗人郭小川的一句诗“历史的高山啊，层层叠叠，我们又爬上了十丈高坡百丈阶。”其间，他经历了“文化大革命”。由于他平时为人友善，师生关系融洽，“文化大革命”中虽然也“靠边站”，但没有受太大的冲击，1974 年又开始从事地质科研了。1978 年，“文化大革命”刚刚过去，中国科学大会在北京召开，中国地质迎来科学的春天。在新时代面前，赵鹏大感慨万分：知识重新赢得重视，科学的地位回归本位。他科研的劲头更足了。这一年，他首次为研究生和本科生开设了“数学地质”、“地质勘探中的统计分析”、“矿床统计预测”等课程。1989 年，在美国华盛顿召开的第 28 届国际地质大会上，赵鹏大宣读了《矿产定量预测的基本理论、基本准则和基本方法》，引起各国学者的广泛关注，这也是他首次在世界科学舞台上，系统完整地将“数学地质”的研究成果公布于众。1990 年夏天，年近花甲的赵鹏大，不顾同事的好心劝阻，为承担科技攻关课题，带着同事和学生，深入新疆罗布泊地区进行野外勘探。白天，他带上一壶水和一点干粮，风尘仆仆地出发；到了正午，温度高达 50 多度，毒辣的阳光刺射在皮肤上，异常难受。一望无际的沙漠很容易让人迷路，他和学生们一道，手拿罗盘和铁锤，一步一步行走在勘探的征途上。功夫不负有心人，最终考察队在新疆北山发现两条铜镍硫化物远景成矿带，在东准噶尔发现一条金矿带。他把自己融入祖国的一座座矿山，而他自己也铸成了一座矿，一座思想的精神的“金矿”。

1992 年，已是知名学者的赵鹏大东渡日本，出席了规模空前的第 29 届国际地质大会。大会期间，他被授予国际数学地质最高奖——“克伦宾奖章”，成为获此殊荣的首位亚洲人；1993 年 11 月，他又光荣地当选为中国科学院院士。

南望山下新传奇

20 世纪 70 年代初期，北京地质学院南迁后，于 1975 年定址武汉，更名为武汉地质学院。由于工作中的出色表现，1983 年，赵鹏大被任命为武汉地质学院（后更名为中国地质大学）院长。他带领全校师生员工，以冲天的干劲和无比的热情，在武汉南望山下这片沃土上，书写着地质教育的传奇。从 1983 到 2005 年，在赵鹏大担任大学校长的 22 年间，也是学校发展最关键、最迅速的时期之一，创造了中国大学校长任期最长的纪录。

任职期间，为改善学校的物质条件，创造更好地教学环境，赵鹏大多方奔走，不仅争取到了世界银行贷款，为建设测试中心和其它基础设施打下基础；还争取进入了“211 工程”，有经费派人参加国际学术会议，派老师去国外进修学习。

2011年5月，赵鹏大院士迎来了他的80岁生日。在武汉校区的聚会上，湖北省人民政府原副省长韩南鹏、时任中共武汉市委常委、市人民政府常务副市长袁善腊，中国科学院院士、中国工程院院士（以下简称“两院院士”）李德仁教授、两院院士常印佛、中国科学院院士翟裕生教授、中国科学院院士殷鸿福教授、中国科学院院士金振民教授、中国工程院院士、中国矿业大学副校长刘炯天等参加了赵鹏大院士80岁生日庆祝会。因矿床地质学的发展，俄罗斯自然科学院于1995年推选赵鹏大为俄罗斯自然科学院院士。在赵鹏大院士80周年寿辰之日，俄罗斯自然科学院主席团授予赵鹏大“十字功勋”荣誉奖。在这个特别的日子里，赵鹏大院士和他的两名弟子向中国地质大学捐赠人民币110万元，用于设立“赵鹏大奖学金”，并向首届“赵鹏大奖学金”获奖者颁奖。此时此刻，南望山上，草长莺飞，绿树葱茏，百鸟欢歌，细语南望山下这一人间美丽场景。

2010年4月24日，备受关注的“科学中国人年度人物奖”在北京揭晓，79岁的赵鹏大获得“最受公众关注奖”。在领奖台上，他神采奕奕，依然像一个意气风发的青年。这份特殊的荣誉，是对他60年来在地学领域努力工作的最大回报。2012年5月，赵鹏大院士回自贡寻访70年前的足迹。走过千山万水，探过座座矿山，回到最初梦想开始的地方，赵鹏大院士感怀颇多，挥毫写下心声，像一个游子对故土的汇报：“行时谦虚谨慎，困境忍耐坚持，学习持之以恒，工作勇挑重担，作风朴实无华，生活朝气蓬勃。”

赵鹏大院士出生在沈阳市，祖籍却是清原县。据《清原县志》记载地下矿藏资源极为丰富，现已发现的有金、铜、铁、硫化铁、蛭石等20余种，全县已发现的矿点109个，资源储量约2亿多吨。

这是一个惊人的巧合么？清原，你拥有如此丰富的矿藏资源，是为了给人们增添更多的对赵鹏大院士的联想么？

院士名片

殷鸿福　男，地质学家与地层古生物学家。籍贯浙江省舟山市，1935年3月生于浙江省舟山市。1956年毕业于北京地质学院，1961年北京地质学院研究生毕业。1993年当选为中国科学院院士。中国地质大学（武汉）教授，国务院学位委员会委员、全国地层委员会副主任，国际二叠—三叠系界线工作委员会主席，政协第九、十届全国委员。曾任中国地质大学（武汉）校长，教育部地球科学教学指导委员会主任，中国古生物学会副理事长、国际地层委员会三叠纪分会副主席，国际地质对比计划359项主席，湖北省科协第五、六届全省委员会副主席等职。

推动古生物学与地质学全面结合，系统介绍间断平衡论、新灾变论、事件地层学，提出地质演化突变观，发表我国首部生态地层学专著，提出生物—有机质—有机流体生物成矿系统。在此基础上推动建立我国生物地质学学科体系。发表化石描述近300种，图版80多幅。系统总结中国及东亚的三叠系。首次提出国际二叠—三叠系界线新定义、界线事件的火山成因说等，确立中国浙江长兴为“全球二叠系—三叠系界线层型（金钉子）”。曾获“国家自然科学奖”二等奖3项，“湖北省自然科学奖”一等奖、“何梁何利基金科学技术进步奖”、中国古生物学会“尹赞勋奖”，中国地质学会“李四光地质科研奖”等奖项和“全国先进工作者”、“全国野外工作特殊贡献者”、“湖北省特等劳动模范”等奖励和荣誉称号。出版专著28部，发表论文240篇。代表作有《生物地质学》、《地质演化突变观》、《中国古生物地理学》和《扬子及其周缘东吴—印支期生态地层学》。

院士寄语

风正一帆远，树直百年材。
欲穷千里目，更上一层楼。

从洪荒的地球深处走来

谢学军

险象环生转战野外

“地球深处，神秘幽深；华夏大地，珍奇掩藏……”20世纪40年代末，上海育才中学课堂上，地理老师黄杰民用诗性的语言，一次次绘声绘色地讲解祖国的人文地理知识。一个清瘦的少年神情专注，热血沸腾。黄杰民没想到，这个少年从此萌发了将来从事地质工作的激越梦想。

少年时代的灵魂触动，对人一生的影响何其深远！1952年，这位17岁的少年，没有去报考众人向往的清华和上海交大的电机和机械专业，而是毅然以高分第一志愿填报了刚成立的北京地质学院被人视为“冷门”的地质学专业。1953年5月26日，这个上大一的少年在《中国青年报》撰文倾诉一腔衷肠：“新中国百废待兴，国家建设急需矿产资源，而矿业是工业的先行，祖国急需地质人才……”

这个少年，就是今天名噪国际地层古生物学界的殷鸿福院士。

1935年3月15日，殷鸿福出生于浙江舟山定海县，南开大学毕业的父亲在上海当翻译。按说，他完全可以依托优裕的家境，走一条安逸富庶的人生之路。然而，火热的爱国热情与少年梦想的催生，他为自己的人生作出了第一次抉择！

那个激情燃烧的岁月，青春伴着梦想飞翔。1956年，殷鸿福大学毕业后，师从著名地质古生物学家杨遵仪，攻读副博士学位（当时仿效苏联学位制，为4年制）。为了精心撰写论文，他带上地质锤、罗盘针和放大镜“地质野外工作三大件”，远赴南国贵州崇山峻岭，开始从事三叠系地层学和古生物双壳类和腹足类的“处女行”科考。巍巍云贵高原奇丽独特的地质现象，如一块磁铁深深吸引了风华正茂的殷鸿福探寻的目光，解读大地密码的情怀盘旋在心间。

那个年代，物质匮乏，每人每天只供应一斤糙米，不仅吃不饱，野外条件更为艰苦，他不久患上了可怕的肺结核，高烧39度。但他依然穿行在怪石嶙峋的大山深处，搜集第一手地质资料，分析研究整合后，他悄然建立了贵州省三叠系生物地层框架，将原定为中三叠统拉丁期雷口坡（巴东）组时代修改为“安尼期”，并把嘉陵江组的时代定为“早三叠世”。这些研究成果相继在《中国科学》、《地质学报》等著名刊物上连续刊登，引起了学界注意。经过地质学界广泛的论证，这项工作迄今仍作为贵州地区重要的地层古生物文献被广泛引用。殷鸿福为自己的“处女行”划上了令人惊羡的一笔！

1958年夏，殷鸿福和队友一起赴青海祁连山考察。当时，当地发生叛乱，队员们必须带枪自卫，即使夜里睡觉也必须保持高度警惕。一个友邻队员在山野被杀害，全队不得不由解放军战士协同进山考察。然而，凶险还来自多变的奇特气候。祁连山谷海拔有3800米，白天还是烈日当空，酷热难当，晚上却寒冷彻骨，有时还下起鸭蛋大的冰雹，打得头上大包小包。一件羊皮袄，抵热又御寒，热了背在肩上，冷了裹住身子，下冰雹就包在头上。夜晚，还有野兽不时在帐篷周边游弋、吼叫……野外考察险象环生，但殷鸿福不敢对父母吐露科考的凶险，而往往在信中轻描淡写地说“很安全”。对整天为他提心吊胆的夫人，他更不敢讲出这些惊心动魄的野外考察细节……

1961年，殷鸿福从北京地质学院研究生毕业后留校任教，正式开始了地质教学与科研的远征！

然而，由于当时特殊的历史状况，从工作之日起，一直到1978年，在17年漫长的岁月里，他都是助教职称。10年“文革”期间，学校“停课闹革命”，知识分子被打倒，被批判，被边缘化，多少人荒废了专业，而殷鸿福坚持在逆境中与命运抗衡。

20世纪70年代初，他从“五七干校”返校后，妻子和儿子远在南昌。在当时那种无序状态下，他完全可以选择长期离校回南昌与家人团圆，尽享天伦。但是，他割舍不了视为生命的科学研究，于是忍痛辞别妻子，带着年幼的女儿住在北京，每天仍坚持在书海中广采博学。在没有科研经费的情况下，他从自己每月40元的生活费中挤出钱来搞力所能及的研究，一张35毫米的胶片要拍140页材料，每周数次到离学校很远的地质部图书馆或中国科学院图书馆去查资料，风雨无阻。在这期间，他做了几千张学术卡片，记下了几十本学习笔记，拍摄了几十卷胶卷的资料，撰写了近10篇当时无法发表的研究论文，为后来在科研上的“火山爆发”积蓄了能量。

让“金钉子”定址中国

1978年，改革开放迎来了鲜亮的时代，“科学的春天”也降临了！43岁的殷鸿福将这些论文陆续出版，很快晋升为武汉地质学院讲师。走过17年“科学迷失的隐痛”，他像一条重获新生的鱼儿，一头扎进科学的海洋，从事古生物与地质研究。由于专业扎实，1980年他便晋升为副教授。1980年3月至1982年3月，他作为高级访问学者赴美访问，先后在美国自然历史博物馆、史密逊研究院工作，并先后在纽约科学院、耶鲁大学等25所大学和研究所讲学。

巨大的诱惑也接踵而来。由于我国与西方发达国家的生活水平的差距，当时，殷鸿福的月薪是65元，中美教授的薪水差别为1比1000，很多人为能出国而不惜一切代价。在美国进修期满的殷鸿福要留在美国，很容易，他的科研合作者极力挽留：“中国是一个惯性很大的巨轮，想推动这巨轮的，要当心被它碾扁。”殷鸿福笑答：“总是要有人去推动这个巨轮吧！”抛弃了触手可及的诱惑，带着对祖国故乡的殷殷情怀，1982年，殷鸿福跨越重洋，重新站在祖国母亲的热土上，血管里涌动着更加炽烈的中国血！

然而，回国后，殷鸿福痛心地看到，在商品经济大潮冲击下，大量地质工作者下海经商，地质工作非常不景气。这是科学的悲哀，也是民族的重创。他决心重回高山之巅，扛起一个科技工作者的灵魂之旗！

1985年，年过半百的殷鸿福带队赴秦岭山区科考，逶迤旖旎的崇山峻岭，向他敞开了一条通向蛮荒世界的天路。这天，他带着腹泻翻越海拔4000米的岷山，为的是追索二叠—三叠系界线。伸向云端的岷山，空气稀薄，上山爬了4个多小时，一步一喘，近10小时不歇息，傍晚下山时，在陡峭的岩壁上，终因体力不支摔下山坡，膝盖骨粉碎性骨折，韧带断裂，同事们临时绑成担架，3小时后才抬下山，12小时后抬到公路，送兰州急救，然后转到北京治疗。这一治，就是漫长的两年。两年后病愈归来，他又重新活跃在险象环生的野外工作中……“立身绝顶，头上是深邃的天，脚下是坚实的地”，传奇式的科考生涯，贯穿了殷鸿福的科技人生。2009 年，他荣获科技部“野外工作突出贡献奖”。

此时，具备国际视野的殷鸿福发现，一个新的挑战摆在自己的面前——“金钉子”(Golden Spike)。

“金钉子”是俗称，即全球界线层型剖面和点 (GSSP)，是全球确定唯一的点位，作为国际地层对比的标准。它被视为一个国家地层科研高水平的反映，世界上许多学者都以争取在其本国国土上建立界线层型为一种科学荣誉。金钉子对于地球历史时间，就宛如位于伦敦格林威治天文台的零度经线对于地球经度，各个地质时代从那里迈开第一步，时光就开始了它的远行，定格了漫漫岁月起步的风烟。

距今 2.5 亿年前的古、中生代之交的二叠—三叠系 (P/T) 界线研究，由于是三颗断代界线金钉子之一，并且在界线处发生了地球历史上最大规模的集群绝灭，该界线的研究备受国内外地质学者的高度重视，并成为国际地质界研究的热点和前沿。直到 20 世纪 80 年代中期，国际 P/T 界线划分一直采用的是 20 世纪初提出、被前国际二叠—三叠系界线工作委员会主席 Tozer 所坚持，以“伍氏耳菊石出现”作为三叠系的开始的观点。

这是一个以强硬的姿态统领国际地质学界 100 年的传统地质理论，似乎很难推翻和超越！

然而，随着考察和研究的深入，殷鸿福教授敏锐地发现，我国华南地区具有世界上最广布和齐全的二叠—三叠系海相连续地层和最完整的化石带，却找不到伍氏耳菊石，传统的理论是否正确？！他怀疑，并为此展开持久的攻坚战。自 20 世纪 70 年代开始，他就在华南广大地区开展了 P/T 界线的研究。通过对国内外资料的分析比对，他认为：耳菊石的地理分布具有局限性，不宜作为全球的对比标准。在 1986 年于意大利召开的国际二叠—三叠系界线工作会议上，他首次提出以“微小欣德牙形石”的首次出现作为三叠系开始标志的建议。

这是对权威的挑战！殷鸿福陷入争议的漩涡。

然而，经过4轮国际投票，2001年3月13日，一条喜讯从国际地质科学联合会传到地大：中国煤山剖面被正式确定为全球二叠—三叠系界线层型剖面和点位，这个标准的确立代表该领域地层研究的国际领先水平，使长兴引起国际地质学界的高度重视，成为国家级自然保护区。这项科技成果被评为“2001年中国基础研究十大进展”（科技部），“2001年度中国高等学校十大科技进展”（教育部）和“2001年中国十大科技新闻”（中央电视台等组织评选），并获2002年国家“自然科学奖”二等奖……

多年来，殷鸿福在P/T古生物及界线研究方面取得了大量成果，多篇论文被SCI收录，单篇被引用达300次，3次获得国家“自然科学奖”二等奖。他作为主编或主编之一组织出版此方面的专著7部，其中两部在剑桥大学出版社出版，其中《中国古生物地理学》一书，前国际古生物协会主席Hallam教授亲自担任该书英文版的学术编辑，并在序言中评价道：“本书无疑将被证明是对一个具有全球意义主题的无可估量的指南。”

1993年12月，是殷鸿福人生中最为难忘的日子，他凭着多年的研究积累，当选为中国科学院院士。这是中国科学界的最高荣誉。在巨大的荣誉面前，他显得镇定从容，觉得自己身上的教学、科研担子更重、压力更大。1996年10月，他任中国地质大学（武汉）校长。

时空之门再起舞

“金钉子”的确认，让殷鸿福奠定了在国际地质学界的地位。然而，自20世纪八九十年代开始的地球科学新的变革，又将他引入科学发展战略的思虑中。

从达尔文、莱伊尔时代开始，地质学界和生物学界一直以渐变论占主导地位。20世纪70年代末，美国学者提出了持生物演化突变观的“间断平衡论”，殷鸿福于1982年撰文向国内同行介绍这一演化理论，并结合自己多年来在华南二叠系、三叠系研究中获得的大量实际材料和证据，于1988年主编出版了《地质演化突变观》一书，从地质事件及古生物演化角度论证了地质历史中的突变性。这一学术思想在学术界引起较大的反响，著名科学家钱学森曾两次来信与他探讨问题，并指出：“地质演化突变观说明了马克思主义哲学的正确性。”

然而，敏感的殷鸿福较早地认识到，国内囿于传统地层学古生物学的做法，已越来越不适应国际上对古生物学拓展的思路及我国全面提升科学研究并服务社会的要求，需要提出全新的古生物学概念。

殷鸿福访美期间，国外古生物学已在盛衰轮回中，他开始反思：中国学科也应思考未来的发展方向。于是刚刚回国，他便写了《古生物学要在全方位服务中焕发青春》一文，提出古生物学要与地球科学、环境科学全面结合，为它们服务，“焕发古老学科的青春”。

在他看来，古生物学不能光盯着大型古生物而忽略肉眼难以分辨的微生物。大规模的微生物活动会对环境产生重大影响。事实上，地球刚开始形成的时候没有氧气，正是因为微生物的活动，才使空气中的氧气逐渐增多，使高级生命的形成成为可能。

基于生命与环境相互影响的认识，殷鸿福主张把传统古生物学与地球历史环境联系起来，把生物和其所生存的环境的相互作用作为研究对象。他带领科研团队，从 1982 年开始有计划地开展了生物地质学方面的研究。1994 年，他发表《生物地质学》一文，明确提出要“走生命科学与地球科学学科交义的道路”，以地球环境与生物的协同演化为主攻方向。同一时期，国际上兴起了“地球生物学”，把它作为地球系统科学的一部分，这是由地球科学与生命科学交叉结合形成的新学科。它与地球物理学和地球化学一起构成了研究地球系统三大物质运动（生命、物理和化学运动）的学科体系。殷鸿福的研究工作与国际不谋而合。2008 年，他的生物地质学项目启动 26 年后，终于获得“国家自然科学奖”二等奖。在此基础上，他又带领团队继续发展新兴的地球生物学，提出了其初步的学科体系。

正在殷鸿福迈向令人神往的全新领域时，2003 年 4 月，一个尴尬的春天袭击了他。

一次偶然的体检，68 岁的殷鸿福突然被查出患较严重的“心律不齐”，得马上住院。他用最平常不过的语气对医生说：“我还有工作要安排……”可医生的语气不容置疑：“你必须住院，你不要命了？”殷鸿福这才感到病情严重。此时，是他任中国地质大学（武汉）第二任校长的第三年，还有一年就到届。可是，他借病毅然辞去校长职务，当了一次“逃兵”。

7 年来，头顶名牌大学校长桂冠，纷杂的行政事务和名目繁多的邀请，使他远离科研和教学，成为他的负担和无奈，“7 年没什么科研成果”，“无官一身轻，时间不多了，再也浪费不起。”他就此脱身，一为养病，更为重返科研和教学一线。

早在1964年初，他就与人合作出版了我国第一部《古生态学教程》，作为作者之一参与完成了由杨遵仪院士、郝诒纯院士主编的《古生物学教程》。他曾先后担任了原地矿部古生物学课程指导委员会主任和教育部地球科学教学指导委员会主任等职，积极倡导古生物学及地质学的教育改革。尽管科研任务繁忙，作为院士，他数十年来还是坚持给本科生授课，并培养了60余名博士和硕士。他培养的研究生中，很多人成为单位的业务骨干、专家、教授、博导。殷鸿福还是菩萨心肠，彰显拳拳爱心。截至2012年9月，他向校基金会捐助的奖学金共计39.5万元，其中包括2002年获“何梁何利奖”的20万元港币。此外，他还向学校图书馆捐献一大批极具学术价值的外文书刊。殷鸿福十分重视科研群体的建设，20世纪80年代，殷鸿福和同事们共同创建了计算机室和生物成矿实验室，为以古生物学科为主体的“地球表层系统实验室”。在他的团队参予下，2011年，生物地质与环境地质国家重点实验室花落地大。

卸下校长光环，殷鸿福回归学术本色，带领团队继续发展新兴的地球生物学。其团队的目标是，发展具中国特色的地球生物学，依据中国占优势的地层学和古生物学，形成在国际上有创新特点的地球生物学学科理论和方法体系。

如今，这位78岁的老人，虽然额头爬上一道道皱纹，头发稀疏，却神采奕奕，一谈起逝去的激情岁月，就滔滔不绝。殷鸿福用舞动的地质锤，倾听大地母亲的心跳，轻叩时空之门，探究亿万年前的真实，伴他度过多少峥嵘岁月！

60年来，不管是身处逆境还是功成名就，殷鸿福一直坚持奋斗在荒山野岭之间，雪山铭志，大地留痕，与遥远的大山结下了不解的情缘。在地质科学教学、研究的道路上，他宛如一个远行的侠客，总是把登上大山之巅作为新的起点，一步步从宇宙洪荒的地球深处走来，使自己由沙粒逐渐演化成民族的脊梁！

院士名片

文伏波　男，水利工程专家。籍贯湖南省桃江县，1925年8月出生。1949年毕业于中央大学工学院（今南京大学）水利工程系。1994年当选为中国工程院院士。水利部长江水利委员会（长江流域规划办公室，简称“长办”）高级工程师，湖北省科协荣誉委员。历任长办设计部门技术员、工程师、长办副总工程师、副主任、长江水利委员会技术委员会主任。

早期参加荆江分洪工程和汉江杜家台分洪工程设计，参与组织编写《平原地区建闸设计手册》。1957至1982年作为汉江丹江口水利枢纽和长江葛洲坝水利枢纽设计主要负责人，参与了工程设计建设的全过程。参与的葛洲坝大江截流工程、二江工程分别获国家优质工程优秀设计金质奖和银质奖，葛洲坝二、三江工程及其水电机组获首届“国家科技进步奖”特等奖，文伏波均为主要获奖者之一。1984至1990年负责组织编制《长江流域综合利用规划修订补充报告》，该项目获水利部1994年“科学技术进步奖”一等奖。撰有《葛洲坝水利枢纽——三峡的实战准备工程》、《长江流域规划编制简史》等论文和研究报告。

院士寄语

实践是检验真理唯一的标准。

伏波治水踏浪行

沈 沦

2009年，举世瞩目的三峡大坝横空出世，全面竣工。

临近年关，飞雪迎风翩舞，如银蝶追逐奔腾不息的大江激流，拥抱峡江两岸翠绿的山峦……此时，一位老人信步气势磅礴的长江三峡大坝，透过眼镜片上洁白的雪花，极目远眺，雪浪飞虹，俯瞰高峡平湖的壮观景致——这是继长城之后第二个可以从太空用肉眼看得清楚的人造工程。本应该在葛洲坝之前诞生的三峡大坝，迟到了21年。此时此刻，发电、航运、种植、生态、环境等蓝图徘徊在这位老人宽阔的胸怀，演绎着三峡未来的独特魅力。

这位老人，就是中国工程院首批院士、水利工程专家、教授级高级工程师文伏波先生。

从1949年跨出中央大学水利工程系校门至今，文伏波在三江四水写下篇篇华章：

江汉平原第一项大规模的水利工程——荆江分洪；

南水北调的水源工程——丹江口水电站；

万里长江第一坝——葛洲坝水电站；

享誉世界的超级大坝——三峡工程。

这4项工程，赫然构筑成治理长江开发史上4座不朽的里程碑，也托起一个水利学院士的传奇人生……

旷世宏程写天下

长江三峡大坝，犹如一架巨大的“古琴”飞架南北，滚滚激流，从遥远的青藏高原奔腾而来，穿越大坝喷薄而出，如粗犷的琴弦，弹奏出震撼世界的东方旋律。这首“中国三峡水电交响乐”，第一乐章即1952年建成的湖北省荆州境内的荆江防洪工程，拉开了治理长江的序幕；第二乐章为1958年动工的丹江口水电站乃南水北调水源地的关键工程，具有防洪、发电、灌溉、航运及水产养殖等综合效益，为南水北调弹奏出水往高处流的神话；第三乐章是把三峡水电交响乐推向高潮的葛洲坝水利枢纽。

正是以文伏波院士领衔的这个交响乐队，演奏出了令国人骄傲、世人仰望的“长江之声”。

“中国三峡水电交响乐”，史无前例，世界之最……这一幅幅国人的智慧与大自然巧妙融合的杰作，无不烙下文伏波先生的脚印。有诗曰：耄耋院士八十八 / 治水伏波当属他 / 披星戴月走泥丸 / 笑饮风餐宿芦花 / 荆江丹江阚长江 / 万水千山绘三峡 / 胸怀田园寄家国 / 旷世宏程写天下。

史有大禹治水，“三过家门而不入”。无独有偶，文伏波在丹江口和葛洲坝两工地，栖身 20 余载，乃至他年幼的女儿错认文伏波的“眼镜”同事为自己的爸爸。

1951 年，荆江分洪工程启动，他除了参与工程设计，还担负着工程质量检查。白天亲临工地，晚上睡在竹棚里的拌搅机旁，和民工兄弟们滚在一起。

1954 年，长江流域发生了百年一遇的流域性特大洪水。新中国成立后的长江水系第一个大型水利工程——荆江分洪，在这次罕见的洪灾中 3 次开闸分洪，经受住降服洪魔的考验，保住了荆江大堤，确保了武汉市和长江中、下游人民的生命和财产的安全。

荆江分洪，还有汉江杜家台分洪区，乃是文伏波在“水上长征”的“处女行”。

1956 年，长江流域第三步实质性的治理开始了，这是从平原进军山地。他奉命参与了汉江丹江口水利枢纽工程的设计施工，并担任设计组组长兼现场设计代表组组长。

丹江口水利枢纽工程，文伏波记忆犹新。限于当时土法上马、土法施工的历史国情，又受到片面强调高速度的大跃进思潮影响，工地屡屡出现不按工程设计图纸要求施工的情况，工程必然出现质量问题。他认真贯彻长江流域规划办公室主任林一山的指示，严格按照设计要求，与施工方工程局展开激烈争论。 作为工程设计的负责人，面对这种不重视施工质量的行为，他的心悬在了嗓子眼上。身为科学技术工作者，他觉得，无论从科学的角度，还是从为人处事的良知，他都决不能沉默。否则，愧对于党组织的重托。出于一个科技工作者必须坚持真理的良知，他冒着政治风险，不顾个人得失，利用各种会议和工地报纸，反复宣讲和强调“质量是工程的生命，绝不能虚空求快，留下后患，坑害百姓，给国家造成不可弥补的损失。”他因此与林一山一起得罪了不少人。

坚持真理，坚信科学。文伏波这种执着的精神最终获得周恩来总理及时作出“停工整顿”的批示。

在停工两年里，文伏波同工地广大技术人员一道，代表设计方，针对当时施工中发生的各种质量问题，通过科学试验和大量的技术分析，把原设计的混凝土大头坝改为重力坝；采用楔形梁处理基础施工中遇到的破碎带；首次制定了国内系统的水利大坝工程质量事故补强措施……

实践再一次验证：丹江口水利枢纽工程从竣工至今，历经汉水流域 1975 年、1983 年和 1998 年等特大洪峰的考验，30 多年安然无恙，为国民经济创造了巨大的经济效益。

回首丹江口工程，亲历开工—停工—整顿—复工的全过程，文伏波奉献了 12 个春夏秋冬。

在那个“特殊”的岁月，他不光是“靠边站”，还成了“走资派”。不公待遇使很多同志想不通，但文伏波心胸豁达，意志坚强，以一种更高的政治觉悟和历史责任感直面现实。

1970 年阳春 3 月，文伏波“分配”做一份新工作——收拾院落垃圾。这天，忽然听见喜鹊赞梅的悦耳之声。顷刻，他接到时任长江委军代表通知，迅速赶到湖北省革命委员会办公室。

一进门，只见湖北省革命委员会主任张体学在等他。文伏波和张体学可谓“冤家”，原来，早在丹江口工程开工时，张体学就是湖北省省长兼任总指挥长，文伏波是长江委派驻工地的设计代表。从此，针对丹江口工程的建设程序、施工质量，两人时有争论。尽管张体学是省级领导，文伏波只是工程设计方的工程师，但就工程而言，省里领导代表工程施工方，而设计方代表的是设计工程师，即施工必须严格服从科学技术。因此，施工方的总指挥也得服从设计方的技术员。这样，他俩不得不较上劲了。终究，文伏波对事业严谨负责的态度和精湛的技术水平，在张体学这位德高望重的领导心里留下了深刻的好印象。因此，在岁月的磨合中，两人建立了良好的友谊。于是，在又一个天降大任的时刻，组织把葛洲坝再建奇功的绣球抛向了文伏波。文伏波和同志们立马会师茅坪的长江水利委员会设计代表组。

葛洲坝当时预计修改设计的工期是3年。这么庞大的工程设计，3年怎么可能呢？回顾起当年夜以继日战斗在三峡工地的场景，文伏波发出爽朗的笑声："和丹江口一样，12个春秋，仿佛弹指一挥间。"

然而，葛洲坝开工伊始，走过一段弯路。1970年底，正值"文革"白热化进程，葛洲坝工程仅凭一个规划性的设计文件就仓促开工，怎么能满足工程施工的需要呢？因此，在开工之初便陷入围城之困。

◆长江流域综合利用规划要点报告审查会听取长江水利委员会副主任文伏波（左）汇报，国务委员陈俊生（右）主持会议

1972年，周总理决定，主体工程暂停施工，重新修改设计。长江水利委员会办公室义不容辞担当起重新设计的主体。在两年的时间内，动员全部力量，会同有关兄弟单位，加强勘探试验和科研设计工作，攻克世界性难题。为作好枢纽布置，不厌其烦地作了5个水工泥沙模型试验，开展河势规划，协调大坝及其上游、下游的河势；增加大口径钻探，摸清红岩中的软弱夹层分布数量，经过现场大型试验，找出软弱夹层的安全磨擦系数最小值；创造出"人"字门的启闭设备，以及和意大利模型与结构试验研究所合作开展了二江泄水闸的地质力学模型试验，对二江泄水闸的变形情况进行了深入的分析。

在重新设计期间，文伏波先后担任勘测设计团参谋长、长江水利委员会办公室设计代表处处长，在林一山的亲自指导下，与同事们一起，大胆提出挖除葛洲坝小岛；取消工程过鱼建筑物，改为人工放流鲟鱼；取消大江五孔泄水闸，代之以4台12.5万千瓦的机组。这些敢为人先的建议在当时没有可借鉴的经验，加之特殊的时代背景，争论异常激烈。

荆江分洪、杜家台分洪、丹江口水利枢纽、葛洲坝水利枢纽和长江三峡大坝，这一系列长江水系的大手笔，建成至今，一直运转正常，从未发生过重大事故。这些载入史册的实践验证了以文伏波为代表的新中国水利人睿智的应变能力和征服自然的力量。

历经磨难成大器

长江流域大江南北洒遍了他的汗水，一个又一个百年工程凝聚着他的心血，山川留下了他的足迹。在我们今天分享他的劳作所创造的幸福时，他的成就启发我们，相信每一个不平凡的人，或者说一个伟大的人，必然是天才加勤奋经过磨练而再生。

难忘 1949 年春夏，新中国即将诞生。然而，长江流域中下游，1948 年水灾留下“乾坤含疮痍，忧虞何时毕”的凄景，恰遇一场近 20 年未见的大水灾，造成无数堤垸溃决……

风华正茂的文伏波怀着满腔报国热情，在这年 9 月，等不及开国庆典的礼炮在北京天安门腾空而起，便打起背包告别校园，投身到灾后重建和沿江勘察工作中，和党政军民一起堵口复堤。“我在堵口复堤、生产自救的劳作中，身临萧瑟的灾后惨状，作为一名新中国的水利学子，年轻的水利工作者，深感肩负重担。回想起在江西彭泽县城查勘时，‘数月不知肉味’，我们想改善一下伙食，竟然走遍全城没嗅到一丝荤腥滋味，切身体会到水灾导致的贫乏，内心深处更加坚定水利是安邦定国的事业。”从此，文伏波的一生与水结缘，写就几十年“披星戴月走泥丸，笑饮风餐宿芦花”的艰苦岁月而又快乐的奋斗历程。

1972 年，周总理召集有关人员会商长江葛洲坝工程事宜，在翻阅汇报人员名单时，文伏波的名字引起了总理的兴趣，总理风趣地说：“啊，文伏波，你这个名字到越南去不好——东汉时期征战越南的马援就被封为伏波将军，搞水利却不错。你的名字不就是要降伏洪波吗！”

总理的话，一语点破了文伏波人生宿命。

用这样一首诗解读这位从桃江走出来的“当代大禹”的青少年简历——兵荒马乱洪灾泛 / 文家为国添英男 / 伏波立志降洪魔 / 金榜瞄准治水班 / 历经磨难屡求索 / 献身国民敢登攀 / 未等开国礼炮鸣 / 勘踏神州战犹酣。

1925 年 8 月，文伏波生在水乡泽国——湖南桃江，常见水患。正因如是，为摆脱困扰祖辈几代人的水患，父母对他寄予希望，遂取名“伏波”。文伏波青少年时期，处于大革命失败后，中华民族动荡不堪，老百姓饱受肌饿、贫困和战乱之苦。然而，在这样艰难的背景下，文家父母见小伏波格外聪颖，于是咬紧牙关，节俭拉债，让小伏波 5 岁就进了私塾。

艰苦的童年，催发他少年立志，积极进取，1943 年，考入位于南京的中央大学时选择了水利系。

不久，日军炮舰直逼南京，学校不得不迁到陪都重庆。1944年，国民党政府面对日军的攻击不堪一击，大片国土沦陷。上大二的文伏波毅然投笔从戎，参加远征军开赴缅甸。在残酷恶劣的战争环境里，10万远征军死伤达6.1万之多，年轻力壮的文伏波凭借自己坚强的意志和天生的体魄，鏖战滇缅，坚持到抗战胜利，继而重返母校继续学业，寻找报国之路。

人生夕阳如朝霞

雪花飞舞，春意盎然在即，仰望登临三峡大坝之巅的文老，心旷神怡，夕阳的彩虹胜比朝曦，治江神曲响彻山川大地。

◆在工地（右三）

文老一生虽然从事自然科学，其文史哲理修养也是一流，尤其在古诗词方面造诣颇深，即使在艰苦作业的环境里也激扬文字，让枯燥乏味的工地生活平添了几分人文情操。

1959年，文老泛舟丹江口碧波万顷于坝下，水轮发电机催人风发，于是欣然命笔《浪淘沙•丹江口有感》：

一九三五年 / 洪水滔天 / 汉江两岸漫无边 / 八万生灵随逝水 / 含恨九泉。

人民掌政权 / 干劲冲天 / 丹江口外筑石堤 / 防洪发电兼灌溉 / 福满人间。

诗人情感细腻，发自肺腑，牵挂万民。

1986年，文伏波把长江委副主任的接力棒传递给后来居上的水利人，担任长江委技术委员会主任。

近年，他潜心于奖掖后学，扶持青年，鼓励他们“多到前方去，到工地去，深入一线。”

文伏波先生一生为人十分谦逊，尽管他是首批中国工程院院士，资深的水利泰斗，可是，他说自己永远只是汪洋大海中的一滴水。

熟悉文老的人们非常敬佩他，虽年逾古稀，仍时常坚持亲临长江三峡实地探索，对治江之情仍然涛声依旧。常见耄耋之年的老者，多赋闲家中颐养天年。尽管近年来文老因为身体状况不允许每年去三峡考察，而文老一天都没得闲。

“老骥伏枥，志在千里，烈士暮年，壮心不已。”孟德名言，使人们从文老身体力行的岁月里，感受到文老这位新中国的科技工作者有一颗金子般闪光的心。

正因为有一颗金子般闪光的心，以及渊博的学识和毕生积累的宝贵经验，文伏波院士撰写出《按可持续发展和西部大开发的要求进一步搞好长江治理开发》、《南水北调与我国可持续发展》两部论著，向党向祖国向人民又奉上了一份沉甸甸的厚礼！

院士名片

黄旭华　男，舰船设计专家、核潜艇研究设计专家。原籍广东省揭阳市，1926年3月生于广东省汕尾市。1949年毕业于上海交通大学船舶制造专业。1994年当选为中国工程院院士。湖北省科协荣誉委员，曾任前中国船舶工业总公司719研究所副总工程师、副所长、所长兼代理党委书记、以及核潜艇工程副总设计师、总设计师、研究员、高级工程师等职。

长期从事核潜艇研制工作，开拓了我国核潜艇的研制领域，是中国第一代核动力潜艇研制创始人之一，被誉为“中国核潜艇之父”，为我国核潜艇事业的发展做出了杰出贡献。主持完成我国第一代核潜艇和导弹核潜艇研制，分别获1985年和1996年“国家科学技术进步奖”特等奖。1989年被授予“全国先进工作者”荣誉称号。

院士寄语

艰苦奋斗，创新超越，圆我中国梦。

30 年隐姓埋名别梦悠悠

谢学军

30 年！30 年，对人生何其漫长？！然而，黄旭华却用孤注一掷的“无名人生”，在中国隐蔽战线进行了长达 30 年的“水下长征”。

从 63 岁开始，他的母亲经常枯坐在广东老家的青石板上，看光阴升落，看日月轮回，盼自己最为骄傲的儿子从远方归来。直到 95 岁，她才在故乡老屋见到日思夜想的儿子。此时，儿子已年过花甲，双鬓白发。然而，年迈的母亲对儿子没有一丝责怪，更多的是欣慰与骄傲交织的泪水——眼前的儿子，已走过 30 年隐姓埋名、孤独而隐忍的生活，成为“中国核潜艇之父”……

2013 年 1 月 11 日，武汉 719 研究所，笔者聆听黄旭华院士的传奇人生故事，触摸这颗带着隐痛的灵魂跳动，彻骨的亲情挣扎与隐忍、痛苦与骄傲，呼啸而来……

临危受命，迈向“水下长征”

1944 年春，抗战进入白热化。日本侵略军攻陷长沙，沿湘桂铁路南下，桂林紧急疏散。少年黄旭华艰难行进在从桂林西进重庆的搏命旅途……悲愤之余，他突发奇想：若有一种武器，上能升天，保卫祖国万里长空；下能入海，捍卫祖国万里海疆，该多好啊！这个念头，在他心中逐渐沉淀为一种信仰。

黄旭华，本名黄绍强，1926 年 3 月生于广东汕尾田墘镇，家中有 9 个兄弟姐妹，他排行老三。父母先后在英国传教士开办的福音医院做医生，乐善好施，当地穷苦人家往往出不起医药费，母亲就免费为许多穷人家接过生却不求回报，总是亲切地对产妇家属说：“等孩子两岁（能说话），叫我一声干妈就行。”母亲的善举，在当地赢得广泛的美誉。

黄旭华自小读书聪明。当时，父母希望他和成绩同样优秀的大哥继承父母衣钵，将来从医，救死扶伤。

然而，这个烈火般的愿望接下来被战争掐灭了。1937 年，抗日战争爆发，沿海中学停办。1938 年大年初四，黄旭华不顾因战争交通中断造成的困难，徒步走了整整 4 天山路，进入了从汕头搬迁到山沟里继续办学的聿怀中学。为了求得安静的读书环境，1941 年，黄旭华和几个同学迎着炮火，来到当时的抗日文化名城桂林，考入著名的省立桂林中学高中部。1944 年，黄旭华高中毕业，辗转战时陪都重庆，报考因战乱而迁渝的大学。

儿行千里母担忧。在炮火的轰鸣中，在老家同样躲避战火的母亲，整天以泪洗面，担心儿子的安危。然而，让母亲欣慰的是，穿越连天的战火，挤过人山人海的火车，长途颠簸近两个月，九死一生的黄旭华终于抵达了重庆。可是，此时各高校招生已过，万般无奈，他只好进入国民党教育部为收容战区流亡学生特设的大学"先修班"。种种遭遇，使黄旭华思想上产生了极大的震动和转变，他断然放弃了继承父业的念头。一年后，他被保送中央大学航空系。同时，他又报考了心仪已久的上海交大，并于 1945 年 7 月以专业第一名的成绩考取了该校造船系船舶制造专业。同时被两所大学录取，都是理想的专业，他毅然选择当时被誉为"中国麻省理工学院"的上海交大，实现了颠沛流离旅途萌生的"造船造舰"抵御外侮的报国热望！

◆与刘华清

1949 年 7 月大学毕业后，他被分配到华东军管会船舶建设处，一年后调任上海招商局和港务局任机要秘书。1954 年，性格内敛低调的黄旭华被选送参加苏联援助中国的几型舰船的转让制造和仿制工作，在苏联专家指导下学习舰艇常规技术，很快上手。

1958 年，鉴于严峻的国际斗争形势，聂荣臻元帅以战略家的勇气向中央请求研制核潜艇，党中央、毛主席很快批准。核潜艇研制马上进入准备状态。组织上则看中了有苏联舰船专业经历的黄旭华，他有幸被选中参研，调到北京海军，不久后任核潜艇研究室副总工程师（当时未设总工程师）。

30 年亲情隐忍，“核潜艇之父”横空出世

核潜艇，是高度保密的国防尖端工程。上任第一天，领导找黄旭华严肃谈话：“小黄，你进了这个门，就得一辈子隐姓埋名守在这里，这是组织的保密纪律……”黄旭华牢记领导的指示，此后淡化了与家人和亲友的联系。

接到命令，黄旭华写信简单告诉远方的母亲，自己要到北京工作，但具体干什么，他只字未提。感觉到儿子是去“做大事”，知书达理的母亲也没多问。就这样，黄旭华辞别妻女，隐姓埋名，进入海军工作。

当时，核潜艇什么模样，大家都没见过，手头只有一位外交官从国外带回的一个核潜艇玩具模型。这个玩具模型，被专家们拆了装，装了又拆，而对“真家伙”的内部结构则一无所知。1959 年，赫鲁晓夫访华，中国提出希望苏联帮助，但赫鲁晓夫认为，中国人造不了核潜艇。赫鲁晓夫的傲慢，令毛泽东发出巨人的怒吼：“核潜艇——一万年也要搞出来！”

军令如山！当时辽宁葫芦岛造船基地，还是一片三面临海、长满杂草的蛮荒世界，“常年刮风暴，一刮就半年”，气候异常恶劣。然而，更糟糕的是，黄旭华碰到的第一个难题：潜艇的形状。可不要小看这个形状，它对于在阻力很大的海水里航行的潜艇来说，有着举足轻重的作用。黄旭华等选择了难度很大却是最先进的“水滴线型”为艇体的形状。为了确定水滴线型的可行性，他和同志们在实验室里不知度过了多少个不眠之夜。试验，没有风洞和大型水池，没有高强度厚钢板和加工设备，关键的是中国还没有陆上核电站。希望一次次进去，失望一次次出来……1962 年，这项工程不得不暂时下马。1965 年，二、六机部党组建议恢复研制，中央很快批复同意重新上马。

黄旭华十分清楚，研制核潜艇，美国走了三步，原苏联走了五步。中国怎么搞？照美式苏式，稳妥，但时间拖不起。一步到位，时间短，但风险太大。可是我们有什么理由非走别人的老路不可呢？黄旭华选择了“太多风险”的路——三步并作一步：一步到位！

当时，国外资料真假难分、虚实难辨。某外刊资料称：为保证导弹发射落点精度，美国打算在艇上装一个 65 吨重的大陀螺，以稳定其航行状态。但这么大的物体中国一时不能生产，设计组反复论证分析试验数据，表明没它也行。但专家争论激烈，人家比我们先进都用，我们不用，发射时潜艇翻了谁敢负责？打不中目标谁敢负责？黄旭华想：我们是独立研究，不是抄袭，有什么必要跟在人家屁股后边跑？既然试验可以不装，就应该相信自己的试验结论——不装！黄旭华拍板报聂荣臻元帅批准定案。后来得知，其实美国压根儿就没有装这个

巨型陀螺，黄旭华总算没上当。

科技人员又围绕着新式潜艇的 15 个难题展开了攻坚战。最后，这些难点又综合为 7 大技术关键……在不到 5 年的时间里，先后取得了成功，其中一些成果已达到国际先进水平。

思念妻女心切，黄旭华后来把妻子也调到本单位，整个家也搬到了这座荒凉的小岛。平时，他没时间回家，偶尔回家，女儿就说他是“到家里出差来啦”，夫人说他是“真正的客家人”。是的，为了艇上千万台件设备，上百公里长的电缆、管道，他要“网络”全国 24 个省市的 2000 多家科研、工厂和院校等单位，工程复杂，牵涉面广，难度可想而知。那时没有计算机，他和同事们用算盘、手摇计算器和计算尺演算出成千上万个数据，送走了一个个不眠之夜……终于，中国的核潜艇搞出来了。

1970 年，第一艘核潜艇下水。

1974 年，第一艘核动力潜艇交付海军使用。

1981 年第一艘导弹核潜艇顺利下水。导弹核潜艇，相对于陆地核基地，作为水下机动的核弹发射场，是“国家二次核打击力量”。中国，成为继美、苏、英、法之后世界上第五个拥有核潜艇的国家。

此时，远在汕尾老家的母亲，丝毫不知这项震惊世界的壮举是人间蒸发般的儿子领头创造的。即使是 20 世纪 70 年代父亲因病去世，他也没回家奔丧。父亲去世时，只知道三儿子在北京工作，但不知道是什么单位，更不知道在干什么。“文革”期间，母亲被下放发配到农村养猪，睡猪棚，吃咸菜，受尽屈辱，儿子却依然不见踪影……儿子的影像模糊了，但在母亲心里，儿子是永远的挂念。黄旭华心里虽刻骨地思念母亲，然而，核潜艇研制进入

◆与聂荣臻

新的攻坚阶段，千头万绪的科研工作和严密的组织纪律，他只能偶尔写封信回家问候，信里面不能谈工作，不能吐露驻地，他只能将思亲之痛独自吞咽……

1988 年，南海深潜试验，黄旭华顺道探视老母。95 岁的母亲，终于见到日思夜盼的儿子。母子对视，却无语凝噎。此时，黄旭华已 62 岁，双鬓染上白发。30 年不见，母亲静静地看着儿子。眼前的儿子，熟悉而陌生。但很快，她被巨大的骄傲激动得泪流满面……

原来，回家前夕，母亲意外收到黄旭华寄来的一本杂志。这是 1987 年第 6 期上海出版的《文汇月刊》。多病的母亲看了又看，反复读着上面一篇文章:《赫赫而无名的人生》。这篇两万多字的报告文学，系湖北作家祖慰所采写，记录了黄旭华隐姓埋名的“水下人生”。读着读着，母亲嘴唇哆嗦起来，她没想到，30 年人间蒸发、被弟弟妹妹谴责“不要家”的“不孝之子”，竟在为国家做一件惊天动地的“大事”！ 此时，站在面前的儿子已是垂暮之年！

对黄旭华而言，自己身份的解禁，让他放下了压在心头 30 年的磐石。当年，随社会日益开放，经国家相关部门审批，他可以向社会公开那个隐藏的身份，就欣然接受了作家祖慰的专访，《赫赫而无名的人生》一时轰动全国。

面对儿子眼中的愧疚，母亲抹干眼泪，转头对其他子女说:“三哥的事情，你们要理解！”知儿莫如母。除大哥外，黄旭华其他兄弟姐妹几十年来一直怨艾他“不要家”，因父母年迈力衰，随军南下的大哥就把 4 个弟妹带到广州南方革大学习，参加工作。但母亲这句话，让他一下释然，泪盈眼眶……伫立在父亲墓前，黄旭华含泪道:“儿子的事，相信您也能理解……”

在家短暂停留后，黄旭华还没来得及和母亲多说几句话，就踏上了新的“水下征程”。

慈母永别，深海壮歌

1988 年初，我国核潜艇完成多次试验后，按设计极限深度在南海作深潜试验。所有参试人员都明白，中国只有常规潜艇下潜经验，而核潜艇要复杂危险得多，这是一次史无前例的试验！ 20 世纪 70 年代末，美国王牌核潜艇“长尾鲨号”就是在深潜试验时，下去后再没有上来，艇上 160 多人全部葬身海底，至今仍难找到确切的失败原因。这艘由里到外全部由中国人自己造出来的艇，能闯过中国核潜艇研制史上首次深潜试验的大关吗？！个别专家也满腹狐疑，有的参试人员做好了牺牲准备，向亲人嘱托了后事。

那段时间，参试人员常唱起当年流行的歌曲《血染的风采》，营地里弥漫着

“壮士一去不复还”的气氛。黄旭华也明白：越是危险的试验，越需要沉着冷静，越需要精神集中。他和同事们再一次检查每一台设备，每一块钢板，每一条焊缝，每一根管道，确认万无一失才决定下潜。

看出黄旭华心头的重压，夫人李世英对他说：“旭华，你是总设计师，你一定要下去。你如果不下去，这个队伍还怎么带？”妻子的话，给了黄旭华力量。于是，下潜前，他对参试团队发出总动员：“今天不是叫你们去‘光荣’的，而是要把实验数据带回来。我和你们一起下去，一起克服困难！”

在国外，核潜艇总设计师是科研团队保护的“第一人”，黄旭华却要做第一个“吃螃蟹”的人。在他的精神感染下，所有参试人员也变得淡定。惊心动魄的深潜开始了：50 米、100 米……每下潜若干米，就得报告有关指数，为避免艇上操纵人员因紧张而误操作，黄旭华要求测试人员在接近极限深度最危险的时刻，用字母表示结构和动力变化情况：A，正常；B，接近临界；C，超标。深潜过程中，艇壳骇人地承受着巨大的水压，多处“咔嗒”、“咔嗒”地响……

这一天，李世英也惴惴不安。她与丈夫是在上海港务局一起工作认识的，共同的事业让他俩种下爱情的种子。1956 年，他们结成伉俪，并先后生下 3 个女儿。试验一旦失败，孩子们就将失去爸爸，失去最宽厚的父爱。为排遣内心挥之不去的压力，试验前她去海南岛兜了一圈，一路上却抑制不住担忧，提前返回。当得知深潜试验成功并创世界首例的消息时，她愣了半晌，这个默默支撑着家庭重担、抚育 3 个孩子的女人，竟放声大哭……

1994 年，因其在核潜艇研制方面功勋卓著，黄旭华当选中国工程院院士，被媒体誉为“中国核潜艇之父”。他却说：“中国核潜艇是在毛泽东、周恩来、聂荣臻等直接领导下，由大批科研人员和工人师傅集体创造出来的，是集体智慧的结晶，我只是其中一员，在自己的岗位上尽心尽力做了应该做的事。”

此时，远在汕尾老家的母亲，已 101 岁高龄，得知这个轰动世界的消息，她嘴唇颤抖：“绍强，好啊，对得起黄家列祖列宗啊！……”儿子的成就，让体弱多病的母亲想再多活几年。

然而，1995 年 3 月的一天早晨，黄旭华忽然接到汕尾打来的急电，里面传来弟弟的哭声：“三哥，妈妈不行了，你快回来吧……”原来，102 岁高龄的母亲，不久前先后摔了两跤，导致内脏破裂，治疗无效，生命垂危。为不影响儿子工作，这个百岁老人不愿惊扰千里之外在武汉的儿子。弥留之际，她却在昏昏沉沉呼唤着儿子的名字：“绍强，绍强在哪？……”

飞机、汽车、三轮车……一路狂奔，69 岁的黄旭华心急如焚，痛悔不已。父亲 20 多年前去世后，孤苦的母亲独守故乡老屋。那间老屋，仿佛盘着她的根。即使是病前一段日子，她还拖着不便的腿，洗衣、浇花、写信、起居也自己安排。在几个子女中，黄旭华觉得自己“最为不孝”。

下午 3 时许，黄旭华赶到汕尾老家，蹲在母亲病床前，轻唤了一声“妈”就泪水盈眶。此时母亲气若游丝，但还是认出了风尘仆仆的儿子，显然很吃惊，虚弱地问：“绍强，谁……通知……你的？”她很想起身好好看看儿子，却全身无力。黄旭华哽咽道：“妈，我很想你……”母亲怕儿子一路劳累，摆摆手，示意黄旭华“休息”。但过了一会儿，老人对身边的女儿说：“叫三哥来。”这一次，母亲坐了起来，戴上眼镜，嘴角挤出一丝微笑：“你长肥了……”但很快，她再一次陷入昏迷……不知过了多久，当医生的女儿给母亲把脉后，对三哥哭着说：“妈妈走了……”

从回到家，到母亲去世，前后不过两三个小时，黄旭华再也忍不住悲痛，老泪纵横。弟弟哭着大声埋怨：“你不回来，妈妈就不会走……”这句话，让黄旭华顿感万箭穿心般疼痛……

按照当地习俗，活过百岁的老人，终年要加两岁，即天 1 岁，地 1 岁，也就是母亲的享年是 104 岁。然而，其他兄妹之前一直盼望母亲活到最为吉利的 105 岁。这个愿望终究没有实现，这让黄旭华心头的愧疚更加强烈。30 年隐姓埋名，别梦依稀。时光的荒原长满野草，亲情的大树，却以向上的姿态，长成参天大树。葬礼这天，100 多位曾受过母亲医治和接生的“干儿女”，前来为母亲送葬。在母亲的坟头，黄旭华长跪不起……

安葬完母亲后，黄旭华又回到工作岗位，为中国的核潜艇事业的掘进而发力。如今，87 岁高龄的黄旭华院士一直没有闲下来。在钓鱼岛、黄岩岛等中国海疆面临新的挑战面前，他带领科研团队，继续踏上了“水下征程”！

院士名片

於崇文　男，地球化学动力学家、矿床地球化学家、地质教育家。籍贯浙江省宁波市，1924年2月生于上海。1950年毕业于北京大学地质学系。1995年当选为中国科学院院士。中国地质大学（武汉）教授，湖北省科协荣誉委员。先后任教于北京大学地质学系，北京地质学院（武汉地质学院），中国地质大学（武汉）。曾任地质矿产部科学技术高级顾问，国土资源部地质调查局顾问，地质过程与矿产资源国家重点实验室顾问，中国地质学会勘查地球化学专业委员会名誉主任委员，中国矿物岩石地球化学学会常务委员、顾问，元素地球化学与区域地球化学专业委员会主任委员等职。

一生潜心于地学基础理论研究，长期致力于将基础自然科学和非线性科学及复杂性理论与地球科学相结合，先后开辟和发展了5个创新的学术领域——地质—地球化学中的多元分析、区域地球化学、成矿作用动力学、地质系统的复杂性以及成矿系统的复杂性，促进了地球科学从唯象科学向精确科学跨越。曾获“国家科技进步奖”二等奖，“中国出版政府奖图书奖”提名奖，地质矿产部科技成果一、二等奖和地质科学最高奖——“李四光地质科学奖”等奖励。代表作有《南岭地区区域地球化学》、《成矿作用动力学》、《地质系统的复杂性》和《矿床在混沌边缘分形生长》等专著。

院士寄语

路漫漫其修远兮，吾将上下而求索。

上下求索兴中华

胡铁树　张书成

於崇文写给笔者的条幅，内容是“路漫漫其修远兮，吾将上下而求索。”这让笔者很自然地联想到两千多年前的楚大夫屈原。他们实在太像了，都有一个踽踽独行的背影，都有一颗孤傲的心。不同的是，屈原是不幸的，他迷失于求索之旅，并以生命为代价选择了避世；於崇文则幸运得多，他目标笃定，在自己开辟的科学领域上下求索，在属于他的理想王国纵横驰骋。

於崇文今年 90 岁了。90 岁，本身就是一个值得尊敬的年龄，更何况，他是一位把毕生的心血全部献给了伟大事业的科学家！

少年博采中西文化

1924 年农历正月十一，於崇文生于上海，父亲是一家纱厂的会计，母亲做过纱厂女工。虽是寻常人家，但父母对教育格外重视。

於崇文说：“我一上学就上英国人办的公学，学习英文，接受的是英国式教育。校长每周训话一次，无非是纪律，除了纪律还是纪律。”

后来他转入建校百年以上的著名中小学之一——澄衷中小学，接受全面启蒙。澄衷中小学的教育非常严格，任何一门课不及格都不准毕业，而课程多到难以置信，有国文、英文、算术、物理、化学、历史、地理、音乐、美术、体育、劳作和公民，等等。老师都是当时上海的著名学者：国文老师是前清秀才；算术老师陈嶽生是著名学者；班主任翁老师是书法家，曾用宣纸写就“洁身自好”四字赠给他；体育老师是有名的体育教练，曾编写我国著名的“八段锦”体操；劳作老师教给他动手能力，也教给他凡事要自己动手的道理……

於崇文说：“大概是 2005 年吧，我在江西的三清山考察地质，无意中发现一面石壁上有钱君匋先生的题词，顿时唏嘘不已，想起了那些年，那些事。还记得翁老师教我写楷书，看我写得潦草，就拿一把戒尺‘啪啪啪’打我的手心，虽然委屈，但我没有怨言。”

各有专长的老师把於崇文合力打造成了一个全面发展的好学生，既严谨又灵巧，能编织花篮，制作摇尾巴的狗、自己走动的坦克。他因认真求实、精益求精被同学们戏称为“德国人”。

於崇文深深感谢他的双亲，他们的厚爱让他在童年时期享受到无穷的乐趣。在学校图书馆，他能找到自己喜爱的读物，家里也有《希腊神话》、《一千零一夜》、《鲁宾逊漂流记》之类的藏书。而课外时间都由他自己支配，种花、养鱼、养鸡、养鸭，也养蟋蟀、蝈蝈和金铃子。打苍蝇喂小鸭，在水池中放水让小鸭游泳，和它们和谐相处，做到他发出口令它们就会跟着他到处走。他也打球、玩铃角、踩高跷、玩箜竹等等，做他喜欢做的事。

但是，这样的宁静不断被打破。

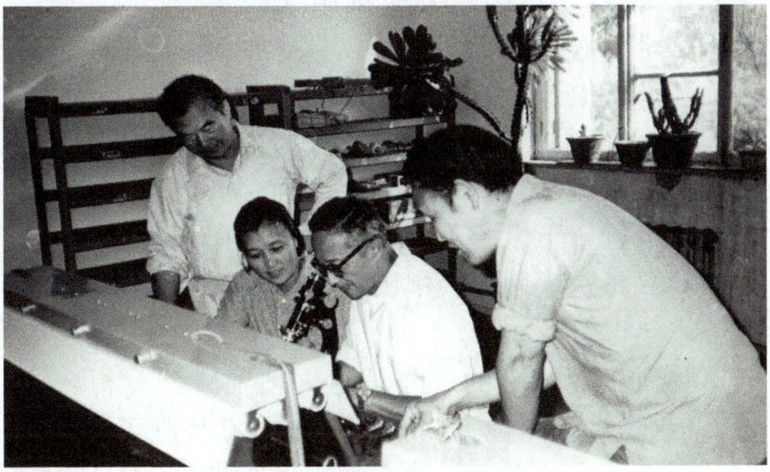
◆ 1983 年 9 月和同事们在实验室工作

於崇文回忆道：“1932 年 12 月 8 日，日本飞机轰炸上海，我们全家跑回镇海老家避难。那时我才 8 岁，跟父亲去水塘边用竹筐捕虾。芝麻成熟时，又割芝麻。搬运芝麻秆时我漫不经心，芝麻撒在地上，父亲严厉地训斥我：‘做一件事，就必须把它做好！’这话我牢记终生。”

1937 年抗日战争爆发，上海沦陷，於崇文再也开心不起来。

於崇文的高中时代是在南洋中学度过的。南洋中学创建于 1896 年，是国人自力主办新式学校最早的范例，在爱国教育家王培孙先生科学报国思想的引导下，形成了“自主，求实，俭朴，好学”的校风。南洋中学的教师几乎都是南洋大学（今上海交大）的校友，有的直接就是南洋大学的兼职教授。除国文外，所有教材都采用英文课本，而且是当时西方国家久经考验的著名教科书。英文课的内容包括文法、修辞学、英国文学、现代英语、会话、作文和中英文互译。若干年后，他能够轻松地读懂原版英文著作，不致落后于时代，不致被世界科技潮流所淘汰，正是得益于此。

此间，於崇文吸收到来自多方面的知识，既读过鲁迅、茅盾、巴金的杂文、小说和新月派的新诗，也读过国外的文学名著，读过艾思奇和胡绳的哲学和社科著作以及来自前苏联的社科书籍。这让他具备了广泛的学术取向和自学成才的能力。

求索之旅兼容并包

故乡正遭受侵略者的蹂躏，於崇文是苦闷的、压抑的，他不甘心在沦陷区挣扎，渴望找到一条出路以摆脱困境。1942年读高二时他打算和同学共赴金华，但金华很快沦陷。1943年他终于觅得一个机会，离开了上海这座“孤岛”。

他开启了有生以来最早的求索之旅。虽然他的知识积累还不足以支撑他踏上人生旅程，但他不得不提前出发。

这是一次辗转江、浙、闽、赣、湘、黔、川、滇诸省的长途跋涉。长路漫漫，前途茫茫，他开始独立生活。

於崇文说：“当时的目标是重庆，是赶考，参加大学的入学考试。交通困难，经常长途步行，不巧又身患痢疾，走到龙泉时体力不行了，就在浙江大学的龙泉分校歇下来。不料突发鼠疫，在龙泉逗留了一个月，赶到零陵时考期已过。我二哥在零陵，在中国零陵耐火砖厂做事，他给我找了个事，暂时安顿下来等来年再考。”

临时工於崇文的工作是耐火粘土成分分析。这是他在课堂上没有接触过的，但在靳凤桐的关心帮助下，他逐渐战胜了困难。

靳凤桐是北京大学地质系的早期毕业生，当时在湖南地质调查所工作，受耐火砖厂之邀来勘查耐火粘土资源。在好奇心的驱使下，於崇文跟着靳凤桐在粘土矿的矿峒爬进爬出，从此在心里播下了地质学的种子。可以说，靳凤桐是把於崇文带进地质学领域的第一任导师。他的出现貌似偶然，但从於崇文未来的成就看，这或许是冥冥之中的必然。

於崇文的命运正在与地质学悄悄交集，只是他还没有意识到而已。

1944年的上半年，日军打过衡阳逼近零陵，於崇文逃到重庆，跟穷学生们一道露宿在廊檐下。随后他考取了西南联大，又从重庆转赴昆明。在西南联大这个“民主堡垒”，他接受了民主思想。他听过张奚若批评国事的报告，听过闻一多、费孝通、钱端升等教授的政治讲演，还亲自参与了“一二•一”运动。本来他打算读造船系或纺织系，但大后方没有这两个专业，就报了机械系。大一没有分系，华罗庚、陈省身、杨武之、吴大猷、吴晗、申又枨等名师亲临一线授课，对他学习并掌握基本理论和基础知识起到了决定性的作用。

此时於崇文靠少许助学金度日，虽土坯茅屋、粗茶淡饭，然不觉其苦。后因伤寒休学，进一家锯木厂打工，一年以后略有积余才复学。受靳凤桐的影响，他放弃机械系，转入地质地理气象系。抗战胜利后，西南联大恢复成原来的北大、清华和南开三校，他选择了北大地质学系，从此确立了终身从事地质工作的志向。

於崇文在北大地质学系如鱼得水，这里既有中国最好的老师，又有丰富的馆藏，还有价值连城的岩石和古生物化石标本，以及先进、完备的教学设备。科学的大门向这个向往科学的学子敞开。

尤为可喜的是，北京大学在蔡元培的倡导下，形成了“兼容并包，思想自由”的校风，历届师生皆身体力行。於崇文在此氛围下，逐步完善了自己“独立思考，自由探索”的学风，并贯穿一生。

动荡岁月坚守信仰

尽管长期身处恶劣的战争环境，於崇文仍然接受到优良的教育，但又因战争蹉跎了 4 载光阴，直到 1950 年才从大学毕业。

毕业后的於崇文选择了从教，把教育对他的影响归纳成 16 个字：学习思考，锲而不舍，探索创新，攀登不息。他把这 16 个字又传承给了他的学生。

毕业刚满 3 年，於崇文就晋升为讲师。因其系统全面、逻辑严密的思维习惯，深入浅出、准确而又简明的语言和文字表达能力，深受学生喜爱，很多学生至今都保存着他 40 多年前讲课的笔记。

◆ 1997 年 4 月 30 日在武昌森林公园与研究生畅谈

在学生心里，老师最可贵之处，在于他对真理的坚守。

建国初期，我国向前苏联一边倒，从教学体制到教学内容、教学方法一概向前苏联学习。但是於崇文坚持“兼容并包”的学术思想，同时向西方学习，在教学内容上将两者结合起来。当旁人告诉他这种做法冒有一定的政治风险时，他并没有胆怯和畏缩，而是坦然面对。在“红专辩论”中，他因“走白专道路”和“知识资本论”而受批判，并在1958年被“拔白旗”，但这些并没有动摇他为科学事业献身的信念。

为此，於崇文也付出了沉重的代价。

“文化大革命”开始后，他受到冲击。1969年，军宣队宣布全校大部分教职工下放干校劳动，声称从此知识分子扎根农村，并限定几天之内收拾停当，各自带领家眷奔赴江西峡江县仁和镇干校劳动。一声令下，於崇文一家立即行动起来。最令他为难的是，他的主要“财产”——大量的俄文原版和英文翻版专业书籍应该如何处理。想到今后要在农村落户从事体力劳动，书籍已成多余之物，他下狠心将这些书籍用十六七个麻袋胡乱装起来，当废纸卖掉了。当时是轻装上阵了，可是等他需要时，这些被“革了命”的“文化”再也找不回来了。这成为他一生中最痛心的事情之一。

到了干校，於崇文老老实实地参加劳动，安排什么就干什么，砍柴、挑粪、种菜、插秧、打土坯、砌墙盖房和催芽。当泥瓦工时，他向工人师傅学习“横平竖直”的要领，取得了建房子的经验。砌砖窑时，他受师傅指派，与另一位同事对砌技术难度较大的圆形拱顶，获得成功。催芽时，他一方面向农民学习“干根湿芽”的要领，一方面经过科学试验和不断改进，取得了将发芽周期从35小时缩短至24小时的佳绩，所得到的奖赏，就是光荣地入选插秧队插秧。他把认真劲儿带到了改造他思想的地方，没有因落魄而失去精神。

偶尔，他也有被需要的时候。1971年，他被抽调至福建教改小分队参加教育革命。在此期间，他在闽南地区主要矿山进行地质调查和考察，并搜集实际资料，结合理论整理编写成结合闽南矿床实际的矿床学教材。他和闽南地质队的工人同吃、同住、同劳动，向他们传授有关矿产资源的地质知识。他克服重重困难，创造条件，努力完成自己的科学使命。

逆境，是成功者的试金石。在逆境中，有人选择了背叛，有人选择了放弃甚至轻生，但於崇文选择了坦然面对，乐观向上。

1972年，於崇文终于从干校返校。不久，他为冶金部的化探工程师在广西桂林举办地球化学高级短训班，对生产部门的技术干部进行在职培训，提高他们的专业理论水平。经历了曲曲折折、坎坎坷坷之后，他再次有了用武之地。

於崇文的求索之旅被迫一度偏离轨道，但他坚信迟早要回归正常，他也终于等到了这一天。从此，他选定了这条道路，不管风云如何变幻，坚定地走到今天。

追梦脚步永不停歇

回顾往事，於崇文认为自己只是在有限的生命历程中做了一些力所能及的实事。他说："这算不上什么贡献，然而扪心自问，还不至愧对祖国和人民。"

於崇文是一个对科学有着执著追求的人。

从教早期，他"自导、自编、自印、自演"，即自行选定教学内容，自己编写教材讲义，自己刻写钢板、推油印机印讲义，自己讲课自己辅导。他白天工作，晚上突击学习俄语，短期内基本掌握了语法和专业词汇，并尽力将前苏联的地质专业知识吸收到教学内容中去。他常常开夜车，甚至通宵不眠。往往是一夜未睡，凌晨刚印完讲义，就从端王府夹道登车赶往沙滩地质馆讲课。

一个人竟有如此之大的潜力，回想当年，於崇文自己也感到吃惊。

他刚开始是教结晶学与矿物学，后来坚持己见，开设新课——地球化学，填补了我国地球化学学科的空白。他是在国内高等学校第二个开设地球化学课程的人。当时地球化学刚刚诞生，国际上门派众多，他科学地吸收了各门各派的知识精髓，以此为基础作进一步的拓展和深化。

1972 年，经过对国外学术动态的调查研究，他预见到地球科学中应用多元统计分析进行研究，并用计算机进行信息处理的地质科学定量化时代必将到来，决定选择地质数学作为下一步探索研究的方向和领域。

◆ 1999 年 6 月 6 日在美国加州考察地震地质

20 世纪 80 年代，他提出"广义地球化学动力学"的新定义和命题，并在其中发展出"成矿作用动力学"的理论体系和方法论，使矿床成因和成矿规律研究从定性走向定量，从静态上升到动态，开辟了矿床学的崭新领域。

20 世纪 90 年代，他取得了"大型矿床和成矿区（带）形成在混沌边缘"的研究成果。迄今为止，国内外尚无他人提出这一命题。世纪之交，他又将其进一步完善和发展，提出了新的成矿理论：“矿床在混沌边缘分形生长——一种新的成矿理论与方法论”，这是对传统矿床成因理论和成矿规律研究方法的重大突破。

在几十年的研究生涯中，於崇文攻克了一座座科学堡垒，成就突出。1991年，荣获第二届“李四光地质科学奖”，这是我国地质科学最高奖。1995年，他当选为中国科学院院士。

但是，於崇文并不因此而满足。

大学期间，他听到一位前辈说，地质学是一门不科学的学科。这句话印在他的脑海里，令他不安。他不能接受这种状况，试图改变之。于是，在半个多世纪的时间里，他将基础自然科学和复杂性科学与地球科学结合起来研究，并取得突破性进展。

於崇文还筹建了地球化学与地球化学探矿专业，培养了大批科研人才和技术骨干。他是地质科学学科发展与建设的探索者和开拓者，为中国的地质找矿、地质科学和地质教育的发展做出了重要贡献。

於崇文先后开拓出5个创新的学术领域：将多元分析系统全面地引入地质—地球化学，推动地球科学的定量化；以耗散结构理论为基础，探索和发展了“区域地球化学”新学科；将动力学与成矿作用相结合，开辟“成矿作用动力学”的矿床成因研究新方向；探索地质系统复杂性的本质，促进地质科学从唯象科学向精确科学跨越；运用复杂性科学研究矿产资源的形成与发展，提出“矿床在混沌边缘分形生长”的新成矿理论与探索矿产资源可持续发展的新途径。

近多年以来，他将世界科学界称之为“21世纪的科学”的复杂性科学与地质学结合起来进行系统研究，把满腔热情诉诸笔端。影响最大的两部巨著是《地质系统的复杂性》上下卷和《矿床在混沌边缘分形生长》上下卷，历时10年，总计430万字。对于这些“凝聚了一生心血的科研精粹”，於崇文保守地评价它们“至少比现行的传统地质学研究提前了10到15年”。

虽已是暮年，但於崇文追梦的脚步从来没有停止过。在学校，他风雨无阻地上班，哪怕是国庆长假，照样骑着那辆已有20多年历史的旧自行车，准时到达北京校区的红色教二楼。在野外，他脚穿长筒靴，手拿地质锤，穿梭在荒山野岭。2004年在安徽铜陵，他以80之寿、羸弱之躯下到800米深的矿井，任凭衣衫被汗水湿透，任凭胸腔闷得发慌。

……

“路漫漫其修远兮，吾将上下而求索。”这不正是对於崇文一生的真实写照么？

院士名片

张景中　男，计算机科学家、数学家。籍贯河南省汝南县，1936年12月生于河南省开封市。1959年毕业于北京大学数学力学系。1991年开始享受政府特殊津贴。1995年当选为中国科学院院士。华中师范大学国家数字化学习工程技术研究中心学术委员会副主任，广州大学计算机教育软件研究所名誉所长，中科院重庆绿色智能技术研究院、电子科技大学、成都中科信息公司等单位博导，中国科学院成都计算机应用研究所名誉所长，《计算机应用》主编等。

提出和实现了定理机器证明的数值并行方法。把多年来在教育数学研究中所发展的几何新方法用于机器证明，并提出消点思想，创建了几何定理可读证明自动生成的原理和方法。用这个方法可在微机上快速地进行几何证明，计算和发明新定理，并给出易于理解的有几何意义的证明。发展了非线性振动技术。发展了几何算法的研究，解决了初等图形在欧氏空间嵌入等问题。开拓教育数学的研究，提出以面积为中心的几何教材新体系新方法极限概念的非e语言和连续归纳法，将自动推理的成果和方法用于ICAI的研究，主持开发了新型智能理科教育软件。曾获“国家发明奖”二等奖，“国家自然科学奖”二等奖、中国科学院“自然科学奖”一等奖和两次“国家科技进步奖”二等奖。

院士寄语

三人行必有我师。

翻滚在历史长河的浪花

张品正 翟 锦

是水珠就要泛出美丽浪花

1936 年 12 月，张景中生于河南开封。父亲张乐群，是中学文史教师。生母邱慧敏是美术教师，在张景中 3 岁时就离开了人世。

童年对他影响最大的人是祖母李凤彩——汝南县李寨一个大地主的女儿，读过私塾。在那兵荒马乱的抗日年代，她常在枪炮声中牵着张景中和他哥哥跑进高粱地深处，从怀里掏出一本破旧的《古文观止》，教他们读背。她最大的愿望是两个孙子读书成才当老师。

1945 年抗战胜利后，张景中在汝南百泉师范附小上学。大他两岁的哥哥景生高他一年级。哥哥常把刚学过的功课传授给弟弟。这使小景中学得非常轻松。有一年，哥哥在全县小学生作文比赛中获冠军，景中是亚军。第二年，张景中得了美术、演说和作文比赛 3 个冠军，大受师生钦佩。

张景中中学时期兴趣广泛，从象棋、乒乓球、文艺演出到各种社会政治活动，他都积极参与。初二时爱好写作，并在当时的省级文艺刊物《翻身文艺》上发表处女作。

高中时，他特别喜欢理化实验。课外，他四处找废旧材料，做过小电动机、收音机、听筒、小显微镜。实验室里有许多药品，因战乱无人管理以至标签都没了。老师特许他做化验，他居然准确无误地查出了 10 多瓶无标签药品。

到高三，张景中渴望学习大学知识，借来一本微积分学的书，觉得妙不可言，决定报考数学系。

1954 年夏，他考进北京大学。

大一时，他在解析几何教科书上看到函数方程 $f(x+y)=f(x)+f(y)$ 的连续解只有 $f(x)=cx$。便想如果不限制连续性呢？结果得到一个确定它全部解的方法，写成论文，居然顺利地刊登在《数学进展》杂志上。没高兴多久，编辑部来信了，告知他读者来函问：关于这结果，前人做了哪些工作？并指出：研究者在发表自己的成果之前，应当了解别人已经做出了什么，这才是负责的态度。费了九牛二虎之力，张景中终于伤心地发现：早在1920年，德国的哈默尔已做了这个工作。只好复信致歉。但他勤奋钻研的学习精神和发散性思维的求异方式已现端倪。

后来张景中才知道，这位“读者”竟是华罗庚先生，《数学进展》杂志的主编，刊物出版后华罗庚查阅资料，才发现张景中的论述已经早被哈默尔论证过。他自省之余，让编辑部给作者写信，意在促使作者了解科学研究的入门规矩。

北大数学系学生课外学术活动当时很活跃。张景中参加了丁石孙先生所指导的代数课外小组。先是研究矩阵的无穷乘积，后来又对函数的迭代问题产生了很大兴趣。他爱好广泛，除了下象棋、打乒乓球外，还参加了北大诗社。张景中思想活跃，勤奋好学，被北大数学系同学戏称为“十大才子”之一。

1956年夏，系里试行“免修”制度：自学某门课并在开课前考得优良成绩者可以免修。张景中免修了实变和复变两门主要课程，将充裕的时间用于多读书多看文献，夯实基础。

是浪花就该在漩涡中激荡

然而，1957年的到来，一切都变了。

这一年他被划为“右派”，命运逆转。1958年2月被开除学籍，并被送去劳动教养。他在半步桥收容所经过半月“学习”，就被遣送到天津附近的茶淀站，分配到清河农场。这里属于北京市公安系统劳改机构。张景中先到于家岭西村，后来又到了584分场、化肥厂、于家岭东村等单位。

“大跃进”年代，劳教农场里劳动之紧张与沉重不难想象。白天劳动，已让他累得够呛，晚上还要开会、学习，一天下来，人像散了架似的。尽管他有足够的心理准备，但面对现实与想象中的巨大落差，他还是难以接受。

在这种环境中，年轻的张景中找寻着属于自己的快乐，作为水珠，争取成为透明闪亮的一颗。他随身带的几本书，其中《数论基础》是最常翻看的。里面有许多好习题，忙里偷闲记一道在心里，上下工的路上或开会时就足够琢磨一阵子了。有时在路上不想题，就边走边和同伴下盲棋，以此锻炼记忆力和思维意志力，这也培养了他后来不用纸笔就能把问题理清想透的能力。

在农场里，他种过小麦、水稻；在化肥厂里，他烧过石灰、做过盐酸。而干得最多的是挖泥抬土。

经历了3年自然灾害的严酷磨练后，张景中于1962年解除劳动教养，留在农场“就业”。其中最好的一段时光是他调到农场的航运队，乘船沿金钟河往返于天津和清河农场之间。从天津运回垃圾当肥料，又把农场生产的葡萄运到天津，比在田里劳动宽松了许多，能腾出一些时间看书、思考，甚至将一些研究成果撰文投稿。

好景不长，“文化大革命”来了。

1966年8月，张景中和许多“就业人员”被集体调往新疆生产建设兵团。在新疆度过了12年零4个月。

这支从北京的几个农场集中起来的队伍，组成了新疆生产建设兵团工二师的一个工程支队。任务是修一条从库尔勒到若羌的公路，全长400公里。

挖土、抬土、浇灌水泥，制砖，建桥铺路……再也挤不出一点时间来学数学了。劳动之外，除了吃饭、睡觉，就是开会，读“红宝书”。因为是“黑五类”，星期天还要加班劳动，打扫厕所、砍柴。

路修了5年，1971年竣工。工程支队各连分别调到兵团农二师各团场。张景中所在的七连到了巴州21团场。它位于库尔勒地区焉耆县，土地平整，林带茂盛，在南疆算是相当不错的农场了。他们连定名为基建连，任务是建房和兴建农田水利工程。

林彪垮台前不久，张景中摘掉了“右派”的帽子。虽然如此，毕竟和没摘帽的“右派”不同，有了相对多的生活权利和生活空间，最重要的是，有了研习数学的时间和自由。

1972年，张景中获得探亲假，回河南汝南看望分别已久的父母和兄弟。利用这一机会，他到成都去看好友杨路。

成都之行，张景中的另一个重要收获，是认识了未来的妻子周碧如。这迟来的爱情使他非常感动，终生珍视。

张景中的一个中学同学叫郭秀华，这时恰好在21团组织部工作，在翻阅人员档案时，意外地发现了阔别多年的老同学的材料。一个星期天的中午，他毅然打破“革命干部”和“就业人员”的界限，到基建连去找张景中。

四届人大提出的“四个现代化”，在一定程度上冲淡了极“左”的气氛。郭秀华抓住这略有宽松的大气候提供的时机，借助自己在组织部工作的有利地位，促成团里作出决定：调张景中到团场的子女中学当代课教师。尽管因学校领导提出异议，拖了1年，最后还是落实了。1974年4月，张景中走上21团子女中学初二年级讲台。

在教学中，他深感传统的几何解题方法过于依赖技巧，难于为学生掌握，于是开始探索新的更有效的方法。他很快发现，用面积关系解几何题非常奏效，且易于掌握。他对这种技巧作了深入的研究，将它从特殊技巧演变成一般方法，并向学校领导提出了教法改革的建议。可想而知，在那种特殊的历史背景条件下，他的这个建议怎么可能得到采纳？但他求异创新的思维灵光再次折射出他不甘沉沦、敢为人先的个性品质。

武汉科技报 青少年科普 周刊

张景中：学数学要勤于思考

不赞成陷入题海战术

人物档案

奥林小学开展古诗文诵读活动

我是小小税法宣传员

当时，有一位年轻教师，积极赞同并支持用面积方法进行教法改革，他叫曹培生。8年之后，他们合作研制的非线性电磁振动木工刨床获得国家发明二等奖。曹培生后来当选为全国发明家协会副主席，又当了全国政协委员。

面积法引发了数学教学的研究，并导致18年后几何定理可读证明自动生成新方法的出现。

在新疆“劳改”期间，他写诗感叹，其中的两句是“愧无涓埃报华夏，剩有精诚攀昆仑”。他期盼早点结束这种“苦行僧”般的日子，能多与外界接触、交流，他在给同命运的学友的信中写道：“如果政策宽松，我们也许不用等到白发苍苍时才能为祖国作贡献了。”

历史的长河滚滚向前。

在挖河的工地上，传来了揪出“四人帮”的消息。一起劳动的一位被错划为右派的记者悄悄告诉张景中：中国的命运要改变了！那一晚，他彻夜难眠。

一颗激荡的心随着祖国一起律动。

是浪花就该翻滚出壮丽波涛

1978 年，中国迎来了科学的春天。

春的信息之一，是能够发表论文。

华罗庚在一本书中，讲过巴芒（Baymn，前苏联）计算台形体积的公式。这公式不便计算，并且对简单形体不能给出准确值。张景中提出了另一个消除这些缺点的公式。他由此撰写论文寄给《数学的实践与认识》杂志，编辑部给团政治部发函询问，如何署名？经领导慎重研究，最后决定署名为“新疆巴州 21 团子女中学数学教研室”。

无论如何，论文总算发表了，张景中心头掠过丝丝快慰。

这年夏天，张景中到成都和苦恋了 6 年的周碧如举行了婚礼。随即，这位在成都长大的姑娘和张景中一起坐了四天三夜的火车，加上 800 公里的汽车，到团场度过了特别有意义的蜜月。蜜月中张景中收到了《计算数学》拟发表他的一篇论文的校样，这使他们喜出望外。这篇论文署笔名“井中”，后来，他用这个笔名写过不少科普文章。

1979 年，张景中调到中国科技大学任讲师，北京大学对他的“右派”问题予以改正，女儿福宇降生，可谓三喜临门！

在湛蓝的天幕下，张景中这颗一直保持向上姿态的水珠，终于跃出河面，翻滚成一朵美丽的浪花。他经过夜以继日、废寝忘食的艰苦奋斗之后，取得了一个又一个令人瞩目的成就。

张景中最突出的成就是在定理机器证明领域。

定理机器证明是近数十年来由计算机科学与数学交叉所产生的边缘研究领域，其目标是使某些高级脑力劳动进一步机械化。我国首届最高科技奖获得者吴文俊，就是这一领域的积极倡导者。张景中自 1979 年开始学习吴先生的论文，1985 年起就开始此领域的研究，对机器证明的理论和算法不断提出创见，取得国际领先水平的成果。

其中最重要的成果是创立计算机生成几何定理可读证明的原理和算法，使得这一人工智能领域中 30 多年来进展缓慢的重要课题得到突破性的进展。这项成果被国内外权威学者认为是“极为精彩”和“令人震惊”的，是使计算机能像处理算术一样处理几何的工作“里程碑”。

所谓几何定理可读证明，即当操作者向计算机输入命题的几何条件和结论时，机器便能在很短的时间内给出人能看得懂的证明，而且，人还能检验这些证明步骤的正确与否。张教授与其合作者发展了几何新方法（面积法），并以此作为工具，提出以消点思想为主线的机器证明新原理。同时，综合几何、代数逻辑和人工智能的手段，给出世界上第一个能够自动产生几何定理的可读证明的算法和程序，效率比已知的其他算法高得多（对 500 个题目统计表明，85% 的命题可在 1 秒之内解决）。这一成果在数学机械化研究和 CAI 领域有重要的应用前景，在国际上处于领先地位。世界著名计算机科学家、图灵奖获得者 Dijkstlra 称“这一工作有着深远的意义”。美国“机器证明新成就奖”及“麦卡西程序检验奖”获得者 R. Boyer 评价说：“这一工作是自动推理领域 30 年来最重要的工作，是计算机发展处理几何问题能力的道路上的里程碑。”这一成果，在 1995 年获“中国科学院自然科学奖”一等奖，1997 年获“国家自然科学奖”二等奖。

◆和学生们在一起，后排（中）

张景中的另一项重要成果，是创立定理机器证明的数值并行方法的原理和算法。这是目前世界上唯一可在无硬盘 PC 机上运行的几何定理证明软件，以及可并行的几何定理机器证明算法，这在国际上也产生了强烈的反响。

另外，张景中对几何定理机器证明的方法进行了改进和拓展，创立了含参结式法，彻底解决了非线性代数系统相关判定问题，并且以吴除法与子结式为工具，建立了升列组的 WR 分解算法，彻底解决了可约升列相对分解问题。例如，对著名难题 Thebaut 定理的处理，过去国外的计算记录是在 SYMBOLICS-3600 上用 44 小时，而采用张景中的 WR 通用程序在微机 486-733 上只需 1 0 多秒钟。

在数学领域，特别是在离散动力系统和距离几何中若干问题的算法方面，张景中与杨路合作，也取得了一系列具有国际水平的科研成果。

张景中的另一重要成就是创立了教育数学的思想和方法。

早在 1974 年当数学老师时，他首先提出用系统面积法改革几何教学。不久，这一思想发展成为“教育数学”的新概念和观点。他主张对数学的方法和结构进行改革，使之更适合于教育规律，更易为中学生所掌握和接受。

在研究和工作之余，他撰写了大量优秀的科普著作，为提高全民族科学水平作出了贡献。到目前为止，已出版科普书 15 种，科普文章 70 多篇，约 200 多万字，在国家教委、中国数学学会、团中央和国家出版系统组织的评选中多次获奖，被中国科普作协誉为“建国以来有突出贡献的科普作家”，被中国少年儿童出版社授予为少儿出版事业作出突出贡献的“金作家”称号。其科普读物《数学家的眼光》2005 年获“国家科技进步奖”二等奖。同时，其数学专著《教育数学丛书》获 1995 年首届“全国数学教育图书奖”一等奖、第九届“中国图书奖”。

张景中热衷于教育信息技术的研究和开发。开始的动机源于机器自动推理的应用推广，由此产生了软件《Z+Z 智能教育平台》，后来发展为深受广大数学教师和学生喜爱的《超级画板》，该软件曾被编入北京师范大学出版的初中数学教材和湘教版高中数学教材，华中师大等有些大学还为师范生开设了有关的课程。近年来，有些城市如广州、佛山对中学数学教师开展了《超级画板》的培训，打破了国外软件一直占领我国基础数学教育领域的格局。

张景中是著名计算机科学家、数学家、数学教育家，同时又是一位品行优秀的共产党员。他的命运与时代、民族紧密相连，尽管经历了许多坎坷波折，但从不怨天尤人，从不放弃自己的追求，且以满腔热忱报效祖国。他这滴时间长河里的水珠，犹如一朵翻滚的灿烂浪花，折射出太阳的七彩光辉，放射出夺目的光彩！

（本文大量参考张景中自传及张明的《赤诚昭日月 精诚攀昆仑》）

院士名片

熊有伦　男，机器人学和机械工程专家。籍贯湖北枣阳，1939年4月出生。1962年毕业于西安交通大学机械工程系，1966年西安交通大学机械制造自动化专业研究生毕业。1980至1982年，英国谢菲尔德大学控制工程系访问学者。1995年当选为中国科学院院士。华中科技大学机械科学与工程学院工程信息和智能技术研究所名誉所长，兼任机器人学国家重点实验室学术委员会主任、复杂制造国家重点实验室学术委员会主任。曾任英国索尔福德大学航空与机械工程系客座教授，湖北省科协第七届全省委员会常委。

在精密测量、机器人学、计算机几何和先进制造技术等方面进行了一系列探索。建立了精密测量的极差极小化理论，提出了形状误差、轮廓误差和位置误差评定的“最小区域”统一判别准则和计算机智能仲裁方法。在机器人动力学和轨迹规划方面，建立了基于J－函数的碰撞、干涉检验方法，为机器人分析和运动规划提供了统一的准则和方法。开发了机器人离线编程系统HOLPS，较好解决了机器人应用工程的若干关键技术问题。建立了点接触约束的机器人操作定性分析理论，为机器人操作规划提供了有效的分析工具。曾获“湖北省自然科学奖”二等奖、“湖北省科技进步奖”一等奖、“国家科技进步奖”三等奖、“国家教委科技进步奖”二等奖、“国家教委科技进步奖（甲类）”一等奖。

院士寄语

潜心研究，锐意进取，开拓创新。
健康向上，积极乐观，持之以恒。

鲲鹏志在任高飞

冯 慧

华中科技大学机械学院的大楼气宇轩昂地挺立在华盖般的法桐林丛中。大楼前，高高的阶梯烘托着科学殿堂的神圣。从大楼里走出来的莘莘学子，踏着阶梯都习惯性地昂首挺胸，他们骄傲，他们是华科大机械学院的学生。

镌刻在校碑上的骄傲

2013年初，在全国机械学科的评估中，华中科技大学机械学院与上海交大并列第一，在国家重点实验室的评估中，华科大机械学院数字制造装备与技术国家重点实验室也名列前茅。曾有网友在网上这样形容机械学院："中国机械华科制造，华科机械制造中国。"最近几年，华科大机械学院实现了跨越式的发展，成为我国教学、科研与社会服务三结合的典范。

机械学院有位学生曾在网站上这样描述他的老师熊有伦：他的思想整天集中在机械自动化专业上，他站在智慧、勤劳和奋争的前哨，他50年如一日，潜心研究，锐意进取，开拓创新，取得丰硕的科研成果，逐步形成了特色明显的学术思想和研究风格。

1995年中国科学院增选院士的时候，我国机械工程的泰斗雷天觉院士在看了熊有伦的有关资料后惊叹道："这是一个奇才！"

对于熊有伦的贡献，专业人士是这样表述的：他长期致力于机电控制与制造自动化的有关理论和技术的研究。在机器人、精密测量理论、智能制造和几何推理方面做出了突出贡献。他建立了精密测量的极差极小化理论，提出了形状误差、轮廓误差和位置误差评定的"最小区域"统一判别准则和计算机智能仲裁方法；在机器人动力学和轨迹规划方面，建立了基于J－函数的碰撞、干涉检验方法，为机器人运动规划提供了统一的判别准则和实现方法；开发了机器人离线编程系统HOLPS，解决了机器人应用工程的若干关键技术问题；建立了点接触约束的机器人操作定性分析理论，为机器人操作规划提供了有效的分析工具。

他主持了国家自然科学重大项目“支持产品创新的先进制造技术基础研究”和多项国家自然科学重点项目，如“网络环境下的数字制造理论与关键技术研究”；建立了集成快速测量、数字建模及面向制造设计于一体的快速产品开发系统平台，在汽车等行业已经广泛应用，取得了数亿元的经济效益；在机器人方面，设计出当时具有国际领先水平的换刀机械手，主持开发了国内第一套基于微机的机器人离线编成系统 HOLPS，产生了显著的经济和社会效益。

了解熊有伦院士的人感叹地说，熊有伦的学术成就来自于他锐意进取、开拓创新的精神。他具备了一个优秀科学家的所有潜质，理论功底深厚，严谨求实，追求完美，精益求精。

熊有伦这一代老科学家就像华科大机械学院门口那块赫然屹立的大理石校碑，以他智慧、勤勉、踏实的形象站立在机械制造及自动化领域的前哨，引领着他的学生不断探索，向前迈进。

栓不住的翅膀

按照哲学的观点，偶然也是必然的结果。那么熊有伦踏入机械制造及自动化领域也充满着偶然和必然。

1939 年 4 月，熊有伦出生在湖北的枣阳县，枣阳是汉光武帝刘秀的故乡。一条滚河穿镇而过，民风淳朴人杰地灵。熊有伦的家就在滚河边，他的父亲对中医有着深厚的情结，一生最信奉悬壶济世，杏林春暖。熊有伦是在馥郁的中草药香中长大的，小学毕业时父亲就想让他去中药铺当学徒，可是幼小的熊有伦对中医的兴趣远没有对读书的兴趣大，他执拗地看着父亲不肯答应。在父与子的僵持中，是老师出面讲的和。老师对熊有伦的父亲说，孩子还小，等初中毕业了再学医也不迟。熊有伦的父亲一生不信鬼神，但最尊奉的是老师，终于答应熊有伦去读初中了。

初中毕业时，父亲希望他去读医校，在他的思维中，儿子始终是应该完成他的心愿的。此时，熊有伦的姐姐和妹妹已经在父亲的指领下走入学医的行列。在这个关键时刻，又是熊有伦中学的老师出面来挽救的。老师爱才如命，赶到熊有伦家劝解他的父亲说，你儿子的学习成绩相当好，如果不上高中太可惜了。这对他以后的发展也不利。而熊有伦的父亲认为学中医不必读大学，重在经验的积累。他碍于老师的面子说，那你说他要读多少年的书呢？老师以退为进地说，起码要读完高中。其实在老师心里早已认定，熊有伦将来一定要读大学。父亲想了想只好做了让步，说，那就让他读完高中再说吧。

熊有伦高中毕业时，学习成绩优秀，上大学已经是必然的。此时父亲已经看出，他的中医梦已经拴不住儿子的鲲鹏之翅了。熊有伦上大学便顺理成章了。多少年来，熊有伦一直非常感谢他的那位中学老师，如果不是他的用心良苦步步为营，熊有伦很可能会是一个出色的中医，但中国就少了一个出类拔萃的科学家。

在熊有伦的人生中，老师始终起着引领的作用。从他小学毕业时老师对父亲的劝慰，到他高中毕业时老师对父亲的苦口婆心，最后在他选择专业的问题上，又是老师为他引航把舵。熊有伦的数学很好，他的数学老师对他说，你要上的大学我已经给你选好了，读交通大学。交通大学以机电专业著称，你考这所大学能发挥你的特长。

1956 年，中共中央向全国发出“向科学进军”的伟大号召，新中国科学的春天到来了。青年学生熊有伦胸怀科技兴国的理想，学机械化电气化可以直接建设祖国，有什么专业比这个更神圣的！

熊有伦最后收到的入学通知书是交通大学，到西安报到，这一年交通大学西迁，除了少数专业留在上海外，大部分师生都迁到了西安。上大学的几年开阔了熊有伦这个青年学子的眼界，他的内心充满着“天高任鸟飞，海阔凭鱼跃”的激情。他昂首阔步踏入宽敞的阶梯教室，飞身活跃在庞大的运动场上。更让他雀跃的是，交通大学有设备完善、藏书丰富的图书馆，还有我国各个领域的学术泰斗、学术大师和著名教授。这一切都让熊有伦无比兴奋。

正当熊有伦如饥似渴地徜徉在知识的海洋中，共和国经历了“大鸣大放”、“反右倾”和“文化大革命”等跌宕起伏的政治运动，大学当然也未能幸免。熊有伦虽然对种种现象不理解或心存疑惑，但他是个纯粹的学子，在这乱哄哄的运动中他选择了潜心学习。他心里认定，学生的主要任务就是学习。

他像空谷幽兰一样，在僻静处散发着自己的幽香。在别人热血喷张的时候，他却选择了僻静处悄悄地夯实自己的基础理论知识。他知道未来能奉献给社会的就是知识。

多年后，他曾回母校襄樊四中跟学生们讲课时说，作为研究生的导师，他所教的几门课程：最优控制、系统辨识、精密测量理论、数控机床和机器人学等都是他在大学和研究生时没有学过的，他却能在很短时间内就掌握了这些教材，这主要归功于他在学校学习时基础理论过硬的原因。

机会总是留给有准备的人。1962 年，新中国第一次通过考试招收研究生，国家极为慎重，本着宁缺毋滥的原则，招收比例为百里挑一。用千军万马过独木桥来形容是一点也不过分。全国计划从 15 万毕业生中招收 1500 名研究生，最后只招了 800 多名；西安交大计划招生 25 名，最后只招了 16 名。竞争的激烈程度可想而知。而平时默默无闻的熊有伦却以名列前茅的成绩考上了西安交大的本届研究生。他扎实的功底让许多人刮目相看。

在读研究生期间，熊有伦曾得到过多位著名教授的指导。他的指导教师阳含和教授是机械控制和自动化领域的学术大师，国际学术团体 CIRP 我国最早的成员之一，曾于 1980 年在英国做过影响深远的学术报告。还有西安交大机械系的周惠久院士和顾崇衔教授，熊有伦在西安交大学习期间得到了他们的谆谆教诲，受益终身，从而也奠定了他日后学术成就的基石。

1966 年熊有伦研究生毕业了，又赶上“文化大革命”。他历经 9 年的本科、研究生毕业却没有任何学位。当然这是中国特

定的历史时期造成的，不是他一个人的悲哀。曾有位记者采访熊有伦院士时，想知道他一生坎坷而艰辛的人生经历。熊有伦院士却指着他身上那件印着平静海洋与扬帆船的T恤衫笑着说："我的人生经历如这只船一样，总体上看是一帆风顺的。"一个内心坦然的谦谦学者，超然地面对着人生经历过的苦难和波折，用大智慧来笑谈人生，不得不让人肃然起敬。

白手起家科研路

1966年，风华正茂的熊有伦分配到华中理工大学机械系当了一名教师。大学和研究生的9年，他已经储备了大量的理论知识，他的科学家之梦随时准备扬帆启程了。

刚刚分到华工的熊有伦就参与了"曲轴动平衡自动线"和"加工中心"等科研项目的攻关。那时没有经费，没有设备，没有资料，熊有伦和几位青年教师一起，从系里挑选10个学生，开始了"白手起家打天下"的漫漫科研路。

在"文革"那个特定的历史时期，每天的政治学习是雷打不动、高于一切的。熊有伦常常在 "学习"之余，充分利用每一点时间和组内教师、学生一起潜心研究，开拓创新。1978年，终于花开落地，熊有伦参与的两个项目，一个获全国"科学大会奖"，一个获湖北省"科技成果奖"一等奖。熊有伦从一名助教破格升为副教授，这在当时是一个轰动。

多年来，熊有伦在国际上首次设计出具有偏置连杆结构的换刀机械手；主持开发了基于微机的机器人离线编程系统，有效地提高了我国机器人编程水平；建立了精密测量的理论体系和极差极小化理论，在国际上首次提出"最小区域"的统一判别准则及计算机智能仲裁和判别方法，建立了形状误差、轮廓误差和位置误差评定的统一模式；主持了多个重大科研项目，引领我国数字制造、智能制造领域的深入研究。

1988年，熊有伦作为客座教授到英国Salford大学航空与机械工程系访问。在看了熊有伦教授的有关背景资料后，航空机械工程系主任D.J.Sanger教授主动要求与熊有伦合作研究"机械人多指抓取"等项目。熊有伦用旋量空间的几何（多面体）解决了抓取形封闭的判别等问题，避免用线性空间理论带来的缺陷。D.J.Sanger教授等对此感到非常新奇，并邀请熊有伦每周作一次学术报告。在英国Salford大学访问的一年里，熊有伦初步形成了机械人点接触约束理论和多指抓取的定性分析方法，还在国际刊物上发表了6篇学术论文，赢得了学术上的声誉。

这些年，熊有伦的研究成果斐然，他的“基于微机和机器人离线编程系统 HOLPS 及其应用”获“国家科技进步奖”三等奖；“点接触约束理论与机器人抓取的几何模型”获“国家教委科技进步奖”二等奖；“精密测量的评定和判别理论”获“国家教委科技进步奖”（甲类）一等奖；“发动机类零件的快速测量、数字建模和加工设计一体化”获“国家科技进步奖”二等奖。出版专著多部，发表学术论文 200 余篇。他早期的论文和著作有的仍然是业内青年学者的必读之物。他的科研成果为提升企业的制造水平做出了重要贡献。

作为一位著名的科学家，熊有伦见证了华中科技大学机械学院的每一步成长和进步。窗外高大的树丛和一排排的水泥凳都能使人们回忆起华中科技大学机械学院从起步到发展的历程。几十年来，从这里走出了许多老一代科学家，也涌现出了千万青年学者，他们是华中科技大学机械学院最坚实的基石。熊有伦教授就是其中的一位。他的学生说，只要熊老师不出差，基本上就坐在书桌边，有时来得比学生还早。学生有问题他马上给予解决，在学生眼里，熊有伦是最热忱最谦和的老师。

但在做学问上，老师却是火眼金睛，学生的任何一点疏忽都逃不过他的眼睛。每当他检查学生论文时总是要仔细询问，这其中是否包含了自己真实的想法，是否有实验数据，是否有创新。如果他觉得不成熟，就会让其暂时放一放，科学的态度是由不得半点马虎的。熊有伦院士治学严谨的科学态度是出了名的。在这一点上熊老师又是学生们最敬畏的老师，他的学生说，能在熊老师的实验室工作是他的幸运。

尽管熊有伦院士现在年事渐高，但他仍不断地学习，不断地更新自己的知识，让自己始终站在本领域的前哨。对于新知识，熊有伦院士总是抱有极大的兴趣，甚至有种痴迷的态度。他的夫人说，他就是出差也要带上大包小包的书，把飞机和火车都当成了书房。他每天工作时间往往在 10 小时以上。2005 年熊有伦院士还被评为“全国科技先进工作者”。

这些年，熊有伦院士的工作重点是以培养人才为中心，他为国家培养了大批的优秀人才。他的学生中有多名获得国家杰出青年基金资助，成为“长江学者”特聘教授，有许多已经成为国家科技的栋梁。他曾这样对他的学生们说，在科研工作中，要有自主创新的精神，科学作风和思想素质同等重要。他要求学生具有健康向上、积极乐观的心态，具备持之以恒的毅力，友好和谐的团队精神。

熊有伦曾担任中国人工智能学会副理事长，智能制造专业委员会主任委员，在国内外机械制造领域享有很高的威望。目前除担任华中科技大学机械学院学术委员会主任外，还兼任《中国科学》、《机械工程学报》等刊物的编委。熊有伦院士积极参加各种社会公益活动，在担任湖北省咨询委员会委员期间，为湖北省的经济发展献计献策，认真履行自己的使命与责任。

院士名片

张寿荣　男，钢铁冶金专家。籍贯河北省定县，1928年2月出生。1949年毕业于天津北洋大学冶金系获工学学士学位。1995年当选为中国工程院院士。1997年当选为墨西哥工程院外籍院士。武钢技术专家委员会主任，武汉理工大学管理学院名誉院长。曾任武钢中央试验室研究室主任、总工程师、副总经理，中国质量管理协会及中国继续工程教育协会副理事长、国际继续工程教育协会副主席，湖北省科学技术协会第四、五届全省委员会副主席。

长期从事钢铁冶金生产、建设及高炉设计工艺等方面的研究，为制定我国钢铁工业产业政策和钢铁工业的健康发展做出了重要贡献。1949年9月参加鞍钢恢复生产，推行高炉炉顶调剂法和低锰炼钢铁的冶炼使鞍钢全国领先；1957年起参加武钢一期工程建设和生产工作，使国内第一座1000m^3以上大高炉顺利投产；研制成功用1513m^3设备建2516m^3四高炉并提出炼铁系统技术进步总规划；一米七轧机投产后，组织新技术消化和前工序老厂技改（包括四同步大修改造），完成转炉复吹、全连铸等新技术和新产品开发。20世纪80年代起研究高炉长寿技术，推进高炉长寿技术的发展，武钢新建3200m^3高炉的长期目标是20年不中修。近年进行高炉专家系统研究以及我国钢铁工业结构调整、节能减排、可持续发展等战略，多次获得国家及省部级奖励，“一米七轧机系统新技术开发与创新”获1990年“国家技术进步奖”特等奖，2002年获“光华工程科技奖”，2009年获冶金行业的最高荣誉——“魏寿昆冶金奖”。发表中英文学术论文100余篇，出版《张寿荣文集》、《武钢高炉长寿技术》、《高炉失常与事故处理》等著作。

院士寄语

工业救国　**振兴中华**

钢铁骄子

傅炯业

中国，武汉，青山，厂前。一尊巨大的高达9.13米的毛泽东主席塑像耸立。这尊高大的塑像，是为纪念毛主席1958年9月13日视察武钢而建造的，在这座城市许许多多毛主席塑像因“文化大革命”结束而逐渐拆除之后，这成为这个城市在特大国有企业唯一保留的毛主席塑像。

这座塑像的背后，有一幢20世纪五六十年代引以为骄傲现已明显落伍的建筑，那就是曾经的武汉钢铁公司办公大楼。每个工作日，人们便可看到一位白发老人拄着手杖缓缓上楼，走进满是书籍、杂志、文件而显得并不宽敞的办公室，开始一天的工作。后勤部门曾经为他安排过安静又舒适的新办公室，他坚持不搬，唯一的理由是，这里离生产第一线近，可以及时处理钢铁生产中出现的问题。

这位老人就是我国冶金行业的著名专家、武钢科技的领军人物、年已85岁的中国工程院院士张寿荣。笔者有幸来到这个办公室，聆听张院士的讲述，敬仰之情油然而生。

书海升腾“工业救国梦”

张寿荣祖籍河北定县，由于当教师的父亲在山东传道授业，他于1928年2月17日出生于济南。作为山东首府的济南，不仅是风光秀美之地，也是儒学厚重之乡。在社会环境与家学的熏陶之下，张寿荣从小就对读书充满了浓厚的兴趣，读小学时就喜欢看各种杂书，还喜欢思考。1937年“七•七”事变爆发，日本侵略者在中国长驱直入，时年9岁的他痛恨不已。他问父亲：“日本那么小，何以能蹂躏我们这么大一个国家？”父亲说：“落后呗！”继而教导：“孩子，你要记住你是中国人，从小要好好读书，只有掌握真本领才能报效国家，才能为中国的强盛作贡献。”张寿荣记住了父亲的教诲，更加刻苦地看书学习。读小学时他的成绩只能够得上中等偏上，进入初中后他的学习成绩很快进入班级前列，到了高中，他竟如同一匹黑马，每个学期都名列前茅。

1945年8月，日本宣布无条件投降。也就在此时，张寿荣高中毕业。随之，他以优异成绩考取了两所大学，一所是被誉为北京四大名校之一的辅仁大学，一所是天津工商学院。辅仁大学是教会学校，名气大，出过像徐志摩那样的名人；天津工商学院相对名气小些，却是以理工为主。很多人建议张寿荣选择辅仁，他却义无反顾选择了天津工商学院。理由很简单：圆自己的工业救国梦。一年后，因抗战一度迁往西安的北洋大学迁回天津，已进入二年级的张寿荣经过考试转入了北洋大学，进入了在学界享有盛名的北洋大学矿冶系。正是在这所大学，他遇到了对他人生有着重要影响的恩师魏寿昆。

魏寿昆是从德国留学回来的矿冶专家，回国后任北洋大学矿冶系主任。据说北洋大学校志中有一段这样的记载："矿冶系魏寿昆主任，他的课堂教学，条理之清晰，逻辑之严密，论证之科学，分析之透彻，深为师生折服与钦佩。"生于清光绪三十三年（1907年）、经历颇丰的魏寿昆治学严谨，对学生的期望值也高。他对学生的五条"训诫"至今仍让张寿荣念念不忘。这五条"训诫"即要爱国，要认真读书，要为人正派，要不怕失败，要把握机遇。

张寿荣牢记恩师的教导，在学习上刻苦求进，成绩斐然。在北洋大学因品学兼优而拿到奖学金的不过20人左右，张寿荣每年都名列其中。为了不让时间空抛撒，大学4年的寒暑假他一次也没有回过家，为的就是多读书。他的选择得到了父母的理解。

◆ 1949年，北洋大学毕业照

在大学期间，他不仅看与专业有关的书籍，还饶有兴趣地阅读古今中外的文学名著。不仅读中文版的书籍，还读外文版的书籍，如外国文学名著《茶花女》，他就是读的英文版。

在北洋大学求学的岁月，解放战争已经打响，国民党政权的腐败在此间暴露得越来越充分，他所在的天津一"南"（南开大学）一

“北”（北洋大学）率先掀起了学潮，“反独裁，反内战”的呼声不绝于耳。一向关心国家前途命运的张寿荣不仅是学潮中的积极分子，还是学校学生报的总编辑。为了让学生报成为战斗的号角与鼙鼓，他开始阅读来自共产党方面的进步书刊。

鉴于张寿荣在大学生方阵中的影响，他受到一位清纯少女的青睐，这位出生于书香门第的少女当时正就读师范大学。有意思的是，这位少女的名字竟与张寿荣的志趣不谋而合，她也姓张，名叫“好学”。

共同的志趣成就了张寿荣与张好学一生的姻缘。这是后话。

从学生时代就酷爱读书的张寿荣把这一爱好坚持到晚年。直至今日，在国际学术会议上能用英语流畅演讲的张寿荣依然每天坚持学习英语。

在坚硬的钢铁上“演奏”华章

生活给张寿荣的第一次机遇，是大学毕业后的工作分配。

1949 年，北京天津相继解放，一个人民当家作主的新中国即将喷薄而出。就在这年 7 月，张寿荣大学毕业，正逢成立不久的鞍山钢铁公司恢复生产用人之际，经华北局的安排，张寿荣被分配到鞍山钢铁公司。这是他人生“实践”耕耘的第一块土地。

鞍山钢铁公司原是日本人建立的企业，始建于 1916 年，在日伪时期名叫鞍山制铁所和昭和制钢所。1948 年东北解放，制铁与制钢所回到了人民政府手中，人民政府将其组建为鞍山钢铁公司。鉴于它曾经是日本人把持的企业，技术骨干几乎全部是日本人。公司成立之初，便将日本技术人员留了下来，让他们为新中国的钢铁事业作贡献。这也体现了人民政府对日本技术人员的宽大与优待。当一些大学毕业生来到鞍钢以后，这些日本人看到了自己回国的希望，大多能认真向大学生传授技术要领。那是一个百废待兴、困难重重、问题很多的时期，留用的日本技术人员发挥了重要作用，投身钢铁事业的年轻技术人员也在艰苦的磨练中逐渐成长起来。

1952 年，留用的日本技术人员回国，技术重担历史地落在年轻的中国技术人员肩上。张寿荣是这批年轻技术人员中的佼佼者，他先后担任高炉工长、生产科长、工程师、厂长助理，肩负的担子随着时间的推移越来越重。

他没有忘记恩师“要爱国”的训导，面对当年生活物质严重匮乏，卖命似地把自己投身到钢铁生产的实践之中。他曾以推行高炉炉顶调剂法并获得成功而受到好评，曾在低锰生铁冶炼与脱硫上动起了脑筋，在《钢铁》杂志上发表了产生广泛影响的论文。

钢铁是国家经济的重要物资。1954年，中央作出了加大发展钢铁生产力度的决定，决定在第二个五年计划期间建立三大钢铁基地，以确保中国的钢产量达到1000万吨。除鞍钢外，新建武汉、包头两个钢铁公司。

武钢与包钢的设计工作都是由苏联专家完成的，作为钢铁企业的“老大哥”，鞍钢要做的事就是将鞍钢的技术骨干、熟练工人一分为三。在鞍钢担任工程师的张寿荣曾先期来到武汉，参加了武钢设计的审查工作。在审查中，他对矿山、烧结、焦化、能源介质、运输等提出了一些改进意见。完成任务后，他回到鞍钢。他并不知道他的归属。

1956年，人员分流的谜底在鞍钢揭晓，张寿荣划归武钢。与他一起从鞍钢调到武钢的多达数千人。那时“革命战士一块砖，哪里需要哪里搬”是人生的重要理念，何况爱国是不分地域的。

1957年1月，张寿荣偕夫人张好学从北到南，暂时落脚于汉口。张寿荣以在鞍钢的经历与职位，理所当然成了武钢炼铁生产筹备工作的负责人；师范大学毕业后在保定教育局工作的张好学被任命为武钢第一子弟小学的校长（以后她先后任武钢一中、武钢四中校长、武钢教育处科长）。夫妻二人都是事业型的，一个为钢铁事业冲锋陷阵，一个为武钢职工的子弟传道授业。

武汉的钢城选址于青山镇，建厂之初那里还是一片农田，大型推土机、挖掘机打破了曾经的宁静，夜晚辉煌的灯火甚至将滚滚长江照得通亮。当年领导将一号高炉系统工程生产准备的担子压在张寿荣肩上，他除了参加建设和筹备工作以外，还必须和苏联专家打交道。苏联专家组长曾经是苏联一个炼铁厂的厂长，有着丰富的实践经验，张寿荣与之打交道关系相当融洽。

◆与现场人员交流

炼铁需要矿石，矿石的优劣直接影响着炼铁的质量。为确保一号高炉投产万无一失，在一号高炉建设的同时，张寿荣组织了矿石冶炼性试验，选定了开炉的原燃料，制定了开炉方案。

1958 年 9 月 13 日对于武钢来说，是一个不平凡的日子，因为这一天毛主席要来武钢视察。得到消息的张寿荣早早就来到一号高炉现场。一号高炉是武钢自行建设的容量超过 1000 立方米的高炉，如果能顺利投产，将标志着新中国钢铁工业发展的豪迈起步。就在一号高炉现场上方的平台上，在时任中共湖北省委书记王任重、武钢经理李一清的陪同下，毛主席兴致勃勃地观看了通红的铁水从高炉中流出来，脸上露出了欣慰的笑容。

第二年，在一号高炉建设中向国家交了一份满意答卷的张寿荣又主持了二号高炉的开炉。

20 世纪 60 年代初期，中国遭遇三年自然灾害，钢铁生产也不得不紧缩，一天能出 2000 吨的高炉只准出 1000 吨。这对高炉是极大的考验，如何在压低产量的情况下不损害高炉？张寿荣从西方“慢风操作”中获得灵感，提出了“低冶炼强度”的操作方法。这一方法的使用一直延续到 1965 年。

他曾提出方案，用 1513 立方米高炉的设备改造建成了 2516 立方米的四号高炉（在当年乃我国高炉之最）；他曾集世界 8 国先进技术于一炉建成 3200 立方米高炉，并使其连续使用 15 年……他不仅为武钢的发展书写了华章，也为全国钢铁企业的高炉建设提供了有益的经验。张寿荣对武钢的贡献有目共睹，从 20 世纪 60 年代至 70 年代，他在武钢先后担任炼铁厂生产科长、武钢中央实验室炼铁室主任、副总工程师。

雄关漫道站起“钢铁骄子”

一号、四号高炉的建成投产，一号高炉的长寿，以及其后的对高炉布料、燃料喷吹、高氧化镁造渣冶炼、喷吹沥青和 1:1 布料模型试验，三、四号高炉料槽下烧结矿石过筛技术改造、大高炉破损调查、改进高炉设计、延长高炉寿命、节能减排等等，如果说张寿荣在这些实践中为武钢作出了重大贡献，那么在一米七轧机（又称“07 工程”）及后续的科研攻关上，他则在建功簿上书写了辉煌。

一米七轧机是中国人在 20 世纪 70 年代勒紧裤带花 40 多亿巨资从德国和日本引进的轧钢设备，其先进性在于它是大型化、自动化、高速化、连续化的轧制设备，具有产量高、品种多、质量好、消耗低、利润大、积累快的六大好处。但是，中国人能不能将这个“香饽饽”吃进并消化呢？有外国专家断言：这套设备到中国，3 年便将成为一堆废铁。国内也有人担忧：“自动变手动，手动变不动。”引进的风险显而易见。要把一米七轧机系统安装到武钢，与武钢原有的设备对接，对武钢的工程技术人员无疑是巨大的考验。时任副总工程师的张寿荣领衔后，深知这担子的沉重。为了万无一失，为了在每天24小时内随时处理来自一米七轧机项目的各种技术问题，他搬到厂区的办公室，每天工作到深夜。

一米七轧机系统由三厂（热轧厂、冷轧厂、硅钢片厂）一车间（连续铸锭车间）组成。引进时“文革”尚未结束，来自各方面的干扰不可小视。此时支撑张寿荣全力以赴投入技术工作的唯一动力乃两个字：“爱国”。他要为中国人争气，要为武钢争气，要用铁的事实告诉鄙视中国的外国人，中国人是有能力有智慧的。为此，他一方面组织技术人员消化、吸收引进设备的技术内涵，并对其创新，一方面抓老系统的技术改造，以适应新技术对前工序的“苛刻”要求。“文革”结束以后，他更是甩开膀子大干。到20世纪80年代中期，三厂一车间全部达到并超过设计能力，在引进技术的消化、吸收、创新方面共开发新技术、新设备、新工艺197项，开发新钢种86种。其中“转炉复合吹炼技术”攻关项目获“‘七五’国家科技攻关奖”；“大型板坯连铸机开发” 项目获国家“科技进步奖”一等奖；“硅钢系列新产品项目”获“国家攻关奖”；“一米七轧机系统技术开发与创新”项目获1990年“国家科技进步奖”特等奖……其中含金量最重的当属那个“特等奖”。

◆ 1997年当选为墨西哥工程院院士

建功的台阶在张寿荣足下。20世纪80年代以后，他在这台阶上留下了一连串闪光的足迹：

1981年出任武钢副经理、总工程师；1988年，湖北省与武汉市人民政府同时授予他“劳动模范”称号；1990年，中华全国总工会授予他“优秀科技工作者”称号并授予“五一”劳动奖章；1992年获国务院政府特殊津贴；1995年当选为中国工程院院士；1997年当选为墨西哥工程院外籍院士；2003年获中国“工程院光华奖”；2009年获武钢“终身成就奖”；同年被北京科技大学授予“魏寿昆科技教育奖”……从1982年起，他先后到日本、加拿大、德国等国际学术会议演讲，并在国内外学术会议与刊物上发表百余篇有重要影响的学术论文。他成了享誉世界的冶金名人，曾担任两届国际继续工程教育副主席（时间长达8年）。

张寿荣不仅立足武钢，还关心全国的钢铁事业。2010年首钢集团曹妃甸世界特大高炉（5500立方米）出现问题，他应中国钢铁协会之邀前往首钢，以他的威望召集了多名国内冶金专家协同攻关，终于使该高炉生产恢复正常。借此机会，中国钢铁协会成立了高炉生产技术委员会，张寿荣任主任委员。

对于成就，张寿荣总以“机遇”来诠释，避而不谈个人的作用。他的机遇真的那么好么？非也。他也曾遭逢人生的坎坷，受过委屈。1957年，就因他对耐火工程和焦化煤塔的质量说了直话，被列入“另册”，“享受”了4年的“右派”待遇；“文化大革命”期间，他又被冠以“反动学术权威”拼凑进所谓的“三家村”，被关押8个月之久。令人感动的是，所有的挫折与委屈始终没有动摇他对祖国的忠诚，没有动摇他对党的热爱。粉碎“四人帮”，特别是党的十一届三中全会所引发的改革开放的新局面，焕发了他的青春，他更加不遗余力地为钢铁工业建功立业，更加孜孜不倦地把自己实践之所得变成理论，变成可供当代人与后辈借鉴的精神财富。

2008年，张寿荣年届八旬，武钢领导决定出版一套《张寿荣文集》作为寿礼。这本由78篇中文与英文论文组成、长达78万字的《张寿荣文集》（上下卷）由跟随他多年的助手、如今武钢研究院的正高职高级工程师于仲洁主编。在《序言》中，武汉钢铁集团公司总经理邓崎林对张寿荣作出了这样的评价：“张寿荣院士不仅实践经验丰富，而且勤奋治学，笔耕不止，著述颇丰。在钢铁领域，他对高炉设计、布料、长寿、上下部调剂、操作、精料等有很深的学术造诣，在国内外炼铁界享有很高的声誉。”这样的褒奖连同他所获得的一系列荣誉，无疑是张寿荣院士在为钢铁事业建功之年，给中国、给当代、给历史树立的丰碑。

院士名片

傅廷栋　男，作物遗传育种专家。1938年9月出生，广东省郁南人。1965年华中农学院（现华中农业大学）研究生毕业。1981至1982年在德国学习。1995年当选为中国工程院院士，2004年当选为发展中国家科学院（TWAS，意大利）院士。华中农业大学教授，国际油菜研究咨询委员会（GCIRC）首任中国理事，2005—2009年任GCIRC主席，曾任中华全国青年联合会第五届委员会委员、常委，现任作物遗传改良国家重点实验室学术委员会主任、国家油菜工程技术研究中心主任、国家油菜武汉改良分中心主任，教育部科学技术委员会农林学部主任、全国农业技术推广协会油料专业委员会主任、农业部油料作物生产顾问、广西自治区主席农业顾问。

在国际上首次发现"第一个有实用价值的'波里马'油菜胞质不育类型（Pol CMS）"，被国内外广泛应用于油菜和十字花科蔬菜育种中。目前，中国每年约有7000万亩的杂交油菜中，还有约5000万亩是"波里马"雄性不育系杂种。育成我国第一个甘蓝型油菜自交不亲和系及其保持系、恢复系和杂种，并提出油菜自交不亲和系"三系化"繁殖、制种原理和方法。育成"华杂4号"、"华协1号"、"华杂62"等油菜杂交种13个，累积推广面积近1亿亩。他的研究成果曾获省部"科技进步奖"一等奖3项，"国家科技进步奖"一等、二等奖各1项，国际重要奖励3次。并荣获中组部、中宣部、人事部、科技部联合授予的"全国杰出专业技术人才"称号、国家级"有突出贡献的中青年专家"称号、"全国先进工作者"称号。还获湖北省政府授予最高科技奖"科技杰出贡献奖"、农业部"中华农业英才奖"，2008年被评为"改革开放30年，影响湖北30人"，2009年获"全国野外科技工作突出贡献者"称号，同年当选"新中国成立以来感动荆楚人物•功勋湖北100人"，同年被农业部授予"新中国成立60周年'三农'模范人物100人"荣誉称号。

院士寄语

勤奋，求实，创新。

油菜花儿分外香

何存中

黄萼裳裳绿叶稠，千村欣卜榨新油。
爱他生计资民用，不是闲花野草流。

这首出自清朝乾隆皇帝之手的《菜花》诗，以朴实的语言，道出了油菜花的经济实用价值。

油菜除用作榨取食用油和饲料之外，在食品工业中还可制作人造奶油、人造蛋白。在冶金、机械、橡胶、化工、油漆、纺织、制皂、造纸、皮革和医药等方面都有广泛的用途。

而今天我们歌颂的，便是油菜专家傅廷栋。

“我只是个种油菜的老人”

作为国际油菜杂种优势研究利用的开拓者之一，他在国内首次育成甘蓝自交不亲和系及其杂种，在国际上首次发现“波里马”油菜细胞雄性不育，已经被国内外广泛用于油菜育种实践，育成一系列的优质高产杂交油菜品种。他的事迹和成就，令笔者感动不已。笔者力求走进他的内心世界，写出他独特的人格魅力和敢为天下先的创造精神，首先感动笔者自己，然后感动这个世界。

傅廷栋院士是在华中农业大学的油菜楼里接受笔者采访的。油菜楼虽说在大学的校园里，但在笔者眼里那里就是一个种油菜的地方，沟渠纵横，田畈开阔，阳光明媚，与乡村一望无边的油菜田无异，只是更加规整，田里的植株边插满编号的木桩。清新的芳香，满眼的绿黄，令人惬意。当得知笔者的家乡是油菜大县浠水时，他显得格外兴奋，对浠水的油菜种植如数家珍。湖北省浠水县，是全国优质油菜种植历史最早的地方之一，建国初期，以浠水命名的油菜品种“浠水白”在全国推广。几十年来，浠水一直是傅廷栋杂交油菜的种植推广地，他已视之为第二故乡。

对于笔者表达的敬意，傅廷栋转眼看看他身边心爱的油菜，脸上浮出舒心的微笑：“没什么！我只是个种油菜的老人。”

生命河里的长嫂情

家乡是一条生命的长河，是一条生命之中常忆常新的河，那里有让生命取之不竭用之不尽的原生力。傅廷栋的家乡在广东郁南连滩镇，那是一个古镇，镇子不大，有许多店铺，有小学、初中和高中。日本侵略者占领广州之后，许多中学、工厂迁到连滩。1938 年 9 月 9 日他就出生在离小镇 8 里地的塘村。那时候他家在镇上开杂货铺，他上小学时就住在商铺里。

傅廷栋兄弟姐妹 5 个。大姐、大哥比他大近 20 岁。约在 1942 年，大哥结婚不久，才 20 多岁就去世了，没有留下一儿半女。大哥去世后第二年，父母同时病故，当时他年仅 5 岁，大姐、二姐出嫁了，剩下大嫂、二哥和他，与叔叔、堂兄等生活在一个封建大家庭里。大嫂一生没有改嫁，含辛茹苦抚育他们兄弟二人，视同己出。日本人攻到他家乡，大嫂背着他逃到山里躲藏。读小学时，回到乡下老家，就同大嫂睡一张床。大嫂对他恩重如山，像母亲一样无微不至地呵护他，他说终生不会忘记大嫂的恩情。大嫂的伟大之处，不仅在于她以博大的胸怀哺育了这个孤儿，更在于她以无私的大爱培养出傅廷栋的善心、善行。

“同志仔”心底的灾民泪

傅廷栋小学只念了 4 年多，就考入郁南县连滩镇第五初级中学，1951 年毕业。当时家乡只有广东省喜泉农业职业学校不收学费，加上他从小喜欢养鸟、养虫、养鱼，对生物感兴趣，就报考了这所学校。1954 年他从喜泉农校农艺科毕业，分配到广东省中山县农业局横栏区农业技术推广站工作。1956 年他响应国务院动员在职干部报考高等学院的通知，报考了华中农学院农学系（现为华中农业大学植物科学技术学院），被录取后就在这所学院一直学习、工作至今。

让傅廷栋难以忘怀的，是在广东中山县农业局横栏区农业技术推广站工作时的一段经历。

那时他才 16 岁，新中国建立不久，农民刚刚分得土地，农村还处在合作化时代的初级阶段，政府倡导农民以互助组、合作社的形式发展生产。

刚刚步入社会的傅廷栋，在老同志的带领下，深入农村，进行农业技术的推广工作，与农民同吃、同住、同劳动。因为他年纪小，农民们亲切地叫他“同志仔”。“同志仔”就是小同志，长大了就是“同志”，这是爱称，寄寓着父老乡亲们对他的厚望。作为技术员，他知道肩上担子不轻。

那一年，珠江三角洲发生了历史上罕见的螟虫灾害，大部分稻田在抽穗时，被螟虫侵入稻茎吃了嫩心，70% ～ 80% 的稻穗成了白穗。应该是稻子成熟的季节，放眼望去，广阔的田野上，却是一片白茫茫的白穗，几乎绝收。作为新中国第一代的农业技术推广员，他心里就像螟虫在咬，苦苦思索：中国的农业技术何时才能走到世界前列？如何带领农民用科学技术战胜自然灾害增产增收？

那是一个落日黄昏，一位老农坐在田头，面对几乎颗粒无收的惨景伤心落泪，显得是那样的无助和绝望。灾民的眼泪，滴滴都落在了他这个“同志仔”的心里，苦涩、酸痛。自愧无颜面对父老乡亲的他，由此更坚定了终生向农业高科技领域攀登、占领世界农业科技高地的决心。

于是傅廷栋与老同志们一道深入田间，摸爬滚打，殚心竭虑，终于总结出一套治虫方法，通过“预测预报，灯火诱蛾，摘卵块，培养寄生蜂，撒毒土”综合防治技术，有效地预防和制止了螟虫的灾害，其先进经验还在《南方日报》头条刊登推广。

“波里马”中的“母油菜”

1960年傅廷栋从华中农学院（华中农业大学）毕业留校当助教，1962年考取本校我国著名油菜专家刘后利教授的研究生，1965年研究生毕业。他在油菜杂交领域，发现了“母油菜”，并研究三系配套育种成功，成为这个领域引领世界潮流的油菜遗传育种学家。

1972年3月，一个春暖花开的季节，经过多年的努力，傅廷栋终于在种有“波里马”品种的原始材料圃中发现了“母油菜”！“波里马”是个油菜品种，“母油菜”是雄性不育植株。他说成功寻找到“母油菜”，看起来是机遇，但正像杂交水稻之父袁隆平所说，这是“百分之九十九的泪水加百分之一的机遇”的结果。谈到这里，他脸上露出了灿烂的笑容。

油菜是唯一的越冬油料作物，我国的先民种植油菜与水稻几乎同步，黑土地与黄菜花构成了中华民族漫长的色调。油菜种植在我国有着悠久的历史，一直在传统农业中占主导地位，菜油一直是以吃素为主的中华民族的主油料。然而一直到20世纪五六十年代，我国油菜平均亩产还不到先进国家平均产量的三分之一，这意味着其中蕴藏了巨大的增产潜力。

留校后，傅廷栋开始痴迷于这个领域的研究。那时候作物杂种优势利用已在玉米、高粱等作物大面积推广，杂交水稻也已初步取得成效。他决定把油菜杂交优势利用作为他的研究主攻方向。即使是在史无前例的“文化大革命”中，他和他的研究组也冒着风险，没有间断。傅廷栋介绍说，自20世纪60年代末以来，国内外先后在十字花科中发现了多种类型的细胞质雄性不育，甘蓝型油菜属于十字花科。那时候日本农业科学家发现了萝卜质雄性不育，英国和日本科学家发现了nap细胞质雄性不育。但这些不育类型要么没有找到恢复系，要么不育系不稳定，因而无法直接用于生产。而要获得雄性不育系并实现三系配套，比甘蓝型油菜自交不亲和系及其杂种选育更有价值，当然也更为困难。傅廷栋

决心寻找新的雄性不育系，也就是寻找“母油菜”。若是找到了，命运之神就能敲开油菜杂交优势科学殿堂的大门，步入一片辉煌的金色世界。

他说那时候，各国从事这个领域研究的所有科学家，不约而同都在不同的地方寻找。他们因为各种原因没有找到，而他找到了！真可谓“精诚所至，金石为开。”

回想当年的寻找过程，傅廷栋的欣喜之情溢于言表，向笔者娓娓道来那终生难忘的时刻。那是 1972 年 3 月，他与同事们在学校的油菜科研田里一株株地观察，接连找了 3 天一无所获，从数万个单株中，居然没有发现一个理想的雄性不育株。但他并没有灰心，他深知在科学的道路上没有一帆风顺的事，心想在大田里找不到，就到原始材料圃去看看吧，原始材料圃更原始，更天然。那几天他成天呆在油菜地里，苦苦寻找。终于有一天，3 月 20 日的清晨，他顶着露水，钻入了油菜试验田，对每一个小区、每一株植株、每一朵小花都不放过。就在他走进种有“波里马”原始材料圃的小区时，忽然眼睛一亮，发现了一株特殊的油菜植株，上面的花朵雌蕊发育正常，而雄蕊都呈萎缩状态。他赶紧用手一摸，雄蕊上没有花粉。这不正是自己所要的苦苦寻找的雄性不育变异株吗？！这真是“众里寻他千百度，蓦然回首，那人却在灯火阑珊处。”

惊喜过后，他又在这个原始材料的小区反复搜寻了几遍，还真的不少，在那片原始的天地里，一共找到了 19 株同样的不育植株。当晚他把这个令人兴奋的发现报告给他的导师刘后利教授。第二天，刘教授通过仔细观察，连声称好，确认这是典型的自然突变雄性不育株。当年春季他就测交了 45 个组合。他说就是这个发现揭开了国际上“甘蓝型油菜波里马细胞质雄性不育（Pol CMS）研究”的序幕。也正是这一惊人的发现，铸就了他在油菜领域的国际领先地位。

1973 年 7 月，全国油菜科技协作会议在武汉召开，傅廷栋把“波里马”雄性不育油菜自由授粉的种子赠给全国近 10 个省的同行。1976 年湖南省农业科学院利用这一材料首先实现“三系”配套。1981 年江苏省农业科学院把 Pol CMS 赠送给澳大利亚同行。至此 Pol CMS 逐步传播到世界各油菜生产国，并被国内外广泛用于油菜育种实践。在世界油菜杂交种应用的第一个 10 年（1985—1994），只有中、加、澳、印等油菜主产国共审定了 22 个油菜三系杂交种，其中 17 个注明不育系来源的品种中，就有 13 个是利用 Pol CMS 育成的。Pol CMS 是“第一个有实用价值的油菜雄性不育类型”。

在育种的同时，他和研究组的同事们对 Pol CMS 的遗传、分类、细胞质效应、形态解剖、恢复基因分布及杂种优势进行了系统的基础研究。他主持的“波里马油菜雄性不育的发现与研究”1991年获“国家教委科技进步奖”一等奖，1996年获“国家科技进步奖”一等奖。

1991年7月，4年一度的全世界油菜科学家盛会——第八届国际油菜大会在加拿大召开，近50个国家和地区共680位代表参加。国际油菜研究咨询委员会（GCIRC），专门为傅廷栋举行了隆重的颁奖仪式，授予他世界油菜科学界最高荣誉——“杰出科学家”的奖章和证书，以表彰他在发现“波里马”雄性不育及发展国际杂交油菜方面做出的贡献。德国Robbelen教授代表GCIRC致词说：“中国傅廷栋教授是继加拿大Stefansson教授1987年第一次获奖后，世界上第二位获此殊荣的油菜科学家。他发现和建立了世界上第一个有实用价值的油菜雄性不育系统，为直接利用油菜杂交优势铺平了道路。欧洲人毫无保留地将这归功于中国人。”他的成就还在2003年于意大利获发展中国家科学院（TWAS）“农业科学奖”，此奖每年在全世界范围内仅评选一人；2007年获印度MRPC“油菜研究终身成就奖”；于2005年当选为国际油菜研究咨询理事会（GCIRC）主席，任期5年（2005—2009）。这些殊荣足以说明傅廷栋在国际油菜科学界具有重要的影响和地位。

这个种油菜的老人，无愧于生他养他的这块古老的土地，无愧于他的父老乡亲，无愧于他的老师和领导。“莫道桑榆晚，为霞尚满天。”今天的他，仍在开满油菜花的道路上前行，不断有新的研究、新的追求和新的成果。

采访结束，他带笔者参观他的实验田，指着植株，向笔者讲解他的“三系育种”，面容和蔼可亲，使笔者如坐春风。太阳挂在天上，金光四射。太阳下是广袤的田野，油菜正在越冬，绿色连天，温暖无边。

院士名片

潘镜芙　男，船舶工程专家。籍贯浙江省湖州市，1930 年 1 月生于浙江省湖州市南浔镇。1952 年 9 月毕业于浙江大学电机系。1995 年当选为中国工程院院士。中国船舶重工集团公司第 701 研究所研究员，湖北省科协荣誉委员。曾任新型导弹驱逐舰总体设计兼作战系统主任设计师。

在驱逐舰研制和舰载作战系统、电磁兼容等新技术领域，把国内新技术与国外先进技术相结合，以系统工程观点更新设计观念，做到全舰有机协调、综合性能兼优。驱逐舰的研制成功缩短了与世界先进水平差距，对提高我国海上防御作战能力起着重要作用。获得“全国科学大会奖”1 项、“国家科技进步奖”3 项，被授予国防科工委“有突出贡献的科技专家”。设计的某新型导弹驱逐舰获 1999 年“国家科技进步奖”特等奖。

院士寄语

为学当似金字塔，既要博大又要高。

舰艇巨匠

沈　沦

我们仰慕的舰艇巨人——潘镜芙，因为所从事的专业非常“神秘”，所以，鲜为大众所知。

从20世纪80年代中国制造的军舰出访巴基斯坦、孟加拉、斯里兰卡那一刻开始，外国人由衷地赞叹：中国海军可以远航了！

谁能忘记，1997年早春，我战舰出访泰国、菲律宾、马来西亚时，当地人民和华侨热烈欢呼：“如此装备精良的中国军舰，棒极了！”

当世界聚焦我国两代导弹驱逐舰的代表作——“哈尔滨”跨越太平洋，泊岸美国、墨西哥、秘鲁、智利等4国5港时的成功和震撼；

当2002年，新型驱逐舰“青岛号”遨游三大洋，环绕地球1周，历时4个多月，航程3万多海里，实现了中国海军历史上首次环球航行；

更为13亿国人自豪的2008年12月26日，我中国海军“武汉”号和“海口”号导弹驱逐舰穿越印度洋，长驱亚丁湾，驶进也门、索马里海域……威震猖狂的海盗，索马里人民欢欣鼓舞。这是第一次战斗性质的出海，意义非凡。可谓“中国海军只能在家门口转一转的历史”结束了！

心存小船

潘镜芙出生在一个经营纸业的家庭。由于外公是个秀才，书香门第出生的母亲国文功底不错，因此，潘镜芙从儿时即受到良好的教育。

抗日战争爆发，日寇的军舰疯狂地把我平静的扬子江面撕开一道道裂口，肆意横行在上海的江面码头，战火硝烟告诉少年时期的潘镜芙——大上海沦陷。从大人们的议论中，潘镜芙永生难忘我们国家被人欺负的那一幕：“没有坚炮利舰挡得住侵略者的野蛮行径。”当战火烧到他的家乡，7岁的潘镜芙不得不随家人在太湖水乡辗转、避难。战难的特殊环境，在他幼年的记忆里，唯有船能够暂时隐藏在水泽草丛之中……

船，太重要了，船是一个流动的家，比起城里难以挪动的房屋来说，躲避日寇的飞机轰炸有很大的优势。

潘镜芙12岁那年，随着父母的营生移居苏州。读中学时的一天，物理老师知道有些同学认为数理化枯燥乏味，于是，针对一些轻理重文的学生提问："同学们，你们知道1斤棉花和1斤铁哪个质量大？"同学们异口同声："一样大。"

"错！"老师微笑着讲解说："空气里称是一样重，因为空气有浮力，而棉花体积大，受到的浮力大；若在真空中，应该是棉花质量大。"老师接着说："这就是物理。"然后说："留个问题供同学们思考，船那么重，为什么能浮在水上？"老师的眼睛似乎在问小镜芙。

这些问题对小镜芙不但有无尽的吸引力，而且犹如一把重锤敲打在响鼓上，告诫他切忌偏科，一条腿走路的学习嗜好难以成器。"有船才能生存，船这么重要，想弄懂船为什么能浮在水面就得学好数理！"小镜芙心里暗暗发誓。此后，在老师的引导下，年幼的潘镜芙如饥似渴地学习，顺利考进浙江大学电机系，幸运地拜师竺可桢、苏步青门下。

祖国的需要决定他走上造船之路。神秘的军工之路，使他放弃少年时期曾梦想做一名"心灵工程师"的愿望。

◆与江泽民合影

当然啊，人的事业选择往往不能光考虑自己的兴趣。一旦祖国的重任选择了你，你就必须有责任感，甚至把毕生的精力献身于祖国的期望。正是这样的责任心、事业心，加上潘镜芙儿时"有船才能生存"的质朴需求，促使他精心研制舰艇，实现了我海军今天能够驾驶着一流的舰船与海军实力超强的大国并驾齐驱。

“心中的小船”迎来我们为之骄傲的“导弹驱逐舰之父”。

不堪回首的甲午海战……

1937 年，日寇军舰轻易而举地击溃国民党海军的一幕幕惨剧……

500 年来，中国一直梦想拥有一支自己的强大海军，必须自己造出一流舰船。

1965 年，潘镜芙带着这个中国人的伟大梦想，别妻离子，随研究所迁出上海，来到武汉紫阳湖畔神秘的“701”，投身于中国导弹驱逐舰的研制工作。

胸怀军舰

虽然中国人民拥有一支战功显赫的陆军，但海军力量的强弱直接显示国防的实力，中国不堪回首的近代史，就是始于侵略者的坚船利炮。尤其当今科学技术高度发达的时代，海军，即是唯一的保卫国家蓝色国土的坚实后盾和前哨。希望海军强大的梦想困扰着我国几代领导人。

新中国成立 4 周年时，毛泽东主席在南京检阅海军，看见薄弱的海军装备，心里很不是滋味，几天时间里，连续 5 次写下同一句话：“一定要建立强大的海军。”

时隔 3 年，1957 年，苏联向中国提出建“联合舰队”，其醉翁之意不在酒，意图控制中国海军。毛泽东一夜未眠，愤怒地回绝了这个当时最重要的盟友！

这对于大学毕业后赶上新中国要建造军舰工作的新一代造船人潘镜芙而言，是一种义不容辞的责任和光荣。

20 世纪 50 年代末期，中苏关系恶化，苏联背信弃义，撕毁签订的协议，拒绝提供技术，撤走了专家。在“老大哥”的傲慢面前，潘镜芙被激怒了，他说：“中国人是不怕压的！”于是，与战友们一起，开始自行设计，凡能找到的有关驱逐舰的资料，他全借来，一篇篇往脑子里挤压，面对模型，一点一点地琢磨。他的卓越工作，深受组织好评。20 世纪 60 年代初期，李复礼、潘镜芙等先后做了十几个驱逐舰方案。遗憾的是，导弹驱逐舰研究工作刚刚开端，因囿于当时国民经济和生产实力的种种困难，导弹驱逐舰的立项研制工作迟迟未能到来。

失去 5 年的光阴之后，1965 年，为远程火箭实验时护航警戒的需要，中央军委批准进行导弹驱逐舰的研制，潘镜芙出任第一代导弹驱逐舰设计主要负责人之一。1968 年 12 月，中国海军第一艘“旅大”级导弹驱逐舰开始建造……

回顾“旅大”首制驱逐舰的成长过程，令人兴奋。

1973 年 9 月，时任中央军委副主席叶剑英、李德生，视察首次装上导弹的驱逐舰实弹发射演习。当导弹拖曳着五六米长的火焰尾巴打出4发4中的好成绩时，两位军委副主席连连击掌大喝：“打得好！打得好！”

◆ 1995年在江南厂

的确，这样的好成绩来之不易。潘镜芙作为科技研究人员，在大风浪中登舰工作不是局外人想象的那么轻松洒脱的浪漫之旅。作为总设计师，潘镜芙处处身先士卒。为了提高导弹驱逐舰的航行适应能力，他率领设计人员参加驱逐舰适航性试验，颠簸在惊涛骇浪。当一阵阵10米高的浪头从舰艇的驾驶仓飞卷而过，伴随海浪落下来的却是搜肠刮肚的呕吐物，不把人的五脏六腑掏空誓不罢休。但他仍然继续指挥驱逐舰接受顺浪、顶浪、旁浪、斜浪等恶劣险境的考验。一艘舰船从制造到下水试航等，他始终坚持和海军士兵们一样的体验，更为重要的是从中找出隐藏的“杀手”，任何一点小毛病都不能放过。作为一名非海军军人体质的技术人员，没有坚强的意志和事业心、责任心，绝不可能坚持到底。

除此之外，雷达系统检测试验，强大的电磁辐射对人体必有伤害，不管同事们如何劝阻，他总要亲临现场，其目的就是要掌握第一手资料。

正是因为他具有大胆探索、不畏牺牲的精神，第一代导弹驱逐舰首制舰于1968年在大连造船厂开工，1970年8月下水，经过4年的艰苦攻关，首制舰于1971年12月顺利交付海军服役。在1978年召开的全国科学大会上，第一型导弹驱逐舰获得了全国科学大会颁发的奖状。

20世纪80年代初，中国开始设计第二代驱逐舰，潘镜芙任总设计师。此时的军舰设计建造水平已落后世界十几年。潘镜芙院士告诉笔者们，当初，我国希望和英国合作设计建造驱逐舰，但最终没被批准。还是我国自行设计了第二代驱逐舰，也就是112舰、113舰。两艘舰的制空能力都较第一代有很大提升，安装了对空导弹，火炮也增强了。

1988年国防科工委授予潘镜芙“突出贡献荣誉奖”。

1994年4月29日，国产新一代导弹驱逐舰112“哈尔滨号”舰建成下水后不久，江泽民登临视察并且题词：“做驾驭新型战舰的开拓者。”

1999年，潘镜芙主持的第二代驱逐舰获得“国家科学技术进步奖”特等奖。这一年的4月23日，中国人民解放军海军成立50周年。江泽民为人民海军题词：“为建设具有强大综合作战能力的现代化海军而奋斗”。

2006年江泽民在上海与潘镜芙重聚，此时，潘镜芙已是我国著名的船舶设计专家、两代驱逐舰的总设计师、中国工程院院士。江泽民同志笑称他“我们电器专业科的骄傲。”

今天的海军圆了“三代人”的梦。从1949年4月23日，在南京国民党总统府楼顶的青天白日旗黯然落地的这一天，中国人民解放军华东军区海军在江苏泰州白马庙宣告诞生，到2012年9月25日，我国第一艘航空母舰“辽宁号”正式交付海军。63年风雨征程，在以毛泽东、邓小平、江泽民为核心的党的三代中央领导集体和以胡锦涛为总书记的党中央、中央军委的领导下，人民海军从无到有，从小到大，从弱到强。中国，经过几代人的努力，终于看见了海军强国之梦。

情系海军战士

研制军舰这个神秘的事业，虽然和潘镜芙昔日梦想的“心灵工程师”工作不搭边，可在潘镜芙这位文人气质的科学家设计建造的舰艇里，无处不蕴藏着人文环境。

说潘镜芙院士是文人科学家，一点没有虚构夸张。在他家的书柜里，大部分珍藏的是中外历史上那些大文豪的著作，以及《资治通鉴》之类的文史哲理典籍。看那些藏书，不知底细者，准以为潘老是一位专攻文史的学者呢。

在潘镜芙院士的人文生活里，“琼瑶热”并非少男少女如痴如醉的专利；潘老照样有兴致与儿孙辈讨论切磋古龙和金庸的《武林外史》、《射雕英雄传》。此生虽不能从文，但在潘镜芙院士的人生长河里，唯有“造船”和“赏文”一样不能少。

潘老平时的休闲方式多是阅读文史、诗词，还有欣赏音乐和唱歌，当攻克一道技术难关或者完成一次成功的试航，他会即兴拿起口琴吹奏一首浪漫的《多瑙河之波》或者《军港之夜》。当问潘镜芙院士最喜爱什么？他会不假思索地告诉笔者：搞了一辈子海军舰艇，最牵挂的还是海军。

研制舰艇近半个世纪的生涯里，使他在梦里都情系战舰和舰艇的主人翁战士。因此，他在设计舰艇时自然而然体现出人文修养，希望给以舰船为家的战士营造一个舒坦温馨的环境。

一艘战舰在我们平常人眼里，也许只有三大体系：舰艇、武器、人。事实上复杂得叫非专业人无法想象。就说舰艇船体如何考虑“隐身化”；网络中心战中如何加强信息化；武器装备系统远、近海作战、反潜导弹火箭助飞鱼雷、线导鱼雷；电子设备的主、被动声呐并重；电子对抗、红外、光电、水声等等都要统一起来。这些都是舰艇的硬件，也就是说无论武器装备多么先进的战舰，最终离不开以人为本。

因此，潘镜芙考虑到现代级驱逐舰必须保证人文环境。这也是提高舰艇战斗力的重要保证之一。早期源于苏式设计的模式，舰艇里居室拥挤，通道狭窄，甲板层低矮，舱内空气浑浊，机器的噪声和高温对人的袭击和干扰必然影响战

◆ 2003 年与夫人在镜泊湖

斗力。今天的一艘新型导弹驱逐舰，就是一座浓缩的水上科学城，同时也是海军现代化的人文社区。

新型导弹驱逐舰，不仅有一流的现代化装备，而且还有一流的现代化生活设施。今天走进新型导弹驱逐舰的机舱，再也听不到机器的噪声，舱内的恒温使人十分舒适。舰上从吃、喝、睡到文化学习、文体活动都发生了“革命性的变化”。过去吃饭蹲甲板，自己洗碗筷，现在有明亮宽敞的餐厅，就餐使用统一的不锈钢餐具，餐具由专用设备统一清洗；过去喝开水用伙房菜锅烧水，水里不是有油珠就是有咸味。现在每层舱都装有两个循环式自动电茶炉，24 小时供应开水和矿化处理的纯净水，冷热自选；过去大小便只有后甲板的水冲便坑，现在每个舱层都有真空处理厕所，方便、清洁、卫生、美观；过去的文体活动只有在前后甲板，现在舱室里有设施齐全的健身房、学习室、电视室……

现代化的生活设施，不仅为建立崭新、文明、健康、科学的现代化舰艇生活方式和生活习惯创造了条件，更为提高战斗力质量提供了可靠保证。

一流的舰艇，一流的装备，一流的人文环境，一流的海军素质，必然具备一流的战斗力。这就是文人造船匠——中国导弹驱逐舰之父潘镜芙毕生的追求。

院士名片

赵梓森　男，光纤通信专家。籍贯广东省中山市，1932年2月出生。1953年毕业于上海交通大学电信系。1995年当选为中国工程院院士。武汉邮电科学研究院高级技术顾问，国际电气电子工程师协会会士，湖北省科协荣誉委员。曾任武汉邮电学院讲师，邮电部激光通信研究所所长、总工程师，武汉邮电科学研究院副院长、总工程师、高级工程师，第六、七、八届全国人大代表主席团成员，湖北省科协第三、四、五届全省委员会副主席等职。

中国光纤通信技术的主要奠基人和公认的开拓者，被誉为"中国光纤之父"，主持建设中国第一条光纤通信线路，为我国光纤通信在高新技术中成为与国际先进水平差距最小的领域之一作出了杰出贡献，使武汉邮电科学研究院成为"国内一流、国际知名"、年生产能力近百亿的通信企业集团。早在1973年就建议开展光纤通信技术的研究，并提出正确的技术路线，参与起草了我国"六五"、"七五"、"八五"、"九五"光纤通信攻关计划，为我国光纤通信发展少走弯路起了决定性作用。在20世纪70年代末，组织研制生产出我国的首批实用化的光纤光缆和设备。作为技术负责人、总体设计人，先后完成了我国第一条实用化8Mb/s、34Mb/s和140Mb/s等6项国家、邮电部光缆通信重点工程，其中有3项工程获"国家科技进步奖"二等奖。在20世纪90年代，领导开发的光纤通信产品大面积推广应用，取得显著经济效益。曾被IEEE电机电子工程师协会选为Fellow会士。曾获"全国五一劳动奖章"。撰有《用0—∞法解网络》等论文，著有《数学光纤通信系统原理》等书。

院士寄语

人类进入信息时代。

光纤“侠客”

周 娴

为梦想而大拐点

1932年3月，赵梓森出生于广东中山一个贫寒之家。母亲在一位医生家里帮佣，医生是一位极具智慧的长者，用他所学的知识救治了不少人。那时赵妈妈心里就有一个梦想，一定要让自己的孩子读书，做一个有知识的人。1941年“珍珠港”事变，日本帝国主义侵略中国，进入英租界烧杀抢掠。赵梓森那时上小学四年级，两个弟弟一个读一年级，一个读三年级。他带着弟弟由学校逃出，日本人是从家的方向打来的，所以他们不敢回家。子弹像下雨一样，从头上“唰唰”地飞过，看见地上尸横遍野，赵梓森眼里燃起了愤怒的烈火。他那时心里就有一个愿望——一定要制造出比日本鬼子更先进的武器，把他们赶出中国。

上初中时，赵梓森对小发明产生了浓厚的兴趣。他做出了一个很大的模型飞机。在上海举办的飞机模型比赛中获得较好的名次，得到时任市长吴国桢亲自颁发的奖状。吴市长看到模型飞机比小梓森人还大，就问：“这飞机是你做的吗？”吴市长鼓励获奖者：科技救国也能兴国，希望能看到你们这一代创作出更多的作品。

幼年的赵梓森个子很小，身体羸弱，稍有风吹雨淋或天气变化就会患病，其中两次伤寒对他打击最大，差点夺去了他的生命。因此，他热爱上了运动。放学后，在不太宽敞的操场上，同学们总能看见他奔跑的身影。几年下来，他由一个体弱多病的少年慢慢变成身强力壮的青年。

赵梓森有个弟弟跟他一样热爱小发明，他们曾经一起尝试组装一台矿石收音机。那是一个物质极其匮乏的时代，买不到矿石，他们就自制检波氧化铜，小心翼翼地用火加温使铜氧化，然后以此为材料制作了收音机。当他们兴高采烈地爬到屋顶去检测时，却没有收到任何声音，原来，能检波的是氧化亚铜晶体。虽然这个矿石收音机制作失败了，但赵梓森没有气馁，他依然兴趣盎然地自制氢气、氧气，以及各种小玩物，譬如电磁铁、小马达等。赵梓森对笔者说：“别看小时候做的这些都是小打小闹，但涉及了科学的诸多问题。譬如：做飞机模型就与几何相关；制取氢气就涉及到化学问题；做小马达更离不开物理。”

看到赵梓森对发明制造饶有兴趣，买来烧杯在家里做化学实验，化学老师特别喜欢他，鼓励他好好学习，长大了争取做一名科学家。

青年时代的赵梓森因为受姐姐们的影响，还非常喜欢音乐与绘画。家里穷，妈妈只给他们买了一台风琴，谁有空谁弹，互相交流，互相学习。最后姐姐喜欢钢琴，而赵梓森爱上了小提琴。一家人欢聚时，一把小提琴换着拉，让不懂音乐的妈妈点评，一家人温馨和睦。

绘画纯是天然的秉性，赵梓森从小就充满了幻想。他热爱大自然，喜欢水彩画，在他的笔下，山水灵动，人物鲜活。

赵梓森高中毕业时，中国已经解放。他面临着一次大的人生抉择。因为热爱发明，又热爱运动，还热爱绘画与音乐。他偏科了，尽管数学、物理、化学门门功课都可以拿高分，但语文、英语、政治都是他的弱项。当时家庭条件不好，所读的高中很一般，唯恐自己分数不够，在报考志愿里就填写了浙江大学农业系，而他心仪的大学并不是这所学校。

进入大学之后，他发现自己对农业不感兴趣。经过强烈的思想斗争，他最后向家人提出退学来年参加高考的请求。妈妈理解儿子的梦想，便答应了他的要求。之后，赵梓森又重拾高中课本，认真复习每一门功课，在语文、英语、政治上花费的时间尤其多。第二次参加高考，他以优异的成绩考上了大同大学电机系。1952 年教育改革，电机系合并到上海交通大学电信系。在上海交大，学的是他梦寐以求的专业，他如鱼得水，才华得到全面施展，毕业时门门功课都优秀。

赵梓森常说：“兴趣影响人的一生，但人在学习的时候不能全凭兴趣。只有全面发展的人，才能有更大的拓展空间。”

玻璃丝的奇迹

1953 年，赵梓森大学毕业，实习 1 年后被分配到武汉邮电部电信学校，当了一名光荣的人民教师。虽与家乡隔着千山万水，但因为是他所喜好的专业，所以他依然意气风发。

搞科研是赵梓森的最大梦想，当老师不久，他就发现自己在大学学到的知识远远不够，于是花了 3 年时间系统学习有关专业基础课等知识，并准备报考中科院研究生。但学校领导舍不得人才外流不批准他去报考，就让他同时担任 3 个实验室的负责人，他于是沉淀下来，一有空就泡在实验室里，做各种奇妙的实验和研究。

赵梓森的第一次创造性作为有些出乎意料。他在复旦大学教书的弟弟来信要他帮忙推导信号流图的 MASON 公式，赵梓森没有想到自己不到两个星期就发明了“∞—0 法解网络”，并刊登在 1965 年《电子学报》第四期。这个发明不需求解行列式，就可直接写出任意个网孔的复杂无源网络任意支路的电流、电压和阻抗，并在该论文内定了 0 阶行列式等于 1。航天部总工程师蔡金涛在翌年出版的《电子学报》第一期撰文评价：“包括国外的克希霍夫•麦克斯韦，国内顾毓秀在内等曾不断努力寻求简捷的解法，已知方法也不少，但都不大合乎理想，赵梓森提出的‘∞—0 法原理’简单明了，它不与任何已知的方法近似，而运用起来比较简单，比较成功。”赵梓森当时的喜悦与自豪之情难以言表，初尝甜头的他更是一头扎进了科学的汪洋大海中。

1969 年，赵梓森接受重任，担任武汉邮电学院大气传输光通信课题室副主任，开始大气传输课题研究。经过不到两年的努力，赵梓森和同事就把空气传输有效距离从 8 米迅速提高到 10 公里。但实验发现大气传输光通信不能全天候通信，碰上雨、雪、雾等天气就有问题，这个方向继续往前走就是死胡同，必须寻求新的方法。赵梓森立即调整了研究方向，并从文献和各方面调查得知，光纤的衰减已降至 4db/km，可超过电缆传输。他敏锐地意识到：这可能是一次新的通信技术的革命！

1973 年，赵梓森探访刚从美国归来的钱伟长，得知美国正研究光纤通信。他下定决心，一定要依靠自己的力量开发出中国自己的光纤通信。当时对通信技术的争论很多，赵梓森主张采用玻璃丝，而有人主张用毫米波。有一天邮电部部长兼党委书记钟夫翔下来检查邮电展览会，看见赵梓森的光纤通信实验很惊奇，问道：“玻璃丝可以通信么？让我试试！”

赵梓森说：“因为没有精密微调机构，要对准两个点至少要花上 1 个小时才能传出信息。如果要试，可以下星期来。”

钟夫翔很关心这件事情，下个星期他真的来了。这次赵梓森改进了设备，把探测器的面积加大了，以增加它们契合的机遇。钟夫翔书记摆弄着，不一会儿就把两个点吻合上了，而且有了信号。两个星期后，光纤通信成为邮电部科研的重点项目。邮电部顺理成章把研究项目交给了武汉邮电学院，并给予资金支持。

◆熔炼

然而，当时赵梓森一无资料、二无设备、条件简陋，在这种情况下开始了攻关。研制光纤是一个有毒有危险的化学过程，随时都有爆炸和中毒的危险，赵梓森每次碰到危险活时总是抢在前面。有次做实验时，四氯化硅从管道中溢出，生成的氯气和盐酸冲进他的眼睛和口腔，眼睛肿得只剩一条缝，口腔也被灼伤，直淌黄水。同事们把他送进医院，医生看了吓了一跳，不知道如何处理。赵梓森不能说话，用手势指挥医生快用清水冲洗。伤口简单处理后，他又回到实验室。因为没有及时休息，留下了后遗症，左右眼视力有些不对称。

赵梓森和同事们一道历经千辛万苦，攻克了一个又一个技术难关。经过两年的奋战，1979 年，他们终于研制出了中国第一根具有实用价值、每公里衰耗只有 4 分贝的光纤。时隔 3 年，赵梓森和同事们一道又研制、设计、安装并开通了 8 Mb/s 光缆市话通信工程。该工程是中国第一条实用化的光纤通信工程，开创了中国光纤通信工程应用的历史新篇章。作为技术负责人、总体设计人，赵梓森先后完成了我国第一条实用化 8Mb/s、34Mb/s 和 140Mb/s 等 6 项国家、邮电部光缆通信重点工程，其中有 3 项工程获“国家科技进步奖”二等奖。20 世纪 90 年代，他领导开发的光纤通信产品大面积推广应用，经济效益显著。作为我国光纤通信公认的开拓者之一，因发展中国的光纤通信技术和工业所作的贡献，赵梓森得到党和人民的高度评价和奖励。多次被评为省、部、全国级劳动模范、先进工作者，当选为全国人大代表和党的第六、七、八届全国人大代表主席团成员，并获得“全国五一劳动奖章”，还被评为“有突出贡献的国家级专家”，并于 1995 年当选为中国工程院院士。

光纤通信现在已经普及到千家万户，没有光纤通信，就不会有互联网。赵梓森虽年事已高，但对光纤通信的提升仍有期待。虽然现在的光纤是 1 角钱 1 米，但还有降低成本的空间。他说，现在中国在光纤上有 3 个世界第一：用量世界第一、产量世界第一和销量世界第一，如果能变成“成本第一”，那么我们就站到了世界的前沿。

夕阳尚满天

1998 年 11 月，赵梓森院士被聘为武汉市人民政府参事，先后撰写了《关于整顿城市路牌门牌为建设数字武汉打基础的建议》、《关于加速发展武汉数字电视的建议》、《关于加快发展武汉市因特网建设的建议》、《倡导创新思想培养创新人才》等建议书。

2001 年，省委、省政府首次对科技功臣进行重奖，赵梓森获得最高奖金 50 万元。站在领奖台上，他淡淡地说：“这些都是过去的成绩了，奖给我干什么？应该奖给年轻人。”

有记者问赵梓森这笔钱怎么花？他说：“我现在不需要钱，国外的子女都生活得很好，还真不知道这钱该用在什么地方。”

事后大家才知道，这笔钱赵梓森除了留下一小部分用作科研之外，其余的都捐给了穷困山区建一所小学。 赵梓森虽出生在上海，但大学毕业后便一直在武汉工作，湖北武汉是他的第二故乡，他对此充满感情。前年，曾有南

方的城市欲重金请他加盟，他说：“湖北培养了我，给了我那么多荣誉，我怎能离去？”

如今，赵梓森已是81岁高龄的长者，他在中国光纤通信领域书写了一次又一次传奇，但依然停不下前行的脚步，他的心依然年轻，他的思维依然活跃，还在为他心爱的光纤通信事业和武汉的发展操劳。他最大的愿望是光纤进入中国的每一个家庭，让广大人民都享受到极速带来的快乐。

赵梓森“敢为人先、追求卓越”的精神鼓舞着大家。闲下来的时候，慕名而来的学校会请他去做报告。站在讲台上，他谈笑风生，他鼓励莘莘学子们——一旦迷恋，便废寝忘食，只有这样才能成功；单纯依靠大学学习，水平不会高；创新不一定要有很高深的知识，但要有创见；要热爱自己的专业，专业比名牌学校更重要。他鼓励孩子们——儿童要有更多自由的时间和空间；兴趣是好老师，一定要做到学习不偏科。

身为院士，赵梓森的生活其实很平实。他谢绝了组织上安排的院士楼，“我已经住得很好了”；他谢绝了组织上配备的专车，“我用车不多配台专车太浪费”；他谢绝了组织上配备的专职秘书，“我身体还行一个人应付得来”。出门时，他像个侠士，天马行空，一个人乘火车坐飞机走南闯北；回家时，他像个隐士，在家里尽情拉上几首小提琴曲，他说这是他人生最大的享受和快乐。天气不好时，领导关心他，要他天气不好时就在家休息，但赵梓森闲不住，无论天气恶劣与否，他每天都会按时上下班。每天拉小提琴一小时，锻炼身体一小时，再花上几十分钟沿着东湖徒步行走……

时光的风烟吹老了岁月，夕阳西下，这个特立独行的老人，重新启程了！

院士名片

余永富　男，选矿工程专家。籍贯河南省南召县，1932 年 9 月生于河南省南召县。1956 年毕业于中南工业大学获学士学位。1995 年当选为中国工程院院士。武汉理工大学资源与环境学院名誉院长、博士生导师、首席教授、校学位委员会副主任，中南大学、华中科技大学兼职教授，中国稀土学会常务理事、中国金属学会选矿学会理事。曾任冶金部长沙矿冶研究院选矿室助理研究员、高级工程师、副主任、教授级高级工程师。

长期从事难选红（磁）铁矿、多金属共生矿、稀有金属矿、铜钴硫化矿的选矿研究。研究成功弱磁—强磁选矿新设备新工艺，解决了武钢混合型铁矿石复杂难选的技术难题；研制成功国内外独特的选矿新工艺，解决了长期制约包钢生产的选矿难题；针对我国金属矿山资源及炼铁发展现状，首次提出降硅提铁建议。指出降低铁精矿中硅含量对提高炼铁经济效益的重大意义，对我国高炉实现“精料方针”有重要的指导作用。取得国际领先水平的重大科技成果 10 余项，先后获得“国家科技进步奖”一等奖 2 项、二等奖 3 项。1986 年被授予“国家有突出贡献中青年专家”称号，曾获得“湖南省劳动模范”“全国五一劳动奖章”，并被国务院授予“全国先进工作者”称号。发表学术论文 100 余篇。

院士寄语

人生在世想做成一件事是不容易的，尤其是搞科研，冷板凳一坐几十年，既要有承受失败风险的人生担当，更要有坚守的耐力。成功往往来自于寂寞中的坚守。

寂寞中的坚守

王伟举

动因来自感恩

余永富院士，是我国著名的选矿工程专家，在全国冶金业界素有“选矿王”之称。在见余院士之前，笔者心里多少有些忐忑。

然而，当笔者在武汉理工大学资源与环境学院办公室里见到了余永富时，没想到耋耆之年的资深院士竟是如此朴素而平实，就像家里的慈祥老人。这让笔者产生了一种亲近感，谈话就随意起来。

“您一生为国家做了这么大的贡献，请您给有志青年谈点感言吧！”

余老笑笑说：“时代不同了，现在年轻人与我们那时候不一样了。我其实从没想到过会成为什么院士，那时候都不知道有院士。我是国家培养上的学，就是想到如何能对国家有所回报……”

余永富从小就向往做个读书人，但是在贫寒的家境里他的愿望难以实现。连年灾荒连饭都吃不饱，哪还有钱供他上学？他自己好不容易挺到初中二年级，眼看着就要毕业了，心理压力不免越来越大。幸运的是，人民解放军在1947年解放了他的家乡南召县。15岁的余永富帮父亲分担起生活的担子，帮着家里种地卖菜糊口。直到1949年南阳市解放，人民政府办起了南阳高级中学，在家劳动两年的他真是欣喜万分，很顺利地考上了南阳高中。

刚成立的人民政府虽然很艰难，但还是尽最大努力接济这些学子。读高中不但不要学费，还发给助学金。助学金标准是每个月60斤小麦，加上家里带的包谷面和红薯干，他感到生活已经很满足了。余永富那时候的感觉真的如同歌里唱的一样“解放区的天是明朗的天，解放区的人民好喜欢！”新中国的第一批学子唱着、跳着这首歌读完了高中。1952年高中毕业，余永富又幸运地考入了长沙的中南矿冶学院（今中南大学）。他心里对新政权、对共产党充满感激。他怀着一颗感恩的心，一心一意读书，为革命勤奋学习。在他心里只有一个念头——有了本事才能报效国家。

1956年大学毕业时，余永富向组织提出到工厂去，到边疆去，到最艰苦、国家最需要的地方去。在他的想象中，越是艰苦越是能表达对党和国家的报恩之情。然而没想到，他却分到了附近刚成立的中国科学院长沙矿冶研究所。他们是研究所选拔的第一批大学生。一辆拖拉机把他简单得不能再简单的铺盖卷拉了过去。当时国家建设急需钢铁，可是我国的采矿、选矿、冶炼都还刚刚起步，余永富一开始工作就分配到白云鄂博铁、稀土、铌多金属共生矿开发利用的课题组。没能到他想象中的最艰苦的地方去，余永富虽多少有些失望，但他还是服从了分配。怀着感恩报国的朴素感情，他从此把自己的一生都奉献给了国家的矿冶事业。数十年来他取得一项又一项重大科研成果，获得国家及省部级奖项多达数十项。为攻克我国几大钢铁基地的选矿难题，余永富耗去了50多年的心血，这也是他一生的精华时光。笔者请他讲讲科技项目攻关中的难点，余老笑笑说，“作为科研工作者们，其一生都在为攻克难点而工作，我给你简单说说白云鄂博的选矿工作吧。”

踩着钢丝绳前行

国家建设包钢，是因为包头有一座名叫“白云鄂博”的大铁矿。“白云鄂博”是蒙语，意即“宝藏财富之山”。白云鄂博的名字来自一个美丽的传说，据说当年成吉思汗的大将特古斯出征来到乌兰察布草原的一座山上，他的马腾起前蹄，仰天长啸，驻足不前。特古斯连声惊叫：“宝山！宝山！”他滚鞍下马，倒身便拜，祈求神灵保佑。可是，马仍无法行走，他只好将马鞍、马镫卸下战马才得以前行……后人认为是因为山里面有无数的金属宝藏，是金银宝藏的磁性将马鞍、马镫吸住了。

这个传说的可信性无法考证，但白云鄂博有丰富的铁矿却是实实在在的。在白云鄂博矿中含有71种元素，170种矿物，其中具有开采价值的就有 20 多种。稀土储量居世界第 1 位，铌储量居世界第 2 位，铁和萤石储量也十分巨大。但是白云鄂博矿属于大型多金属共生矿，其选矿难度很大。虽然包钢 1954 年就成立了，1959 年建成第一座高炉投产，1960 年开始出铁。但是高炉生产一直不顺行（“顺行”是工业上的行话），问题就是选矿工艺流程一直未得到解决，不能为高炉提供大量优质的铁精矿原料。为了攻克这个拦路虎，国家科委、中科院、冶金部等曾组织了多次科技攻关协作会战，全国有许多个大学及研究院所参加过选矿攻关，进行过小型、半工业、工业化实验，先后研制出了 60 多套技术方案，但都未能在工业生产上成功应用。许多方案在实验室里效果很好，甚至包括被授予了国家最高发明奖项的方案，做试验时各种指标参数看起来都很完美，然而一到矿山现场就走了样。这使得白云鄂博矿始终无法实现工业化生产，成为制约包钢发展的主要障碍。

余永富进入长沙矿冶研究所后，就参加包钢白云鄂博多金属矿选矿项目，从实习研究员一直到项目负责人、学科带头人。因为白云鄂博矿的成分十分复杂，这些矿物质独立出来都是有用的，但混合到一起在冶炼过程中就成为互相有害的成分。如何把能够冶炼的有用矿物分选出来，把其他杂质排除出去，特别是把珍贵的铁和稀土矿物分选成优质的铁精矿和高品位稀土精矿，这个难度是前所未有的，这是当时国家的重点科研项目，也是最难的科研项目。从 1952 年到余永富再次参加白云鄂博选矿攻关前的 1980 年，这 30 年中，国内外先后有 30 多个与矿冶有关的大学及科研单位进行过多次选矿攻关（其中包括德、日、美、英等国家），可是白云鄂博山门依然紧闭，似乎谁也无法找到打开财富宝藏之门的“金钥匙”。往往理论上无懈可击、在实验室里效果很好的方案，一旦拿到矿山生产现场却无法运转，莫非这座宝藏之山也存在类似神话传说中的“阿里巴巴”魔咒？

余永富进入矿冶所初期，他虽然只是一个年轻的实习研究员，却感到沉甸甸的责任。怀着报效国家的真挚情感，他埋头钻研国内外金属矿各种选矿技术理论及实践，分析白云鄂博铁矿石中各种矿物的物理化学性质及其相互关系，多次到包头白云鄂博矿现场调查研究，潜心钻研了 14 年。其间在老师的指导下，也曾做出过被认为较好的技术方案，并在包钢现场做过半工业试验，但都因技术上尚不先进和工业上尚不成熟而未能得到生产应用。于是从 1970 年起，他只好中断白云鄂博矿石的选矿研究，从事别的矿石领域的选矿研究。

人虽然离开了，心却始终离不开白云鄂博。在离开的 10 年间，他研究并参与了许多项目，铁、铅、锌、铜等多种金属矿的选矿研究，取得了一个又一个成果，获得了不少荣誉，积累了经验。但他心里却总也忘不了白云鄂博，一有时间就暗自琢磨着白云鄂博多金属矿选矿工艺流程及能获得良好分选的关键技术问题，并关注着白云鄂博多金属选矿的实验进展。

1980年前后，传来了在国内外众多单位参与的攻关下，白云鄂博多金属矿选矿实验室研究取得了突破性进展及优异的技术指标的消息，他非常兴奋。这个成绩极大地鼓舞了长期从事白云鄂博多金属矿选矿工作者们，对这个工艺抱着很大的希望。余永富遂对这一新工艺进行了认真的研究和分析，认为新工艺技术指标十分优秀，是几十年来选矿研究取得的最佳和最理想的结果。但他根据经验，发现该工艺技术中的某些关键技术在工业生产中实现难度可能很大。如把大量的矿石磨细到95%小于37微米，在当时不仅技术上难以达到，而且成本也非常昂贵，这将导致最后包头白云鄂博多金属矿的选矿问题还是不能得到有效解决。

余永富看在眼里，急在心里。他认为包头白云鄂博多金属矿物嵌布粒度细小，近期研究的新工艺把矿石磨细到95%小于37微米能够使矿石中的各种矿物得到较好的单体解离，这对选矿得到理想的技术指标是有利的。但是大量的矿石都要磨到这么细，在技术上和成本上是很困难的。于是，他反复地对矿石中的各种矿物物理化学性质进行研究，对白云鄂博已研究过的众多选矿工艺流程进行了认真的分析和对比（包括他本人前14年研究过的工艺技术流程和各种数据）。他认为近期研究的新工艺技术指标虽然优异，但是必须把矿石磨到这么细，从技术上也不一定完全必要。在磨矿细度较粗的情况下（90%～95%小于74微米），这个细度在当时我国工业生产上经过努力是可以达到

的。余永富认为在磨矿细度较粗的条件下，只要能够研究出相应符合矿物性质规律的工艺流程，也有可能得到较好的工艺技术指标（也就是达到包钢公司要求的技术指标）。如果这个设想经过研究能够实现，则包头白云鄂博矿石的选矿问题就可以得到解决。这样经过反复思考论证后，他决定即使暂时没有科研经费，也要再次参加白云鄂博多金属矿的选矿攻关试验。

于是他带着自己的科研团队，再次全身心投入到白云鄂博多金属矿选矿综合回收的试验项目研究中。先后研究了白云鄂博矿石的磨矿粒度规律，各种矿物在不同磨矿细度下单体解离的规律和特性，和科研团队一起研制出了新型强磁选机、新型分选介质并研究了强磁选分选规律及效果；研究了各种矿物比磁化系数及在强磁选机中的分选行为；研究了和铁、稀土矿物连生的萤石等脉石矿物的可浮性；研究了稀土矿物的可浮性、浮选特效药剂和稀土矿物浮选分离的最佳条件……在实验室 5 年研究的基础上，1994 年研究制定了在原矿磨矿细度为 90% ～ 95% 小于 74 微米条件下的弱磁选—强磁选—浮选综合回收铁、稀土、铌矿物的最佳工艺流程。

而那项由众多单位参与攻关并报有最大希望的“新工艺”，经过 1984、1986 年两次工业试验都先后失败。包钢公司又和余永富联系，希望按照他们研制的工艺流程在包钢选矿厂进行试验。

1987 年，在冶金部及包钢公司的领导下，余永富又和包钢公司一起在包钢选矿厂进行了工业分流试验（日处理原矿石 100 吨），新工艺在实验室及分流试验期间，先后解决了近 20 项关键技术问题。经过一年工业分流试验，达到了预期的要求，又经过两年对选矿厂工业生产的工艺流程的技术改造，于 1990 年 4 月开始进行工业试验、调试及试生产，经过一年的工业试生产，完成了工业生产试验。达到了包钢公司的合同要求指标。铁精矿品位从 56% 提高到 61%，铁回收率提高了 8 ～ 10 个百分点，达到 73%；稀土精矿平均品位达到 57.7%，回收率达到 20.17%，提高了近 15 个百分点。

与改造前相比，铁精矿年增产 20 万吨，稀土精矿年增产 6000 吨。

1991 年，包钢又按照余永富的方案，在生产上改造两个系列。依据改造前 1989 年的生产指标为准，对选矿厂 4 个生产系列改造后带来的经济效益及环境效益和公司烧结、炼铁、环境等后期工序年效益，共计 6128 万元。

这样，余永富又经过 12 年的科学研究，基本解决了困扰包钢钢铁生产近 30 年的氧化矿选矿技术难题，推动了包钢钢铁生产及稀土工业的技术进步。

这项世界领先的选矿新工艺项目列入 1992 年国家“十大科技成果”之一，

1993 年获得“国家科技进步奖”二等奖。

……

听完余老对往事的回忆，笔者不由感叹道：“余老，您真是自信啊！别人已经得了奖的项目都不能投入工业生产，可见这个技术难度有多大！您却主动请战再次申请立项，万一失败了您可真的下不来台呀。您想到过自己会成为院士吗？”

◆指导学生论文

老院士平静地说：“在外人眼里，院士头衔是一种光环，但是科研过程是寂寞的。在做项目时谁也没想过自己能不能成为院士。首先想到的是包头白云鄂博多金属矿的资源综合回收利用对我国的经济建设十分重要，一定要想办法研究成功，如不能成功，耗费了国家大量资金是对不起国家和人民的，精神压力确实十分巨大。科学研究是存在成功与失败的，科研人员不能因为怕担当失败风险而不敢勇于接受国家需要的艰巨任务，因为一个大项目往往耗尽毕生精力，如果一旦失败，不仅浪费了国家巨额经费，科学家自己也等于空耗一生。但是只有敢于面对失败才有可能成功，只有耐得住寂寞，持之以恒地坚守才有成功的可能性。”

耄耋之年余情未了

在常人眼里，82 岁已是安享晚年的耄耋老人了。可是余永富却比正常上班族还要忙，神采奕奕，壮志不减当年。笔者采访这天是周六休息日，余院士在武汉理工大学资源环境学院的办公室却是电话不断。他现在还带着 5 个博士研究生，每天都有学生或各地的企业技术人员向他咨询难题。这样他不得不停下来，给一个个电话耐心解答。

笔者关切地说："尽管院士是终生不退休的，可您也得注意身体呀。"

余老回答："现在国家经济在快速发展，全国各行各业都在为中华民族的复兴大业这个目标努力。发展面临的资源环境压力很大，问题也很多，武汉理工大学承担了很多国家重点课题，资源环境方面重点项目。每天都有冶金矿山企业的咨询，想休息也不可能呀……"

他指着墙上一幅铅笔草图说："这是为一家企业最新设计的选矿稀土回收工艺流程图，还得一次次去现场试验改进。"

谈起国家的需要，余老神色凝重。在他看来，中国要成为伟大国家必须首先成为工业制造大国，国防军工强国，工程技术必须跟上去。金属矿业和稀土需求越来越大。现在国内矿山勘探和开采都还在 500 米的浅层，现在我们要往 1000 米以下深地开采进军，同时低品位矿的利用，稀土的回收空间都很大，许多难题攻关仍很迫切，所以选矿科研仍然是任重道远。

院士名片

宁津生　男，大地测量学家。祖籍安徽桐城，1932年10月出生。1956年毕业于上海同济大学测量系。1995年当选为中国工程院院士。武汉大学教授、博士生导师，教育部高等学校测绘学科教学指导委员会主任，教育部“卓越工程师教育培养计划”专家委员会成员，中国测绘学会测绘教育委员会主任，国家测绘地理信息局科技委员会委员，《中国大百科全书》总编委会委员及其第二版《测绘学科》主编，湖北省科协荣誉委员等。曾任原武汉测绘科技大学校长，国务院学位委员会工科评议组成员，国家自然科学基金委员会学科评议组成员，国家测绘局科技委员会副主任，地球空间环境与大地测量教育部重点实验室主任，《辞海》编辑委员会委员、分科主编等职。

长期从事大地测量学科领域的教学、研究和工程技术工作，从20世纪50年代起就开始进行地球重力场理论和方法的研究，其研究和实践工作包括我国天文重力水准的布设、地心坐标的建立和参考椭球体的定位等。20世纪80年代在我国首先利用近代数学物理方法推求相对大地水准面，致力于研制适合我国局部重力场结构的WDM地球重力场模型系列，获得当时我国阶次最高、精度最好的地球重力场模型WDM89和WDM94，广泛应用于测绘、空间技术、地质等领域的研究和生产。主持或参加了我国全国和省市大地水准面的精化工程，所获得的高精度、高分辨率大地水准面数值模型可将GPS大地高转换成海拔高，直接用于1∶5万及更大比例尺的地形测绘，代替繁重的几何水准测量，改变了传统的地形测绘技术方式。主持完成省部级以上重大科研项目20余项，其中全国及省市地区高精度高分辨率似大地水准面的技术研究及实施应用工程荣获“国家科技进步奖”二等奖；卫星测高学理论与技术及其应用研究、地球重力场精细结构及我国大地水准面精化的研究、地球重力场模型研究、整体大地测量、大地测量学科发展战略等多项科研成果分别获得“国家测绘局科技进步奖”一、二等奖；清江隔河岩大坝外观变形GPS自动化监测系统研究获得“湖北省科技进步奖”一等奖。编著出版教材、专著10部，翻译出版外文文献6部，发表论文200余篇。

院士寄语

我走过的道路，是一条顺其自然、循序渐进的道路。

大地之星

刘书平

求知之路

在一般人的概念中，不管是测绘还是测量，总认为是建房修路抑或其他建筑工程方面的丈量，当然，如果提到地球重力场之说，那更让人觉得茫然。很多人会这样说：地球这个庞然大物，谁去测量？怎样测量？又怎能知道它的重力？如果没有这方面的科学知识，那就如听天书。

宁津生院士就是研究这门尖端技术的科学家。他 60 年如一日，一直匍匐在大地上，用尽心血和智慧，细细诠释着这个神秘的星球，为人类的进步书写着灿烂和辉煌。

宁津生出生在安徽桐城，家乡是一个出才子的地方，丰厚的文化，滋养着一代又一代人。宁津生家庭虽然不是富家豪门，但父母视野开阔，颇有远见，将不足 6 岁的他送进了私塾。宁津生小小年纪，就非常自觉，每天自己准时扛着一个木凳进学校，安静地念书背书写字。

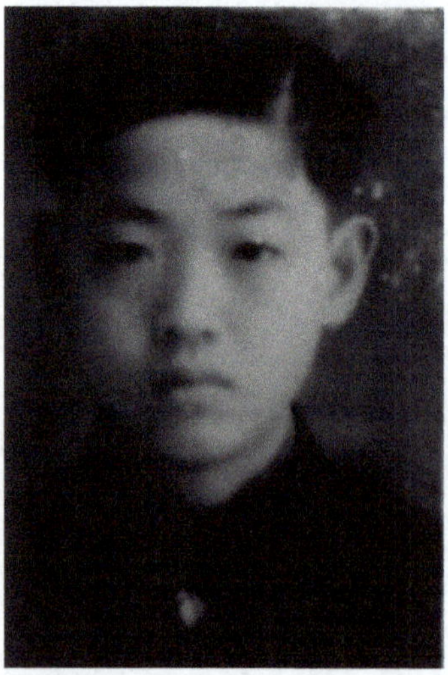

◆初中求学照

1937 年抗日战争爆发，8 年抗战的动乱年代，3 年解放战争的不平静时光，使青少年时期的宁津生饱尝了动荡岁月的艰难与辛酸，也使他倍加珍惜新中国成立以后的美好时光。那时刚满 6 岁的宁津生就和大人们一样，过上了颠沛流离的生活。为了躲避日本人燃烧的战火，他随父母一起背井离乡，辗转数地，先到湖北江陵县、四川丰都县，再到重庆合川县。从常理上说，故土难离，人在异乡，谁能缺少故园情？所以，年少的宁津生几乎夜夜梦见回故乡。终于在 1945 年抗战胜利之后，宁津生才随同父母回到安徽桐城的老家。父亲担心他误了前程，回来后让他继续读书。在高中期间，他遇到了一位好老师，让他深深地爱上化学，而且各门学习成绩也很优秀。1951年他中学毕业，以优异的成绩考取了哈尔滨工业大学化工系。但由于哈尔滨离他家芜湖太远，当时交通极不方便，加上哈尔滨气候寒冷，父母没有让他远赴北国求学。在等待时机的过程中，他并未茫然失措或苦闷彷徨。正如他在日后的人生道路上一样，始终坚信，只要自己努力奋斗，就一定会有一个好的未来，也一定能取得成功。因此，在日复一日的等待中，他一直没有丢下手中的书本。

机遇往往总会赐给有准备的人。在一个风清气爽的夏日，上海《解放日报》上的一则文字，立刻深深吸引了宁津生，这是一条上海同济大学测量系当年补招学生的消息。放下报纸，一种美好的理想开始放飞，他当即便作出决定，去上海投考！这次投考者共有70多人，最后有60多名投考者名落孙山，宁津生却荣登榜名。

20世纪50年代的新中国，是一个春光融融、马蹄踏踏的黄金时代。抗美援朝如火如荼，宁津生和全国众多青年人一样，怀着崇高的理想和使命感在念书。

在大学的第一年，宁津生即以各方面的出色表现备受老师器重。1952年，他被选送至北京俄语专科学校留苏预备班学习俄语。正当他对留学苏联满怀憧憬的时候，却被告知因为家庭出身问题没有通过“政审”，不能留苏学习。他又回到同济大学测量系继续本科学习。留苏受阻给了宁津生一个不小的打击，但他并未因此而沉沦，仍然孜孜不倦地学习，勤奋努力地工作，先后担任系团总支书记、校学生会宣传部长。

这些求知的过程，已成为久远的事了。但是，在1995年宁津生当选为中国工程院院士之后，很多人在回望他的足迹后这样评价说：正是因为宁院士当年选择了去上海投考，才使得中国测绘学界有了今天这样一位优秀的学者，一位卓有成就的测绘科学家。

探索之机

宁津生有一句格言：做一件事，就应该尽自己所能做得最好；没有热情和责任感，什么事情都做不好。

宁津生大学毕业那一年，武汉测量制图学院成立。由于建校之初需要大批专业教师，宁津生和他的同班同学一起来到了“武测”这片当时还是百废待兴、充满希望的土地，正式落居到古老的江城，开始了他漫长的人生航程。

1957年，苏联成功发射了世界上第一颗人造地球卫星，这使得地球重力场的研究成为测绘界的热门课题。武汉测量制图学院将地球形状与重力场课题作为天文大地测量专业的必修课程和重点研究对象，专门从苏联请来了一批测绘专家。其中一位名叫布洛瓦尔的教授，研究地球重力场方面在国际测绘界有很大影响。

由于当时苏联在地球重力场研究方面有一种新的理论和方法，布洛瓦尔来校讲课需要专业翻译，正巧宁津生学习过俄语，又钻研过测绘专业，学校领导决定让他担任布洛瓦尔的专业翻译。

◆为国际著名大地测量专家莫里茨做翻译

正当宁津生以极大的热情开始研究大地重力学的时候，中苏两国的关系开始急剧恶化，苏联单方面撕毁了条约，在华工作的所有专家全部奉召回国。布洛瓦尔自然也在奉召之列，宁津生清楚地看得出来，这位对中国怀有友好情感的苏联专家对突然离华回国，脸庞上写满了“不情愿”。临别时，布洛瓦尔将部分书籍和一些研究方面的重要资料，都留给了宁津生。

布洛瓦尔回国之后，学校领导对宁津生说：“你当过布洛瓦尔的专业翻译，对地球重力场的新理论、新方法有较深的理解，今后学校地球重力场这门课程的教学工作就由你来承担吧。”面对这样一种使命、一副重担、一份责任，宁津生欣然接受了这份工作，因为他很热爱地球重力场教学和研究，所以工作起来也非常热心。

几十年如一日，宁津生由黑发变白发，为测绘事业尽其所能，不计付出，无论在什么情况下，他都没有丢下自己的专业。在他孩子刚出生的时候，总免不了有家庭琐事缠绕着他，每当孩子“吵夜”时，他常常整夜抱着孩子走来走去。不管是劳累，还是家庭出身问题受到冲击的逆境中，他一直坚持钻研专业和外语，从不冷落自己追求的事业。

20 世纪 50 年代后期，宁津生参与了当时国家测绘总局建立“57 国家重力基本网”的建设，开始了物理大地测量的理论研究和生产实践工作。到了20世纪70年代，他主要研究基于莫洛金斯基的理论建立我国天文重力水准的理论、方法和精度，参与了为满足我国国家天文大地网中归算大地测量观测数据的需要而建立的国家天文重力水准网的布测和研究工作。其研究成果完善了当时由苏联专家为我国设计的天文重力水准布设方案，部分成果被收入修订后的我国《天文重力水准测量细则》，作为我国重力测量实际作业的依据和标准。此外，他和管泽霖教授的研究成果和论文为我国20世纪60年代大地测量专业开展大地重力学的教学工作提供了新的内容。

20世纪70年代末至80年代初，当地球重力场研究的统计理论引入我国之后，宁津生在国内率先开展“利用最小二乘配置确定相对大地水准面的理论和方法”研究，其成果不仅为确定我国大地水准面提供了一种新方法，而且及时将这一现代研究地球重力场的理论和方法引进到测绘学科专业的教学中，丰富了物理大地测量课程的教学内容。该成果更为确定我国大地原点及椭球定位所需要的垂线偏差和大地水准面差距等数据提供了一种新方法。

辉煌之时

十一届三中全会以后，国家拨乱反正，党和政府给予了知识分子应有的尊严和地位。“文革”中被解散的武汉测绘学院已于1974年恢复了，宁津生又回到武汉测绘学院。除了本职教学工作以外，系领导让他干什么就干什么，干得十分起劲卖力。一段时间后，同事们都觉得他工作热情很高，表现积极，又乐于为大家服务，便推举他担任系工会副主席。两年后，他又被推荐担任学校工会副主席。

1983年，党组织正式接纳他为中共预备党员，他更觉得应该多为党做事。行政工作他干，教学和研究他也照常干，虽然天天忙碌，但他心甘情愿，从不叫苦叫累，总是保持着一种乐观向上的的心态。

1984年，国家测绘局和湖北省委组织部到学校为更换领导班子进行民意调查，在投票和座谈过程中，很多人举荐他。学校内马上就传开了，有人对他说：“老宁，很多人推荐你当校长，这次肯定要进学校领导班子。”宁津生淡然地一笑说：“别瞎说了，我这个搞教学科研的人，连教研室主任都没当过，哪有能力当校长？”

话虽这么说，心下倒在自问，如果真让我当校长，我能当得好么？学校有很多能人，我能做得比他们好吗？很快，国家测绘局派人来学校找他谈话，果真考察他当校长的事。当时，由于他入党时间不长，预备党员尚未转正，按照规定，不能进学校党委班子。为了过渡一段时间，组织任命他当了副校长。直到1988年元月，才正式担任武汉测绘学院校长。

宁津生在校长职位上一干就是10载，直至1997年2月才卸任。如果将他任校长的这10年比作一首歌，那么这首歌的旋律是优美动人、催人奋进的；如果把这10年比作一首诗，那么这首诗是抑扬顿挫、铿锵有力的。当校长尽管有很多行政工作缠身，然而，宁津生从来没有耽误给学生上课。他认为，自己不管是当副校长还是校长，教师的位置不能变，那就是首先是个教师，然后才是校长，假若做不到这一点，就等于失职。所以，不管再忙，宁津生都一直坚持给学生上课，坚持有针对性地备课写讲稿，让学生们在他的讲授中实实在在获益。

宁津生在任期间，武汉测绘学院的办学方向和教学质量发生了质的飞跃。在校领导班子的带领下，有了一支优秀且整齐的教师队伍，学校的面貌彻底改变了，其位次在全国大学排名中大大前移。1996年，学校通过了教育部“211工程”达标。宁津生这位昔日风度儒雅、神采奕奕的学者，虽然青丝变银发，但他仍然保持着年轻人的活力，在教学、科研的道路上，继续热情，继续豪迈。

宁津生院士紧跟世界科技发展动态，致力地球重力场研究。近年来，他主持完成或指导博士研究生进行卫星测高、卫星重力梯度以及卫星跟踪卫星等卫星重力学的一些理论问题的研究，获得若干有价值的成果。其中“全国及省市地区高精度高分辨率似大地水准面的技术研究及实施应用工程”获2004年度“国家科技进步奖”二等奖；“地球重力场精细结构及我国大地水准面精化的研究”、“地球重力场模型研究”、“整体大地测量”、“大地测量学科发展战略”、“地球形状及外部重力场”等项科研成果及其相应的著作、教材等分别获得省部级“科技进步奖”和“优秀教材、图书奖”一、二等奖。发表论文200余篇。

宁津生自1956年到武汉测绘学院任教后，一直从事物理大地测量的理论与方法研究，在布设天文重力水准网、推求地球重力场模型，精化局部大地水准面、研究卫星重力学和固体潮等方面均有很大建树，完善了布洛瓦尔为我国设计的天文重力水准布设方案。20世纪70年代，他开始研究国际上新出现的一种地球重力场研究的新理论、新方法——“利用最小二乘配置确定相对大地水准面差距”，并及时将这一方法引进物理大地测量的教学和科研中，丰富了物理大地测量课程的教学内容。

1984 年，宁津生担任武汉测绘学院副校长后的第二年，就被中国测绘学会选为其所属的教育工作委员会主任。同时，宁津生又接替国家测绘局测绘教材委员会主任，后改为测绘学科教学指导委员会，20 世纪 90 年代，又改为教育部高等学校测绘学科教学指导委员会，他继续担任主任。“两委”主任落在他的肩上，一干就是 30 年，成为名副其实的“超龄主任”。在“两委会”的推动下，随着经济发展对测绘人才的需求，我国开设测绘专业的学校，已从原来的 30 余所发展到 2011 年的 121 所。

1995 年，中国工程院院长朱光亚来函通知宁津生，经国务院批准，他被当选为中国工程院院士。从常理上说，面对这种佳讯，宁津生应该激动，然而，他却十分冷静，当大家来祝贺时，他说：“一花独放不是春，万紫千红春满园。”大家都知道他是期盼更多的年轻人出大的研究成果，也能获得这个殊荣。

办学育人是宁津生钟爱的事业，宁津生把教书、教学视为第一任务。除了教学之外，不断研究新的教学方法。比如，每年大学新生入学时，他依然会像当年登讲台时一样“紧张”。对于给本科新生上专业基础课《测绘学概论》，他还是丝毫不敢懈怠。如何用最简单的方法，最通俗的语言，将测绘学这门艰深的学问让刚入校门的新生心领神会，这不是一件容易的事情。作为中国大地测量领域的顶级科学家之一，上这门课对他来说应该是驾轻就熟，况且这门课他已上了 10 多年，且只讲其中的一个章节，但每次开学前他都要重新备课，重新编写讲稿，上课的前一天晚上还会温习一遍。一门《地球重力场》的专业课，他讲了 30 多年，可每次上课前，他仍要重写讲稿，重新备课。

宁津生从教 50 多年来，他严谨治学的态度，渊博的知识，深厚的学术功底以及谦逊的品格使学生们受益匪浅，其简朴的生活和敬业精神更让学生折服。他不仅在学习上对学生严格要求，更在思想上、生活上无微不至地关心着他们，他所指导和培养的博士生、硕士生大都已成为我国测绘领域中的骨干力量，真可谓桃李满天下。

2011 年 12 月，宁津生的弟子李建成当选为中国工程院院士。宁津生

十分激动，他亲眼目睹了李建成的成长，看到他长期致力于地球重力场理论及其工程应用领域的教学、科研和人才培养等工作的点点滴滴，看到弟子今天的荣誉，他比当年自己获得院士时更多了几分快乐。

数十年间，宁津生把培养后生作为自己的神圣使命。今天，虽然他年事已高，但仍在为地球测绘呕心沥血，殚精竭虑，培养了一大批勇立潮头的科技人才，他和祖国的进步一起腾飞，一同辉煌。

◆ “大地之星”是学生们送的一个称号

一年前，在他满80大寿那天，他的学生们为他精心制作了一幅匾额，上书4个苍劲有力的大字：“大地之星”。“大地之星”这4个字对于宁津生院士来说，是非常贴切的，他是一颗星，是一颗为人类带来福音的星辰。因为他毕生都在诠释着这个神秘的星球，为中国的科技事业作贡献，所以受到世人的尊重和敬佩。

院士名片

葛修润　男，岩土力学专家。1934年7月生于上海市。1952至1953年在清华大学学习，1959年毕业于原苏联敖德萨建筑工程学院水利系。1995年当选为中国工程院院士。中科院武汉岩土力学研究所研究员、岩土力学与工程国家重点实验学术委员会名誉主任，兼任上海交通大学教授、上海交通大学岩土力学与工程研究所所长，湖北省科协荣誉委员。曾任湖北省第七、八届人大代表，湖北省科协常委、武汉市科协副主席等职。

主要从事岩体工程问题和数值分析方法、测试技术及岩体基本力学性质等研究，是我国著名的岩质边坡工程学科带头人，岩体工程数值分析方法成就显著，精于岩体力学设备研制，长期致力于古文化遗址的保护。参加我国最早结合大型原位试验的大冶铁矿南邦边坡研究，1966年独立主持完成了该工程边坡稳定分析和岩体力学试验总结。主持大冶北邦滑坡整治、铜绿山、永平、海南等大型矿山边坡工程，社会、经济效益显著。20世纪70年代初进行的“511”工程地下洞群非线性分析是国内大型地下工程应用有限元首例。为葛洲坝二江泄水闸作抗滑稳定非线性分析，清江隔河岩重力拱坝连同复杂岩基的三维有限元分析等，均为解决工程难题作出重大贡献。1993年研制成功总体性能具有国际领先水平的液压伺服岩石力学多功能试验机。近年来为长江三峡水利枢纽、水布垭水电站、小湾水电站、向家坝水电站和深圳地铁建设作出贡献。2001年为位于三峡水库库底的白鹤梁古水文题刻原址水下保护工程提出原创性方案，被国家采纳。1978年被授予“全国先进工作者”称号，1988年获“国家级有突出贡献的中青年专家”称号。享受国务院政府特殊津贴。

院士寄语

世上无难事，只怕有心人。

为岩土把脉问诊

沈汉涛

岩土，生命之源，万物之舟。

自从盘古开天地，岩土就以她博大的胸怀默默无闻地承载着、滋养着人类和万物，生生不息，繁衍轮回。然而，岩土也和生活中的你我一样，有时也会生病，也得诊治，否则后果不堪设想——大厦倾倒，桥梁毁坏，铁路中断，水库决口，矿山坍塌，古迹湮没，生灵涂炭……古往今来，无数岩土“病变”引发的灾难都证明了这铁的事实。

而笔者眼前这位身材高大、满头鹤发、前额宽阔，浓眉下一双专注眼神的长者——中国科学院武汉岩土力学研究所葛修润院士，就是被人们称作为岩土把脉问诊的“大夫”。

风霜雪雨博激流

什么是岩土力学？葛修润院士告诉笔者：岩土力学是土木工程的学科，涉及到岩土的物理力学性质、强度、变形计算、稳定性分析、挡土墙及基坑维护的设计与计算、地基承载力等岩土力学基本理论与方法；结合有关交通土建、建筑工程、土木与水利工程的理论和施工知识，分析和解决岩体工程及地基基础问题。

1934 年 7 月，葛修润出生于上海市。1952 年，他以优异成绩考入清华大学水利系，一年后，又考进前苏联敖德萨建筑工程学院。1959 年以优异成绩获得苏联优秀毕业生证书，并获得苏联水利工程师称号。

令葛修润始料不及的是，刚从苏联留学归国，因对全民大炼钢铁发表了不同的看法而受到批判。政治审查结束后，本来他可以回故乡上海，但被分配到中国科学院武汉岩土力学研究所工作。面对如火如荼的社会主义建设新高潮，26 岁的葛修润并未计较个人的得失，暗暗发誓将所学知识回报祖国。当他看见岩土力学实验还是靠手工操作的落后现状，心里非常焦急，于是凭借自己丰富的专业知识，与同事们一起日夜攻关，终于研制出野外试验急需的大吨位加荷液压枕。在此基础上，他们再接再厉，又成功研制出专用扁壳千斤顶，至今仍然是市场上的畅销不衰产品。人们在称赞这些产品的同时，也对这位朝气蓬勃、埋头苦干的年轻工程师刮目相看，敬佩有加。

正当葛修润准备把人生理想的航船驶向更加辽阔宽广的大海时，暴风骤雨般的“文化大革命”开始了。他像许多人一样，陷入茫然之中。随着轰轰烈烈的运动深入开展，他做梦也没想到，相濡以沫的夫人周玉瑛被“组织”借故调到外地工作。葛修润无言以对也无力抗争，直到“文化大革命”结束，一家人才团聚。每当有人提起那段不堪回首的往事，他总是淡然一笑。在“文革”10年中，葛修润忍辱负重，逆境前行，仍然坚持在岩土力学领域里进行艰苦不懈的探索和研究。

1966年下半年，葛修润带着自己的研究成果，奉命主持湖北大冶铁矿南部边坡稳定现场试验的总结和边坡稳定度的分析计算任务。他提出了平面极限平衡问题的不需迭代过程的创新方法、空间五面体滑动分析方法和开挖爆破的动力分析公式，确保了工程施工安全和工程进度。

当时，我国岩土力学研究理论十分滞后，要想有所突破，必须另辟蹊径。葛修润把目光投到当时世界上刚刚出现的电子计算机编程代码上，开始了“岩土力学有限单元法”研究。这是个全新的领域，也是个陌生的世界。他迎难而上，沉迷到忘我程度，满脑子都是各种各样的公式，似乎这些公式是世界上最有趣最迷人的东西。上亿个数据，纷繁复杂的数据，一个数据一个数据靠他推算、排列、组合、分析、演绎。他在0至7这8个数字中遨游、迂回、飞跃。整整5个月，除了深夜回家睡觉外，葛修润都没离开过实验室，终于使用国产电子计算机用机器码编制出了大型有限元法程序，这是当时国内计算大型地下洞室群的唯一的岩土力学分析程序。随后，他又投入到无界元的研究中，大

◆ 1981年在前联邦德国波恩（总统府）作为洪堡学者与总统卡斯腾斯在一起

胆提出了节理无界元理论，并获得成功。1973 年，他为我国西部“511”工程大型地下洞室群做的线性和非线性分析，被公认为是我国大型地下工程中采用有限元分析成功的首例。

葛修润先后参与主持了三峡工程中的发电站厂房大坝、地下厂房、船闸的抗滑稳定等 6 项科研任务。其中，左岸水力发电厂房的第一号到第五号机组的地质状况最为复杂，深层滑动问题一直是三峡工程中最大的岩石力学难题。许多科研单位派员参加了此难题的研究。葛修润又奉命应召出征，不顾年老体衰，带领他的团队深入到工程第一线，勘察分析，以严肃的科学态度和严谨的工作作风，提前完成了复杂艰难的计算任务。“长江三峡水利枢纽二期工程蓄水、通航、发电技术研究与实践”课题获湖北省政府授予的 2004 年度“科技进步奖”特等奖，他是获奖者之一。

几度风雨几度春秋，风霜雪雨搏激流。从风华正茂到两鬓斑白，几十年来，葛修润的足迹遍布祖国的大江南北和西部的崇山峻岭，包括世界上最高拱坝小湾水电站、海南省我国最富有的石碌铁矿、湖北清江隔河岩水电站、清江水布垭水电站、四川二滩水电站、广州抽水蓄能电站、深圳地铁一号线工程、武钢大冶铁矿区狮子山、江西水平铜矿等地，都有他的精神风采和巨大奉献。

问诊大地主沉浮

“要创新并敢于攀登科学高峰”是葛修润在科研工作中的座右铭。他在岩土力学上有着自己的独到见解，在国际上享有盛誉。1981 年，葛修润获得了德国洪堡基金会研究奖学金，与国际著名专家奥地利的米勒教授合作完成的《节理岩体在反复加荷情况下的力学性能研究》一文获得国际同行的好评，此文对日本黑部川四号拦坝今后变形发展趋势进行了科学预测。

在岩土工程加固技术方面，葛修润也有许多创新发明，新型的砂固结内锚固头岩石预应力锚杆，船锚型土工锚索和永久性自由张拉型密集索体的大吨位岩石预应力锚索，先后获得国家发明专利授权，在三峡工程采石场，风滩水电站等重要工程中广为应用。

葛修润没有陶醉在鲜花和荣誉里，他与同事们花了 7 年的心血，成功研制出全数字化由微机进行伺服控制的多功能岩石力学试验机系统——RMT 刚性伺服控制机系统。1993 年 12 月，中国科学院对此组织了院级鉴定，评语是“在岩石力学同类试验机中，性能达国际领先水平。”RMT 机已投入生产，荣获国家科技部颁发的科技成果证书，售价每台 85 万元左右，有 14 台已安装在国内许多著名大学的实验室和研究院，替代了每台高达200多万元的美国产MTS试验机，从而打破了国外公司在这个领域的技术垄断。这不仅仅为国家节省了大笔外汇，更重要的是，标志着一个国家、一个民族、一个人自强不息、自主创新的精神。

“老骥伏枥，志在千里，烈士暮年，壮心不已。”这是葛修润的真实写照。1998年，已是65岁高龄的葛修润又主持研制利用医用CT机对岩石和土的试样进行平面加载和三向加载试验，试验不仅能观察到岩土加卸载时裂隙发展过程，而且能记录下试样完全破坏的全过程。1999年此项新的研究和试验方法获得成功后，他撰写的《煤岩三轴细观损伤演化规律的CT动态试验》论文一经发表，在很短时间内被引用次数就高达79次，在国内外同行中掀起了一股用CT动态观测新方法进行各类试验研究的浪潮。

◆ 1982年在奥地利萨尔茨堡
与国际岩石力学学会创始人米勒教授在一起

葛修润在创新科研道路上没有停步。“数字式全景钻孔摄像系统”是他带领学生研制成功的又一套设备，已成为地质勘察工作中的必备装备。“数字岩芯”解决了地质钻中经常发生的取不到岩芯的难题，使现场人员可从钻孔中获得丰富的地质信息资料。这套设备获“第十三届全国发明展览会”金奖，2006年又被评为“全国杰出专利”。截至目前，在三峡工程工地、宜万铁路线工地、国家石油储备体基地等数十个工程中都得到了广泛应用，解决了许多工程地质勘探中的常见难题。

由于长期艰苦卓绝的科研工作和野外恶劣的生活环境，葛修润身患糖尿病、高血压、冠心病、腿部肿胀等多种疾病，但他仍像忠于职守的士兵坚守阵地，像奋不顾身的勇士驰骋在战场。“只要能为祖国工作，就是我人生最大的幸福和追求。”葛修润这样说，也是这样践行的。

金沙江最大的支流雅砻江流域，锦屏二级水电站也在开发之中。其工程区域、地质条件非常复杂，除了高地应力和岩爆之外，更有很严重的地下水问题，在锦屏水电站巨大的输水隧道工程中，地应力实测是其中极为重要的问题。在锦屏山下2430米深处，有几个单位用了国内外各种方法进行测试都没有测出该地区的地应力资料。2010年8月，葛修润带领他的团队来到这里。经过10多天的实地勘察、论证和研究，葛修润用他10多年精心研究的一个创新方案：钻孔局部壁面应力解除法（BWSRM）原理和相应的地应力测井机器人在深达2430米处的地下巷道内的水平钻孔内进行地应力实测，获得成功，得到了该处的三维地应力张量，为锦屏二级水电站工程的顺利进行提供了重要数据。葛修润是我国首创BWSRM三维地应力测量方法的第一人。

为了解决青藏铁路和青藏公路穿越多年冻土带地区的工程难题，葛修润对传统的“通风管”（一种预制的直径为数十厘米的混凝土管道）作出了重大改进。他在这种管道壁上设计了许多孔洞，正是这种被称为“透壁式”的通风管，蕴含着他超人的智慧和巧妙的构思。通过这些孔洞，冷空气可以与周围冻土介质直接进行对流、交换，可以有效保护冻土的临界线不上移，减少冻土地质工程的维护成本。透壁式通风管已获国家发明专利授权，2006年该专利也被评为“全国杰出专利”。

葛修润无疑是我国岩土力学工程领域的学科带头人，是一面先进旗帜。他先后申报和获得专利授权20多项，这一项项丰硕成果，体现了他矢志不移的追求，凝聚着他过人的聪明才智，饱含着他对祖国、对人民的挚爱之情。

“问诊大地我主沉浮”，葛修润完全有资格这样说。当然，他不会这么说。

白鹤梁水下“重生”

“登山则情满于山，观海则意溢于海。”葛修润外表冷竣严肃，内心却充满火一样的热情，他以丰富的专业知识倾心于对祖国文物遗址的关注与保护。

三峡“一号国宝”——白鹤梁，是位于长江三峡库区上游涪陵城北长江中一块长约1600米、宽约15米的天然巨型石梁。相传唐朝时朱真人在此修炼，吸引许多白鹤栖息于梁上，故而得名。自唐代广德元年以来，先人们在白鹤梁上凿刻了18尾石鱼，文字题刻达3万多字，大多出自名家之手。平时石鱼隐于水面以下，每隔三五年，当长江水位很枯的年份才在12月到次年3月这短暂时间内露出水面。它记录了自公元763年至20世纪初1300年来的72个长江最枯水位。故而，它对研究长江中上游的枯水规律、航运以及生产设置等都有重大的史料价值，被人们誉为“水下碑林”和“世界第一古水文站”。

倘若三峡水库蓄水到156米高程后，白鹤梁将永沉江底，泥沙淤埋。对于后人而言，“白鹤绕梁、石鱼出水”的丰年美景也将永远成为传说。因此，白鹤梁的保护工作迫在眉睫。

2001年2月，国家文物局、国务院三峡建设委员会和重庆市政府决定在涪陵召开专家评审会正式通过“就地保护”方案，并邀请葛修润担任专家评审组组长。

在会议召开前一周，葛修润在国家文物局第一次看到了关于白鹤梁“就地保护”的方案。他思忖片刻后，毫不掩饰地对这个方案表示了不很同意的态度，国家文物局的同志有些不解，他们请葛修润担任专家评审组长，其初衷就是要通过此方案，谁知他不认可。“因为这个方案，实质上是把文物淤埋掉。”出于对祖国文物保护的责任，也出于一个科技工作者的良知，葛修润毫无保留地说出了自己的想法。

在涪陵会议召开前夜，有关领导告诉他“即将通过的方案是经过10年研究的结果，会议必须通过”，并希望他主持评审时能从大局着眼，不要影响三峡工程整体进程。葛修润有些左右为难，在大局面前不得不点头违心地服从。

就在会议即将通过“就地保护”方案的最后时刻，葛修润好不容易争取到半个小时表达了自己的想法作为备案，并当场一口气画出了8份草图，向评委

◆ 2011年度陈宗基讲座主讲人

们讲述了自己“无压容器”的设想。即在白鹤梁题刻最集中段上造一个长 70 米、宽 25 米左右的椭圆型壳体，将题刻罩起来，江水经过滤后注入，可抵消壳体外的水压，再建一条水下有压管道和参观廊道，永远可让我们的子孙后代透过玻璃窗观赏、研究和利用白鹤梁题刻。

葛修润发言完毕，立刻赢得大家的喝彩和雷鸣般的掌声。虽然大家对他提出的“无压容器”方案表示认可，但是主管此项目的行政领导们感到有些为难。“原有方案已通过审议和国家有关领导部门批准，而且三峡工程很快就要开始蓄水了，再搞什么新方案已来不及了。”实际上否定了他的“无压容器”保护方案。

葛修润回到上海，一想到白鹤梁将永埋江底的命运，夜不能寐，食不甘味，心里十分纠结，不甘心也不愿意看到我们先人留下的无价瑰宝在我们这一代人手中葬送掉。“我们所做的一切要上对得起先人，下对得起子孙后代。”葛修润终于决定要把这一情况向上级领导反映。他抱病疾书，向总理办公室、国务院等有关单位领导报送白鹤梁保护方案材料，可是信寄出却犹如石沉大海。在焦急又漫长的等待中，他再次来到中国工程院求助，院领导决定以工程院专报信息（每年仅有两次报送机会）直接帮他把建议呈送总理办公室。

在经过长达半年的 5 次上书之后，终于引起国家有关部门领导的高度重视，批准葛修润先进行“可行性研究”。经过反复研究论证，最后采用了葛修润院士的“无压容器”方案。工程由水下博物馆、连接交通廊道、水中防撞墩和岸上陈列馆四部分组成。

2003 年 2 月 13 日，白鹤梁原址水下保护工程正式开工，葛修润十分欣慰地应邀担任业主单位和设计单位的顾问。

2009 年 5 月 18 日，白鹤梁水下博物馆于世界博物馆日开馆，成为世界上唯一的文化遗址水下博物馆。2010 年联合国教科文组织 20 多名中外专家对白鹤梁水下博物馆参观考察，将此地誉为“保护最好的世界唯一古代水文站”。此项水下文化遗产的保护工程被联合国教科文组织认为“世界第一”，为国家水下文化遗产的保护工作增添了光彩。

此外，葛修润还多次出任中外合作保护敦煌莫高窟、山西云岗石窟、陕西彬县大佛寺等项目的中方专家组组长和专家。主持了大冶铜绿山铜矿古矿遗址的高陡边坡、陕西彬县大佛寺古窟及三尊佛像的静动力三维有限元分析并提出加固治理和监测方案，对整个工程的完成和保护起到十分关键的作用。

葛修润，这位为岩土把脉问诊的优秀“大夫”，用知识分子的良知生动诠释了“铁肩担道义”的真谛，用科学家的睿智精心为祖国描绘出一幅幅壮美的画卷。

院士名片

卓仁禧 男，高分子化学家。籍贯福建省厦门市，1931 年 2 月生于鼓浪屿。1953 年毕业于复旦大学。1997 年当选为中国科学院院士。武汉大学化学与分子科学学院教授、博导，生物材料科学与工程学会国际联合会会士，湖北省科协荣誉委员。曾任武汉大学化学系主任。

长期致力于有机硅化学和生物医学高分子材料领域的研究，并取得了重要成果。20 世纪 70 年代，研制成功有机硅光学玻璃防雾剂，用于多种光学器件作为保护涂层，长期保持其晶莹透明。20 世纪 80 年代以来，系统研究生物可降解高分子的合成、表征及其在生物医学领域的应用。在聚磷酸酯合成方法的研究中，发现新的溶液缩聚催化反应和脂肪酶催化含磷环状单体的开环聚合反应。1978 年获“全国科学大会奖”2 项，1983 年获“国家科技发明奖”三等奖，1991 年获“国家自然科学奖”四等奖和“国家教育部科技进步奖”一等奖，1999 年获“国家自然科学奖”三等奖和“国家教育部科技进步奖”一等奖，2006 年获“湖北省自然科学奖”一等奖；1986 年被评为“国家级有突出贡献的中青年科技专家”，1960 年和 1987 年两次被评为“湖北省劳动模范”，1995 年被国务院授予“全国先进工作者”称号。发表学术论文 690 余篇。

院士寄语

博学多思，勇于创新。

走进高分子的自由王国

黄世猛

卓仁禧出身富裕家庭，有着炫目的身世背景：父亲卓全成是福建著名的民族资本家，解放后将分布在厦门、漳州、上海等地多达90幢的房产及旗下企业全捐给了国家，是福建省第一、二、三、四届政协委员，1960年曾被选派去前苏联参观访问。卓仁禧11个兄弟姐妹人人才华出众，大哥在菲律宾大学获硕士学位，大姐毕业于上海沪江大学，二姐毕业于上海圣约翰大学，三姐、五姐毕业于广州中山大学，四姐肄业于上海暨南大学，二哥在美国里海大学获硕士学位，排行第八的卓仁禧毕业于上海复旦大学，妹妹毕业于福建医学院，大弟毕业于山东医学院，小弟高中毕业进工厂，改革开放后去香港经商。

满怀敬佩之情，2013年春节前的一天上午，笔者冒着三九严寒，前往武汉大学化学与分子科学学院，拜访在有机硅化学和生物医学高分子材料研究领域为国家作出突出贡献的卓仁禧院士。初见卓院士，着实让笔者大吃一惊：耄耋老人竟没穿棉袄，而是着秋装、打领带。腰板笔直，声音明朗。

德高望重、光环夺目的院士平易近人，毫无距离感。见笔者坐远了，他就像对自己孩子那样，抬臂勾勾手提醒笔者："你到我左边来坐，我右耳听力弱，连老伴跟我说话都要选边啊！"

卓院士记忆力非凡，语言逻辑清晰，乐意与人分享他的五彩人生。他娓娓道来，慢慢地把笔者带入一个梦幻般的世界。

豪门大义 厚恩人生

风光秀丽的鼓浪屿，蓝天白云，风平浪静，孩子们手牵着手跟着妈妈，爬上日光岩。这里是鼓浪屿的最高峰，风景别致，深蓝色的大海犹如一块柔和的丝绸向远方伸去，渐渐消失在一片淡蓝色的雾霭之中，透过雾纱，隐约能见到远处船舶的轮廓。看够了，玩累了，兄弟姐妹们跟着妈妈回到鸡山路上一幢方方正正、青砖筑墙的别墅——这是他们的家，朴实大方，优雅宁静，透着内敛庄重，反映出卓家代代相传的家风。

卓院士的祖籍在福建南安，后迁居漳州。1903 年祖父卓长福开店于厦门大同路、横竹路交叉路口，取名“同英布店”。卓氏家族事业的真正腾飞，还是生意传到卓院士的父亲卓全成手上的时候。卓全成诚信经商，不求高利，童叟无欺，批发一匹布只赚一个银元，渐渐以“真不二价”享誉闽南。

◆与父母、兄弟姐妹在鼓浪屿家中

父亲是个虔诚的基督教徒，常对自己的孩子们说，无论什么时候都要诚实，要说真话、实话。父母的调教，深深地影响着卓仁禧和他的兄弟姐妹，让他们从小就懂得做人要坦诚善良，要勤奋努力。这也为后来子女们齐头并进、个个事业辉煌奠定了坚实的人生基础。

父亲施行严格的“家店分离”制。家在鼓浪屿，店在厦门，从不让孩子们去店里，大家也不过问同英布店的事情。“小时候，兄弟姐妹与爸爸很少接触，都是妈妈在管我们。父亲一周回来两三次，晚上他回来的时候我们都睡觉了，早晨起来的时候他又走了，所以我们都见不到他。后来情况变了些，我们上学时他还在家里。他 6 点起床，洗漱完了，读书 1 小时才吃早饭，大概 8 点坐船去厦门同英布店上班。”卓仁禧品味往事，唇齿间流露出对父亲的敬重。

“我家本是6男6女12个兄弟姐妹，不幸的是，一个比我小1岁多的弟弟，未满月就夭折了。11个孩子的家像个小学校，妈妈叫陈水莲，亲切随和，和父亲结婚前读过师范，做过幼儿园老师。屋里有3个大书架，摆着妈妈买回的书和哥姐上大学后留下的书，可以随意翻看，但看完后要放回原处。家里还有一架钢琴，一架风琴，女孩子必须学琴，妈妈当启蒙老师，所以我的姐妹都会弹钢琴，家里总是充满歌声、琴声、读书声和欢快的笑声。我虽然是个男孩子，7岁时也被妈妈捉到钢琴旁边坐了一段时间，但我坐不住啊，总惦记着外面树上的知了。”

有两种铃声让卓仁禧记忆深刻，一种是妈妈呼唤孩子们吃饭的铃声。听到铃声知道要开饭了，孩子们纷纷从房间里跑出来，聚集到餐厅吃饭。第二种是学校的上课铃声。童年的卓仁禧性格开朗，爱好广泛，粘知了、捉蜻蜓，打羽毛球、踢足球，还算着海水的涨潮时间去游泳。上学时，有时顾不上带书包，把课本往腰间一插，到球场踢几个来回，踢得正入神，听到上课铃声就慌忙像冲锋一样往教室跑。由于中学时代积极参加体育锻炼，身体素质和运动技巧均好，在就读大学时，他被选入学校足球队；1956年在武汉大学任教时，被选入湖北省教工足球队去上海参加全国比赛；1960年又被选拔参加横渡长江游泳活动并获得奖牌。

因为卓仁禧上课认真听讲，有过耳成诵、过目不忘的天资，又有超人的理解力，成绩一直优秀，老师不怎么管他，也很少过问他的课外作业。偶然在饭桌上与父亲相遇，不苟言笑的父亲也不问他的分数和表现。孩子健康快乐地成长，不需父母亲过问。

虽然环境上有些优越，但这个家的孩子们对家产一无所知，并不知道自己是“富二代”，在学校没有受到任何特殊待遇，也没有什么零花钱，吃的玩的穿的和别的同学没有什么两样。只有去厦门，妈妈才会给几分钱买船票。当然，如果有《居里夫人》这样的电影，有名家参与的歌唱会或钢琴演奏会，妈妈都会给钱让他们去看。

1945年6月，太平洋战争进入尾声，面临失败的日本侵略者在中国占领区更加疯狂。在厦门鼓浪屿，日本鬼子也在四处抓人。

“一个周末的清晨，一群日本特工和汉奸突然闯进我家，来抓捕我父亲。其实他们要抓的是我二伯父卓绵成，但均未抓到。此前，我父亲已得知日本驻厦门占领军的头目将要抓捕他二哥，在他的安排下，二伯父早已趁着一个风雨交加的深夜，冒险偷渡越过日军海上封锁线，逃往漳州。那时我虽然只有14岁，却冒着敌特监视的风险，给离家避难的父亲通风报信，送衣送药。我尝到了做亡国奴的滋味，也明白了一个道理，没有国就没有家，家庭再富足，性命也难保，同时也深刻体会到我们中国要富强的重要性。1945 年 8 月 15 日，日本宣布无条件投降，抗战胜利了。我得知这个消息时，真是万分欣喜。”回忆多年前的往事，卓仁禧感叹不已。

在卓仁禧读高中时，父亲多次对子女们说：“要好好读书，高中毕业后去考大学。考上大学不必担心学费，考不上不能在家里吃闲饭，要出去工作，要自立。”在填报大学专业志愿时，已多次在厦门鼓浪屿音乐会登台演唱的卓仁禧，一度想报考音乐学院，将来当一个歌唱家。父亲提醒他说，当音乐家当然好，就是怕老了唱不了，生活成问题；他想改报英文系，大哥又不赞成，说英语专业是女孩子学较好……最后才决定报考福州协和大学的农艺系。1950 年春天进入协和大学后，受多方面影响，转到化学系。1951 年去上海参加转学考试，考取了震旦大学化学系。1952 年院系调整，便成了上海复旦大学的一名学生。这样，他在 3 年半的时间读了 3 所大学。

在父亲眼里，读书的孩子应该承受三分饥寒，生活太优越，读出来也不会有什么出息。也许正是这个教育理念，卓仁禧家里的 11 个兄弟姐妹没有一个打听父母有多少财产，没有一个继承父亲财产。同时，在决定把 90 幢房产和旗下的企业全部交给国家时，父亲也没有跟哪一个儿女商量。这种大气大节的做法，客观上逼着兄弟姐妹必须自我奋斗、有所作为。

卓越成就 仁人品格

回顾人生，卓仁禧不无欣慰地说：“我感到自己很幸运，从 1953 年大学毕业，服从分配来到武汉大学化学系工作，近 60 年来一直得到党和国家的培养、关心和爱护。这一方面是因为我热爱自己的专业，努力学习和工作，学术思想也较活跃；另一方面是在教学和科研中勇于创新，从而取得较好的教学和科研成果。”

由于他在教学工作中积极改革和创新，得到组织上的重视。1957 年 9 月，新婚不久的卓仁禧，就被选派前往天津南开大学进修元素有机化学。在前苏联专家、列宁格勒大学教授马丁诺夫的指导下，进行了有机硅化学的研究，掌握了科学研究工作的要领，研究论文发表于1960年中国《化学学报》。在南开大学两年的进修，为他以后的科学研究打下了坚实的基础。

1972年解放军某部的科研人员通过武汉大学科研处找到卓仁禧，提出“光学玻璃防雾剂”的研究课题。这是一个曾经组织过联合攻关但尚未得到解决的难题。卓仁禧等大胆地接受了这个课题，经过调查研究、仔细分析，找准切入点，提出了研制方案。在研究小组成员的共同努力下，不到一年就研制成功。这种有机硅光学玻璃防雾剂，被用于多种光学玻璃器件的防雾，后来也被采用做为毛主席水晶棺的防护膜，长期保持其晶莹透明。这项研究成果获得了1978年全国“科学大会奖”和1983年国家“科技发明奖”三等奖。

1975年，武汉某工厂为解决电视屏幕“闪点”和计算机磁带漏码问题，请武汉大学派专家下厂参与磁带粘合剂和助剂的研制。卓仁禧与两位同事到工厂仔细了解各个生产环节，他们发现厂里采用的二元共聚胶黏结性能不好。于是他们将二元胶进一步水解，变成略带亲水性的三元胶。同时，他们还加入一种有机硅助剂，增强无机磁粉与三元胶的黏结性能，并能够均匀涂布在涤纶带基上。厂方采纳此方案后，产品质量大幅提高，电视播放时出现的“闪点”消失，计算机磁带漏码也得到解决。这个与工厂合作研究的项目，也获得1978年“全国科学大会奖”。

武汉大学高分子化学与物理专业于1970年建立并开始招生，但科学研究方向尚在探索中。考虑到国外高分子科学的发展动向、国内对高分子医用材料的需求以及武汉大学高分子学科的特色，卓仁禧认为应该选择生物医用高分子这个新兴学科作为自己的研究方向，并于1978年和几位同事开展生物医用高分子的研究工作。1981年夏，他应邀去法国斯特拉斯堡参加IUPAC国际高分子会议作有关生物医用高分子的研究报告，并担任分会主席。

1982年应日本学术振兴协会的邀请，卓仁禧教授到日本东京大学、东京工业大学、早稻田大学、大阪大学、京都大学、长崎大学和福冈大学等高校以及几个研究机构访问并进行了学术交流。1983年3月作为武汉大学和美国耶鲁大学校际教授交流，被武汉大学派往耶鲁大学，在药学系做核苷一顺铂抗癌药物的研究。研究论文发表于1986年美国《医药化学杂志》（J Med Chem）。之后，卓仁禧教授又多次出国访问，包括到法国、德国、荷兰、加拿大、美国、日本、韩国和新加坡等国家，参加国际会议、参观那些国家一流的大学和研究机构，了解他们在人才培养、教学、科学研究方面的思考和做法、学科的发展动向，以及大学和研究生教育体制的演变。这些出访活动增进了与各国科学家同行的相互了解和友谊，也促进了他自己的教学与科研工作。

经过10余年的学科建设、人才培养、科研和教学成果的积累，卓仁禧教授的团队不断壮大，武汉大学于1993年获批准建立起我国第一个生物医用高分子材料教育部重点实验室。1994年10月，在武汉大学召开由联合国教科文组织和中国国家教委等主办，北京大学、南开大学和武汉大学承办的生物材料和精细高分子国际会议，卓仁禧教授担任会议主席。

在当选中科院院士后的翌年，他和他的研究生又发表了第一篇树形高分子基因载体的研究论文（Chin Chem Lett，1998），开创了国内基因治疗高分子载体的先河，使我国在这个国际热门的研究领域占有了一席之地，并不断拓新至今。卓院士时常对他的学生说："要博学多思，勇于创新。"多年来，他培养出的一大批青年人，如今也广泛活跃在国内外的科技领域。据我国《科技日报》2012年10月17日的国际新闻报道，卓仁禧培养的博士生，现任美国约翰斯霍普金斯（Johns Hopkins）大学副教授毛海泉，在纳米基因载体研究中取得重大突破：他发现蠕虫状纳米粒子在肝细胞中的基因表达要比球型纳米粒子高出1680倍。

卓仁禧教授用毕生精力和不懈的努力，在有机硅化学和生物医学高分子材料领域，为国家作出了突出贡献。同时，他也留下了巨大的精神财富。在庆贺他80华诞时，一位高分子化学家、解放军老将军用"卓越成就，仁人品格，禧庆八十，寿高德重"来评价他。

化学与分子科学学院党委书记李资远教授评介卓仁禧说："人格上的高

风亮节、治学上的严谨求实、工作上的严于律己、生活上的淡泊名利，都是一笔宝贵的财富，是我们不断取得新的成绩的动力和源泉。”然而，卓院士总是说，他能取得这样的成绩，与组织上的教育和关怀以及同事们的合作密不可分。

采访过后，笔者跟着卓院士去了他的家。尽管院士夫妻二人都很低调，但陪同的老师还是向笔者介绍起卓院士儿孙的情况：儿子初中毕业被选入部队篮球队，退伍后考上武汉大学英文系，毕业后留校任教，1991 年出国留学，先后在加拿大西安大略大学和阿尔伯塔大学获硕士学位，现在美国密苏里州立大学任副教授；大外孙女于美国耶鲁大学毕业，现在哈佛大学医学院读研究生，曾获 2000 年美国总统教育奖；小外孙女也于 2010 年获得奥巴马总统教育奖。名家门下，子孙的故事仍在延续，仍在演绎着家族的奇迹……

院士名片

朱作言　男，细胞及发育生物学家。籍贯湖南澧县，1941 年 9 月出生。1965 年毕业于北京大学生物系，1980 年毕业于中国科学技术大学研究生院（北京）。1980 至 1983 年分别在英国南安普敦大学、伦敦皇家肿瘤研究所和美国波士敦遗传所进修。2007 年被授予英国阿伯丁大学科学博士荣誉学位。1997 年当选为中国科学院院士。1998 年当选为第三世界科学院院士。中科院水生生物研究所研究员，北京大学教授，淡水生态与生物技术国家重点实验室学术委员会主任，《科学通报》、《中国科学》总主编。曾任美国马里兰大学海洋生物技术中心教授研究员，英国阿伯丁大学博士生导师，中国科学院水生生物研究所所长，第十一届全国政协常委，国家自然科学基金委员会副主任，湖北省科协第五、六、七届全省委员会副主席等职。

主要从事鱼类基因工程研究，合作完成了鲤鲫间的细胞核移植。领导开创了鱼类基因工程研究新领域，培育出首批快速生长 2.3 ～ 4.3 倍的转基因鲤、鲫和泥鳅。在揭示外源基因整合的镶嵌性和不稳定性的基础上，提出了转基因鱼模型理论和克隆纯合转基因鱼品系对策，阐明了转 GH 基因鱼饵料蛋白利用的高效性和鱼体组成的高蛋白低脂肪品质，克隆了鲤科鱼类 4 个基因，首次提出并构建了“全鱼”重组基因表达载体，为鱼类基因育种奠定了理论和实用化基础。首次发现鲤种的 DNA 分子标记，揭示了鱼类 GH 基因结构对研究脊椎动物早期演化的特殊意义。曾获“全国科技大会奖”、“国家自然科学奖”三等奖、“中科院重大科技成果奖”、“湖北省科学大会奖”、“中国科学院技术改进奖”三等奖、“中国科学院科技进步奖”二等奖、“中国科学院自然科学奖”一等奖、“何梁何利基金科学与技术进步奖”等奖励。被授予“湖北省有突出贡献中青年专家”、“国家级有突出贡献中青年专家”等荣誉称号。享受国务院政府特殊津贴。

院士寄语

人生可贵在奉献。

鱼跃江河

冯 慧

克隆鱼与“多利”羊

1997 年 2 月 27 日世界著名的科学杂志《自然》报道了一项震惊世界的研究成果：1996 年 7 月 5 日，英国科学家伊春•威尔姆特利用克隆技术培育出一只小母羊。这是世界上第一只用已经分化的成熟的体细胞克隆出的羊。克隆羊多利的诞生，是当年最引人注目的国际新闻之一。它被美国《科学》杂志评为 1997 年世界“十大科技进步”的第一项。

时间很快就跨入新的世纪，2001 年 5 月 20 日，北京人民大会堂举行了新世纪科学论坛。在论坛上，中国的生物学家朱作言院士在大会上披露，早在 1981 年，中国科学院水生生物研究所就成功地用肾细胞克隆出了一条鱼。由此证明了成年鱼的体细胞也可去分化和再程序化，这比用成年体细胞克隆出的多利羊要整整早出了 15 年！当时科学界一片哗然。当朱作言院士被问及中国科学家所做的重要工作为何被遗忘时，朱院士的脸上涌起一种难言的痛苦表情。20 世纪 80 年代初的中国正处于一个百废待兴的时代，封闭已久的中国生物界尚不知道外边的世界究竟走到了哪一步。谁也不敢贸然宣布这样重大的成果。再则，科学家们害怕媒体毫无节制的渲染，万一同行不认可，要求重复，而这种实验并不是谁想重复就能够重复的。生物工程并非像数学领域，可以用一个定理去证明另一个定理的成立。它是要破解这个世界上最神秘的生命密码，有许多的偶然性，必须慎之又慎。中国科学家的谨慎和低调让我们在克隆技术上的研究成果默默无闻地沉睡了 15 年。

而此刻，朱作言院士站在中国官方最神圣的殿堂，人民大会堂，再次披露当年的成果，是因为我们在生物工程科学上已经有了足够的底气。

朱作言，中国著名的鱼类分子遗传及生物工程学家，中国科学院院士，第三世界科学院院士。他开创了鱼类基因工程研究新领域，研制世界首批转基因鱼，揭示了外源基因整合的动力学过程，提出了转基因鱼模型理论和克隆纯合转基因鱼品系对策，构建了“全鱼”基因表达载体。他先后6次获国家和省部级“科技成果奖”，获“国家级有突出贡献中青年专家”称号。发表SCI论文100多篇，其中3篇已成为转基因鱼研究领域的经典文献，SCI检索被引用1000多次，其成就广为国际学术界所认同。

也许拗口的专业名词和深奥的转基因技术理论，让普通人感到陌生。但有一点请大家记住，中国科学家朱作言在开创转基因鱼类研究领域已经走在了世界的前列。

探索基因的密码

时间是个计时器，它用春夏秋冬的四季轮回来记录时间的脚步。我们把时间上溯到1965年。一个风华正茂的青年从北京大学生物系毕业，来到了坐落在碧水荡漾的东湖边的中国科学院水生生物研究所。严格地说，他在大学学的是“人体及动物生理”专业，也许最理想的分配该是生理研究所，或在高校任教。可是命运有时像条漂泊在汪洋大海中的一叶小舟，最后停泊的港湾并非是它最初想停靠的地方。20世纪60年代的知识分子大多温良而单纯，信奉“螺丝钉”的精神，党叫干什么就干什么，他也不例外。这个年轻的大学生就是朱作言。

朱作言刚刚熟悉了东湖水的腥香，第二年“文化大革命”就开始了。共和国血液喷张，到处都是激情澎湃的空气。在这种政治氛围里，几乎所有青年都热血沸腾地“革命”了。又是一年过去了，红潮未退。朱作言忽然觉得无聊的政治游戏让人空虚和厌倦。他悄悄地退出了喧闹的人群，走到东湖的僻静处。东湖深处的岸边芳草萋萋，水浆声掩没了远处高音喇叭声嘶力竭的喧嚣。朱作言依着树，心情复杂地拉起了他心爱的小提琴，在音乐的旋律和拍岸的涛声中，他陷入了深深的思考，难道自己就这样昏昏碌碌地度过一生？他的内心给出的回答是：不！

此时的中国已经走到了“极左”的边缘，到处是停产闹革命，朱作言所在的水生生物研究所也不例外。没有了研究项目，朱作言就利用这段时间悄悄地学英语、读专业书来充实自己。当大环境有所好转，稍有项目，他就积极地参加到课题组里去。他搞过家鱼繁殖，研究过放射性同位素的生物学应用，又参加研究彩色液晶的武汉协作网。朱作言是一个才智过人的人才，无论干什么，都能干好。

1974年桃花灿烂的时节，一位中国科学界的泰斗级人物来到了水生研究所。他就是中国实验胚胎学的创始人之一、72岁的童第周院士。听到这个名字让时年30出头的朱作言心情异常激动，童第周曾是英国剑桥大学和美国耶鲁大学的研究员，担任过中科院海洋研究所和动物研究所的所长，是当今世界上最优秀的实验胚胎学家之一。朱作言在北大读书时，曾亲耳聆听过这位权威科学家的报告，并为之高山仰止。这次童第周院士来武汉是要做鱼类胚胎实验的，据说他还要在武汉物色一个助手。朱作言常想，不知道是哪位幸运的人能当童第周院士的助手。那时候，朱作言每每看见童第周院士携夫人在所里的小树林里散步，他敬畏得连打招呼的勇气都没有。

可有一天，所里通知他到童老成立的“鱼类细胞核移植课题组”里去工作，同时他还成了那个幸运的人——童第周院士的助手。

童第周院士对工作的要求是极其严格和认真的。他这次做的实验，主要是想弄清楚鱼卵细胞中细胞质与细胞核二者间的相互作用关系。作为童第周院士的助手，朱作言除了在实验室进行认真细致的观察外，每年到鱼的受精发育期还要多次跑到沙市渔场观察实验。朱作言在业务上的勤恳、思考、细致，使童第周院士对他非常满意也非常器重。

1977年，中国恢复了“文革”后的第一次高考，在激烈的竞争中，朱作言以在湖北考区名列前茅的优异成绩考上了中国科学院研究生院，他的导师正是童第周院士。

此时朱作言在童第周院士的指导下正在进行一项移植鲤鱼的细胞核放入鲫鱼的细胞质的实验。童第周院士想通过这项实验，证实卵细胞质在胚胎发育过程中是起重要作用的。

但在一次次的实验中，朱作言感到仅仅研究到细胞已经远远不够了，基因工程学家所操作的世界，是细胞内部更微小的东西，连显微镜都看不到它。

任何生物的DNA上都排列着数万个顺序不同的基因。而科学家只要移动了DNA的基因排列，就改变了物种的遗传性质。基因转移将给生命带来巨大的变化。朱作言预感到，基因工程的研究，将冲击着细胞学乃至整个生物学的经典理论。

朱作言对基因工程有了浓厚的兴趣。20世纪70年代末，中国还是相对封闭的，我们对外国同领域的信息知之甚少，国内关于基因工程方面的资料也非常少。在国内搞基因工程困难重重。

1977年，中国科学界一个巨星陨落，朱作言的导师77岁的胚胎学家童第周先生与世长辞了，朱作言悲痛至极。他面对着碧波浪涌鱼游浅底的东湖，决定开始转向转基因研究。科学研究从来都是一项承上启下继往开来的事业。朱作言准备起飞了！

科学研究从来不会像润墨挥毫那样随心所欲。即使你有开山劈水的功力，但如果你手中没有劈山引水的利器也是枉然。研究基因工程，朱作言有难以克服的困难，那就是没有克隆用的基因。毕竟他还没有掌握基因分离技术。而当时这项技术只有欧美顶尖的几家研究所拥有。他想要取得克隆基因，唯一的出路就是出国。但是在20世纪80年代初，出国几乎是种奢望。朱作言几乎不抱什么希望。

一个春雨潇潇的傍晚，如丝般的细雨无声地落在东湖的水面，湖面泛起了无数条涟漪。此刻朱作言临窗而立，心也被这雨丝洇开了层层涟漪。克隆基因，像一个美丽的幻影时时萦绕在他心头。

门忽然被敲响，走进来的竟是他的新导师、水生所所长刘建康。刘所长手中拿着一张半湿的表格，急切地说，赶快填，我马上要上报，明天就过期了。朱作言疑惑地接过表一看竟愣了，原来竟是张出国人员登记表。朱作言攥着这张纸不由地仰天长啸，感谢老天下的这场及时雨呀！

此时，中国科学院精选了5名相对年轻的学者赴英留学，而朱作言此次去英国要进修的正是他朝思暮想的基因工程学。

1982年的春天，41岁的朱作言坐飞机飞越太平洋从地球的东方来到地球的西方。他觉得自己仿佛在跨越一道天堑，它不仅是时空上的距离还有东西方在基因技术研究上的巨大落差。朱作言知道，他只有用飞越才能跨过这巨大的沟壑。

到英国后，朱作言被分派到南安普敦大学，在生物学家N•麦克林教授的实验室做进修研究。但朱作言很快就失望了。麦克林教授研究的生物项目与朱作言所期望学到的基因分离和克隆技术的方向相差甚远。麦克林教授看出了朱作言的失望，他非常器重这位来自中国的学者，他在这位中国学者身上看出了巨大的研究潜力。为了能挽留住朱作言，麦克林教授请朱作言听歌剧，周末邀他郊游骑马钓鱼，甚至让他的女儿与朱作言的女儿通信做朋友。所有这些感情的投入都是为了留住朱作言。

可朱作言来英国就是为了学习基因分离和克隆技术的，再华丽的咏叹调、再优美的英伦美景都不能让他迷恋。他想，是该离开的时候了。

一个偶然的机会，朱作言得知哈佛大学R•凯曼博士搞DNA研究，便毫不犹豫地到他那里去面试。跟麦克林教授热情相反的是，凯曼教授展现给人的印象是高傲和冷淡。但当他听说朱作言在中国曾以鲤鱼总DNA转移到土鲮鱼卵里去的时候，他毫不掩饰地惊奇起来，立刻说："啊，很不得了。我这里有一部分是搞克隆的，但不做鱼，你来了可以学到某些方法。"听到这话，朱作言立刻感到热血沸腾：自己终于摸到西方克隆技术的大门了！

在凯曼博士主持的实验室里，朱作言完全沉浸在DNA技术的海洋里。他知道这样的机会并不多，他必须争分夺秒。每天他除了生存必须的吃饭和睡觉外，几乎把所有时间都用在了工作上。他的勤奋、敏锐、敬业让凯曼教授对他非常欣赏。科学是没有国界的，凯曼教授悉心地指导他，有时甚至是手把手地教他。

后来，凯曼教授受聘去美国主持波士顿遗传研究，带去的3个人中，其中一个就是朱作言。在波士顿，朱作言被安排到最好的实验室，在美国他发表了关于基因研究方面有价值的长篇论文，一时间引起了各国科学家的重视。然而，在西方科学界好评的热浪中，朱作言的心却是躁动不安的，眼前总是浮现出东湖的碧波和那些跃出水面的鱼，他知道，他的转基因鱼在等着他，自己的梦在中国。当他已经具备了分离基因的能力时，他知道，他该回家了。

飞跃科学的前沿

1983年7月的一天，一架大型客机从美国的东海岸起飞，朝着朝霞满天的东方飞行。朱作言谢绝了凯曼教授的挽留，义无反顾地回国了。飞机在北京首都机场降落后，朱作言没作片刻的停留，立刻拎着他那装满书籍和小实验用具的大皮箱匆匆赶到北京火车站，坐上了南下到武昌的列车。

回到所里，朱作言还未洗去美利坚的风尘就马不停蹄地向所里汇报，立项，要编制，要钱，要房子，成立自己的实验室“鱼基因工程应用研究组”。所有这些程序几乎是一气呵成。此刻他已经迫不及待了。

水生所的领导尽当时的条件给了朱作言两间十几平米的房子做实验室，这跟朱作言在美国那世界上最先进的实验室简直无法比拟。但朱作言却很满足，因为这是中国科学家自己的实验室，他们的研究成果可以骄傲地贴上中国的标签。在这简陋的实验室里，朱作言和他的助手们开始了鱼类的转基因实验。他们第一个实验的对象选择了小小的泥鳅，经过对泥鳅受精卵的转基因实验，转基因泥鳅生长迅猛，竟然比同类大 4.3 倍，一个超级泥鳅诞生了。中国有句俗话说，小小泥鳅翻不起大浪，而朱作言的泥鳅却在全世界翻起了大浪。让世界转基因界都为之一震，因为这是继美国超级鼠之后，又一例超级泥鳅在中国出现了，这是动物基因工程的又一个重大突破。

1984 年又是一个春天，朱作言要对鲤鱼、鲫鱼、草鱼实施转基因工程。春夏之交鱼类开始躁动，它们的繁殖期到了。朱作言选择了 2 条健康的雄雌鲫鱼，通过人工催情产卵，把受精卵进行了基因注射，培育出新的鱼苗。通过基因改变的鱼苗显现出不同的形态。朱作言把最好的效果叫做“有效整合”；不见效果的叫“沉默整合”；起到了坏作用的叫“毒性整合”。毒性整合的结果是，有的未出世便夭折了，有的奇形怪状，头尾倒置，口眼易位。而有效整合，则小鱼长得快，长得肥，动作活，看了叫人心花怒放。

结论是，50% 的鱼苗是有效整合的转基因鱼。转基因鱼比对照组鱼平均生长速度快 30%，有一部分比对照组的常规鲫鱼大 4 倍以上。其中有 3 条体重竟有其兄弟姐妹平均体重的 7.7 倍。转基因鱼试验成功了，论文《外源基因在鲫鱼受精卵内的转移》在当时联邦德国世界鱼类学界的权威刊物《应用鱼类学》首期上发表了，在国际上迅速引起了巨大的反响。

1991 年，朱作言的转基因鱼又飞跃了一个更高的台阶，第一批转全鱼基因的鲤鱼和鲫鱼同时被培育出来……

1997 年朱作言当选为中国科学院院士，这是我们中国科学家的最高殿堂。

时光荏苒，2008 年，朱作言院士接替周光召院士担任了《中国科学》和《科学通报》两刊的总主编。角色的转变给了朱作言院士又一次挑战，面对这些，朱作言院士说："我们这一代人肩负着让中国学术期刊走向世界的重要责任，我们要像光召等老一辈科学家要求的那样，全力以赴，义无反顾地把自己的时间、精力奉献给这个事业，和广大科学家一道，为中国科学的发展办好科学期刊。"

院士名片

曹文宣　男，鱼类生物学家。籍贯四川省彭州市，1934年5月出生。1955年毕业于四川大学生物系。1997年当选为中国科学院院士。现任中国科学院水生生物研究所研究员，中国海洋湖沼学会及中国动物学会鱼类学分会理事长，政协第八届、第九届全国委员会委员，第十届全国人民代表大会代表，农业部水生野生动物自然保护区评审委员会副主任委员，湖北省科协荣誉会员，湖北省青少年科技教育协会理事长等职。

长期致力于鱼类动物地理学、生态学研究，以及长江鱼类资源和珍稀、特有鱼类物种保护的研究，在鱼类分类学、鱼类生态学及其应用领域的研究均有深厚的造诣。通过对高原特有的裂腹鱼类生物学特点及其与高原环境变化适应性关系的研究，创新性地从裂腹鱼类的起源、演化和分布的角度，论证了青藏高原的地质发展历史。在葛洲坝水利枢纽工程救鱼措施的研究中，确认主要救鱼对象为中华鲟，科学论证其可以在坝下自然繁殖，力主不必修建过鱼设施，代之以繁殖群体保护和人工繁殖放流，不仅保证了该物种的繁衍，而且为国家节约大量的基建投资。在长江中、下游浅水湖泊生态环境综合治理的研究中，开辟了我国鱼类资源小型化现象研究的新领域。主持多项有关水利工程建设对鱼类资源的影响和对策研究，主持“长江上游特有鱼类保护方法和自然保护区的选址及可行性”、“长江珍稀水生动物流动监测站”等项目的研究。曾获“国家自然科学奖”一、二等奖各1项，“中国科学院科技进步奖”特等奖、一等奖、二等奖各1项。代表作有《裂腹鱼类的起源和演化及其与青藏高原隆起的关系》和《三峡工程对长江水域生态的影响及对策》等。

院士寄语

老实做人，认真做事。

水生生物的守护神

周 娴

读书时，曹文宣不仅功课成绩优异，还是一个音乐爱好者。读初中时，曹文宣便学会了弹钢琴、拉二胡。升入高中后，日益显露的音乐天赋让他的音乐老师大加赞赏。可是毕业时，曹文宣在报考志愿里填写成都华西大学生物系，这让他的音乐老师大失所望。其实，他不仅是一个音乐爱好者，还是一个动物爱好者。他喜欢到山林中用弹弓打鸟，到河边抓鱼捉蟹。他还养了一些小动物，松鼠、金鱼、鸽子、兔子、八哥。音乐老师不再为曹文宣放弃音乐而可惜，因为他知道——热爱，是最好的老师。

9次进藏 在“世界屋脊”上“捕鱼”

曹文宣先后9次深入素有“世界屋脊”之称的青藏高原考察。他饱受恶劣气候的威胁，深入不毛之地，以顽强的毅力，做出卓有成效的贡献。那是在1960年，他参加综合考察队在滇西北横断山区考察，在翻越梅里雪山时因路途崎岖，延误了行程，粮食耗尽，由曹文宣和另两个战友打前站到农村借粮。站在澜沧江边，曹文宣跃跃欲试。这是两根用篾片编成的溜索，横跨澜沧江，捆在江边树桩上，一根左高右低，一根右高左低。安上用木头制成的轴瓦型的溜壳，它就像一道“滑索”，可以来回滑行。阳光照在陡峭的山壁上，澜沧江似一头猛兽咆哮着，张开血盆大口，随时等待生命的殒落。只要有人由溜索上掉下来，它就会在几秒钟之内让生命消失得无影无踪。曹文宣抬头看了看没有任何生命保障的“索道”，义无返顾地抓住了溜壳，向前跑了几步，利用身体的惯性冲刺，转眼就滑到了澜沧江的江心。突然，溜壳停住了。曹文宣抬头一看，不禁毛骨悚然——溜壳的滑槽脱离了溜索，歪在一边，与溜索直接摩擦的是两根承重的牛皮带。

澜沧江怒吼着，仿佛在为吞噬生命而欢呼。兀鹰在头上盘旋着，曹文宣甚至可以看见它狰狞的魔爪。不能掉下去，决不能气馁！战友还在等待他的救援。曹文宣双手紧握剧烈晃荡的溜索，引体向上，腾出一只手，用力将溜壳翻回原位。但身体正处在溜索的最低处，已经没有惯性的力量往前滑行，于是他咬紧牙关，拼尽全身气力，靠双手交替拉着身体缓缓前行，终于来到岸边。

在这次考察中，虽然饱经磨练，但曹文宣有了新的收获，发现了澜沧裂腹鱼、光唇裂腹鱼、保山裂腹鱼、贡山裂腹鱼、怒江裂腹鱼、南方裂腹鱼、吸口裂腹鱼等鱼类新种。

曹文宣一直默默无闻地工作着。在梁子湖畔，曾经为了武昌鱼的人工养殖做出了卓越的贡献。野生鱼不仅繁殖率低，而且还不容易受到保护。武昌鱼的学名叫团头鲂，身体呈扁形非常好捕捞。野生的团头鲂在很小的时候就被人打捞，所以很难长大。曹文宣对梁子湖团头鲂的生物学开展了深入的研究，指出团头鲂不但肉味腴美，而且具有主食水草、生长较快、适应在静水中繁殖等特点，适宜于人工养殖。人工饲养的武昌鱼迅速在全国推广，到 2011 年，武昌鱼的年产量已达到 67 万吨。

1955 年，曹文宣以优异的成绩毕业于四川大学，被分配到武汉中国科学院水生生物研究所。在这里，他得到了著名科学家伍献文院士的指导，开始了他的鱼类生物学研究生涯。除了在梁子湖、重庆木洞的工作站开展鱼类生态研究外，从 1956 年到 1976 年的 21 年间，曹文宣共有 9 次参加综合科学考察队到青藏高原地区，每年至少有半年时间在野外考察。长江、黄河、新疆、青海、西藏一批批鱼类标本相继运往水生所标本室，一篇篇颇有见地的论文相继问世。1966 年，曹文宣随中国科学院组织的珠穆朗玛峰地区科学考察队，攀冰川在冰雪中寻找藻类，在森林里捕捉蜥蜴，在泉水中抓棘臂蛙、短齿蟾。对于那些会飞的动物，他拿出小时候的绝招，用弹弓打下几只松鼠与小鸟，他所采集的标本仅藻类就有十几个新种。在绒布河、嘎罗维金玛湖、波曲河，高原鳅、裸裂尻鱼、高原裸鲤纷纷落网。

前往墨脱考察要翻越多雄拉山，山林中生长着无数的牛虻、蚊蚋、壁虱和旱蚂蝗。蚂蝗吸盘如利刃，牛虻大似鸣蝉，牛皮都能刺穿，就更别说考察队员的衣服了。被咬后的伤口红肿、溃烂，半年都难痊愈。沿途常有毒蛇出没，山上不时有飞石落下，到处都充满了危险，令人恐怖。就在前一天，有人告诉他们，一位年轻的医生被飞石砸中脑袋牺牲了。

曹文宣这是第 8 次进入青藏高原。常年浪迹江湖，对这样的险恶环境已经司空见惯。在漫天风雪里，大家艰难地前行。刚到达山顶就看见一匹匹僵硬的死马横七竖八地倒卧在雪地里。向导告诉他们，马匹上山时全身出汗，一遇风雪突然受冷便瘫痪倒下，再也起不来了。

此刻，曹文宣只有一个意愿，那就是一定要冲过多雄拉垭口！非常不幸的是他的两个同伴掉队了。在漫天风雪里，曹文宣找到掉队的队友，接过他们身上背着的行李，叫大家不要看那些死去的马匹，跟着他往前走。在他的鼓励下，大家终于走出了被风雪围困的世界，通过了多雄拉垭口。

在 42 岁的时候，曹文宣不仅迎来了事业上的丰收，还找到了自己的知心爱人。结婚一年后，为了自己心中崇高的梦想，他放下儿女情长，再次前往青藏高原考察。载着考察队员的大卡车，在海拔 4500 米左右的藏北无人区，开了 10 天才到达阿里首府所在地狮泉河。中国的动物学家是第一次来这里采集标本，曹文宣下车放好行李后的第一件事情就是去狮泉河抓鱼，他要珍惜这个千载难逢的机会。但是这次他感觉身体大不如从前，只觉头晕眼花，浑身乏力。他知道长期在水中作业，早已潜伏在他身上的血吸虫病再次发作了。高原缺氧，他的视力严重减退。在一次骑马到边远地区考察途中，驮运标本和鱼网等工具的牦牛又失足葬身象泉河，尽管困难重重，但曹文宣没有退缩，依然出色地完成了任务。

1984 年，曹文宣迎来 50 岁的春天，他长期野外科学考察取得的丰硕成果得到认可，获得了“竺可桢野外科学工作奖”。1988 年获“国家中青年有突出贡献专家”称号；1992 年享受国务院政府特殊津贴。

疾呼休渔 10 年　保护母亲河

“孤帆远影碧空尽，惟见长江天际流。”长江发源于青藏高原的唐古拉山脉各拉丹冬峰西南侧，全长 6300 公里，在世界大河中长度仅次于非洲的尼罗河和南美洲的亚马逊河，为世界第三大河。长江鱼类资源具有种类丰富、资源量大、特有性高、经济物种多和分布区域差异大等特点，是我国淡水渔业的摇篮，经济鱼类的原种基地，生物多样性的典型代表。长江像一条白色的银链贯穿大半个中国。

然而近年来，长江的水质遭受环境的污染，鱼类资源面临过度捕捞、大型水利工程建设、江湖阻隔与围垦、外来物种侵袭等诸多威胁，长江里的许多鱼种濒临灭绝的境地。特别是近十几年，大鱼渐渐消失的同时，小鱼也寥寥无几。渔民们叹息，曹文宣也失望。他知道长此以往，不仅渔民生活无着落，长江也许会变成没有任何水生物的河流。淡水里没有鱼，这不仅是渔民的悲哀，是长江的悲哀，更是全人类的悲哀。

曹文宣发现，长江里的鱼种慢慢消失与环境有关，与人为的捕捞有关。长江上游大修水力发电站，使许多适应于上游湍急水流的特有鱼类适宜的栖息生境消失，种群数量将相应减少，甚至绝灭。对此，曹文宣建议在长江上游建立自然保护区，以保护珍稀、特有鱼类。作为长江上游珍稀特有鱼类国家级自然保护区重要组成部分的赤水河，是长江上游迄今在干流尚未修建水电站的唯一一条河流，必须切实保护，为子孙后代保留一条自然流淌的生态河流，也为一些特有鱼类留下最后的避难所。

曹文宣说，现在有一些人，一说到水利水电工程的鱼类资源保护问题，就想到了欧洲和北美，就提出要建过鱼设施。北美和欧洲一些国家在水利枢纽修建过鱼设施，主要是针对鲑科鱼类（如大麻哈鱼、鳟鱼），其次是鲱科和鲟科的洄游性鱼类。鲑科鱼类有强烈的回归性，并且有很强的游泳能力，必须返回到原来的出生地繁殖，亲鱼繁殖后死亡，也不存在下坝问题，这是欧美修建的鱼道有一部分获得成功的原因。我国的鱼类区系与欧美有很大的差别，仅在东北的黑龙江、乌苏里江、松花江、图门江有几种溯河洄游性的鲑科鱼类，在大江河的下中游有鲥鱼、刀鲚等洄游性鱼类。中华鲟是一种大型的洄游性鱼类，长江葛洲坝枢纽兴建后阻隔了其溯游到金沙江产卵场的洄游通道，在1983年已发现其在坝下新形成的产卵场自然繁殖。此外，我国东南沿海的一些入海小河有鳗鲡、香鱼、松江鲈的幼鱼须溯河到上游去生长。可见，我国的大部分河流，特别是长江上游，不存在洄游性鱼类，保护上游的鱼类资源，不是修建过鱼设施就能够实现的。并且上游的鱼类，特别是当地的特有种类，多数适应于激流环境，大坝修建形成水库的静水环境对它们是不适应的，特别是进行梯级开发时，急流生境丧失殆尽，对这些鱼类的保护问题不是修建鱼道就能够解决的。

我国规定的休渔期制度，上游休渔时间为3至5月，下游为4至6月。休渔期制度对保护鱼类繁殖有很好效果，但是，不少渔民等到休渔期结束，便在江河湖泊内使用迷魂阵、电捕等渔具渔法，将生长仅一两个月的幼鱼捕捞上来。与其说他们抹杀的是幼鱼渺小的生命，不如说他们影响的是整个长江。长江中原来生活的国家一级保护动物白鳍豚、白鲟，现在已不见踪迹，已经“功能性绝灭”，而二级保护动物长江江豚，近年来种群数量急剧减少，濒危程度加剧，另外还有一种大型鱼类鯮鱼，也是多年不见了。这些占据食物链顶级的吃鱼的大型动物，由于长江鱼类资源衰退，食物匮乏，加上滚钩、电捕和轮船螺旋桨伤害，才惨遭如此下场！如果这种局面继续下去，在不久的将来，还会有更多的物种绝灭。

为了制止这种近乎毁灭性的捕捞，曹文宣除了劝阻，就是发动全社会来关注。“休渔10年，让渔业资源休养生息”，是曹文宣近几年来在不同场合发出的呼吁。经过多年的疾呼，他的观点逐渐得到了一些专业人士和管理人员的认可，不过因为种种原因，一直未能真正实施。但我们相信，通过生态文明建设的深入开展，不久的将来，大家会看到一条更清澈美丽的长江。

永不退休 倡导人水共和谐

今年已 79 岁高龄的曹文宣虽然两鬓斑白，但老当益壮，从来没有放下自己热爱的事业，仍与时代同步前进。工作人员告诉笔者，他们常劝曹文宣院士，天气不好可以在家休息，不用来上班。但是曹院士说他已经习惯了，如果离开自己的事业，他不知道还可以做什么。

曹文宣谈起水生生物时兴奋不已，滔滔不绝，用最质朴的话语表达了他对水生动物的关切。柜子里，书桌上堆满了文献资料，他对每一项资料的记录和所放的地方都记得清清楚楚。谈到东湖，他说东湖冬季水位下降 2.5 米有利于近岸底泥上沉积的有机污染物降解和来春沉水植物的生长。还说年轻的时候与同事在东湖里游泳，能明显感受到东湖夏季与冬季的差距。现在的东湖已丧失夏涨冬枯的自然节律，湖水浑浊，透明度低，沉水植物无法生长。而水生植物的减少直接影响水生动物的存亡。以前还有大群的野鸭栖息，现在几乎没有了，重要的原因是东湖已经丧失了野鸭赖以生存的食物。东湖底泥有机物的污染太严重，连蚌类都不能生存。在 20 世纪 80 年代以前，东湖是周边几个自来水厂的水源地，现在湖水中污染物越积越多，能否适合人们游泳已是一个严峻的问题。

几十年来，曹文宣脑子里想的就是他的那些水生生物。但是当谈到家庭的时候，院士的眼神不觉低迷起来，他眼神里满是愧疚，对家人的愧疚，对老伴的愧疚。曹文宣的老伴前年因为脑萎缩去世，他非常自责，说自己假如多一点时间用来陪陪老伴，多关心一下她的晚年生活，老伴也许还会多活几年，尽享天伦。

曹文宣虽然早过了退休的年龄，但他依然忙碌着，他是中国鱼类学会理事长、农业部水生野生动植物自然保护区评审委员会副主任委员。今年元旦过后，他就北京、上海、贵阳、长沙、海南满天飞，为水生野生动植物的保护奔忙。而且，为了不给所里增添负担，他每次做“空中飞人”独来独往。

都说老年人爱追忆往昔，而曹文宣恰恰爱展望未来。他希望在全民的共同努力下，能真正地做到人与水的自然和谐。

这是一位真正的水生生物的守护神。

院士名片

方秦汉　男，桥梁工程专家。籍贯浙江省黄岩区，1925年4月出生。1950年毕业于清华大学土木工程系，获学士学位。1997年当选为中国工程院院士。中铁大桥工程局、中铁大桥勘测设计院高级工程师（教授级），兼任华中科技大学土木工程与力学学院名誉院长。曾任大桥工程局勘测设计院工程师、桥梁总体设计负责人、设计组长、高级工程师等职，湘江大桥、乌江大桥设计负责人，重庆白沙沱长江大桥工程副总体，南京长江大桥、九江长江大桥、芜湖长江大桥等国家重点大桥钢梁设计负责人。

长期从事桥梁工程设计工作，参加或主持了数十座大桥的设计和研究，尤以钢梁桥见长。在武汉、南京、九江及芜湖长江大桥钢梁设计和科研中，开发应用了新钢材，高强厚板栓焊梁、结合桁梁等新结构及首创双铰合龙法等新工艺，为我国铁路桥梁实现“高强、大跨度、轻型、整体”技术政策的实现作出了重大贡献。参与或主持设计的桥梁先后获“国家科技进步奖”5项（其中，特等奖1项，一等奖2项，二、三等奖各1项），省部级“科技进步奖”多项。

院士寄语

事必躬亲，追本穷源。

情托彩虹牵江海

鲁艺兵　寒　青

2003年2月28日，那是方秦汉终身难以忘怀的日子。这天上午，中共中央、国务院在北京人民大会堂举行盛大的2002年度国家科学技术奖励大会。出席这次会议的方秦汉，受到了江泽民、胡锦涛、朱镕基、李岚清、吴邦国、温家宝、曾庆红、李长春等党和国家领导人的亲切接见并握手。

◆江泽民接见

方秦汉参与设计的武汉长江大桥、南京长江大桥、九江长江大桥都获得过极高的荣誉，都曾接受过党和国家领导人的视察。在武汉长江大桥建设中，毛泽东于1953年、1955年、1956年、1957年4次到工地视察。南京长江大桥建成后，毛泽东、周恩来、邓小平等领导先后前往视察……

桥，令方秦汉终生为之魂牵梦绕。

有一桥飞架龟蛇的万里长江第一桥——武汉长江大桥；有壮丽恢宏令国人

叹为观止的南京长江大桥；有钢梁气势磅礴、曲拱逶迤舒卷的九江长江大桥；有低塔力挽万钧、桥体刚劲轻盈的芜湖长江大桥；还有衡阳湘江桥、乌江大桥、白沙沱长江大桥、四会北江大桥、天津子牙河新虹桥、天津海门开启桥、长东黄河大桥、永定新河桥、滦县滦河桥……

那一座座桥，是钢梁、钢筋混凝土的科学构造的物体，更是一道道飞越江河的绚丽彩虹！那一座座桥，那一道道彩虹，一头连着祖国的繁荣昌盛，一头系着著名科学家方秦汉和大桥建设者们的拳拳报国情……

心灯点亮情切切

1925 年麦苗出穗的一天，方秦汉出生在浙江黄岩路头方村的一个农民家庭。识字不多的父亲辛勤地经营着一块近 20 亩的橘园。20 亩的橘园收成，不仅维持着一家人的生计，还要供方秦汉及大哥读书。方秦汉聪明过人，成绩名列前茅。小学毕业时，正赶上抗日战争爆发，港口被日寇封锁，蜜橘无法外卖，方秦汉一家人的生活顿陷困境。

“秦汉，还是去当学徒吧！”父亲无可奈何地说。

明理的方秦汉“嗯”了一声，心却如刀割一般。

“不行！小弟应该继续上学。他的学费由我来负担！”从上海医大毕业刚做医生的大哥站出来说话了。

全家人做出决定，节衣缩食，继续供方秦汉读书。

方秦汉没有辜负家人的期望，考入了黄岩中学。黄岩中学时常遭到日寇飞机的轰炸，为避免伤亡，学校被迫迁至位于山坳的黄岩西灵乡灵石书院。学校“求真务实、勤学报国”的良好风气感染着方秦汉，他志存高远，心无旁骛，刻苦地学习着，像久旱的禾苗，拼命地吮吸着甘霖。

1946 年 7 月，方秦汉考上了清华大学，就读工学院土木工程系，按工学院的要求，“学生毕业后，能在不甚分工的情形下，对各种土木工程事件都能做有把握的处置。”时任院长陶葆楷即提出培养学生的“三段论”：未毕业前，注重学术；新毕业时，注重经验；已毕业后，注重经验与学术的相互发明。

学校的一个展览深深触动了他。昆明“一二•一”惨案和闻一多先生被害的情景以及“沈崇事件”。1946 年 12 月 24 日是圣诞前夕的平安夜，就在那天晚上 8 时左右，北京大学女学生沈崇在东长安街被两个美国兵架到东单广场强奸了。方秦汉义愤填膺，更坚定了刻苦学习、科学救国的决心，并积极参与到同学们在北平城内游行声讨的队伍中。

大学期间，方秦汉有幸聆听多位学者的教诲——获柏林高等工业学校土木工程系工程力学博士学位的中国科学院院士张维教授；我国工程院首批院士、著名的水利水电工程结构专家张光斗教授；著名科学家、教育家，杰出的社会活动家，中国科学院资深院士钱伟长教授等。还有光未然和艾思奇在清华大学的两次讲座对他影响至深。光未然是现代著名诗人，文学评论家，也是如雷贯耳的《五月的鲜花》和《黄河大合唱》的词作者；艾思奇是著名的马克思主义哲学家、教育家和革命家。

如果说张维、张光斗、钱伟长和夏震寰等教授的讲课，丰满了方秦汉起飞的羽翼，那么光未然和艾思奇的讲座则是点亮了方秦汉的心灯。

心灯点亮情切切。新中国成立后的第二年 7 月，方秦汉大学毕业了。他恨不得即刻奔往工作单位，奔赴火热的生产第一线。

8 月初，方秦汉和同学潘际炎被分配到铁道部设计局工作，接着被指定到武汉长江大桥设计组工作。他做梦也没想到，自己即将参加“万里长江第一桥”的设计工作。在设计组，方秦汉的身份是实习生，辅导员是王序森，王序森是一位集博学多才、实事求是、谦虚谨慎、作风朴实等美德于一身的桥梁专家，主要负责钢结构设计。他下面就方秦汉一个年轻人。自然，方秦汉被视为王序森的高徒，钢结构设计也成了方秦汉所从事的主要工作。方秦汉在集中了全国桥梁设计、施工精英的团队里工作了整整 3 年。王序森言传身教，方秦汉虚心学习，朝夕相处，受益匪浅。

1953 年底，王序森带一部分人前往武汉进行现场设计，方秦汉被指派负责设计兰州东岗镇黄河大桥。正当他踌躇满志迎接挑战大显身手时，任务改变了。湘桂线衡阳湘江大桥急迫需要修复，他被任命为衡阳湘江大桥的设计负责人。衡阳湘江大桥于 1956 年正式开工建设，1957 年 12 月 29 日建成通车。它是湘江上的第一座公铁两用桥，也是继武汉长江大桥之后新中国建成的第二座公铁两用大桥。

还来不及欣赏自己首次独立设计的大桥，一个新的任务又落在方秦汉的身上。他被任命为川黔线乌江大桥设计负责人。于是乎，方秦汉又满怀激情地投入到新的大桥设计之中……

在湍急的涡流中创新

有一部《李时珍》的电影，片头片尾都出现纤夫逆水拉纤的画面，那纤夫逆水行舟的喊声和音乐贯穿着全片，形象地烘托了李时珍逆水行舟不进则退的抗争精神。正是那种精神和爱国为民的情怀，李时珍留下了闻名于古今中外的《本草纲目》。方秦汉也不例外，一心为国为民，不管时势对他是有利还是不利，不管潮流是潺湲还是湍急，他都不停歇地向前挺进，不断创新。也许，这就是方秦汉这个著名桥梁专家成功的重要之处。

白沙沱长江大桥设计时，正赶上1958年的“大跃进”时期，受浮夸风的影响，大桥设计处提出了“一年的活半年完，半年的活三月完”的口号。当时身为大桥设计副总体负责人和钢梁设计负责人的方秦汉，认为这口号是吹牛。他依照科学规律办事，为团队排出合理的时间表，带领大家脚踏实地进行设计。没料团队中有个同志提出了超出现有设计能力一倍的规划。方秦汉不但没有同意，还狠狠地批评了他一通。谁知，这一下他成了正在开展的“拔白旗”运动中的“白旗”，成了大字报、大喇叭点名批判的重点。既然批判他落后，他就要求自己的团队全心全意、抓紧时间投入工作，不仅白天排得满满的，还要求业务能力稍弱的同志利用业余时间学习专业，争取提前完成任务。没想到，这又犯了大忌——只专不红，走白专道路。

傍晚，望着城市灯火，回想起白天同事们讥讽的面孔和蔑视的目光，方秦汉似乎感到自己的头上悬着一把剑，一把“达摩克利斯之剑”！真是欲干不行、欲罢不能啊！

抬头眺望远处清华大学的影子，母校“自强不息，厚德载物”的校训，清晰地出现在他的脑海，即刻一种从未有的强大的精神力量催促着他。管它春夏和秋冬！方秦汉抹了抹眼泪，坚定地向他的设计室走去……

万里长江第二桥重庆白沙沱长江大桥颇具创新的钢梁设计，在方秦汉的领导下终于设计出来了：桥全长820.3米，共16孔，自北起为3孔40米上承式钢板梁、4空80米一联下承铆接连续钢桁梁、9孔40米上承式钢板梁。钢梁材质全为3号钢梁。4孔80米一联双线钢桁梁位于3号墩至7号墩，采用全伸臂法架设。在桥梁建设者们的努力下，整座桥梁在一年零两个月的时间里即告建成。

修建南京长江大桥，方秦汉被指定为南京长江大桥钢梁设计组组长，在王序森的亲自指导下工作。方秦汉牢记当年张维教授“工程师的计算是绝对不能出错的”教导，对超静定的桥梁钢桁梁的设计尽管有充分的把握，但1959年底，钢梁设计完之后，他得知中国科学院计算技术研究所有电子计算机，就提出委托该所进行核算。计算所运用计算机核算，得出的结论是，方秦汉他们的计算可信无误。

南京长江大桥钢梁跨度达160米，且为公铁两用桥，钢材需要3.3吨，强度要比武汉桥的高一等级的低合金钢。然而，桥梁建设开始后，苏联单方面撕毁合同，中断了所需的2万吨钢材的供应，使建设面临进退两难的境地。

怎么办？

毛主席指示：“这没什么神秘，我们自己也能够生产。”国务院也明确指示，要不惜代价研制生产出建造南京长江大桥所需的钢材。

毛泽东和党中央的大无畏的气概，鼓舞了大桥局的职工，也鼓舞了方秦汉。他们与鞍钢联合研制适合南京长江大桥需要的钢材，派工程师常驻鞍钢，方秦汉亲自参与16锰桥梁钢（16Mng）的开发研究。没过多久，经过协作努力，适合修建南京长江大桥需要的16锰桥梁钢终于研制成功，并为南京长江大桥生产出两万吨钢材。

南京长江大桥建成通车后，儿子到南京看望父亲。无比欣慰的方秦汉特地把儿子带到桥下照了张合影照。当儿子问到大桥用的是什么钢时，方秦汉脱口而出：“争气钢！”

那般神圣那份责

每一个大桥设计任务的下达，方秦汉都非常愉快地接受。进而，肩头上又越发有沉甸甸之感。因为，他把每一个任务，每一份职责，都看得无比崇高，无比神圣。

九江桥的建设技术难度更大，核心问题要革铆接钢梁的命运，它需要高强厚板栓接技术，方秦汉与他的团队经过坚苦努力，通过大量的试验研究，终于建成高强厚板栓焊钢梁，从此，铆焊钢梁退出历史舞台。1989年，方秦汉同他的团队完成了九江长江大桥钢梁的设计，将图纸、方案交付铁道部属的一家桥梁厂进行试制。厂方工程师为了简化生产流程，擅自将设计图纸做了改动。方秦汉发现后当即改了过来，谁知他离开厂后，厂家又将图纸改了过去。

方秦汉第二次去桥梁厂，发现图纸仍然被改，气不打一处来：“是谁让你们改动的？为什么要改动？”

厂方起初想通过辩解说服方秦汉，后来见方秦汉那种寸步不让的执拗劲，不得不“签字画押”，表示一定按方秦汉设计的图纸试制。

当厂方将第一批钢梁试制出来后，方秦汉放心不下，再次来到桥梁厂亲自验收，结果发现钢梁的焊接处加温不到位。他急忙找来生产流程记录认真查看，果然查出加温只有60摄氏度至80摄氏度，根本没有达到设计标准要求的100摄氏度至120摄氏度。顿时，方秦汉心急如焚，把厂领导、厂技术员、车间负责人都找来，问到底是怎么回事。厂长称已经到了下班时间，第二天再开会研究。

第二天的会上，厂方责任人反问方秦汉：“钢梁已经试制出来了，你说怎么办吧？”

方秦汉的回答掷地有声："规章制度摆在那里，按规章制度办！"

厂领导非常清楚，按规章制度办是要报废。这试制的第一批钢材可是6吨啊，怎么能说报废就报废呢？辛辛苦苦的几个月还不算，厂家的声誉、领导的威信都要受到损坏，更为严重的是要损失相当一笔资金。说什么也不能答应。

"这件钢梁采取补救措施收下。下一批我们一定严格按要求办。"厂领导恳求方秦汉。

"采取怎样的补救措施？先停产吧！"方秦汉的回答斩钉截铁。

方秦汉并非不懂人情世故，并非不理解厂家的难处。可他清楚地知道，这个联合公关的新技术项目，是周恩来总理生前决定的，如果有半点的马虎，何以告慰周总理的英灵？何以向党和人民交差？作为一个工程设计负责人，在重大的建桥质量面前，如果只顾讲人情而不坚持原则，那就是对历史对人类的犯罪啊！

方秦汉不得不带着纠结的心情拂袖而去，不得不以认真负责的态度上报铁道部基建总局，不得不用十足的理由让其上级有关部门和领导下令报废重来！

具有世界先进水平的高强钢厚板焊接杆件试制任务终于圆满完成可以批量生产！当桥梁厂为九江长江大桥作出巨大贡献受到铁道部表彰时，厂领导和干部职工不得不对方秦汉顿生敬佩之情。

1990年7月，九江长江大桥建设如火如荼。正当方秦汉在现场看着钢梁一节节地向江心延伸时，一个电话催他赶回武汉大桥局总部。到达局机关，他这才知道，单位的一个同事向时任国务院总理李鹏写了一封信，反映正在建设的九江长江大桥主通航孔有严重技术问题，建议采取措施消除隐患。这封信引起了李鹏总理的重视，批给了中国国际工程咨询公司。很快，这封信由北京转批大桥工程局。

这信，像晴天霹雳，在大桥局领导中炸响，也震惊了方秦汉：莫非真有技术问题？可方秦汉冷静一想，每一个有崇高责任感的科技人员都要正确和敢于对待别人的批评，每一项技术设计都要经得起来自各方面的拷问！

方秦汉非常认真地看了那封信，确认信中将静力的偏移说成了动力的振幅，由于概念搞错了，计算的依据错了，无论怎么计算，结论也不会正确。

方秦汉知道，九江长江大桥是一项投资数亿元、关系到国家声望、经济发展、人民安危的重大工程，那一封信引起高层领导的关注很自然。作为项目的设计负责人要经得起严峻的考验，更应该如实汇报，据理力争，让国务院领导和上级部门放心。

7 月 25 日，方秦汉受大桥局领导的委派赶往北京，向铁道部领导和中国国际工程咨询公司有关专家汇报，说明九江长江大桥的结构设计符合要求，稳定性没有问题。

铁道部有关领导听取了方秦汉的汇报非常高兴，中国国际工程咨询公司则提出要专家论证。

7 月 31 日，中国国际工程咨询公司邀请了有关部门、科研院、大学共 9 名专家召开了专家论证会；8 月 4 日，铁道部邀请了 15 位专家组成“铁道部九江长江大桥拱桁梁组合体系钢桥横向刚度等问题论证组”进行论证。专家们听取了双方意见，通过科学分析，得出的结论是“九江长江大桥七、八、九孔三大拱在承受列车横向振动方面是安全的”。

按说风波平息了，可中国国际工程咨询公司以“九江长江大桥设计于‘文革’期间，三大拱设计方案不十分合理”为由向国务院报告，提出拟再召开一次高层的专家论证会，请清华大学重新进行核算。见到这一带有倾向性的报告，国务院领导再次批示：“九江长江大桥是长江上的一座大桥，这是一项百年大计的工程，不能凑合从事……”

方秦汉百思不得其解：为什么明明是正确的东西却硬是要被质疑？已是 66 岁的方秦汉真想拍案而起，拂袖而去。可他冷静一想，十几个亿的重大工程，领导能不重视、不担心吗？我们不该拿出充足的证据让领导放心吗？如果原设计方案被否决，国家已投资的数亿元将打水漂，5000 多名建设者一二十年的辛勤劳动将白费，国家一条新的南北大动脉将不能按期完工……我必须冷静，必须拿出十足的证据去面对！

高层的论证会于 1991 年 1 月 17 日召开。会上，方秦汉就“三大拱”的横向刚度问题进行了答辩，他从设计规范、实桥使用等方面进行了系统而深入的论述。

中午休会时，想到老伴交代给外孙女买书包的任务，方秦汉便急忙乘车来到王府井，没等他步入百货大楼，突然胸口发闷，腿像灌了铅似的怎么也迈不动。慢慢移步到一根电线杆旁，昏昏沉沉的他缓缓地靠下……

等他清醒过来时，下午开会的时间就要到了，他强打起精神站了起来，匆忙乘上公汽，返回论证会场。

权威性论证结论终于出来了：九江长江大桥是安全的。

此时此刻，有着崇高责任感和历史使命感的方秦汉百感交集，老泪纵横……

是啊，大凡有成就的科学家如同彩虹一般，只有在历经风雨后才更见其美。同样，他的作品固然必须有改革创新，有以科学试验为基础的新技术，但也只有在经受住来自各方的质疑和拷问后，才更具有无穷的生命力！

（本文参考余启新《桥的交响》一书）

院士名片

崔　崑　男，金属材料专家。1925年7月生于山东省济南市。1948年毕业于武汉大学，1954年哈尔滨工业大学研究生班毕业，1958至1960年在原苏联莫斯科钢铁学院进修。1997年当选为中国工程院院士。华中科技大学教授，湖北省科协荣誉委员。曾任华中科技大学材料科学与工程系主任，国家发明奖励评审委员会冶金评审组委员，国家自然科学基金委员会学科评审组成员等职。

长期从事材料科学的教学与研究工作，创造性地研究和开发了一系列高性能新型模具钢，其性能达到了国际先进水平，在生产中得到广泛的应用，经济效益显著，为发展我国新型钢种做出了重要贡献。这些高性能模具钢曾被列入国家科委“八五”、“九五”国家科技成果重点推广项目，其中有两种已列入国家工具钢标准GB1299-85。研究成果共获得省、部委级以上奖励15项，其中“国家发明奖”二、三、四等奖共4项，“易切削精密模具钢8Cr2S”获1985年“国家发明奖”二等奖。在钢的合金化、夹杂物工程、高性能Ti（C、N）基金属陶瓷、激光熔覆等基础理论方面进行了深入研究，在国内外学术刊物上发表论文250余篇。

院士寄语

勤奋学习，报效祖国。

“特殊钢”是这样炼成的

姜燕鸣

初识崔崑院士，来自网上的有关报道，当时就对这位“特殊钢”院士敬佩不已。几个月后，没想到竟有幸见到了他。这是2013年初春的一天，高大的梧桐树还未吐芽，空气是清冽的，但春的气息还是沿着枝枝蔓蔓往外冒，在四周氤氲并漫延。

上楼梯时，便见崔崑院士已立在门口，他面目清癯，衣着普通，身高约1.65米，身材瘦小，显得貌不惊人，但他那平和安祥的神态，睿智犀利的目光，还是不经意间给人以震慑。

英才自有其成长的条件和机缘。探究起来，免不了追根溯源。于是采访的话题，便从他遥远的故乡说起。

穿过战火美少年

1925年的中国，军阀混战，遍地狼烟。7月20日，在齐鲁故地济南城的崔家，又一个男婴呱呱落地了。毕业于燕京大学的父亲，对这个最小的孩子寄予了很大的希望，取名崑（崑，古书上说的一种香草，古通“琨”，美玉）。

在崔崑成长的过程中，守节严谨的父亲对他的影响巨大。

抗战时期，在日军接管其父亲任职的洋行之时，其父亲坚决不为日本人效力，毅然辞去高薪职位，携家小返回老家济宁。在济宁3年，全家仅靠少许积蓄维持生计。由于在老家无学可上，父亲便当崔崑的数学、英语老师，教他读《四书》、《古文观止》。后来，1940年全家迁回济南，崔崑考上了齐鲁中学高中部。为求生活，父亲倾囊买来几头奶牛，全家动手，自办了一个小型奶牛场，勉强维持家计。每日清晨，崔崑便会穿街走巷送牛奶，送完后再去上学。

齐鲁中学是教会学校，任课老师大多为齐鲁大学的教授。优良的教学条件和环境，更启发了崔崑的智力和兴趣。但好景不长，太平洋战争爆发，随之学校被敌伪政权接管。目睹日寇残害中国人民的罪恶行径，年少的崔崑深切地感受到，积贫积弱的祖国唯有强大起来才能免受欺凌。忧愤中他树立为中华崛起而读书的远大抱负。

1943年，崔崑高中毕业后毅然离开沦陷区，独自一人穿越战区，踏上了前往大后方的求学之旅。一路上，崔崑历尽艰辛。行经河南时，恰逢豫湘桂战役之始，崔崑冒着危险穿越河南商丘附近的封锁线，逃至洛阳。饥寒交迫中，他拼命扒上一列开往西安的火车，死死抓住火车头外的扶手，像个蜘蛛似的附在上面，几个小时不能动弹。等到下车时，他已让蒸汽火车头冒出的浓烟熏成了“炭人”。

◆ 1955年于北京

历时80余天，由济南，途经商丘、洛阳、西安、宝鸡，辗转数千里的崔崑，历尽千辛万苦到达成都。此时他已身无分文，便在成都附近的空军基地做起了临时工，一边挣钱谋生，一边自学备考。

1944年秋，崔崑同时被3所名牌大学录取，最终他选择了内迁至四川乐山的武汉大学。巴山蜀水的宁静秀美，让乐山一时成为求学者的天堂。崔崑选择了自己感兴趣的机械学专业，他绚烂的人生之旅由此开始。

1946年，武汉大学回迁原址，在美丽的珞珈山上，崔崑度过了最后的大学时光，学习也倍加努力。天道酬勤，崔崑以机械系第一名的成绩获得了年度奖学金。

抗战胜利后，国民党独裁统治，挑起内战，官员贪污腐败大发国难财，人民陷入水深火热之中，从而激起有识之士的极大愤懑和抵制，崔崑毅然加入学生们举行的“反饥饿、反内战、反迫害”的游行示威，积极投身到火热的革命浪潮之中。

1948年，崔崑大学毕业，因成绩优异被留校任教。

1949年，鲜艳的五星红旗插遍了祖国的大江南北。崔崑深情地说：“新中国成立，我感到欢欣鼓舞，立志为中国的繁荣昌盛贡献自己的力量。”

百炼成钢

1951年的新中国，百废待兴。崔崑被学校推举到哈尔滨工业大学研究生班，跟随苏联专家学习金属学、热处理工艺与设备专业。在此期间，武汉大学机械系与湖南大学等学校部分院系合并，成立华中工学院（现华中科技大学），崔崑也随之转入华中工学院。1954年，毕业后的崔崑被借调至北京钢铁学院（今北京科技大学）担任苏联专家的翻译，期限两年。

1958年，由华中工学院选拔，崔崑赴当时苏联著名的莫斯科钢铁学院进修，专攻金属学及热处理专业，并以我国最为需要的特殊钢作为学习方向。在那里，崔崑如饥似渴地阅读了大量的文献，并且尽可能利用先进仪器与设备开展研究。在莫斯科的日子里，崔崑的专业基础得到了更好的巩固，实验动手能力也得到了提高。

1960年，崔崑学成回国。此时，新中国的工业还在起步阶段。要快速发展并赶超世界先进水平，新型高性能模具钢便成为我国工业生产的急需品。但在当时条件下，在国防以及国民经济中占有十分重要地位的高性能模具钢领域的研究，却是一片空白。由于我国无法自主生产高性能模具钢，不仅影响了模具的使用寿命，每年还不得不动用大量外汇购买价格昂贵的进口模具。

"中国一定要有自己的模具钢种！"崔崑道出此番豪言，并非一时儿戏。尽管教学任务繁重，科研刚刚起步，一无设备，二缺资料，困难重重，但为了早日研制出这种特殊钢，担任教研室主任的他组织了课题组，带领同事们对高性能模具钢刻苦攻关。自1961年起，崔崑一方面组织教师去工厂调研，一方面带领教研室的教师购置所需设备。买不到的，他就自己画图，请人制作，还亲自动手建起了熔炼、盐浴炉、热处理、物理性能等实验室。

研究过程中，他们不盲目、不迷信，对一种基体钢进行改制，将其中的碳含量适当提高，并加入少量的铌，从而大大提高了钢的强韧性、改善了钢的工艺性能。经过3年多的艰苦奋战，崔崑终于设计出基于我国富有元素的新钢种。这种含铌的基体钢乃国内外首创，后来在汽车、航天、电子等诸多行业中得到了广泛推广。该项成果于1981年获得"国家发明奖"三等奖，1985年纳入国家工具钢标准。

从20世纪60年代至20世纪末，30多年里，崔崑先后承担了国家及省部级科研项目近30项，研制成10种新型模具钢，获得省部级以上科技奖励15项，其中"国家发明奖"二、三、四等奖各1项，6种列入国家推广计划。这些钢在许多工业部门数百家工厂得到应用，解决了许多生产难题，取得了显著的经济效益，为模具材料国产化、发展我国新型钢种作出了重要贡献。

为开发新型钢种提供了理论依据后，崔崑又开展了硫系易切削钢中夹杂物的系统研究，确定了硫系易切削钢种加入钙、稀土和复合加入钙和稀土时钢中易切削相的组成、形态、变形行为和分布，及其对钢的易切削性、抛光性、等向性的影响，研究了夹杂物的形成热力学，结合实验研究，建立了模拟易切削钢中夹杂物生成类型及其热变形的计算机程序。

此外，崔崑还指导他的博士生对高韧性碳氮化钛基金属陶瓷进行了探索，对碳氮化钛－镍系金属陶瓷的成分设计、制备工艺、组织结构、力学性能和添加物的影响进行了系统深入的研究。其中关于界面存在微晶化结构及其控制的研究有较高的学术价值。研究成果“高性能低成本细晶粒无钴金属陶瓷制备技术”，于2011年获得了“国家技术发明奖”二等奖。

在激光熔覆理论和应用的研究上，崔崑也颇有建树。他指导学生构建了获得熔覆层的最小比能量和操作图，确切定义了熔覆层中陶瓷相“烧损”的物理意义，提出了不同的烧损形式及其机理；提出了激光熔覆陶瓷、金属界面应力分布模型和陶瓷与金属相容性准则；揭示了影响熔覆层开裂的主要因素和抑制方法；将激光熔覆技术初步应用于模具的强化和修复。

本色“钢院士”

材料系的老工人们不会忘记，从1963年开始，崔崑带着教研室的老师们因陋就简建起熔炼、盐浴炉、热处理等实验室。由于用电紧张，实验电力负荷大，只能晚上进行。为了控制温度，崔崑常常通宵守在摄氏1200多度的盐浴炉旁边，手指按着控温开关，眼睛紧盯着仪表数字，不敢有丝毫的懈怠。有一次，武汉下暴雨，位于一楼的实验室水漫金山，崔崑第一个跳进积水中去排涝。在场的工人们无不为之感动，亲

◆ 2005 年在家中书房写作

切地称他是“工人教授”。

河南洛阳拖拉机厂的工人们不会忘记，年逾花甲的崔崑用麻袋背着30多公斤重的模具钢，大汗淋漓出现在他们面前的情景。这位像农民一样吃苦耐劳的学者，每研制成功一种新钢种，便会亲自背着沉重的新型钢铁，搭着火车，风尘仆仆地赶往各生产单位进行推广。

20世纪90年代以前，从武汉到北京的火车跑一趟约需17个小时。任务繁重的崔崑，因为经常出差而乘坐火车，但车上拥挤时常无法挪动，为了避免上厕所，他总是忍着不喝水。有时任务紧急，难以买到坐票，这位老教授经常是几十个小时一路站过来。《人民日报》记者万红金和李翊曾经报道过这样一件事：“有一次，崔崑在哈尔滨做试验，突然接到通知要到成都开会，他就连夜从哈尔滨坐车赶到北京，白天排队买了一张硬座票，当晚赶回武汉带上资料就走，在火车上这位老教授硬是站了十几个小时，按时赶到了目的地。”

崔崑研究了一辈子的模具钢，他朴实肯干、迎难而上的精神态度，影响和感动了周围人，赢得了“特殊钢”的美称。几十年来，工作上抢在前头，遇到名利退后面。在谈到科学道德时，崔崑认为，只有淡泊名利，才能团结大家。有一次，崔崑负责一个课题，做了一段时间后，中途又要进行其他的研究工作，课题就让给别的老师做。等成果出来了，崔崑申言不挂名。得了奖金，他也不争，坚持按平均数来分配。

崔崑严于律己，言传身教，引导和培养学生的开拓创新精神。刚刚回到华中工学院时，金属材料专业还是一片空白，崔崑领着一批老师和学生，费尽心血把金属材料专业建立并完善起来。他是我国首批博士生导师，在他领导下的华中工学院金属材料及热处理专业，也是首批6个博士点之一。从无到有，再到顺利通过博士点审核，这个跨越，带头人崔崑当之无愧。

生活中，崔崑却从不劳烦学生。他认为学生跟着他是来搞学术的：“我和学生是学术上的关系，不能让学生给我打杂。”崔崑坚持自己的事情自己干，88岁高龄的崔崑，仍然坚持和夫人一起分担家务，两个老人分工合作，其乐融融。每每有学生到崔崑家中要帮他做家务时，他便会说：“这些事情我们自己做得来，你们现在最主要的还是搞好学习。”

作为资历深厚的学者，崔崑十分看重学生的学术道德。他说：“从大学毕业留校任教，半个世纪以来，我对教师这个职业一直很喜欢。因为在科学领域里，不断追求新知识，是教师职业的本质和魅力所在。同时，社会对教师的要求很高，作为教师，要为人师表，言谈举止都要讲职业道德、社会公德、家庭美德等等。搞科学研究的人，要遵守科学道德。而维护科学尊严，贵在诚信自律。”每每遇到审查学生论文中的图表，他都要一个个反复追问其来源：“是你的试验结果吗？不是你的，就要署上别人的名字。”有位博士生在发表过去工作的论文时，出于对老师的尊重与感激，挂上了崔崑的名字，崔老告诫他不需要这样做，严肃地说：“你这样是给我帮倒忙。”

逢年过节，学生免不了会给恩师送一些礼物，以表问候和敬意，但总是被崔崑婉言谢绝：“你们还是学生，收入不多，送来的水果，你们留着自己吃。”

而对待自己的学生，崔老为他们倾注的心血则是难以言数的。合肥工业大学材料学院教授、博士生导师刘宁是崔崑的学生，他回忆道：“当年读书时，我的家庭经济条件不好，崔老除了平时给予生活补助外，每个假期还给予路费资助，使我顺利完成了学业。”自1985年以来，崔崑让所带的博士生都参与到他所争取的国家自然科学基金与省部级基金等项目中来，这种做法使他的学生们能够快速成长起来。刘宁说：“严格要求、鼓励创新、学以致用，这是恩师的教学原则。今天，我在教学上也用这一原则要求我的学生。”

◆在实验室

20多年来，崔老共培养了24名博士和23名硕士，培养了大批基础理论坚实、理论联系实际、能解决科研和生产实际问题的优秀人才，其中大部分已成为高等学校、科研机构和企业的科研、教学骨干。凡接触过崔崑的人都认为，他不仅是行为示范的好老师，更是道德上的楷模。

1997年，崔崑当选为中国工程院院士。年事日高，崔崑院士也希望能把自己的知识和精神财富一代代地传给后人，在继续进行科研的同时，他开始着手进行著述。他认为，知识，需要不断延续。

无数个日日夜夜，崔崑就静静地坐在书桌前，记录，画图，把脑海中的知识用文字和图表留在纸面。如今，这部填补钢铁领域空白的《钢的成分、组织与性能》终于付梓，科学出版社将于2013年7月出版，分为上下两册。历时6年，160多万字，从资料收集、文字编辑，到输入、打印、图形制作，竟然全是由一位年近九旬的老人独立完成的！崔崑院士把一摞摞厚如砖头的打印稿拿给笔者看，像是介绍自己的孩子：“这是第五章，这是第六章，第七章……”

他的夫人在一旁说：“去年就完成了，校对花了不少时间，可要有了新的研究成果，他就欣喜不已，要加进书里……”

崔老深情地说：“我只想为学术、为事业、为后人留下点值得学习的东西。”

当笔者问崔老，他取得如此巨大的成就靠的是什么。崔老说：“靠的是勤奋，我其实是个很普通的人，只因勤奋才有了一点成绩。”

李大钊曾在《青春》里写道：“斯则人类之寿，虽在耄耋之年，而吾人苟奋自我之欲能，又何不可返於无尽青春之域？”青春无关年龄，只是心态。在我们叹服崔崑院士的巨大成就时，他那年轻的心态，也在无形中影响和感动着每一个人。

回顾过往的岁月，崔老说：“我没什么值得骄傲的地方，只是感到很欣慰，自己的工作对社会有一点作用。”

寥寥数语，谦逊而真诚，让这位有济世功德的老科学家散发出非凡的人格魅力。大音希声，大象无形，此时笔者眼中这位清瘦的老人，犹如一座山峰屹立着，雄伟壮阔，又虚怀若谷，令人高山仰止，景行行止。有幸在他身边学习、工作的人，想必都会在他的潜移默化中受益终生。

院士名片

潘　垣　男，磁约束聚变技术、脉冲功率技术专家。祖籍江苏省扬州市，1933 年 8 月生于湖北省宜昌市。1951—1953 年就读于武汉大学电机系，1955 年毕业于华中工学院（现华中科技大学）。1997 年当选为中国工程院院士。现任华中科技大学国防科学技术委员会主任、电气学院名誉院长，惯性约束聚变点火装置（ICFIF）国家重大专项专家委员会委员，国家磁约束聚变（MCF）专家委员会科学顾问，教育部磁约束聚变研究中心主任，中国电科院双聘院士及学术委员会副主任等职。

主要从事聚变技术、脉冲功率与等离子体以及电工新技术研究，是我国最早从事核聚变研究的主要成员之一，也是我国磁约束聚变技术的主要开拓者。主持和参与三套聚变装置研制和一套装置升级改造；在中国环流一号研制中负责工程方案设计、总体电磁工程、脉冲电源及总控系统等，创造性地解决多项重大技术难题。还将聚变电磁工程技术成功应用于国民经济和国防建设，取得多项成果，其中大型发电机氧化锌非线性电阻灭磁已在电力工业广泛推广应用。1998 年调入华中科技大学后，发展了超导电力、脉冲功率、等离子体应用、脉冲强磁场、磁约束聚变、新一代开关等学科增长点。其中脉冲强磁场已建设为国家脉冲强磁场科学中心（筹），成为当今世界四大脉冲强磁场实验室之一。曾获“国家科技进步奖”一等奖、中科院和核工业部“科技进步奖”一、二等奖和“全国专利优秀奖”等多项奖励。2007 年获“武汉大学杰出校友”荣誉。2013 年获中华全国总工会“全国五一劳动奖章”。

院士寄语

生命不息，奉献勿止。

"能量永恒"的别样人生

沈汉涛

1998年春，年过花甲，依然精神矍铄的中国工程院院士潘垣回到了阔别多年的母校华中科技大学任教。看到学校发生天翻地覆的变化，他感慨万千，激动不已。是呀，60多年的坎坎坷坷，60多年的栉风沐雨，60多年的开拓奋进，像一道道靓丽的风景线，不因年轮的增长和岁月的远去而褪色，反而在生命演进的过程中释放永恒的能量……

扬帆远航

"呜，呜，呜——"

催人别离的轮船汽笛声骤然响起，久久地回荡在宜昌上空。螺旋桨搅碎一江春水，轮船吻别了码头，渐渐地离开，不一会儿便劈波斩浪向东，向东，向着九省通衢的大都市武汉挺进。

在汽笛消失的瞬间，18岁的潘垣匆匆忙忙冲出四等舱，跑到轮船甲板右侧，双手抓住护栏，眺望的目光在岸上送行的人群中觅寻着祖父、母亲的身影。啊，那位头发斑白的老人不就是祖父么？不错，是他！潘垣深情地向祖父挥了挥手。母亲呢？他的目光又朝岸上人群中搜寻。啊，在那儿！只见母亲沿着陡峭的台阶从岸上往下蹒跚地走下来。潘垣的心顿时悬起来，妈，您慢点，慢点！母亲步下台阶，顺着江边往轮船行驶的方向疾走了一阵，终于停住脚步，她手捋着被江风吹乱的头发，呼喊着他的名字。潘垣从船头跑到船尾，他多想再听听母亲的教诲，而船已渐行渐远……

这是1951年的夏天，一个酷暑难耐的日子。潘垣要远赴武汉大学念书，许多年过去，那与故乡与亲人离别的情景还深深铭刻在他的记忆里，怎么也挥之不去……

怎能忘？在潘垣出生两年后，厄运就降临在家中，已是西医的父亲抱病撒手而去。老年丧子的祖父捶胸顿足，暗暗垂泪，他是宜昌地区有名的中医，悬壶济世大半生，唯独不能挽救自己唯一爱子的生命。父亲突然离去，最难过最悲痛的莫过于年轻的母亲，然而她担心祖父承受不住这突如其来的打击，紧紧抱着潘垣，还要安慰年迈的祖父，她欲哭无泪，但生活仍在继续，母亲用瘦削柔弱的肩膀扛起了全家重负。天灾人祸伴随着潘垣的童年，他从母亲身上学会了坚强，坚强来自自信和对未来美好生活的渴望。

◆ 2006 年 10 月重返母校宜昌一中

怎能忘？1937 年抗日战争全面爆发，南京国民政府沦陷，第二年武汉沦陷。日本鬼子的飞机不时飞临宜昌上空，狂轰乱炸，不知有多少鲜活的生命死在日本鬼子炸弹下。宜昌被日军占领后，为了活命，母亲牵着年迈祖父的手，背着 5 岁的潘垣，跟随大批难民辗转迁徙到长阳大山里东躲西藏，凭着祖父的医德人脉关系，靠亲戚朋友的援助，一家人才艰难地生存下来。经过民族灾难的岁月，潘垣深深地懂得了苦难，从今往后任何艰难困苦都休想让他屈服退却。

怎能忘？1945 年深秋，一家人终于回到满目疮痍的宜昌，还是靠母亲种菜、纺织、磨豆腐卖来的钱维持全家人的生计。在母亲教诲下，在祖父的辅导下，潘垣更加发奋地读书，从不虚度光阴，常以柴炭为笔，大地作纸，写字习题。大学毕业参加工作成家后，祖父已去世，他把母亲接到身边一起生活，直到老人 94 岁离开人间。

苦难、艰难和灾难往往使人容易随波逐流，迷失方向。然而，潘垣把这一切都当作人生的一种磨砺，这更让他懂得国家强盛的重要性，也更加坚定了他人生奋斗的方向。潘垣就读于宜昌中学（今宜昌一中），这是座落在长江岸边的学校。听老师讲述美国水利专家萨凡奇建设三峡水电站宏伟蓝图构想的动人故事，他纯真的心灵充满憧憬；壮丽巍峨的峡江两岸铸就着他不屈不挠的性格，川流不息的奔腾江水激励着他自强不息。他一路奋进，一路高歌，1951 年以优异的成绩被武汉大学电力系录取。

武汉是华中地区最大的都市，然而它和刚刚获得新生的共和国一样，百业待兴。但他以最大热情全身心投入到学习之中，在知识的海洋里遨游。两年后武汉大学电机系并入华中工学院（今华中科技大学）。不论是在武大还是在华工，潘垣的成绩总是处在前茅。1955 年，他以优异成绩毕业于华中工学院电力系，被分配到武汉电管局中心试验所任技术员，因工作成绩突出，一年后他被任命为电管局中心试验所高电压组组长，是当时全局最年轻的组长。

机遇总是给有头脑有准备的人做好“盛宴”。1958 年，更加广阔的天地在向他招手，一种全新而又伟大的事业在向他呼唤，他似一艘蓄势待发的船帆乘风破浪远航了。

誓言无声

1958 年 8 月，25 岁的潘垣被挑选进中国原子能科学研究院工作，从此开始了他一生为之追求奋斗的伟大事业——受控核聚变，一项全新的前沿科学。

那时的中国原子能科学研究院，汇聚着驰名中外的杰出科学家，人才济济，群星闪烁。仅中科院院士就有七八位，上有钱学森、钱三强、钱伟长、朱光亚等科学领军人；下有从清华、北大毕业遴选进来的一群生机勃勃、风华正茂的年轻人，这里齐集着新中国科学界有史以来的精英团队。至今令中华民族引以为自豪骄傲的“两弹一星”的元勋者全集合在共和国鲜艳的五星红旗下，真是少长咸集，群贤毕至。

◆ 20 世纪 70 年代中期在全国聚变工程学术会议上作“中国环流器 1 号”相关的学术报告

忠诚永不变，誓言永无声。潘垣清醒地认识到：自己的学历和专业都不占优势，只有比别人更努力更勤奋，才能有所作为。自此，他更加刻苦地投入到学习之中，广泛涉猎各种专业知识，经常废寝忘食。有时为了一道计算题，他半夜爬起，一算就是通宵，第二天照样去上班。星期天，他将自己反锁在实验室里，一干就是一整天，他把时间全用在学习科研之中；时间，时间对他来说永远不够用，他永远是追逐时光的人。“在科学上面没有平坦的大道，只有不畏劳苦沿着陡峭山路前行的人，才能有希望到达光辉的顶点。”

为了开拓大家的专业视野和激发创新精神，时任原子能研究所所长的钱三强，经常给院内年轻人加压，组织各种各样的考试，考专业，考外语。在一次全院年轻学者的重要专业知识考试中，潘垣得了个满分，考了第一名。从此，全院上下对这位来自武汉华中工学院的“湖北佬”刮目相看，钱三强所长也对他厚爱有加。

1958 年下半年，潘垣被推到科研前沿第一线工作，先后参加了我国最早的两套核聚变实验装置的研制：代号“雷公”的直线箍缩装置和代号“小龙”的磁镜绝热压缩装置。潘垣凭着过硬的专业知识和严谨的科学态度，以及百折不挠、克难奋进的精神，圆满地完成了组织上交给的科研任务。

1964 年，潘垣作为主要负责人，完成“小龙”升级改造和“小龙－2”的设计改造任务，并研制出并联火花球隙型脉冲大电流短路放电开关（Crowbar），解决了在电容电压过零时刻并联火花球隙同步触发导通技术。1966 年他又主持制订了代号“凌云”仿星器装置的工程物理方案与技术设计，研制出磁面磁体、轴向偏滤器和无极等离子体喷枪等设备。

在向科学高峰攀登的漫长过程中，潘垣饱尝过幸运与成功的欢欣，也领略过困难与失败的痛苦。他像一个勇士，锲而不舍的勇士，面对未来勇猛而敏捷地捕捉一闪即逝的科学灵感，坚韧不懈地去奋斗，不达目的不罢休，顽强地释放着生命的能量。

1969 年潘垣奉调“三线”，参加西南“585”所的创建工作。“三线建设”，是当时我们国家针对国际上反华势力的严竣形势作出的一项英明伟大的决策。今天，在我们看来有它的局限性，但是，站在当时的历史背景看，却是正确的决策。

◆ 2005 年在德国德累斯登德国国家强磁场中心访问

三线建设远离城市，地处偏远，条件艰苦，生活困难，交通不便，同时，还处于绝对保密条件下，与家人朋友信息不通。潘垣是中国共产党党员，随时听从党的召唤，他是战士，随时准备为祖国出征。他以严谨、务实的科学态度，孜孜不倦的探索精神，始终战斗在核聚变科研的前沿，参与制定二机部的核聚变发展规划，率先提出“调整研究方向，把科研的重点转向托卡马克途径”的建议。随后他又负责完成“中国环流器 1 号”HT-1 的工程方案设计，参与完成物理方案设计。立项后，他作为总体副组长负责总体电磁工程脉冲电源系统和总控系统的设计，完成 HL-1 的研制建造。创造性地提出 HT-1 装置的环形磁体采取跳跃接线分组和平衡桥式接地的新构想，大大提高了磁体在故障态下装置的力学稳定性，减小了磁体及其电源系统的对地电位，只有整环电压的四分之一，有利于对磁体绝缘监测及保护。

我们今天能够轻松自豪地谈论这些，可是有谁知道当时我国曾遭受“美苏”两个超级大国的严密封锁，潘垣和他的团队是在毫无外援和缺少资料借鉴的条件下，完全依靠自力更生、独立自主研制建成的。这些大型脉冲电源至今仍在我国核聚变研究领域发挥着重要作用。

1983 年后，潘垣进入中科院等离子体物理所，先后任研究室主任和所学术委员会主任等职，并继续从事受控核聚变与等离子体物理研究。他在科学艰难的旅途上负重前行，又完成了托卡马克装置 HT-6M 的脉冲电源及控制系统升级改造。研制出 8 千伏 /2 万安培晶闸管直流断路器和控制托卡马克等离子体平衡的 1 兆瓦快响应反馈控制系统，将等离子体平衡位移偏差控制在 3mm 以内，达到了国际先进水平。

此后，潘垣又主持“九五”国家自然科学重点基金“改善托卡马克等离子体磁约束性能的新理论和新途径”，开展托卡马克前沿性课题研究。他提出的电场漂移电子注入法及注入实验已在 HT-6M 装置上得到验证，实现了托卡马克放电的低环压起动。

在以后的日子里，潘垣作为技术负责人，成功地将核聚变相关技术开发应用于国民经济和国防建设。研究出我国独创的新成果——高能氧化锌非线性电阻灭磁技术，迄今为止，这项技术已在我国葛洲坝和白山电厂等许多大中型电站（包括水电、火电和核电）推广应用（包括出口），对保证我国大中型发电机组乃至电力系统的安全运行起了至关重要的作用。

在负责 303EMG 实验电磁炮的研制过程中，潘垣仅用一年时间就成功地完成研制与发射实验，又为我国的国防建设增了一把保家卫国的盾牌。“303EMG 实验电磁炮的发射成功，使我国电磁发射技术进入了国际先进行列，标志着我国在电磁发射技术方面开辟了一个重要领域，并为我国战术电磁炮的研究奠定了基础”(鉴定意见 1988 年 4 月)。1989 年，该项成果获“中科院科技进步奖”一等奖。

在成功和掌声的背后，是潘垣对国家对民族的赤子情怀。如果没有潘垣他们这一代科学工作者的英勇献身精神，没有他们这一代无名英雄默默奉献，哪有我国今天的繁荣昌盛，哪有今天的国富民安！共和国的旗帜上书写着他们对祖国忠诚的风采。

余情未了

潘垣在中国原子能科学研究院一干就是40多年，岁月的风霜使他白发斑斑，历史的烙印在他的额头上留下道道皱纹。

1998年，华中科技大学领导四顾茅庐，诚邀潘垣回校工作。他思虑再三，想到自己多年从事科研工作，有必要将毕生知识传授给青年一代。怀着对祖国对母校的眷恋之情，潘垣再度“出山”，任华中科技大学教授、校学术委员会副主任、国防科学技术委员会主任，电气与电子工程学院名誉院长等职。

已过花甲之年的潘垣是一位永远不知疲倦的人，他以极大的热情投入到繁忙紧张的教学和科研工作之中。亲力亲为，参与制订了电气学院新世纪学科建设规划，明确提出学科建设必须面向国家重大战略需求，瞄准学科发展前沿，依托传统优势学科，有重点、有步骤地开拓新兴学科。

潘垣积极向院领导大声呼吁，学院领导虚心纳谏，积极支持。潘垣信心倍增，干劲十足。一方面扩展了若干新的学科，另一方面，将一些前沿新技术融入传统学科，从而开启了学科建设的新局面。已经形成新的学科增长点：超导电力、脉冲功率与电磁发射、磁约束核聚变、低温大气压等离子体及应用（包括医学、隐身、人工降雨）、脉冲强磁场等。在传统优势学科中，已经融入和发展的新技术：具有自动均流/限流功能的特大容量断路器、智能化开关、储能技术、大规模可再生电源并网新技术等。

“有了大师扛旗，我们的精神面貌为之一振。”华中科技大学电气学院原党总支书记张国德这样评价说。潘垣以他高尚的人格魅力和创新精神，从国内国外引进了一批充满活力的学术骨干。潘垣指导的博士生苏建龙，一举解决了多年来在托卡马克装置上困扰物理学家的工程技术难题，荣获“中科院科技进步奖”三等奖。博士生刘克富从事电热化学炮脉冲电源研究，在潘垣的指导下，很快申请到了国家的大科学基金。“跟潘老师做学问、搞研究是一种幸运。”许多学生这样说。通过构建核聚变与等离子体研究所、脉冲强磁场科学中心、脉冲功率中心、超导电力中心等形式，在构建学科平台方面，建立了包括国家科学中心、国家重点实验室和若干部省级重点实验室在内的系列平台体系。其中特色尤为鲜明的是拥有国家重大科技基础设置项目“脉冲强磁场实验装置”的脉冲强磁场国家科学中心，这在全国高校中尚属首例，已成为当今世界四大脉冲强磁场实验平台之一，2011 年还建成了电磁工程与新技术国家重点实验室。

潘垣在中科院工作期间，先后应邀到英国大型托卡马克 JETC（欧共体）和美国中型托卡马克 TEXT-U 从事研究工作。由于他潜心科研、好学敬业，赢得外国同行的钦佩和称赞。美国德克萨斯大学核聚变研究中心主任 Kennethcentle 教授与他签署了国际合作协议，促成了 TEXT-U 漂洋过海落户到华中科技大学校园内。这台设备当时价值 2 千万美金，折合人民币 1 亿多元。潘垣为国家收获的不仅仅是金钱，而且是科学的财富、精神的财富。在他的领导和指导下，已成功改装建成全国高校唯一的中型托卡马克中美联合 J-TEXT 核聚变实验装置，在此基础上又建成了磁约束核聚变教育部联合研究中心，以及脉冲功率重点实验室（B 类）等。通过潘垣和学院领导的不懈努力，如今电气学院的学科发展已基本实现了与国际接轨，许多技术已跃居全国最前列。

“大学的主要任务是人才培养，特别是杰出人才的培养。从根本上讲，学科建设的目的也是服务于人才培养。”潘垣满怀深情地说道。已快 80 高龄的他，还将主要精力投入电气学院的教学之中，给本科生开课主讲《电磁场与波》。他说：“人的生命就是八九十岁，希望在我有生之年多为我国培养一些优秀学生，我甘愿成为他们的垫脚石，让他们走得更远更好。”

潘垣不仅是一位杰出的科学家，教育工作者，也是一位极有爱心的长者，四川汶川、雅安地震发生后，他先后多次捐特殊党费，每次都是上万元。然而他的衣着再普通不过，家里的陈设仍是老家具。多年前的一天，他看见报纸上报道了一个外地小孩患病动手术无钱医治的消息。他放下报纸，立即叫妻子寄出 1000 元。“居庙堂之高则忧其民，处江湖之远则忧其君。”潘垣时刻关注国家和民生问题，他不顾年事已高，积极建言献策，撰写出《中部崛起能源支撑战略与关键技术》和《关于缓解武汉市区交通拥堵的对策》等建议，在人生的征途上他继续书写着大爱无疆的新篇章。

“还是这样的喷，还是这样的流；喷的是晶莹的渴望，流的是不息的追求。”是的，潘垣院士就像永不干涸的泉，不，是能量，在所有人的眼里，他是给国家给民族给他人发热发光永恒的能量，巨大的正能量！

院士名片

张勇传 男，水利水电工程专家。籍贯河南省南阳市，1935年3月出生。1957年毕业于华中理工大学。1997年当选为中国工程院院士。华中科技大学水电与数字化工程学院名誉院长，文华学院名誉院长，湖北省科协荣誉委员。曾任华中科技大学学术委员会副主任、能源科学与工程学院院长，文华学院首任院长，水电能源研究所所长等职。

长期从事水电能源的教学与科研工作，在水资源、水电、电力领域有较深的造诣。在水库运行基础理论、规划决策、风险管理和实时控制方面都有重要创新。主持“柘溪水电站优化调度”，使柘溪成为我国第一个成功地实现优化调度的大型水电站；首次提出的凸动态规划、水调对策论、传递相关及其判别准则以及RBSI技术，有效地解决了库群优化的“维灾”难题；成功地用隐随机决策、洪水分型和分型归纳演绎预报，为水文水资源研究开拓了新的途径；将水库运行理论与优化理论、博弈论、不确定性理论、突变论、混沌理论、小波分析进行综合交叉研究和应用，为现代水库运行理论的创立作出了突出贡献；率先提出了“数学流域”和“三维水网”的新概念，并着手数字化领域的工程项目和系统的理论研究。获“国家科技进步奖”一、二、三等奖和部省级一、二等奖共16项。发表论文150余篇，出版《水电能优化管理》、《水电系统最优控制》等12部著作。近年，张勇传院士出版了《张勇传若水诗文选》和《若水情怀——张勇传诗文新作选》诗文集，不仅反映了一位教育家的办学思想和理念，还抒发了一位长者的情怀和心声。

院士寄语

学道贵存异，人和重求同。
解疑创新处，抑扬成和声。

若水情怀

望见蓉　张天然

1985 年。北京人民大会堂。春潮涌动，灯火辉煌。已是知天命之年的张勇传迎来了他人生长河的第一座高峰。他迈着矫健的步伐，踏着鲜红的地毯，和着雄浑的音乐，大步跨上高高的领奖台，颤抖着双手接过“国家科技进步奖”一等奖的奖证。八角形的奖徽在他胸前熠熠生辉。

这是科教兴国的春风重新拂过沉寂了太久的神州后确立的首届“国家科技进步奖”。聚光灯下，张勇传更显得俊逸儒雅、沉稳坚毅。此刻的他没想到，去年还作为湖北唯一的水电专家代表与全国科学家一道，在科教兴国建言会上侃侃而谈，今天就已站在全国人民面前，领受党对科技工作者的嘉奖。

张勇传也没想到他会因为在湖南和江西两省水电站优化调度项目中，“通过学科交叉，在本学科取得理论上的突破，并在生产应用中取得巨大经济效益”而成为湖北骄傲地站在这里折此桂冠的“第一人”，也是湖北至今唯一一位获此殊荣的人。

1997 年，张勇传当选为中国工程院院士时，在“候选人简表”上，清楚地写着这样一句话：“所得成果在实际工程应用中获得超过 8 亿元的直接经济效益。”

感君萍水恩

河南南阳白河是汉水的一条支流。它裹挟着南阳人杰地灵的渊脉一路欢歌，注入汉水，汇入长江，最后奔向广阔的大海。1935 年 3 月 1 日，张勇传出生在白河河畔一个普通的农民家里，他不会想到自己有一天也会像白河的水一样，附流而下，来到武汉，成为享誉全国水电行业的领潮人。

张勇传天性爱水，少年时代常将双臂举过头顶，以仰卧的姿势，像一片树叶静泊在白河里，一躺就是两个小时。这时他看到的是天空，是星星，是漫无边际的宇宙。他脑海里想到的自然也是风起云涌无边无际。

张勇传的语文老师史良岑先生耳朵有点背，同学们敢于当面或背后小声议论他，或许他能听到只言片语，但从不生气，总是和蔼地一笑而过。先生总爱转弯抹角把南阳的名人联系起来，故事讲得绘声绘色，同学们听得津津有味。他的课堂里同学们的思想是自由的，像水一样四处流溢，畅所欲言，谈笑风生。这是张勇传至今都还怀念的思想解放开启梦想的乐园。南阳有很多名胜古迹，张衡墓、武候祠、百里奚故里、光武台、凤雏台、叨潘唐王陵，这些地方都留下了张勇传儿时瞻仰凭吊的足迹。因为张衡、张仲景、张飞是他的本家，所以同学们还爱打趣他说，你们张家出人才。当时他想，如果像这些名人一样，名垂千古，也不枉人生一场。少年的人生理想尽管是朦胧的，粗浅的，却成为指引他人生道路的一盏明灯。

◆青年时期相片

张勇传凡事都喜欢问个“为什么”，比如，我为什么能像一片树叶浮在水面呢？去问老师。老师说：阿基米德原理。再问：什么叫阿——基——米——德？老师说，长大了就知道了。到了中学，老师再讲“什么是阿基米德原理”，他便第一个举手说：“我知道了。”

张勇传从小养成了像水一样发散思维的习惯，与很多天真浪漫的孩子一样，似乎天生长就一双想象的翅膀，但有的孩子这份宝贵的权力被专制的教育行为过早地扼杀了。语文老师让张勇传对文学故事产生了浓厚兴趣，不过后来他对数学更是孜孜以求。都说兴趣是最好的老师，点燃一个人兴趣的火苗，需要一个执火柴棍的人。有的人一生都没有这样的际遇，张勇传至今感激他人生中幸运地遇到了这样一个执火柴棍的人。他爱多维思维的火花便是少年时被点燃的。

这个人便是张勇传中学的几何老师毛培基。有一次，老师在课堂上讲了如何证明三角形的大角对大边。但张勇传交的作业里用的不是老师这种方法，而是假定结果不成立，推出的结果是矛盾的，从而反证原来的结论是正确的。毛老师竟在讲公开课时和黑板报上大张旗鼓地表扬了他。毛老师说数学的最大趣味处就是条条大路通罗马。不管哪种方法，只要结果是对的，都是值得肯定的，当然其中有个最优的方法。只有多思考，多尝试，才能找到那条到达目的地的捷径。

从此，张勇传学习中爱钻研爱思考的习惯更是一发而不可收，以至于他大学时在《水力发电》杂志上发表的第一篇论文便是关于水能计算图解法。这种方法取代当时常规的试算法，大大提高了计算效率。

水像母亲，轻摇着少年如花的梦想；水像一叶扁舟，载着他如痴如醉地享受人在天地间起伏的无限美好。有时想得太远太久，忘了控制呼吸，人就会失重，木板立即变成了石头猛地向水下沉去。这又时时提醒他不要得意忘形，让他深刻地体会到水能载舟亦能覆舟的道理。所以，凡见了张勇传的人都觉得他为人谦和，像水一样刚中有柔。

让张勇传真正接受水的考验、至今让他心存敬畏的是1953年高考前夕那个夏天。由于连降暴雨，白河水暴涨。张勇传正要渡过白河前往许昌考点参加高考。洪水不退，考期将过，怎么办？张勇传只有出重金找来一个不怕死的艄公驾一小货船，沿河而下，顺汉水，赴襄樊考点。

当时，滚滚浊流汹涌澎湃，茫茫暴雨铺天盖地，风急漩深，随时一个浪来就可能将整个船只吞噬。勇敢的少年噙着热泪，暗自祈祷苍天保佑，让他化险为夷顺利走进考场。看着平时那么温顺的河水陡然怒发冲冠，他是那样急切又是那样无助，充满了不安和恐惧。他再一次深深体会到水有柔情的一面，也有凶险的一面，若能趋利避害该多好啊！所幸临考前一天，张勇传如期赶到了襄樊。当双脚踏上岸边的那一刻，张勇传默默地感谢着水的托负之恩。

连日的惊吓和暴雨浸骨，让张勇传患了严重的感冒，但他硬是咬着牙关做完试题交出了答卷。他自我感觉考得很不理想。孰料，不久，张勇传收到了华中工学院（今华中科技大学）的录取通知书。他郑重地在志愿栏里填上了水电动力专业。这一年，也正是这所大学的诞生之年。一个与水有着不解之缘的少年，开始了与有“小清华”之称的华中科技大学共同进步的成长之旅。

长缨缚苍龙

水，承载着少年张勇传绮丽的梦想，也成为他一生相依相伴孜孜不倦的伴侣。

1957年，张勇传大学毕业，因成绩优异留校任教。握起教鞭，张勇传觉得仅仅做个教书先生是远远不够的。他必须向水力发电一线进军，只有这样，他才能长缨在手缚苍龙，才能避免照本宣科只是向学生生硬地说教。否则，他对不起年少时的理想，更对不起他领受过恩泽的中学老师。

牛顿在给胡克的信中写道：“如果我看得更远，那是因为站在巨人的肩上。”张勇传决心改变以往水库调度多凭调度人员经验的做法，努力寻求一种科学的、最佳的水库调度方法。

张勇传至今感慨他能在三年困难时期，饿着肚子在图书馆里一泡就是一天，硬是坐下来读了一些书。他坚持及时阅读苏联、日本和美国的水力发电杂志和相关论文。如果没有这些书作基础，他说，他不可能抓住后来摆到自己面前的机遇。正是基于前人的思考和对世界前沿信息的敏感，加上自己探索创新，1963 年 12 月，张勇传撰写了《水电站水库调度》一书，由中国工业出版社出版，这本书也成为中国水库调度领域的第一部著作。

决胜于千里之外，运筹于帷幄之中。或许正是由于张勇传既勇且谋，率先在水电站水库的调度上创立了比较系统的理论思考，于是命运之神向他风平浪静的人生伸出了决定他跃上人生长河第一座高峰的橄榄枝。

那是 1979 年的盛夏。44 岁的张勇传正值年富力强。他除了整天苦读教书写书，仍觉英雄无用武之地，因为他的拳脚没法伸到水力一线去。他在屋子里走来走去，如困兽一般。晚上洗了澡，手里的蒲扇焦灼地忽上忽下。他有预感吗？或许，爱水的人都是有灵性的。他听到了咚咚的敲门声。这个时候敲门，不是急事，就是有远道而来的客人。

打开门，竟然是一张似曾相识的面孔。来者亲切地叫了一声“张老师”，接着自我介绍：“我是您的学生熊斯毅，1964 年毕业于华工，现在湖南水电设计院工作。”张勇传谦逊道：“别叫我老师，我们是校友。快快进屋。”

只见熊斯毅风尘仆仆，大汗淋漓。他坐下就简明地讲明了来意。他说，现在全国经济都是百废待兴，需要电力保证。目前由于电力不够，工厂不能正常开工，生产受到极大影响。

熊斯毅急切地说“我原来在大学时就知道您在水电站水库调度研究上取得了一些成果，我还拜读过您的大作《水电站水库调度》。湖南有个柘溪水电站，建于 1962 年，是湖南最大的水电站。它的运行是靠天吃饭，有水就发电。水多了就放掉，水少了就限制用户用电，严重干旱时，下游群众连生活用水都难以保障。我们单位特派我来请您去湖南为我们柘溪水电站解决技术发展的瓶颈，让它多发电。”

这不是天遂人愿吗？张勇传立即答应成行。他说：“不是没有能源，是能源没有被武装起来为我所用。现在暑假将近，等我协调校方的教学计划，安排妥了就出发。”

正当张勇传摩拳擦掌为南行作准备时，3 天后，家里又迎来一位英姿勃勃的男子，一进门，也是人还没坐稳，就风风火火说道：“张老师，我是湖南电网管调度的工程师黄益芬。1960 年毕业于华工。在学校时就久仰您在水电站水库调度方面的盛名。单位特派我来请您出山。”张勇传面呈难色，说：“按说你们都是我的校友，可我有诺在先啊。”问明原委，两个人竟打起了响亮的哈哈。原来，前后两个校友说的竟然是同一件事！他们不约而同找上门来，都是为湖南的柘溪水电站寻求多发电的良方。

掂着这份沉甸甸的的信任，张勇传浑身涌动着奔赴一线的战斗激情：此行只许成功不能失败！

张勇传与黄益芬、熊斯毅，还有华中工学院随去的实验室李福生老师等组成课题组，在机房内“安营扎寨”。这可是全省唯一的一台计算机啊，它笨重的身体几乎占了一层楼房子。这是一台 121 针孔计算机，编一个程序就占据了一卷纸带。由于内存严重不足，稍不留神，计算的结果就可能前功尽弃。就是这样一台老迈的计算机在当时却是他们能指望的唯一的最先进的战斗武器。

张勇传带着他的团队除了翻山越岭实地考察水电站，便是与计算机相伴相守，夜以继日。他们要解决的难题是水电站的水蓄与放的矛盾，协调用与发的可能性，调解发电与防洪的关系。天总有不测风云，何时放水，放多少水，既能保证发电量，保证生产用电和灌溉，又与下游人民的生命财产安全、与上游来水、与老天爷的赐水相协调，这就是他们攻坚克难的关键。而这个矛盾仿佛青蛙跳荷叶，是随机的，不确定的。青蛙随时会起跳，可能跳得近，也可能跳得远，可能跳 1 次，2 次，3 次，也可能不跳。这个典型的随机过程，就是马尔科夫过程，由俄国数学家 A.A. 马尔可夫于 1907 年提出。所幸，张勇传对当时国际水电站水库运行的调度方案已了然于胸。他给大家授课讲座，取得共识，形成攻坚合力，并找出湖南 28 年的水文资料分析比较，寻找规律，探索最优控制途径。

一个方案往往要连续三天三夜才能算出结果。脑袋里萦绕的、墙壁上贴着的都是程序。有时，折腾几天几夜，得到的结果却不尽人意。就像登山运动员经过一次次的跌倒，好不容易登到了顶峰，正准备欢呼时，却突然发现，从前的努力都是白费力气——爬错山了！

经过两个多月的紧张鏖战，课题组终于从12万个方案中筛选出柘溪水电站的最优调度方案。柘溪成为我国第一个成功实现优化调度的大中型电站。按新的调度方案，电站一年之内就多发电1.3亿度，占全年总发电量的6%。张勇传又创造了一个“中国第一”。国家科委和水利部在这里召开全国水电站现场会，将这一成果向全国34座大中型水电站推广，效益大大提高。“柘溪水电站经济运行实时控制”等项目，也被评为“湖南省科技进步奖”一等奖。

收获是对耕作的最好奖励。望着滚滚奔腾的水库电站瀑流，听着厂房里机器隆隆转动的声音，看着田野一望无垠的稻花麦浪，张勇传治水用水的热情也奔腾咆哮勇往直前。其后，江西上犹江电站来请张勇传为他们做水电能源开发。1982年，张勇传再度展开科研攻关。优化调度方案一经实施，就使该电站发电量增加了7.4%，半年增加产值1400万元。这项研究，被评为“江西省重大科技成果奖”一等奖。

此后，张勇传还在国内首次将博弈论、控制论、不确定性理论运用到水电运行管理中，其理论在丹江口、三峡等特大水库和水电站建设中也得到充分运用。

近年来，张勇传率先提出“数字流域”和“三维水网”的概念。“数字流域”就是用数字计算来解决河水和其他有关方面的问题，其重点突破对象是洪水；“数字流域”还可广泛适用于三维图像的制作及虚拟空间的设计，以及海量信息的存储、处理和广泛应用。

张勇传说：“我们做学问的态度就要像水一样，既柔且刚，无论面对怎样的挫折，都不要影响自己的信念、目标以及做人的准则。就像水一样，不管它是风平浪静，还是惊涛骇浪，都永不停息地流淌下去，流过山川，流过平原，给人类带来永无穷尽的资源和福祉。”

润物细无声

2003年，古稀之年的张勇传接过了文华学院院长的委任状，成为全国第一个正式出任独立学院院长的院士。他的人生像一片宽阔的海域，唯有不断地开拓创新，才能激起他生命飞扬的浪花。

张勇传善于用讲故事的方法旁征博引，传达他的教育思想，循循善诱，润物无声。他寄语大学新生：在大学要做好3件事：做人、做事、做学问。他对老师和学生们讲得最多的字眼是：问学、个性、潜能，创造。连缀在一起便是，勇于质疑—学到新知—发现新问题—补充新知识—创造性解决问题。这一过程将是不断认识和发掘自己潜能的过程，也是个性特长得以发展的过程。

好风凭借力，送我上青云。在张勇传的教育思想引导下，文华学院设立了“潜能导师奖”、“伯乐奖”和“三育人奖”。说到“伯乐奖”，他另辟蹊径讲的是伯乐因过分宠爱千里马不让他干活导致千里马沦为劣马的故事，让老师们回味无穷。

伴随张勇传独特的教育理念诞生的是文华人一个又一个“文华奇迹”。文华学院创办第二年，在湖北的录取分数线就高出全省同批次录取分近50分；2005、2006年，报考文华学院的理工类考生人数居湖北省同批次院校的首位；到2007年初，学院学生数从1818人达到万人规模。每届毕业生20%考取研究生。一次咨询会上，5万份招生宣传资料发放一空。最后一份资料竟被两位学生家长抢夺撕成两半，一人一半。

“我常想，外国能把独立学院办成像哈佛、剑桥、牛津、耶鲁这样世界一流的大学，我们中国为什么就不能？我们的私塾比他们早啊。”年近八旬的张勇传仍时常穿梭于各大学讲堂。一副眼镜，一支烟，口若悬河，润物无声。他的课堂没有围墙，没有等级。他总是鼓励学生一问再问，问中求学。他酷爱诗词歌赋，还为文华学院创作了两首校歌。他说提升一个民族的素质需要文化像水一样一点点渗透浸润。他思维敏捷，嗓音浑厚，语气总像水一样柔和，但令人听后有滴水穿石的震撼……

院士名片

郑守仁　男，水工建筑物设计及施工专家。籍贯安徽省颍上县，1940年1月出生。1963年毕业于华东水利学院（现河海大学）水工专业。1997年当选为中国工程院院士。长江水利委员会总工程师、教授级高级工程师。曾任长江水利委员会副总工程师兼葛洲坝工程、隔河岩工程设计代表处处长，长江水利委员会总工程师兼三峡工程设计代表局局长，湖北省科协第七届全省委员会常委。

主持了乌江渡、葛洲坝工程导截流设计，隔河岩水电站现场全过程的设计与施工，在葛洲坝大江截流、二期高土石围堰设计技术上有创新，该工程获“国家科技进步奖”特等奖。现主持三峡工程大坝、电站建筑物、永久船闸、垂直升船机、机电、围堰、建筑安全监测等7个单项工程技术设计和招标设计，在大江截流及深水围堰设计施工中作出了贡献。曾获“国家科技进步奖”特等奖、一等奖各1项、二等奖2项；“国家优秀设计金奖”2项、银奖1项；省部级“科技进步奖”特等奖1项，一等奖4项。曾多次获省部级以上“劳动模范”、“全国先进工作者”、“有突出贡献的中青年专家”、“优秀科技工作者”、“全国五一劳动奖章“等荣誉称号。发表学术论文40余篇，出版著作3部。享受国务院政府特殊津贴。

院士寄语

勤奋严谨。

三峡的脊梁

乔正权　罗时汉

滚滚长江东逝水。当你站在雄姿初现、巍然屹立的三峡大坝面前，凝视这座放飞中华民族一个世纪的梦想、投注了无数建设者毕生心血的伟大工程时，会是怎样的百感交集呢？“人是渺小的，更是伟大的。”当渺小的我们面对这座伟大的工程，不能不想起一位年逾花甲而精神矍铄的老者，正是他以及一群三峡建设者们将这一宿愿变成了现实。

他的事迹如滔滔长江之水激荡在三峡建设者的心间，奔腾不息，倾诉不尽。有人说他是“当代的大禹”，有人称他是“大坝的基石”，有人赞他为“工程师的脊梁”，有人称他为“母亲河的儿子”……

他，就是长江水利委员会总工程师、三峡设计代表局局长郑守仁院士。

天地之间，有一本“无字书”

1940年春，郑守仁出生在安徽颍上县淮河岸边。当时的淮河是条“大雨大灾，小雨小灾”的河流。每年夏季，淮河洪水泛滥，大堤决口，年幼的郑守仁就不得不随着父母跑“水反”，往大堤高岗处逃生。堤内，农田一片汪洋，不少乡亲被洪水无情卷走。目睹乡亲为水患所累、颠沛流离的惨状，郑守仁暗暗立下志向，要让洪水不再肆虐，让乡亲们不再遭殃。

1958年郑守仁中学毕业了，在志愿填报表上，他毫不犹豫地选择了水利工程专业。不久，收到了华东水利学院的入学通知书，进入梦寐以求的河川系水工专业攻读。他立志成为一名水利工程师，直接参与治淮工程建设，变水害为水利，让淮河为人民造福。

1963年，大学毕业的郑守仁开始实现自己的理想，来到了长江流域规划办公室（现长江水利委员会）工作。参加工作的第一年，郑守仁就到湖北蒲圻陆水水利枢纽参加工程建设。在此期间，他与工人同吃同住同劳动，历经辛苦，学到了很多东西。许多年后，当他回忆起这段经历时，总会不无感慨地说："天地间有两种书，一是有字书，一是无字书。有字书，即白纸黑字写就的知识经典；无字书，便是万事万物之理，以及自然界和社会的许多实际体验。有字书固然重要，但我们更要看重无字书，要饱读无字书，以扩大知识面，从实践中吸取营养。在学校学好专业知识打好基础固然重要，但参加工作之后，光靠在学校学的东西还远远不够，只有通过实践才可以达到运用自如的目的。"

百年大计，做行动的"巨人"

1974年，郑守仁风尘仆仆从贵州乌江渡来到葛洲坝工地，担负起导流围堰和大江截流设计的重任。工作和生活条件异常艰苦，在导流围堰施工的几个寒暑，他几乎天天蹲在现场。办公住地离现场有五六里路，他每天至少跑一趟，大多时候是两三趟，风雨无阻。施工进入最关键阶段，郑守仁干脆昼夜"泡"在工地。头班的工人下班了，他又到第二班的施工现场，以至第三班来接班时还能见到他，工人们都从心底里敬佩这位技术员。

1986年秋，清江隔河岩工程匆匆上马，湖北省委、省政府将技术决策和设计重任交由长江水利委员会全面负责。搞工程的都知道，大型水电工程从初步设计到技术设计颇费时日，不能一挥而就。隔河岩工程虽然有前期工作的基础，1970年曾有过开工的准备，但工程从决定动工到导流隧洞招标，时隔仅一个月。工地还是一片荒山野岭，现场设计的基本条件都不具备，一切工作都得从头开始。时任长江水利委员会副总工程师、隔河岩工程设计代表处处长的郑守仁，既要千方百计组织力量编制招标文件，又要分出精力四处奔波，联系解决现场设计人员的基本生活和工作条件。

设计任务火烧眉毛，必须争分夺秒。郑守仁和同是工程技术人员的夫人高黛安索性在工地"安营扎寨"，夫妻俩住进了

一间简陋的办公室。他们天天和钻探工人一起吃食堂，有时从工地回来误了吃饭，就泡两包方便面草草对付。宜昌距隔河岩有2个多小时的车程，虽然有车接送，但郑守仁觉得太费时间，很少回宜昌的家。7个春节，夫妻俩就都是在工地过的。

郑守仁总是亲力亲为，处处以身作则，他无声的行动深深感染了广大设计人员。大家都自觉地以他为榜样，不讲条件，不分昼夜，一切为了保证工程用图。画图的桌子不够，就用床板代替；下工地没有车，就靠两条腿。由于设计的“粮草”供应充足，被称为当时“亚洲之最”的隔河岩导流隧洞不到一年就提前竣工通水，为工程提前建成并全面发挥效益奠定了基础。

1994年2月，带着葛洲坝、隔河岩两大工程成功的喜悦，郑守仁来到三峡工地。此时，他已是长江水利委员会的总工程师，除全面负责长江委的各项技术工作，还受长江委党组的委托，负责主持三峡工程设计总成及现场勘测、设计、科研工作。

为了使三峡工程的设计细致周密，郑守仁以海纳百川的胸襟博采众长，由退居二线的老专家组成的长江水利委员会技术委员会是他十分倚重的“智囊团”、“聚宝盆”。对张光斗、潘家铮等水利水电领域著名权威、学者、专家，他十分敬重，虚心请教，对他们的意见和建议一件件落实。郑守仁每年都要多次请他们到三峡工地考察，这些老专家的点拨、提醒，让他受益匪浅。

10年来，在郑守仁的组织、主持下，全委关于三峡工程的设计技术问题讨论会共300多次，现场设计技术讨论不下1600多次，形成的会议纪要达4400多万字，由他亲笔撰写的现场设计工作简报共250余期、200多万字。这些看似繁琐、枯燥的工作简报和会议纪要是极为珍贵的第一手资料，也是郑守仁一步一个脚印走在三峡工地最真实、最细致的写照。

攻克难关，滚滚长江也“折腰”

长江是匹野马，何时听从过人的摆布？人们要强迫江河改道，谈何容易！葛洲坝大江截流就是一道世界级难题。郑守仁率领技术人员奋力攻关，苦苦探寻破题良方。1981年的冬天，寒风彻骨，惊涛拍岸，郑守仁在堤头整整守了一周。最终，他提出的“钢筋石笼”拦石坎龙口护底方案在众多设计方案中脱颖而出。截流施工中，大大减少了进占抛投料的流失，确保了大江截流一举成功。人类首次腰斩长江，世界为之震惊。葛洲坝工程大江截流设计获“国家优秀设计奖”。

1997年的三峡工程大江截流，是在葛洲坝工程形成的水库中实施的，水深达60多米，超出一般特大型工程截流水深的2～3倍，而且江底是20多米深的松软淤沙，截流难度之大世所未有，三峡工程面临着严峻的挑战。

多次水工模型试验表明，截流戗堤进占过程中，由于深水中高堤重压，淤砂滑出，堤头随时存在不同程度的坍塌，施工安全潜藏着巨大的威胁。郑守仁告诫身边的设计人员，实现高质量的截流，首先要保证施工安全，如果戗堤坍塌造成设备安全事故和人员伤亡、贻误战机，作为设计单位，没有任何理由可以原谅自己。此后一个多月，他终日冥思苦索，夜不能寐，常靠服安眠药才能强行休息一会。几番殚精竭虑，几番耿耿难眠，郑守仁集中群体智慧，以试验成果为依据，创造性地提出了"人造江底，深水变浅"预平抛垫底方案——即用70多万方石渣料把江底淤沙压住，在正式截流前将江底抬高到安全高程。预平抛垫底方案一经实施，大江截流有惊无险！

◆在三峡工地现场

继大江截流之后，导流明渠截流又是水电截流史上更为严峻的挑战。其规模虽不及大江截流，但流量大，落差高，龙口合龙单宽能量世界第一，而且江底为人工开挖修整形成，平整光滑，截流抛投材料难以站稳，施工条件复杂，综合难度世所罕见。出乎人们意料的是，截流前夕，郑守仁却显得格外轻松，他胸有成竹地对外宣称："截流合龙已是胜券在握！"这份自信源于他多次参与截流设计的丰富经验，也源于他率领的长江委设计人员为完善截流方案所作的精心技术准备。

郑守仁对多种截流方案反复比较，最终确立的截流方案是：截流进占前，对光滑平整的明渠底部，先在围堰龙口部位抛投钢架石笼和合金钢丝网石兜，垫底加糙，形成一道水下拦石坎，以阻止截流合龙时抛投物料流失；上下游两道截流戗堤同时进占，以分担落差，降低截流难度；做好二期上、下游围堰拆除，保证良好的分流条件；利用现代信息技术，随时掌握水情和截流技术参数，进行动态决策。在国务院组织的明渠截流前验收会议上，时任水利部部长汪恕诚对长江水利委员会的设计技术和水平给予很高的评价。

◆ 2007 年在三峡坝区十四小区宿舍

2002 年 11 月 6 日，导流明渠截流一举成功。郑守仁的预言变成了万众欢呼的现实，化作了三峡建设者献给党的十六大的一份厚礼，导流明渠截流被全国两院院士评为 2002 年“十大科技新闻”之一。

心中的“日历”，“东方之子”大爱无言

郑守仁有一本特殊的“日历”，上面没有节假日，逢年过节，人家往家里赶，他往工地赶；他的作息时间表上没有白天、黑夜，除了吃饭、睡觉，就是工作、工作。三峡工程的 10 年间所有的春节，他都在工地值班；10 年中的“五一”、“十一”，除一次进京观礼外，他没有休息过一天。长江水利委员会的本部在武汉，组织上多次要给郑守仁夫妇在武汉分配住房，可他们不要，说在

工地住惯了，无论乌江渡、葛洲坝，还是隔河岩、大三峡，青山绿水间的工地就是他们的家。

1997 年大江截流成功后，远在苏州的女儿发来一封电报：“爸爸，您辛苦了！”这激起郑守仁对独生女儿深深的歉疚。女儿刚出生，他就奔赴乌江渡工地；不久夫人高黛安也要到乌江，不满周岁的女儿被送到苏州的外婆家。夫妻俩总说，等忙完这一阵就把孩子接回来。没想到这一忙就是 30 余年，连女儿结婚大喜的日子也没能到场。那一年，参加完高考的女儿趁着暑假，兴冲冲从苏州来到葛洲坝工程的建设现场，想亲眼瞧瞧长江上这座最宏伟的工程，分享父亲创业的喜悦。这是父女俩第二次见面，郑守仁多么想陪陪女儿。可是每天的工作排得满满的，他就对女儿说：“明天吧，明天爸爸一定陪你去看工程。”就这样，日复一日，一直到女儿临走的时候，他也没能抽出时间。女儿带着遗憾离开了工地，噙着泪水留下了一句令人心酸的话：“爸爸爱工程胜过爱女儿。”

郑守仁长期兼任三峡设计代表局局长，位高权重，对工程项目的招标、质量验收等有着举足轻重的影响力，因而常常会有不速之客以各种理由找上门来要求照顾和通融。但是，他对有业务往来的单位赠送的红包、礼品一概不收。凡是能退回的立即退回，实在难以退回的他都一一交给组织处理。有一次，某单位有事相求，送礼人趁他不注意，在他枕头下悄悄塞了几千块钱。郑守仁发现后，硬是想方设法将钱如数退了回去。

“有容乃大，无欲则刚。”1997 年三峡工程大江截流时，郑守仁走进中央电视台《东方时空》“东方之子”栏目，面对著名节目主持人白岩松目的性极强的采访，他谈得最多的还是长江、是工程，而对他自己，则说得很少，很少……

院士名片

张本仁　男，地球化学家。籍贯安徽怀远县，1929年5月出生。1952年南京大学地质系本科毕业，1956年北京地质学院研究生毕业。1999年当选为中国科学院院士。中国地质大学教授，中国岩石圈委员会委员，湖北省科协荣誉委员。曾任地质矿产部壳幔体系组成、物质交换及动力学开放研究实验室主任、地质矿产部“地球化学”课程教学指导委员会主任委员等职。

长期从事地球化学的教学与科研工作。20世纪80年代将成矿带地球化学研究与区域基岩地球化学测量相结合，开发出基岩测量数据在解决地质和成矿问题上的多种应用，并将区域岩石圈研究与区域构造、岩石、矿产研究有机结合，深化对区域岩石圈演化、构造发展、成岩成矿规律的认识。20世纪90年代探讨秦岭—大别山造山带构造分区与演化，揭示了造山运动的深部过程及其动力学因素。主持完成的国家和部委系统重大攻关、重要基础和基金项目共10余项，获得多项国际先进水平的成果。获“国家自然科学奖”二、三等奖各1项，“教育部科技进步奖”一等奖1项，“地质矿产部科技成果奖”二等奖2项，三等奖1项。被授予首届“李四光地质科学奖”和“全国教育系统劳动模范”称号，享受国家政府特殊津贴。发表学术论文100余篇，出版专著5部，主编文集3部，主编《地球化学》教材1部。代表作有《秦巴岩石圈、构造及成矿规律地球化学研究》和《秦岭造山带地球化学》等。

院士寄语

有容乃大，无欲则刚。

地球的探秘者

蔡 茂

地球，是整个宇宙目前唯一发现存在生命的星球。在这个星球上面，人类生生不息，一年又一年，一代又一代，创造出一个又一个惊人的奇迹，把整个世界装点得色彩斑斓。那么，我们的地球是如何构造的呢？其奥秘在哪里？

有这么一位科学家，他用毕生的精力，不断地探索着地球奥秘。他就是中国地质大学张本仁教授。

提起张本仁教授，人们自然会想到秦岭。

作为中国地理和气候的天然分界线，秦岭是如何形成的？这一直是地学界争论的焦点。此前，有观点认为，秦岭所在的华北板块和扬子板块为同一板块，后断开成大洋，大洋消失了，两个板块又碰到一起，隆起为山，即是今天的秦岭。

张本仁教授却有他独特的见解。他和他的团队研究的结论是：华北和扬子是两个不同的古陆块，之间曾隔着洋，后来随着洋壳俯冲消减而碰到一起，隆起形成今天的秦岭。

张本仁所用的方法叫“地球化学”。他的这一研究成果获得“国家自然科学奖”二等奖。

磨难少年萌发强国之梦

位于淮河之滨、荆山脚下的安徽省怀远县文化悠久，景色宜人。1929 年 5 月 28 日，张本仁在这里诞生了。

张本仁的家，就在这个美丽的县城里，靠祖父遗留下的一个中药店和农村的一些土地生活，家庭条件较为优越。年幼的张本仁天真活泼，4 岁上幼稚园，6 岁上小学。然而，1937 年日本侵华战争爆发后，他的不幸就开始了。那年秋天，父亲因病逝世，他的泪水尚未擦干，日寇的铁蹄就冲向他可爱的家乡。8 岁的张本仁随家人逃难，每日步行几十里，头上有日机轰炸，地面有日寇追兵，人们遭受杀戮和凌辱的场面惨不忍睹。逃到大别山区所在的麻城县后，他的生活陷入困境，为了谋生，他卖过油条、讨过饭。无可奈何之下，全家只得返回沦陷的家乡，过着艰苦屈辱的生活。

国破家亡的悲恨，深深烙印在他幼小的心灵。上小学的时候，张本仁就懂得了“科技兴国”的道理，立志当一个科学家。通过顽强的自学，他几乎掌握了全部初中课程内容，甚至高中课程知识。

抗战胜利后，张本仁先后进入省立怀远中学和私立淮西中学。读高中时，学校的教学质量较差，尤其糟糕的是每学期都完不成教学计划，张本仁全靠自学来弥补。1948 年高中毕业时，因学习成绩优秀，他被淮西中学直接保送到齐鲁大学医学院学习，并于当年考取了中央大学地质系。在那里，张本仁想当科学家的梦终于迈出了坚实的一步。

怀揣着理想和美好的愿望，1948 年 9 月，当张本仁由闭塞的小县城来到当时国民党的首都南京时，很快被卷入争取中国解放的斗争洪流之中。1949 年 4 月南京解放后，中央大学改名南京大学。1952 年 7 月张本仁大学毕业，不久南京大学推荐他到当时刚成立的北京地质学院做研究生，师从苏联专家。到地质学院后，他立即参加了学校组织的为期一个月的俄语速成班学习，由于他采用了俄语英语语法的类比法，学习成绩优秀，结业时已能借助字典阅读俄语专业书。分配到矿物教研室后，他在参加教学准备的同时，还加入了翻译俄文矿物学教科书的行列。勤奋上进的张本仁，深受学校领导的器重。

◆ 1987 年 8 月，在陕西柞水—山阳成矿带进行野外地质工作并带领学生实习

1953 年，学院派他与另外 7 位年轻教师到哈尔滨工业大学研究生班参加强化俄语学习。返校后，由于苏联专家尚未来华，不得已，张本仁分别承担了地质矿产专业和石油地质专业 56 届本科生的矿物学实验课程。1954 年 6 月，他正式在苏联专家 В.А.Токарев 教授指导下，开始了研究生课程学习与撰写题为“湖南临湘县桃林铅锌矿床矿物学”的研究生论文的调研工作。

此时，张本仁开始注意地球化学这门学科，想以此学科探索地球形成与演化的奥秘。1956 年 5 月，通过论文答辩后，张本仁以优秀的成绩毕业，并留在矿物教研室任教。1956 年 7 月至 1957 年 7 月，苏联专家 Латыш来矿物教研室讲授地球化学课程及指导研究生，张本仁承担了他的专业翻译任务。后来，学校又派张本仁参加中、苏科学院合作研究队，从事白云鄂博铁稀土矿床多学科研究，他独立地完成了部分研究任务。

在此期间，他较系统地阅读了前苏联地球化学及相邻学科的经典著作和重要代表性著作，诸如，费尔斯曼《地球化学》四卷集、《能量地球化学》、《地壳的化学》、《景观地球化学》、《同位素地质学》、有关 Коржинский交代作用理论的著作、《岩浆期后热液矿床》、《硫化物矿床氧化带》等，以及相当数量的有关期刊文献。这些知识，构成了张本仁后来形成地球化学学术思想的主要来源之一，也为他后来探索地球的奥秘奠定了基础。

历尽艰辛创建中国地球化学专业

地球，博大而神奇。研究这个庞然大物，究竟从哪儿入手？冥冥之中，张本仁想到地球化学，但这个专业在中国还是一个空白。1960 年，北京地质学院开始筹建地球化学专业，学校从矿物教研室抽调曹添、於崇文和张本仁 3 人为核心，负责筹建地球化学教研室和创办地球化学专业。当时缺少教员，学校又从物探系抽调三位从事化探教学的助教，再加上从矿产勘探专业未毕业学生中抽调来的几个预备教员，北京地质学院地球化学专业由此搭起了教研室的架子。专业建立的当年，张本仁就从矿产勘探专业在读生中分别抽一、二、三年级各一个班转到地球化学专业学习，第二年就招收了 4 名研究生。由此，北京地质学院地球化学专业开始走上正轨。

创建一个新的学科，任务之重、困难之大可想而知。张本仁等学者通过国内外地球化学教育情况调研，确定了办“地球化学及地球化学勘探专业”的目标。在为建设新中国的热情高涨的背景下，北京地质学院地球化学专业的所有教员齐心合力，团结奋战，互相砥砺，战胜了一个个困难。他们在短时间内，开设了所有专业课程，如期于 1962 年培养出第一批地球化学专业毕业生，在“文化大革命”前送走了 4 批本科毕业生和一批硕士毕业生；还结合教学开展了科学研究，探索了科研方向。后来虽有“文革”和迁校的严重干扰，但通过地球化学教研室长期不懈的努力，北京地质学院升格为中国地质大学时，地球化学专业已发展成为具有特色、理工结合、四个学科方向并存、系所合一的教学和科研单位。北京地质学院地球化学专业的茁壮成长，张本仁功不可没。

地大教师的住所，张本仁房间的灯光是那样的明亮。通过夜以继日的潜心研究思考，他认为，地球科学是研究地球系统物质运动的科学。“六五”期间，张本仁和他的科研团队，瞄准这个预期目标，以学校与地质队合作的形式，采取区域基岩地球化学测量同矿田和矿带地球化学研究相结合的技术路线，先后通过豫西卢氏灵宝、陕西柞水山阳等6个省市的7个成矿区带研究，取得了突破性的成果，实现了将成矿环境条件诸因素引入异常评价系统、扩大了找矿信息。不仅如此，在他所指导的青海赛什塘日龙沟矿带专题研究中，预测出后来经钻探证实了的锡盲矿体。同时，地球化学研究深化了矿带地质构造及成矿规律的认识，在应用基岩测量数据揭示区域地球化学背景，进行构造单元分区、沉积环境、控矿因素、岩浆岩演化序列、地层对比及火山机构研究等方面均取得了明显进展。这一项项成果，使我国在区域基岩勘查地球化学理论与解决区域地质和成矿问题的深度和广度上，处于国际该领域的前列。

◆ 2001年9月，带领博士生进行野外地质工作

竭力地球化学研究与创新

科学道路上永远没有平坦的大道。

20世纪80年代中后期，在国际范围内，尚缺少能适应现代地学和地球化学发展水平的区域地球化学理论方法体系，以致阻碍了已积累起来的大量区域地球化学资料的有效综合，也不利于区域地球化学研究成果与全球研究接轨。在这种情况下，张本仁和他的科研团队又开展了区域地球化学的艰难探索。

在板块构造学说和全球岩石圈新认识的基础上，张本仁提出了区域地球化学研究以区域岩石圈为系统，以各类地质体的地球化学记录为基础，以历史地球化学理论和观点为指导，以地球物质和元素在层圈间的交换和再循环为主线，在区域岩石圈组成和状态的约束下开展区域构造及成岩成矿作用探讨的理论框架，以及相应的一套研究岩石圈深部组成、区域构造和区域成矿规律的方法和途径。

有了上述正确的理论作指导，张本仁思路渐渐明晰，结合自己所承担和主持的地质矿产部“七五”重点攻关项目——“秦巴地区重大基础地质问题及主要矿产成矿规律研究”地球化学二级课题，通过5年的努力，他的研究团队于1991年完成了“秦巴岩石圈、构造及成矿规律地球化学研究”报告及成果性专著，开创了在同一区域将岩石圈地球化学研究与区域构造、岩石、成矿地球化学研究有机结合，以解决固体地球科学某些基础理论问题和矿产地质问题的先例。

在承担国家自然科学基金及“八五”、“秦岭造山带岩石圈结构、演化及成矿背景”重大项目课题研究中，张本仁和他的研究团队及时将造山带地球化学研究导入探索大陆动力学，通过区域壳幔演化和壳幔相互作用及其深部过程研究，约束造山带岩石圈的结构及构造的分区和演化，探讨和揭示了造山带发展的运动过程与动力学因素。为此，张本仁着重采用了多同位素系统和多微量元素联合示踪技术，揭示幔源和壳源岩浆源区及地壳深部和地幔的化学特征与过程。同时，张本仁和他的研究团队开展了岩石圈三维化学结构研究，进行了秦岭岩石高温高压下地震纵波波速的系统实验测定。

5年的艰辛，5年的实践，张仁本终于在1996年底完成了秦岭重大项目地球化学课题的研究报告。经过进一步加工提炼，于2001年出版了该项目多学科研究成果专著——《秦岭造山带及大陆动力学》(撰写地球化学部分)。1997年至今，张本仁和他的科研团队正在进行大别造山带壳幔结构、演化及深部过程的地球化学研究。这个课题是国家自然科学基金“九五”重大项目——“超高压变质作用与碰撞造山动力学”研究的组成部分。这一研究成果，使人们对地球的构造有了新的认识。

倾心培养开创型人才

改革开放以来，中国经济有了快速增长，综合国力有了明显增强。然而，我国科学总体同西方强国尚有较大差距，抓住机遇，增强国力，成为张本仁科学研究上不断攀登的动力。他深感肩上担子的沉重，渐渐产生了培养开拓创新型人才的迫切感。

张本仁深知，发挥集体力量，是我国能赶超西方强国的优势之一，而关键在于必须培养在21世纪国际科技发展中有竞争力的青年人才。因此，在近20年的科研中他依靠的是集体力量，走的是群众路线，目标是出成果、出人才。同时，张本仁十分注重以老带新。参加张仁本主持的项目探索研究的不仅有他的10多位同事、8个协作地质队的20多位同志，还先后有21名硕士研究生、24名博士研究生和2名博士后，他们成了科研的重要力量。

在探索地球化学发展道路的同时，他也在探索如何培养能适应21世纪国际科学技术激烈竞争、有创新能力人才的问题。基于我国现有地学科技人员知识结构和状况的分析，联系地学未来发展趋势，他深感只有培养全新知识结构人才，才能使我国在21世纪地学发展竞争中立于群强之林，争得一席之地。因此，对于研究生的培养，张本仁明确提出，不以导师的知识结构来限制研究生的发展，而应按未来地球科学发展需要和竞争要求培养能力型、开创型人才的原则。

张本仁除了鼓励研究生向能者学习外，他还安排研究生学好自然基础理论和实验技能，特别注意引导研究生探讨地学和地球化学的前沿课题或者国家经济建设所急需的课题，使他们能在较高起点上进行学习和研究，尽早接触先进的知识与方法。他把研究生视为科研的积极力量。为了调动研究生学习钻研的主观能动性，他注意发扬学术民主和贯彻教学相长原则，平时重视和采纳他们的合理意见与建议，尊重他们的研究成果，鼓励他们发表论文，并为之创造条件，为他们的成果争取单独评审的机会，积极扶持青年人迅速成长。对于基础较好、能力较强的博士生，则委以专题组长重任，给他们压担子，使得这些年轻科学家得以脱颖而出。

张本仁的学生不会忘记，这位恩师在学位论文工作中，给研究生留有充分发挥个人才智的自由空间，鼓励他们开拓创新。同时，他对研究生明确提出德育要求，经常结合学生在学习和研究中出现的问题做深入细致的思想政治工作，并向学生灌输热爱祖国、将个人前途同国家发展结合起来的思想，要求学生认真学习辩证唯物论。通过上述培养研究生的途径，张本仁已经培养出一批能力较强、有创新意识的博士和硕士。其中有一部分人已取得显著的成绩，成为我国地学战线的骨干和学科带头人，如高长林、高山、郑海飞、汪东波、张宏飞等人，其中高山首批获准进入国家“长江学者”奖励计划“特聘教授”岗位，并且与另两名毕业博士生先后获中国矿物岩石地球化学学会颁发的“侯德封奖”；高长林获国务院授予的我国“有突出贡献的博士”称号。毕业研究生们的这些成就，使张本仁院士倍感欣慰。

如今，年逾八旬的张本仁院士正在思考，如何能在大陆动力学这一跨世纪的地学前沿领域的地球化学研究方面再上一个新台阶，如何能在西部大开发方面尽自己一点微力，以及再培养几个有战略思想和组织能力的开拓创新型人才等问题，让探索地球奥秘的接力棒一代一代传下去……

院士名片

张启发　男，植物遗传和分子生物学家。籍贯湖北省公安县，1953 年 12 月出生。1976 年毕业于华中农学院（现华中农业大学），1985 年获美国加州大学戴维斯分校博士学位。1999 年当选为中国科学院院士。2000 年当选第三世界科学院院士。2007 年当选为美国国家科学院外籍院士。华中农业大学生命科学技术学院院长，作物遗传改良国家重点实验室主任，国家农作物分子技术育种中心主任，国家植物基因研究中心（武汉）主任，多个国际重要学术刊物的编委。中共十七大、十八大代表，中国科协第六、七届全国委员会副主席。

致力于应用生物技术进行作物改良，从保障我国粮食安全，促进农业可持续发展的战略高度，提出并实施了“少打农药、少施化肥、节水抗旱、优质高产”的“绿色超级稻”战略构想，为推动“绿色超级稻”的培育和产业化进程做出了突出的贡献。专注于水稻功能基因组、杂种优势的遗传和分子基础等研究工作，取得系列重大成果，在国际上产生了很大影响，是我国植物基因组和农业生物技术主要先驱者和带头人之一。曾获“中国青年科学家奖”、“何梁何利科学与技术进步奖”、“瑞典国王 Baudouin 奖”、美国加州大学戴维斯分校“杰出校友奖”、国际作物科学学会“杰出作物科学家奖”、“湖北省科学技术突出贡献奖”等多个奖项。

院士寄语

激扬梦想　追求卓越

书山有路

傅炯业

他，是一位传奇人物，是一位从农村走出来的、在国际上享有盛名的科学家；他，正以作物遗传改良和植物基因组作为自己科研的主打项目，应用现代农业生物技术打造一株“完美水稻”——绿色超级稻，为中国人也为人类造福；他，是中国植物基因组领域的带头人及先驱者之一；他，就职于长江之滨、南湖之畔的华中农业大学生命科学技术学院，担任院长之职。他的名字叫张启发。

正如他的名字，他人生的“启程”与“发展”颇为曲折。这些曲折不是政治上的坎坷，也不是生活上的苦难，而是存在于读书的进程之中。他人生的所有机遇，他在事业上的所有成功都与书山攀登不无关系。当他回首往事之时，不能不感叹：书山有路！

腾跳“农门”一来回

1953 年 12 月，张启发出生在湖北省公安县埠河镇新利村一个普通农民家庭。他是这个家庭的长子，父亲是村里的一名拖拉机手，常年在外劳碌奔波，母亲是普通社员，每天都有做不完的农活。在张启发的记忆里，他是个被“关”大的孩子。家乡水塘多湖汊多，担心孩子落水而把孩子锁在屋里成为许多家长无奈的选择。小启发也不例外，4 岁的娃儿天不怕地不怕，要想管束得服服帖帖几乎不可能。与其将孩子锁在屋里，不如把孩子送到一个可以管束的地方。1958 年 9 月，时龄只有 4 岁半的张启发被送进了新平小学。

说也奇怪，在大自然环境中无拘无束野惯了的孩子上学后，不仅对读书毫无反感，还显得特别快乐。也许他天生就是读书的料，上课用心听讲，老师布置的作业他完成得干干净净。上学后，在学校的熏陶与老师的教育下，他还懂得了与父母分担艰辛。冬天鞋子破了，脚冻得裂了口子，从不叫苦，放学后忍痛去打猪草、挖野菜。假期，他还会到湖塘钓些鱼回来，让全家人美美地喝上一顿鱼汤。

1962 年，人民公社调整，新利大队从原来的大队中独立出来，并创办了一所民办小学，谓之“新利小学”，按学生回归本大队读书的原则，在新平小学读 4 年级的张启发回到了新利小学。值得庆幸的是，他成为杜岐昌老师的学生。杜老师多才多艺，不仅教他们班的全部课程，而且吹拉弹唱样样都会，还写得一手漂亮的毛笔字，每年春节家家户户的对联都是出自他的手笔。在这位平易近人的老师教诲下，张启发获得了丰富的知识营养。若干年后，杜老师曾这样回忆张启发：他与众不同，课堂内外他总是那么精神抖擞，他喜欢提问题，他不是通过死记硬背来应付考试，而能举一反三，他的成绩在全班名列前茅是毫不奇怪的。

1964 年，新利小学首届毕业生毕业。在 12 名毕业生中，有 6 名学生顺利被公安县的初中录取。令人奇怪的是，班上最拔尖的学生张启发却迟迟未见录取通知书，这让杜老师很不理解。时间一天天过去，杜老师的焦急与日俱增，直到快要开学了，才收到张启发的入学通知书。让杜老师喜出望外的是，张启发被录取的不是公安县的中学，而是当时被誉为荆州地区“最高学府”的荆州中学。

◆向时任总理李岚清介绍实验室

年仅 10 岁的张启发，带着入学通知书和户口离开了新利村，离开了公安县，成了荆州的中学生，在很多人看来，这孩子跳出了“农门”。更让父母欣慰的是，学校每月还给张启发 6 元钱的助学金，这对经济困难的张家来说，无疑是雪中送炭。

入学后由于成绩优秀，张启发被指定为班上的数学课代表。

1966 年夏天，席卷全国的“文革”风云骤起。不久，很多老师被打成牛鬼蛇神，不得不从事扫厕所、扫马路的体力劳动。学校成立了红卫兵组织，12 岁的张启发以“红五类”的资格参加了红卫兵。当年 10 月，他进京接受了毛主席的检阅，还在天安门前留影，只是，照片上的衣服补丁摞补丁。

离开北京以后，他们绕道天津回到荆州。此时中国学生大串联方兴未艾，走“长征路”一时成为时尚。张启发便和几个同学结伴“打起背包就出发”。他们从荆州一直走到韶山，参观完毛主席故居，又徒步向长沙进发。在行进中，他们一路捡传单，复制传单，撒传单。他们以为自己是真正的“革命小将”。

1967 年夏天，武汉的“七•二〇”影响全国，派系之战已波及古城荆州。张启发的父母担心儿子的安全，召唤他返回家乡。张启发遵命回到家乡以后，投入到农业劳动之中。一年后，毛主席发出“知识青年到农村去，接受贫下中农再教育”的号召。与此同时，学校将毕业证连同户口一并寄回了他的家。他又回到“农门”，顺理成章地成了回乡知识青年。

田园初鸣人生曲

14 岁的张启发毕竟年纪尚小，生产队安排他担任记工员。记工员虽然是轻松活，也要参加劳动。他和社员一起插秧、割麦、打农药、锄草、收稻子、拔棉杆、冬播。正是在这些体力劳动中，他的身体逐渐壮实起来，到 1970 年，他身上的肌肉开始显露。作为一名壮实的小伙子，他受命担任了生产队的民兵排长并兼任农业技术员，负责棉花水稻的病虫害防治。冬天，王家大湖水利工程战斗打响，张启发又改任水利队长职务，大批人马来到工地以后，他既要安排人力，还要带头参加战天斗地的劳动。在“人定胜天”精神的驱动下，工地上挖土的运土的打夯的，构成了一幅轰轰烈烈的图画，大有“天连五岭银锄落，地动山河铁臂摇”的气势。作为水利队长的张启发不惜力气，干得欢实。

1971 年，新利小学缺教师，大队派他去小学当民办教师，他二话不说，来到他曾经就读的母校。由于学校规模小，他教语文、算术，还教体育、音乐、美术。他的多才多艺不仅表现在课堂上，也表现在课外活动中。大队排演京剧样板戏《沙家浜》，他担任京胡琴师。

在回归田园的 6 年中，他虽然没有正儿八经上学读书，却在广阔天地的摸爬滚打中历练了自己。

1973 年，“机遇”向他这个“有准备的人”招手了。

“农”字情结割不断

1973 年，大学招收工农兵学员，鉴于他在农村的表现，大队推荐他参加考试。考完后填报志愿，出于对农业的热爱，他毫不犹豫地填写了华中农学院（现华中农业大学）。

让所有参加考试的人意想不到的是，突然晴天一声惊雷，中国出了个“白卷英雄”并受到热捧。这让考生的未来扑朔迷离。

果然，张启发的考试成绩被淹没在“初中毕业以上水平”之中，他不知道自己还有没有升学的机会。不知是不是考试成绩的原因，他还是被华中农学院黄冈分院录取。

◆与时任总理朱镕基合影

华中农学院黄冈分院位于新洲县的涨渡湖畔，是在一片荒凉的土地上建成的。9 月 22 日，张启发揣着入学通知书从公安县来到新洲县城，找到了黄冈分院的接待站。接待老师身边有一辆拖拉机，让前来报到的人将行李放在拖拉机上，然后坐上驾驶台，发动拖拉机，让新生跟着。于是，在“突、突、突”的声音中，这群新生用双脚丈量了 23 里的崎岖小路。到学校一看，果然是“大砖”学校，原来学校的围墙全部是用大块土砖砌成的。

开学第一天，老师告诉学生，田里种了很多黄豆，眼看要变天了，必须把黄豆抢回来。好多学生一听犯嘀咕：怎么一来就劳动？张启发却乐了，好久没有参加劳动，这下可以活动活动筋骨了。在收割黄豆的现场，他的麻利让很多同学黯然失色。

黄豆收割完毕，学校开学了，进入课堂教学，学习的科目有代数、物理、化学、植物，张启发一头扑在书本上。3 个月后，全国掀起批判资产阶级教育路线的高潮，朝阳农学院成为全国的楷模，华农黄冈分院全面效仿，将学校几百亩土地分包给学生。张启发所在的班分成 3 个组，每组 10 个人，他任组长。当过农业技术员的人，干农活不在话下，他领导的小组从选种、播种、施肥到田间管理，有模有样。他们的田块茁壮的植株，受到师生的羡慕与好评。

张启发不仅按学校的要求在大田上亲力亲为，还将所学知识与农业实践紧密结合起来。他观察农作物的长势，并将观察结果一一记录在案，如果发现病虫害，他也会从书本知识中找到处理的方法。他的刻苦精神、认真态度给老师留下了深刻的印象。1975 年，学校“开门办学”，让师生们到新洲县凤凰公社石骨山大队与农民一起种田。他唱着“毛主席的战士最听党的话”来到石骨山大队，凭着身体好、有知识的优势，和当地农民同吃同住，一起开山造田，种棉花试验田。棉花长势良好，参观者络绎不绝，给这个当年的“农业学大寨”典型撑足了面子。

随着时间的推移，张启发临近毕业，尽管他本人很想回到家乡工作，但由于他在学习与工作中的突出表现，他的毕业分配是：留校。

1976 年，张启发成了华中农学院黄冈分院的教师，成了专攻杂交小麦研究的余毓君老师的助手。

余毓君是黄冈分院一名业务能力很强的女教师。在她的提携下，张启发虚心求教，肯动脑，勤动手，让余老师颇为欣赏。

1976 年秋，余老师给张启发一本国外的作物科学杂志，叫他认真读一读其中的几篇文章。张启发一看傻眼了，因为这是一本英文杂志，面对这本杂志，他只是个文盲。这件事对他刺激很大。他对自己说，连英语都不会的人怎么能当大学老师？怎么能当科学家？于是，他痛下决心，一定要把英语攻下来！

当年他不可能脱产学习英语，唯一的办法就是自学。好在那年月广播电台开设了英语专题节目。他买了广播英语书，备了一台便携式收音机。他从最基础的 ABC 学起，慢慢找到了学习英语的感觉，也找到了其中的乐趣。英语需要记单词，他想了很多办法提高记忆力，即使出差在外也带着英语书，有空就学，大本大本地背，整篇整篇地默写。1978 年下半年华中农学院黄冈分院撤销，大部分老师回到本部。为了提高年轻教师的教学水平，本部办了一个师训班，张启发因为课题研究工作的需要，没有赶上这个师训班。半年后他搬到本部，插进了师训班中的英语强化班。由于他一直在坚持自学英语，不仅很快赶了上来，还成为班上的英语尖子。1978 年年底，农业部来校组织出国人员选拔考试，他的成绩第一。经过考试，他被推荐到农业部在南京办的培训班学习，这个培训班是为出国留学人员而开办的。让学员没有想到的是，这个培训班其实是集中自学，每人发几本书，教师没有保障，一个班才一个录音机，也没有多少录音带，多半时间自己读书，自己做笔记。好多人觉得无聊，常常外出，张启发却觉得时间对于自己太宝贵了，几乎足不出户，每日刻苦攻读。在长达半年的时间里，不仅读书笔记做了几本，英语成绩也大有长进，阅读英语杂志已不在话下。

这批学员最后并未获得出国留学的机会，但张启发的“准留学生”身份还是引起了刘后利教授的注意。刘后利教授是20世纪40年代的留美博士，一直是张启发敬仰的德高望重的前辈。通过教学工作的接触，刘后利对张启发抱有期许与厚望。他建议张启发进一步打基础，特别是打好高等数学和现代实验技术的基础。张启发最先接触的是数量遗传学。学习这门课必须有代数、几何、三角函数、遗传学等基础，张启发便一门一门地学，痛苦的学习过程加深了他对经典遗传学的理解。1980年，也是在刘后利教授的建议下，张启发以429分的高分考上了他的研究生，之后他花了一年时间到武汉大学进修。在那里他进修了高等数学、线性代数、概率学、数理统计、计算机编程和软件。据张启发回忆，因为与当年最热门的物理系的大学生同堂考试，并要考出好成绩，这一年的进修是他有史以来最为艰苦的学习。不间断的学习和进修，一步一步地帮助张启发克服了知识体系上的缺陷，为他进入分子生物学领域扫除了障碍。

崎岖之路苦求索

1981下半年年，张启发回到刘后利教授身边，与刘后利教授一起种了一块油菜试验田，开始了油菜新品种的研究。1982年初，多次参加出国集训考试成绩优异的张启发终于接到教育部的通知，作为访问学者到美国加州大学戴维斯分校进修。此时他28岁。临行前，导师刘后利建议他到美国以后，争取读一个博士回来。张启发紧紧握住恩师的手：“弟子一定努力争取。”

◆在东湖国家自主创新示范区向来汉考察的时任总书记胡锦涛讲解生物育种及产业化发展

按国家当时的规定，作为访问学者的张启发只能在美国呆两年，且不能转读研究生。到了美国以后，他向美国导师R. W.

Allard 请教，访问学者如果想读研究生有什么要求。这位导师是美国遗传学会主席，美国科学院院士。他给张启发开了一个课程清单，要张启发按照清单上所列课修课。张启发看到了在美国读研的希望，对清单所列科目一门一门地课、做作业、考试。因为不是学生，没有缴费注册，没有成绩，他就请任课教师出具成绩证明，一年后，一摞证明信上每门课程的成绩不是 A 就是 A⁺。面对这样的成绩，Allard 教授十分惊讶。为了给这个访问学者圆梦，他找到了遗传学系主任。主任看了成绩后也觉得这样的人不在美国读研实在可惜。系里决定给张启发一个助教的职位，每月可获得 1000 美元的资助，这样就可以解决读研的费用了。

张启发将他的读研申请提交到研究生院，研究生院要张启发提供托福、GRE 和原就读学校的成绩单。除了成绩单外，其它的张启发都没有。怎么办？多亏美国导师与系主任的鼎力推荐，将托福与 GRE 免了。张启发将成绩单进行了翻译，然后请一位华人教授认可，才算获准办理了入学手续。

没想到新的问题又出来了：没有中国教育部的批准，这个研究生还是读不成。1983 年夏天，在美国做了一年半访问学者的张启发怀着忐忑之心来到旧金山中国领事馆，介绍了自己的情况，提出了在美国读研的申请。没想到领事的态度是那么友好，不仅对张启发的想法非常理解，而且愿意帮他向国内教育部转交申请报告。

张启发终于如愿以偿成了加州大学戴维斯分校的博士研究生。在美国的四年半的学习与研究充满挑战充满艰辛充满传奇色彩。张启发凭着饱满的精气神，凭着能熬能饿的身体素质，每天工作长达 15 个小时，终于以优异成绩在美国拿到了博士文凭，并在该校从事博士后研究一年。他没辜负导师刘后利教授的期待，也实现了自己的梦想。

从 1958 年启蒙到 1986 年成为洋博士、博士后，张启发书山攀登长达 28 年。这样的艰辛，这样的漫长实为常人难以企及。

1986 年 7 月 25 日，带着专业知识的重大收获，张启发博士回到中国，回到他曾魂牵梦绕的华中农业大学。他的行囊中没有当年出国者普遍追求的“八大件”，只有重重的一箱箱书，一台电脑以及回校后创办实验室的清单。

他的人生揭开了新的一页。

又过了 20 余年，他创造了人生的辉煌，其业绩在文前的“院士名片”中可见一斑。

“书山有路勤为径，学海无涯苦作舟。”这是中国古老的励志名言。按这一名言的诠释，这“路”无疑是崎岖的，修远的，是需要尽最大努力并以持之以恒的毅力，才能攀登上高峰的。按本文主人公张启发的启示，这条路也是人生的“出路”，是实现人生价值的“必由之路”。

院士名片

熊远著　男，动物遗传育种专家。籍贯湖北省竹山县，1930年7月生于湖北省竹山县。1959年毕业于华中农学院（现华中农业大学）。1999年当选为中国工程院院士。华中农业大学教授，农业部科学技术委员会委员，中国畜牧兽医学会常务理事、养猪学分会名誉理事长，湖北省科协荣誉委员，湖北省畜牧兽医学会理事长。曾任国务院学位委员会评议组成员，农业部畜牧专家顾问组成员，第七届、八届全国人大代表等。

长期从事动物遗传育种特别是猪育种工作。10余次引进世界名优猪种资源，主持培育的杂优“杜湖猪”，20世纪80年代成为畅销港澳的名优瘦肉猪。20世纪80年代初提出我国专门化品系选育的技术路线与方法，建立了PCR-RFLP等快速准确检测猪氟烷基因型的分子生物技术，提出RYR1基因多重效应的利用途径与方法，培育出瘦肉猪抗应激新品系。20世纪90年代组建猪的资源家系，在国内较早地开展了猪重要经济性状QTL定位及后选基因的研究，同时分离、鉴定了与肌肉生长、肉质等性状有关的多个新基因和新分子标记，为开展猪分子育种奠定了基础。先后建立我国第一个种猪测定中心，农业部种猪质检中心，农业部猪遗传育种重点实验室，国家家畜工程技术研究中心和一个产学研相结合的1.5万头规模的育种试验场，为我国畜牧事业作出了杰出贡献。曾获“国家科技进步奖”二等奖、三等奖各2项，“国家星火奖”二等奖1项，省部级“科技进步奖”10余项（含特等奖1项）。先后获“突出贡献的国家级专家”、“全国高等学校先进科技工作者”、“全国星火先进工作者”、“‘九五’国家科技攻关突出贡献者”、“湖北省五一劳动奖章”等荣誉和奖励。

院士寄语

实践出真知。

奔跑的灵魂在远征

谢学军

世界上有一种动物，它脾气憨厚，模样可爱，是最为人类亲近的朋友之一。其肉质鲜美，是人们每天必备的“黄金食品”，乃至被供奉为上等祭品。这，就是猪。中国猪种类繁多，因其繁殖力高、肉质优良而成为世界猪育种行家眼中的奇葩，享有“中国猪宝贝”的美誉。“中国猪宝贝”，也因此在行家里手眼中蝶变为“物种之精灵”。这个“精灵”，牵引了一位学者的目光。他来自大山深处，半个世纪以来，不仅“与猪为友”，而且以不断奔跑的姿势，将这项与人类生存息息相关的产业推向灵魂的高处。今天，当你在餐盘里品尝美味的“猪瘦肉”时，你可能想不到，这份盘中餐，在这位学者的引领下，曾经爆发一场波澜壮阔的“饮食革命”。

他，就是中国目前唯一的养猪育种学院士——熊远著教授。

在美轮美奂中起航

1952 年夏。第四野战军兽医处，一只山羊剖腹产手术紧张进行：麻醉，消毒，听胎心，剖腹，一把把大小不一、奇形怪状的刀子、镊子进进出出，手起刀落，有力而精准地划破腹腔、子宫……整个过程，主刀医生淡定而从容，那双手仿佛魔手，行如流水般洞开幽深的生命通道……一个鲜活的新生命，就这样捧了出来……

这是一次外科手术的精彩演示，主刀医师娴熟而精湛的技术，让在一旁观摩的湖北农学院的数十名学子叹为观止。时年 22 岁的熊远著更仿佛是在欣赏一个美轮美奂的舞蹈，如潮的感动与景仰涌上心头，也悄然拨开了他专业游移的迷雾。

半年前进校之初，熊远著总希望找到一个自己喜爱的专业就读。那时，大学专业选择比较自由，他先后在植物保护、园艺、森林、兽医等几个专业试读，最后的专业方向却举棋不定。谁也没想到，这次手术观摩，让他在这一刻悄然定格了自己的志向：兽医！

然而，正当他踌躇满志、潜心攻读之际，1954 年，一场久治不愈的“五更痢”（病人晨起就得连连拉肚子，苦不堪言），迫使他不得不怅然回到竹山故里，休学治病。这一病，就长达 3 年。直到 1957 年病愈返校复学。

然而，劫后归来，生活给 3 年痛失学业的熊远著迎头一棒。这一年，自己钟情的兽医专业竟被调并到其它高校，他不得不面临专业的重新选择。学什么呢？那次观摩手术，再次撞击着他年轻的心扉。那个手术场景，是那样刻骨铭心。他断然作出选择：畜牧专业！这一年，他插班到大二学习。

这是一个与兽医专业最相近的专业。失落的船，重新起航。谁也没想到，正是这个抉择，40 年多后，中国首位“养猪育种学院士”横空出世！

1930 年 7 月 8 日，熊远著出生在湖北省竹山县城关的一个衰落的书香世家。其爷爷翰林出生，父亲是私塾教师。在父辈影响下，熊远著少年时期对古代诗文产生了浓厚的兴趣，阅读了大量的古文、诗赋和史书，奠定了深厚的人文基础。1945 年，他以总分第 3 名的成绩考入了湖北省第八高级中学。

熊远著上有一个姐姐，下有两个妹妹，作为家中唯一的男丁，他成了“宝贝”。第一次独自出远门，拎着母亲打点的行装，他一步三回头。远离父母，思乡之情，生活的隐痛……何以消解？当年，祖父辞官带回故里的书，是父亲的喜爱，也是他的最爱。家道中落，光复祖业的雄心，在熊远著内心奔腾驰骋。常常是同学们早已进入梦乡，他还在月影婆娑下挑灯夜读……他以为人生就这样一路呼啸着向前冲。不料，1948 年秋，他高中毕业，内战的硝烟却阻隔了年轻的向往，他无法报考大学，不得不凄然回到竹山，在县简易师范学校做了代课教员，后辗转重庆、四川多地备考。直到 1950 年秋，机会来了，竹山县教育科推荐他到武汉报考大学。武汉大学、中国地质大学、湖北农学院等几所著名高校均录取了他。出于对大山和乡土的依恋，他最终选择了到湖北农学院深造。

如今，病愈归来，虽有些无奈，但熊远著积蓄已久的求知欲火山般爆发，除完成常规的学习任务外，他还广泛自学《物种起源》、《遗传学》等经典名著，不仅丰富了学识，也培养了缜密的思维方式，为他以后在学术上的远征夯实了基础。

千万里追寻

1959年秋，熊远著大学毕业，因成绩出色而留校任教。不久，学校安排他到校办畜牧场兼职锻炼。在那里，鸡鸭成群，牛羊欢叫，猪马狂奔，各种可爱的家畜家禽，造物主的多姿神奇，在他眼前打开了一幅美的画卷。随着与它们的零距离接触，熊远著惊然发现，生产实际其实要比书本理论复杂得多，即便是饲养最普通不过的家畜家禽，也有大学问要做。

那时，我国处在三年自然灾害期间，前苏联又掐我们的脖子，国家异常困难，国民营养不良，城里人一个月吃一次肉都成奢望，而乡下人仿佛只有过年过节才能沾点"油星"。这一切，让血气方刚、风华正茂的熊远著揪心。他的故乡竹山县地处秦巴山区腹地，茂林修竹、山清水秀，民风淳朴。带着大山宽厚的情怀，事关民生的"猪经济"，进入他智慧的双眸。

养猪生产，"种子"是关键！熊远著十分清楚这一点。也许，在许多人看来，养猪并不是产业，充其量是一个传统的家庭副业，而且，与猪为伴，多少有些尴尬。然而，他孤注一掷，如一只孤雁，沉重起飞。

20世纪60年代初，为摸清地方猪种资源情况，他与湖北省农业厅、华中农科所的同行们开始了对湖北地方猪种资源的调查。当时交通十分不便，他们身背水壶和干粮，跋山涉水、走村串户，逐村调查……三度寒暑易节，在"流浪的旅途"，从平原、丘陵到山区，他走遍了湖北及毗邻省份66个县市的村村寨寨，穿坏了几十双球鞋。座谈、办班、个别调查……猪种类型、特征、源流、分布、性状形成的条件、过程、民间养殖经验……这些对常人而言枯涩无味的追踪调查、登录和资料收集整理，在他面前却充满乐趣，展开一个多姿多彩的新奇世界。纵然踏遍千山万水，体力严重透支，他也无怨无悔。

然而，他前行的脚步并未就此停止。20世纪70年代末80年代初，受农业部和中国农业科学院的特聘，他与养猪学界的几位知名专家一道，再次踏上了全国猪种资源调查的远征。浙、湘、粤、皖、苏、琼、东北及西北，几乎走遍了全国。烈日下，他深入田间、地头与农牧民交谈了解情况，获取数据资料；夜幕降临，一盏煤油灯、一杯开水、一本笔记，伴着一份孤独，他通宵整理着调查资料……

一个大山里走出的孩子，回归田园和深山，这是信仰的力量。日月更换，星转斗移，白天追赶着黑夜，白天却永远不懂夜的黑。时光流转，熊远著更加惊奇地领略到我国养猪生产的色彩纷呈与蔚为壮观，不仅有着数千年的养猪相猪传承、还沉淀了丰富的种猪资源。这段历练，为他在之后的猪种选育与改良的田园里种下一枚“金种子”。

中国猪种类繁多，因其繁殖力高、肉质优良而成为世界猪育种行家眼中的奇葩，享有“中国猪宝贝”的美誉。然而，时光老人匆匆走到20世纪70年代初，世界猪种类型演变日新月异，猪肉市场需求开始由对“肥肉”的追慕，转向对高蛋白低脂肪“瘦肉”的青睐。“多割瘦的哈，不要肥的！”这句话成为老百姓买肉前的口头禅，字里行间却掩不住求之不得的忧伤。针对这一变化趋势，熊远著提出了在我国“开展瘦肉猪育种”的设想，得到湖北科委的支持。1972年，他主持承担了“湖北白猪选育研究”课题，制定的瘦肉猪育种方案得到畜牧界知名前辈的认可。

然而，“万事开头难”。由于想快速育成品种，加之对近交危害的认识不足，选育基础群组建比较仓促等，在横交固定阶段，他和课题组采用了“高近交”，其结果是严重的近交衰退。当时的饲养工人戏言：“熊老师的猪长不动，半年只有50～60（市）斤。”

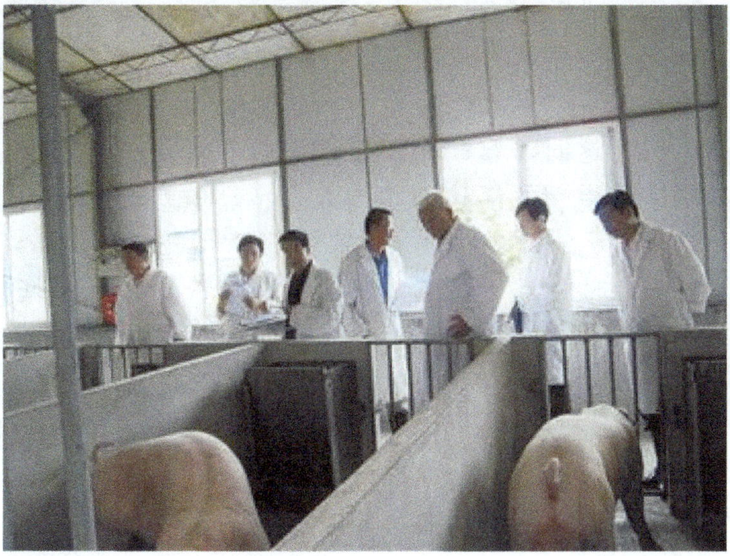

◆与专家进行种猪外形评定

杂交后代所表现出的不良现象，给他和他的课题组、湖北科委带来了重重压力。当时有人认为：中国人现在肥肉都没有吃的，搞什么瘦肉猪？更有人不屑：选育瘦肉型猪是崇洋媚外，饲养瘦肉型猪需要精饲料，国家现在这么困难，花这么多钱培育瘦肉型猪不值得！

流言如飞。一只孤雁，也在飞。

性格柔中带刚的熊远著没有气馁，他和科研团队集思广益，分析原因，重新修订、完善选育方案。他们执着地认为：猪育种的周期长，必须从现在着手研究，否则就满足不了人们日益增长的对猪瘦肉的需要；他们坚信：随着经济发展和生活水平的提高，高蛋白低脂肪的猪瘦肉将会成为我国人民对肉食品的首选，并成为灿若星辰的饮食百花丛中艳丽的雪莲！

信念，就是催发灵魂的力量！熊远著是多么饥渴而贪馋地吸饮于百花丛中，酿制芬芳馥郁的瘦肉蜜糖。他与养猪工人吃住在一起，割草、伴食、喂食、出粪，样样都干；为了长时间在现场观察、琢磨，猪舍成了他长年累月的“家”……在他心里，科研上若没有周密、严谨、科学的设计方案，就会功亏一篑。有了上次失败的经验与教训，他和课题组的同事们一起，在育种基础群的组建上下功夫，采用测交清除不良的遗传基因；在横交固定阶段，他改“高度近交”为“温和近交”，并控制每个世代的近交增量，防止或降低近交的不良影响。经过课题组的精耕细作，历经 10 余年，他们终于在 1986 年成功地培育出我国高瘦肉率的母本新品种——“湖北白猪”及其品系。专家鉴定认为：“湖北白猪生长速度、瘦肉率居国内领先，产仔数和肉质性状达到国际先进水平。”这项成果获 1988 年湖北省“科技进步奖”特等奖，并推广到 10 多个省市。

一个瘦肉型的饮食时代，开元了！苦尽甘来，熊远著不禁感慨万端。

破译“中国猪宝贝”之神奇密码

然而这时，又一个新的难题摆在熊远著面前。20 世纪 70 年代中后期，大陆供应到港澳的活猪因肥肉太多、品质差，周边国家的商家乘机进驻，泱泱华夏面临失去港澳市场的潜在危险。这引起了国家有关部门的焦虑。

爱国情怀，也让熊远著更感责任重大。为解决这一问题，1979 年，他提出了引进国外猪种建立改良体系、提高市场竞争力的关键技改方案，国家外贸部粮油食品进出口总公司采纳了他的方案，并付诸实施。

尽管前路艰辛，但是，开弓没有回头箭！熊远著面临的关键节点是：如何让改良的生猪吃得少、长得快、瘦肉多、肥肉少。

为破译“中国猪宝贝”之神奇密码，他 10 多次远赴欧美考察，并从原产地引进世界名优猪种，在国内规划建立了一批引进种猪育种核心群；继而主持建立了我国第一个种猪测定机构——中国武汉种猪测定中心，组织对我国引进的核心种猪群进行集中测定，提高了亲本品种的纯度与质量；并规划建立了 70 多个供港活猪基地，形成了生产优质瘦肉商品猪的繁育体系……一场关于猪的“内外战争”，就这样悄然打响了！这场不见硝烟的战争，弹膛里只装有两颗子弹，一颗是“活猪的竞争力”，另一颗是“良种率”。

子弹划过暗夜，在空中开出一朵令国人骄傲的灿烂礼花：杜湖猪！

这一年，年过五旬的熊远著主持国家“六五”瘦肉猪科技攻关，以培育中的“湖北白猪”为母本，与引进的名优瘦肉猪——杜洛克猪种“联姻”，优选出风味好、瘦肉率高（达 64% 以上）、生长快、且肉质优良的杂优“杜湖猪”。一石激起千层浪，1983年“杜湖猪”批量试销港、澳，首次成为我国畅销港澳的名优瘦肉猪，并获1985年香港猪商会和外贸部门“金杯奖”。湖北当时在港澳有着“东风车、杜湖猪”的双重美誉。“杜湖猪”一时“猪名远扬”，其选育及配套技术列为国家“八五”、“九五”重大科技成果推广项目。

20世纪80年代，国内外市场需求变化令人眼花缭乱，世界猪育种向专门化品系发展如火如荼。熊远著慧眼识珠，再次提出了我国瘦肉猪专门化品系选育的技术路线与方法，并应用于猪育种实践和科研中。

这实在是一场关于“猪”的革命，蔚为壮观。吃好喝好，乃人之本性；当中国人历经千年的艰苦朴素后，“吃”的问题大言不惭地摆上桌面。人活几十年，就要吃好喝好，就要幸福。而猪肉作为吃之上品，吃之主流，让熊远著固执地穿行在这条边缘化的科研不归路上。生活中，他急躁，脾气大，但在工作中，他怀着敬畏之心，孜孜以求。猪，因其懒惰贪吃，人们更多的是对它的鄙夷，成为骂人的口头禅。然而，对这尊上帝缔造的“尤物”，对这个人类亲密的朋友，熊远著却心存敬畏与感念。科学之路往往是沧桑的，他和团队的不懈努力，或许会为国家和民族带来一场关于“吃”的变革。

今天，当人们吃着回锅肉、啃着猪手、嚼着卤过的猪耳朵时，也许根本没想到，当年，一个花甲老人因为“猪”已把自己和国家的命运捆绑在一起。

梦想如前方高悬的明灯，牵引着熊远著匆忙而执着的脚步，斩获的金秋，落下遍地金黄：他先后主持培育出湖北白猪、中国瘦肉猪新品系、杜洛克猪新品系等专门化父母本品系，形成了适应不同市场需求变化、并各具特色的瘦肉猪多元配套系。其中，“中国瘦肉猪新品系DⅣ系选育”经专家鉴定认为，“综合经济技术指标居国内领先，其中产仔数、母猪窝产瘦肉量和肉质处国际先进水平”。该成果1996年摘得“‘八五’科技攻关重大科技成果奖”，其推广利用荣获“国家科技进步奖”多项……2001年2月，全国科学奖励大会上，国家科技部、财政部、国家计委、国家经贸委授予熊远著“‘九五’

◆接受采访

国家重点科技攻关计划突出贡献者”称号。

还没来得及一丝喘息，新的难题再次摆在这位身高一米八的科学家面前：瘦肉猪育种中应激敏感综合征与肉质变劣！为解决这一难题，从20世纪80年代中期开始，熊远著先后主持了“瘦肉型猪肉质活体选择”、“抗应激品系选育与利用”等省、部级重大科研课题，开展氟烷测验和生化遗传标记的研究及其单倍型推断鉴别猪应激敏感基因，进而建立了快速准确检测氟烷基因型的分子生物学技术，并将其与常规育种研究相结合，提出基因多重效应的利用途径与方法，培育出我国瘦肉猪抗应激品系……

在科技攻关的同时，他铭记“实践出真知”的科研信条，注重成果的市场转化。在他看来，理论与实践，宛如一双生死相依的孪生兄弟，又像一对相互追逐的旋转木马。而知识的大树上，实践才是那盛开的花朵和沉甸甸的果子。于是，他与同事们经常深入生产第一线，开展了大量的科技咨询与技术服务，先后推广配套系优良种猪6万余头，形成100万头商品瘦肉猪的生产规模……

熊远著从事动物遗传育种特别是猪的遗传育种科研、教学工作40余年，先后主持承担完成的国家级、省部级重大科研项目30余项，其中有5项获国家级奖励、10余项获省部级奖励；发表科研论文100多篇，主编《种猪测定原理与方法》、《猪生化及分子遗传实验导论》等专著4部。他先后晋升为教授、博士生导师。他率领合作团队，针对我国猪遗传育种科研和生产中的问题，瞄准学科前沿和国际先进水平，坚持产学研相结合，学科、基地与实验室建设相结合，先后主持组建了动物遗传育种国家级重点学科、农业部猪遗传育种重点开放实验室、农业部种猪质检中心（武汉）、国家家畜工程技术研究中心、国家种猪测定中心和一个产学研相结合的1.5万头规模的育种试验猪场，推动了学科建设与基地建设的同步发展……鉴于他在养猪育种学上的杰出贡献，1999年，他当选为中国工程院院士。

熊远著身材高大，性格豪爽，曾是湖北省大学生篮球代表队的主力队员，还喜欢跳舞、歌咏、书法和游泳，在游泳比赛中常常拿到名次。征程漫漫青春去，暮年壮志写春秋。尽管熊老身患多种顽疾，时常皮肤瘙痒难耐，还因股骨摔伤而行走不便，但他心系我国养猪业的发展，仍主持着转基因猪育种课题。夕阳西下，鹤发童心的熊远著与夫人相搀互扶，结伴向前。

时光如白驹过隙。然而，“莫道桑榆晚，为霞尚满天。”如今，熊远著院士已83岁高龄，但创新型国家深情的召唤，让他打点行囊。这位灵魂的奔跑者，再度出征了！

院士名片

刘经南　男，大地测量学与测量工程专家。籍贯湖南省长沙市，1943年7月生于重庆市。1967年毕业于武汉测绘学院天文大地测量专业，1982年获工学硕士学位。1999年当选为中国工程院院士。武汉大学教授、博士生导师，国家卫星定位系统工程技术研究中心主任、中国测绘学会常务理事，湖北省科协第八届全省委员会副主席。曾任武汉大学校长，全国政协委员，教育部科学技术委员会委员，湖北省科协第七届全省委员会副主席。

长期从事大地测量理论及应用研究与教学工作，在大地测量坐标系理论、卫星定位应用、软件开发和重大工程应用方面做出了一系列开创性工作，特别是在GNSS技术应用和工程领域成就显著。解决了卫星定位技术工程应用中坐标转换模型选择与评价、削弱高程误差影响等理论与技术难题，开发了相应的软件系统，满足了石油勘探的急需；主持开发的我国第一套商品化“GPS卫星定位数据处理”软件系统，完成数百项科研工程项目；主持数十个大中城市控制网的设计、施工和数据处理，参与国家新一代空间大地网“国家高精度GPS网”的设计和实施，主持了数据处理工程；用他提出的“逆推法”科学地确立了全国板块运动趋势，该方法受到地学界一致推崇；提出了分布式广域GPS差分理论和方法，该成果获部级“科技进步奖”一等奖；承担了“隔河岩大坝GPS自动监测系统”的软件整体设计和实施，解决了关键技术，在1998年防洪中发挥了重要作用。曾获“国家科技进步奖”3项，多次获得省部级“科技进步奖”和“高等教育国家级教学成果奖”一等奖，获中国科协“全国先进科技工作者”等多项荣誉称号。

院士寄语

言力所能及之言，
做力所难及之事，
思力所不及之思。

一位卫星导航应用领域的追梦人

刘益善

写这篇文章，笔者本拟用“中国 GPS 之父”作标题，但遭到文章主人公刘经南院士的竭力反对。笔者说这是他家乡的报纸《长沙晚报》提的，那是 2004 年的一篇文章。刘经南说，他是搞科学研究的，在 GPS 系统的应用研究中，他做出了一些成绩，但万万不可用文学的夸张手法来描写他。

刘经南院士在中国 GPS（研究领域已由 GPS 扩展为 GNSS）的应用与发展中，做出了重要贡献。他是中国提出分布式广域差分技术的第一人，中国第一个 GPS 商品化软件的研制者，在我国卫星定位导航系统（GNSS）技术领域创下了数个第一。

天降大任于斯　必先苦其心志

刘经南 1943 年 7 月出生于原籍湖南省望城县一个殷实之家，祖父、外祖父都是黄埔军校学员，祖父官至国军上校，外祖父随国民党兵败去了台湾，领中将衔。这种社会关系给刘经南的成长留下了一片阴影。他以优异的成绩中学毕业，高考取得高分，却因档案中有“该生不宜录一类学校”的批字而与北京大学生物系擦肩而过。1962 年，刘经南被录取到武汉测绘学院天文大地测量专业。

回忆青少年时的往事，刘经南满怀深情。中学时，他的作文在长沙市作文比赛中获过第四名，他是长沙市中学生歌舞团小合唱队队员。他做过学校、市青少年宫、长沙市和湖南省图书馆的义务图书管理员，利用这些机会读了大量的课外书，先是中外经典小说，后是政治家和科学家传记，从小就有了当科学家的理想。上了大学，一看搞测绘、搞工程，好像很简单的东西，感觉很苦恼甚至想退学。“随着学习的逐步深入，觉得测绘也是一门科学，也很有深度，是值得去研究的。有未知的东西，有挑战的东西，我就喜欢，这是从小养成的习惯。”说到这些，刘经南满是激情。

在武汉测绘学院学习期间，他钻进了自己的专业，由不喜欢到热爱，成绩优异。但出身的阴影一直跟随着他。他要求进步，多次申请却总入不了团。大学毕业分配时，别的同学都分到了单位，他被晾在一边，说是要把他分到农场劳动。后来，他被分配到地震测量队，总算有了单位，正打点行装准备出发，但地震测量队突然打来电话，说不要刘经南。同学们都为刘经南担心，怕他受不了这种打击。刘经南却很平静地说：“我选择不了我的出身和社会关系，我只能选择自己怎么做。”“只要自己有真才实学，终会有报效社会和国家的机会。”正是心底这种坚定的信念支撑着他，在别人闹腾着“革命”时，他读自己喜爱的书，向科学的深处掘进。刘经南的毕业分配经过几番折腾，1968 年，他终于分配到了驻在湖南株洲的煤炭部湘赣煤田指挥部，从事物探队的野外勘测工作。

◆出席第三届中国卫星导航学术年会作特邀报告

1968 至 1979 年，整整 11 年，刘经南背着沉重的测量仪器，餐风露宿，跋山涉水，走遍三湘大地。在谈到这段经历时，刘经南没有诉苦，反而在言谈之中流露出对生活给予他磨炼的感激之情。在野外工作期间，刘经南出过车祸，掉进过陷阱。最危险的一次是他跌下悬崖，眼看就要在队友们的惊呼中粉身碎骨，奇迹却出现了！绝壁上的一棵树挡住了他。这位大难不死的人骑在树丫上，大声喊叫的却是“快闪开！”——让崖下田边的农民躲避被他踩落的石块。刘经南在物探队政治上不受信任，业务上却是骨干，一有机会就琢磨技术上的问题。在队员们聊天或是休息玩扑克时，他却捧着技术书籍就着微弱的灯光刻苦钻研。在中学和大学时，他学的是俄语；在物探队，他听电台英语广播自学了英语，且还能为单位翻译英文仪器使用说明书。10 多年的野外生涯，刘经南看到了老百姓生存环境的艰苦，深知野外测绘工作技术状态之落后，深感学校所学的书本知识与实际需要相差甚远。他暗暗立下志向：要用知识改变落后面貌。物探队曾有一个项目，按照原来的设计，所有数据都要从头做起，费时费力又费财。刘经南经过研究，提出了可利用大部分原有数据的合理化建议。物探队采纳了他的方案，使得这个项目的经费支出节省百万以上。20 世纪 60 年代末的百万元，可是一笔巨款呀！

刘经南说："我是很随遇而安的，和人相处很融洽。我比较乐观，城府不深，悲观沮丧的心情往往就是那么一瞬间，过了以后就忘记了。"在野外作业期间，一旦歇下来，他就抓紧时间做斯米尔德洛夫的高等数学习题。在枯燥的生活中，他与物探队的几个大学生以互相挑战做习题为乐。作为业务上的骨干，他赢得了同事们的信任，连派来监视他的人都说："我是派来监视你的，但我觉得你这人很不错。"11 年啊，4000 多个日日夜夜，苦其心志，强其体魄，怀着向往，积蓄力量，刘经南时刻准备着，只等春风吹来的那一天。1978 年，母校的老师崔希璋教授让人写信告知刘经南，鼓励他来报考自己的研究生。1979 年 6 月 1 日考试，刘经南 5 月 31 日才从湘西赶回，根本没有时间复习，却凭着扎实的基本功考了前几名，而外语考的正是他在物探队自学的英语。36 岁再返母校读书，刘经南已是两个孩子的父亲。他的夫人曾有过犹豫，但想到刘经南对科学、对知识的孜孜以求，遂下了决心，自己带两个孩子留在湖南，支持他到武汉上学。

路漫漫其修远　吾将上下求索

带着自幼的强闻博记，人文知识的熏陶，大学时期扎实的专业功底，11 年的野外勘测实践和永不停止的钻研科学的脚步，36 岁的刘经南开始了在武汉测绘学院的研究生学习生活。大学毕业时，他已经接触到卫星时代测绘科学的一些基本理论和方法，感受到卫星时代对于测绘科学的巨大推动；在野外工作时，通过阅读参考消息，他捕捉到国际上卫星定位测绘技术前进的脚步声，他激动憧憬着，梦想攻克卫星定位这一测绘技术的最高领地。怀着这个梦想，读研期间，他向卫星测绘技术高地进发，背着药罐子，每天听课、看书、吃中药。野外生活的不规律，使他患上严重的肠胃病，3 年的研究生期间，有两年半每天拉肚子超过三四次，1.71 米的身高，体重只有 104 斤。其间还患过一次心脏病，住了40多天医院，医院还曾下过病危通知单。但身体的病痛并没有影响刘经南向科学进军的决心，他阅读书籍，查找资料。当时，卫星测量基准的地心坐标系与地面大地坐标系的转换关系成为国际大地测量界的前沿研究方向，刘经南的学术生涯就是从挑战这一国际性的难题开始的。“研究的过程是让人兴奋的。当时特别投入，连做梦都会想，梦中都会出现数据和公式，似乎就在某一天，问题突然豁然开朗。”刘经南说。根据国外专家卫星定位所观测的数据，通过坐标系转换3个不同模型，得出“3个模型计算出的结果相同、但精度不同”的结果。从这里，他开始怀疑外国学者所谓3个模型有几何概念的不同、不等价的结论。经过研究，刘经南在国际上第一次从理论和实验上证明了3个坐标转换模型的等价性，为一场历时十几年的国际争论画上了圆满的句号。当时还有些老师不相信他有这么大的突破性成果，刚好从国外回来的周忠谟教授也撰写了同一论题的博士论文，看到一位普通的国内硕士生能取得如此重大的成果，周忠谟教授显得十分兴奋，当时就肯定了他的成果，并记住了刘经南这个人。硕士毕业时，刘经南已近不惑之年，被分配到湘潭矿业学院任助教。1984年，武汉测绘学院新的领导走马上任，担任校长的周忠谟在两年后把刘经南调回了武汉测绘科技大学，给他提供了研究的新平台。

◆ 2007年8月在齐齐哈尔

回到母校的刘经南如鱼得水，一心扑在教学和科研上，开始了在GPS领域的深入研究。所谓GPS，即全球卫星定位系统，是美国国防部和运输部共同管理的卫星定位、导航、授时系统。中国从20世纪80年代末开始引进GPS接收机及其应用技术，是GPS的用户大国。GPS接收机在全球任何地点、任何时间都能提供静止和动态用户的地理位置与时间，其定位精度，动态响应时间和作用空间几乎可以满足任何要求。正因为如此，它在军事上具有重要价值，只有美国及其盟国的军方才能无限制性地使用该系统，而中国在GPS的应用上是受到限制的。对抗美国政府的技术限制，使GPS技术的巨大市场潜力和军事价值发挥出来，刘经南主动选择了这一难题，开始了冲锋陷阵。刘经南搞科研有一种精神：“力所能及的事不去做，力所不及的事也不去做，而应该去做那些力所难及的事。这是一种百折不挠的韧劲，是一种迎难而上的激情”，“一接触到专业，一接触到科学，浑身的血液有一种沸腾起来的感觉，就有一种冲动，就有一种激情”，“如果我认准了一个东西，有再大的困难，我都要迂回着、周旋着找到解决问题的方法。最困难的时候我就挺一下，往往就是坚持了这么一下，问题就会得到解决。”这些语言，就是刘经南的独特精神，精神的内核是一种责任心，是一种使命感，也是他在 GPS 研究方面获得一个个成功的关键所在。物探队野外奔波 11 年，GPS 研究十几年，是同一个刘经南。多少个凌晨，多少个深夜，多少个节假日，他在实验室，他在资料库，废寝忘食，为他的目标而奋斗、求索。他身体一直不好，心脏病还困扰着他，但到野外 GPS 测试时，他仍像年轻时在野外物探队一样，最困难的地方，最远的地方，都是他去，甚至经常几个晚上不睡，等待卫星信号的出现。

功夫不负有心人。刘经南率先提出在中国建立广域差分 GPS 系统以对抗美国政府技术限制的建议，得到了当时国防科工委和国家测绘局的支持。他制定出建设中国广域差分系统的方案，针对我国当时数据通信尚不发达的特点，创造性地提出了分布式广域差分技术，其工程实验结果的高精度、高可靠特征，引起了国内外专家的震惊。此前，刘经南还研制出我国第一个 GPS 商品化软件“GPS 卫星定位数据处理综合软件包”，被国内数百家单位采用，占领了国内当时 80% 以上的市场，并作为专有技术出口日本。后来，这一软件设计思想被国际 GPS 商用软件开发界广泛接受和采用，他的部分研究成果已成为我国城市 GPS 测量规范。香港回归前，深港两地划界问题倍受关注。由于深圳已建立了高精度的城市 GPS 网，英方专家不得不同意采用深圳城市 GPS 网的结果作为划界依据。而深圳 GPS 网的建设方案和组织实施负责人正是刘经南。在中国首次南沙科学考察中，采用 GPS 远距离岛礁联测方案，首次以 10^{-6} 量级精度把国家大地网延伸到南沙领域，对维护国家领土具有重要意义，而该工程的设计和数据处理工作负责人也是刘经南。1998 年夏天，长江流域遭受百年一遇的洪水，荆江分洪在即，炸堤炸药已埋好，分洪区 54 万百姓准备大撤退，941 平方公里将变“无人区”。而由于清江隔河岩大坝 GPS 全自动监测系统实时高精度提供了数据，中央领导因隔河岩水库高水位蓄洪错洪，最终撤销分洪命令，保住了长江大堤和几十万人的家园与财富。这一 GPS 大堤安全监测的软件和网络系统的设计和研发主持也是刘经南。他驰骋于卫星大地测量与 GPS 技术及应用领域，以一系列开创性的研究成果，成为我国卫星大地测量与数据处理方面的领军人物。1999 年，刘经南当选为中国工程院院士，这一年他 56 岁。

2007 年 4 月我国第一颗北斗区域导航卫星“北斗 M1”升空，到 2012 年 12 月 27 日北斗区域导航卫星系统正式提供亚太地区运行服务，中国的卫星定位导航系统在世界上一举处于先进地位。刘经南作为专家组成员，在该系统的研究和应用示范中，同样作出了重要贡献。

雄关漫道如铁　迈步从头再越

刘经南一边向科学进军，还一边担任行政与教学工作，他任硕士、博士生导师，任院系领导，2003 年担任了武汉大学校长。在担任校长的 5 年多时间里，他用在学校改革、发展、管理上的精力很多，但科研和教学却从未放松，经常晚上从实验室出来都过了 12 点，电梯停运，他就从 14 层楼上走下来。作为院士校长，他在学生眼里，是著名学者，也是慈祥的长者。他的目标是，要培养大师级的学者和战略性科学家，要为年轻人提供新平台，要扶持一批 30 至 40 岁的青年才俊，在他们 50 岁左右时，成为世界和国内知名的学科带头人，要使现在 20 多岁、30 多岁的学者在 20 年后成为世界有影响的学者。他说武汉大学要通过文理工医的交叉和融合造就一大批这样的学者。

2013 年，刘经南进入 70 古稀了。武汉大学信息学部教学实验大楼第 14 层，还是正月初十，刘经南就在国家卫星定位系统工程技术研究中心办公室上班了，他是这个研究中心的主任。他埋首书堆中，看不出有 70 岁的年龄，儒雅朴实。笔者与他的交谈随意而亲切，按照事先准备的材料，笔者提出问题，他侃侃而谈，语言简洁，条理清晰，这是科学家的风格。有资料说他读了 N 遍《红楼梦》，笔者向他求证，他说大约有 20 遍，大部分是在野外物探队工作时读的。说到这里，他情不自禁地背诵起《红楼梦》中的大段诗词，他

◆业余时间打乒乓球

的记忆力令笔者惊异。办公室里很安静，上午的阳光从南边窗口斜斜地照进来，看着沐浴在暖阳中的这位科学家，笔者不禁肃然起敬：他曾吃过那么多的苦，他在科学的道路上跋涉不止，他破解了那么多的科学难题，使我国卫星定位系统技术走向世界前列，他创造了那么高的价值，使我们的生活得到改变，他不愧是一位令国人尊敬和骄傲的科学家。

◆昆山杜克大学揭牌仪式

笔者问刘经南今后还有什么打算，院士是终生制呢，他没有退休的时间。他笑着说，已经做过的事情终究要告一段落，他现在还带有十几个博士生，再过几年就不招生了。正好凤凰网有一篇记者写他的专访，谈到武汉大学与美国杜克大学合作创办昆山杜克大学，他出任校长。他对办学目标、方式、特点与理念作了充分的阐述，这将是一所全新的世界一流的优质高校。刘经南说，把这个学校创办起来走上正轨后，他要向他早已作了准备的、新的感兴趣的领域——思维科学继续探索，就是研究人的大脑是如何思维的，如何提高人的大脑的思维水平。多么令人向往的憧憬啊，那将是一片多么美好的园地，相信刘经南一定会使这片园地鲜花盛开！

离开刘经南的办公室，看到楼门口 GPS 的字母，笔者将不会忘记：GPS，刘经南。

院士名片

樊明武 男，粒子加速器专家。籍贯湖北省沙市市，1943 年 7 月出生。1965 年毕业于华中工学院（现华中科技大学）。1999 年当选为中国工程院院士。华中科技大学教授，湖北省高级专家协会会长，中国粒子加速器学会理事长，华中科技大学学术委员会主任。曾任中国原子能科学研究院院长、华中科技大学校长，第八、九届国际电磁场计算会议国际指导委员会委员，国际电磁场计算学会理事，国际电磁场计算会议中国联络办公室主任、委员，中国电工技术学会理论电工专委会委员、副主任，计算机应用专委会委员，正负粒子对撞机国家实验室学术委员会委员，兰州重粒子加速器国家实验室学术委员会委员，国防科工委专家咨询委员会委员，国务院学位委员会委员，中共十五大和十届全国人大代表，湖北省科协第六、七届全省委员会主席等。

我国著名的回旋加速器专家，在改进我国第一台回旋加速器工程中，解决了极面调整线圈设计、工艺实施方案等关键技术问题，为实现固定能量改为可变能量做出贡献。在强流质子回旋加速器研制中，负责主体工程技术和质量控制，把三维磁场计算与束流动力学相结合，定量指导加工，使磁场质量远好于国外标准，保证了调束一次成功，全部指标达到 20 世纪 90 年代国际先进水平，磁场计算结果有偿转让国外。基于有限元法开发了二维及三维磁场计算软件包，在理论和数值方法上均有创新。两个软件包作为具有我国自主知识产权的先进成果，在国内外得到应用。以已运行的 30MeV 强流回旋加速器为基础，致力于更高能量强流回旋加速器可能改进途径的探讨，进行了高频电路和注入系统预研，提出改进方案，完成了 70MeV、100MeV 强流回旋器初步设计。30MeV 强流回旋加速器研制成功被两院院士投票评选为 1996 年“全国十大科技事件” 之一。1997 年获“国家级有突出贡献的中青年专家”称号。曾获“国家级科技进步奖”2 次，省部级“科技进步奖”11 次。发表论文 80 余篇，专著 4 部。

院士寄语

在兴趣中学习，在幻想中成长，
在追求中钻研，在创新中进步。

人生“核变”写春秋

周 娴

把小事做好，把事业做成

在樊明武的记忆里，童年是美好而安详的。他出生在湖北省沙市，4 岁多的时候，就和兄长一起进学校读书。回忆起年少的读书时光，他说当时最大的爱好就是画画，有一阵子，课本、作业本的空白处上画满了自己幻想的景物和人。父母也竭尽所能，满足他的兴趣爱好。从那时起，这份兴趣就陪伴着他的成长，最后竟然成为了终生的爱好。樊院士现在回想起来，非常感激父母能够给他一个相对宽松的环境，使得那份自然的天性得以发展。

1960 年，樊明武以优异的成绩考入华中工学院（现华中科技大学）电机系。5 年后，作为 优秀毕业生被分配到北京 401 所（现中国原子能科学研究院）工作，时任领导是著名科学家钱三强。在人才云集的原子能研究所，面对高精尖的技术和仪器，初来乍到的他，不管是在专业，还是经验上，都如同一张白纸，无法直接参与到项目工程中去。他最开始的工作只是负责为厂房和实验室更换灯泡，为仪器除尘。面对如此的“小事”，他一点都不觉得失望或是丢面子。樊院士回忆道，当时只觉得既然是交付给自己的工作，再小的事情也要尽职尽责；再简单的事情也要从细致出发，做到最好。他认真的精神和积极的态度，很快赢得了同事的信任，大家纷纷把比较复杂、有技术含量的任务交给他完成。从最初换灯泡、铺设电缆到后来设计电源、控制盘等，直到回旋加速器的核心部分，如束流动力学理论、主磁铁的设计和建造等。短短数年，凭借自己的踏实用功，樊明武一跃成为了核心研发团队的学术带头人。

在那个“读书无用”的年代，他坚持自学英语。大家都读《毛泽东选集》，他买来一本英文版的《毛泽东语录》，除了学“语录”，还能学英文。他用全家多年的积蓄买来一台收音机，每天早上 6 点准时收听英语教学频道。

◆ 1979—1981 年在英国牛津罗斯福实验室进修于导师家中合影（左二为樊明武）

1973 年，随着尼克松访华，中国国门开始打开，原子能研究所从 4000 余职工 中挑选 30 余人学习英语，以满足对外交流的需要，樊明武被组织推荐入选。

“文革”后，国家决定派遣部分专业人员出国学习西方先进科学技术。樊明武通过了一轮又一轮考试，1978 年被录取为首批出国留学生，被送到著名的英国牛津罗斯福实验室深造。当时国家很穷，从北京到欧洲只能乘火车，途经蒙古、苏联、波兰、德国、荷兰等国共 12 天旅程。他发现，这些国家一个比一个强大，这给了他极大的触动，坚定了学成归国后服务于祖国建设的决心。

在英国学习的日子生活清贫，条件艰苦，但精神充实，学业忙碌。面对国外先进的理论和技术，他犹如饥者扑食，拼命吸吮知识养分。经过两年勤奋学习，迅速掌握了最先进的电磁场数值计算方法及加速器前沿技术，圆满完成了学习任务。

回国后，为使在国外学到的先进的电磁场理论和数值计算方法直接用于科研和生产，樊明武领导了一个小组，开发了我国第一个二维通用电磁场数值计算软件包，以及第一个三维静磁场数值计算软件包。这个自主开发成功的软件为国内外许多大学、研究院和工厂解决了不少工程计算难题，也为我国在电磁场计算领域，缩小与国外差距、与世界接轨做出了很大的贡献。樊明武因此得到了同行专家的一致认可，担任了国际电磁场电磁场计算学会中国联络办公室主任，并被选为国际电磁场计算指导委员会的委员。

1986 年，樊明武应美国一家加速器研究所的邀请赴美工作。作为进入该研究所核心研发团队中唯一的中国人，他承担了为美国一家医院设计超导核磁共振断层照相磁体的重任，这是当时世界上最高场强的核磁共振装置。樊明武顶住压力，日夜泡在实验室，仅一年就圆满完成任务。不久，即转入美国著名的布鲁海文国家实验室，作为课题组关键成员，研究更尖端的世界难题——超导超小型同步辐射。他并不为自己是外来学者的身份而感到底气不足，盲信权威；相反，在扎实的专业技能和确凿的实验数据面前，信心百倍。有一次，为某个技术难题，他甚至与项目负责人激烈争论，最终，在实验结果面前，负责人承认了自己判断失误。从此，项目组成员都对樊明武刮目相看，更多地邀请他参与到工作中，他与诸多成员包括负责人还成为要好的朋友。

幸福的“原子能量” 大学校长的情怀

1988 年，樊明武收到中国原子能科学研究院的来信，希望他能够回国工作。听到祖国的召唤，正处于事业发展黄金期的樊明武决定回国。他的美国老板写了一封长信给他：“磁铁是加速器和相关设备的主要部件，能对不同形状的磁铁设计结果作权威性解释的人不多，而樊明武是其中之一……我祝贺这样一位出色的科学家返回他的祖国。”问及为何会放弃国外的优厚待遇回国从事相对艰苦和清贫的工作时，樊明武说：“祖国是生我养我的地方，我有尽己之力为国家服务的义务。”

樊明武回到中国原子能科学研究院，主持研制我国自己的第三代 30MeV 回旋加速器。由于国内的加工能力、材料的性能等与国外差距很大，樊明武经过数年艰苦努力，成功解决了关键的技术难题。他清楚地记得，1994 年 12 月 6 日凌晨 1 点，当束流表显示外靶流强达到 372 微安时，指标超出了国外最好的水平，他与在场的科研人员都激动得热泪盈眶。

是啊！调试的那个月，他每天与同事们都工作到晚上十一二点，人消瘦了一大圈却浑然不觉。这种成功带来的喜悦是旁人难以体会的，只有为回旋加速器付出辛勤劳动的人才能享受到这种感觉。樊明武感叹道：“当自己所做的事情其结果超出预期的目标时，那应该是最幸福的时刻。”

电磁场对于普通人来说，是非常陌生的名词。物理学中，运动中的电荷被称为电流，电流周围会产生磁场，交变磁场又会产生交变电场，称为电磁场。回旋加速器则是利用磁场使带电粒子做回旋运动，带电粒子在回旋运动中被交变的高频电场不断加速，达到所期望的能量，用于核物理等研究。作为我国电磁场数字计算开拓者之一与第三代回旋加速器的缔造者，樊明武从事此项研究走过了整整 43 年的历程。1996 年，他负责研制的 30MeV 回旋加速器束流强度超过了设计指标，达到 20 世纪 90 年代国际先进水平，标志着我国第三代回旋加速器的诞生，结束了我国不能用加速器批量生产中短寿命放射性同位素的历史。该加速器被两院院士投票评选为 1996 年全国“十大科技事件”之一。

1996 年，樊明武继吴有训、钱三强、王淦昌、戴传真、孙祖训等之后任中国原子能科学研究院院长，当时原子能院的发展正面临重重困难。如何带领为我国国防和科研做出过巨大贡献的原子能院走出困境，是他上任后的当务之急。他虚心听取各方面的意见，拜访院士、专家，听取各方面的咨询建议，最终给原子能院准确定位：原子能院是我国基础性、先导性、前瞻性的核事业研究院。他根据国家的需要和原子能院的自身优势，提出了原子能院在进入 21 世纪时要进行的四大工程建设：中国实验快堆、中国先进研究堆、串列二期工程和 放化后处理实验室。明确的目标、清晰的方向，激发了全院职工的自信，也点燃了大家的激情。同时，樊明武积极向上级反映真实情况，很快得到了中央领导的支持。上下一心，积极实干，原子能院逐步走出了困境，时任总书记江泽民亲笔题写了院名。原子能院迎来了新的发展篇章。

2001年，樊明武院士回到母校华中科技大学担任校长职务。当时整个学校的基础设施很不完善：教师、学生住房条件差，运动场“晴天满场灰，雨天一坑水”。清晨跑步的樊校长看到图书馆门前学生排着长队，了解得知因为学校教室有限，想要用功的学生还得抢占自习室。他下定决心，从基础做起，首先要为学生和老师创造一个好的学习和生活环境。短短两三年时间，原本荒草丛生的操场，修整为现代化、标准化运动场；栋栋高楼拔地而起——当时“亚洲最大的教学楼”里宽敞的自习室、先进的设施保证了“学在华工”的学子舒适的学习环境。学生食堂、集体宿舍、教工小区，采用一流的施工和管理标准，提供给每一位师生舒心的生活环境。东校区和主校区之间打通的公路，保证了师生上下课的安全和便利。这些基础设施的建设，让学校面貌焕然一新，赢得了师生们的一致好评，为落实“教师是学校工作的主体，学生是学校工作的中心”的理念、为学校的进一步发展打下了坚实基础。

看着学校发生翻天覆地的变化，樊明武由衷地说：“虽然我们的办公楼很简陋，但你可以去看看我们的教学楼，那可是一流的水平。”

为提高学校“软实力”，樊明武在上任之初便提出“国际化”办学战略和建设国际化、研究型、综合性世界高水平一流大学的办学目标。樊明武解释：华中科技大学的国际化，就是要建立现代大学教育制度和借鉴世界一流大学的先进经验，结合中国国情和学校自身目标，创建世界高水平大学。

为了建立现代大学管理制度，构建民主、公平的学术氛围，造就具有道德准则和行为规范的现代化人才，樊明武提出了“四个凡事”：凡事有章可循，凡事有人负责，凡事有人检查，凡事有据可依。同时提出建设无污染校园，即“无学术污染”、“无信誉污染”、“无环境污染”。

在樊明武担任校长期间，学校总收入由2000年的8.99亿元增长到15.88亿元，国家重点学科由6个增加到15个，国家自然科学基金项目由70项增加到189项，校园面积由5366亩增加到7126亩。最令樊明武欣慰的是，2005年他卸任时，教育部经济责任审计小组对其在任期间的成绩给予了高度评价：“樊明武同志在任期间能够认真履行自己的职责，不仅在任期间使学校在各方面得到了快速发展，为学校后10到20年的发展奠定了物质基础，而且为学校将来的发展奠定了思想基础。”

“做官是一阵子，做人却是一辈子”

由校长职位期满卸任后，樊院士回归到了他最热爱的科研、教学工作，进行回旋加速器的虚拟样机、THz 波等研究，并在湖北积极推动非动力核技术应用产业发展。作为中国科协常委和湖北省科协主席，他大力推动科学知识普及教育，在湖北、湖南、浙江、广东、新疆等省市以深入浅出的方式，作了多场报告。

工作忙碌之余，樊院士始终没有忘记他的爱好。笔者有幸在网络上见着樊院士的几幅画，每幅画都栩栩如生，充满灵动之气。一条小船停泊在岸边，一排房子掩映于山水之间。樊院士说：“如果时光能倒流，我真想回到童年，拿起画笔，重拾儿时的爱好，把祖国大好河山画个够。”

虽然没有成为一名优秀的画家，但他认为科学与艺术是相通的，遗憾的是国内大部分科学与艺术教育仍然是平行线。他引用爱因斯坦的话说：“在技艺达到一种出神入化的地步后，科学和艺术就可以很好地在美学、形象与形式方面结合在一起，伟大的科学家常常是伟大的艺术家。”

樊明武在科研与办学上取得的巨大成就还要感谢一个默默在他背后支持的人，那就是他的夫人余调琴老师。1965 年余调琴和樊明武参加“四清”运动后，从河南重新回到原子能院上班，被分到了回旋加速器研究室的同一个维修组。俩人在一起的机会很多，晚上常一起加班。余老师回忆说：“当时觉得他比较老实，不爱讲话，能写会画，‘文化大革命’时经常被派去写字作画。他的最大优点是为人正直、诚恳，工作负责、能吃苦。”

笔者问及这么多年来有哪些使她非常惊喜的故事，余调琴老师首先想到的是 1978 年樊明武被选拔为我国首批出国留学生。她自豪地说道：“他的英语是自学的，竞争又那么激烈，谁也没有想到他能考上。但他最终通过了，而且成绩还很好，当时我真的很惊喜，为他自豪！”另一件事也让余调琴老师非常骄傲：“1994 年，我们调试强流回旋加速器，指标很高，他负责主体技术，几年努力，我特别担心他调不出来，没想到流强一下子超过了当时世界最好水平，虽然是我们全组努力的结果，但毕竟是他功劳最大，我们都高兴得流出了眼泪。”

1999 年，樊明武当选为中国工程院院士。余调琴老师很兴奋，给他写了一封款款深情的贺信：“你为祖国和人民又交了一份满意的答卷……此时此刻，不能忘记祖国和人民对你的培养教育，不能忘记亲人们的支持和关怀，也不能忘记周围的同事和朋友的共同奋斗。衷心祝贺你，为你高兴，为你自豪！”樊明武看了非常感动，禁不住落泪。多年来，他们心心相印，事业上携手并进，生活中彼此扶持。

樊院士今年近古稀之年，但他仍然忙碌于科研事业的前沿阵线。今年年初笔者想采访他时，他正要去南非考察一个项目。虽然在科研上取得惊人的成就，但樊明武对功名却看得很淡。他拿出一张与时任湖北省委书记、现任国家政协主席俞正声被记者抓拍的合影，在这张照片里，俞正声拉樊明武上台与他同坐，而樊明武认为随便坐哪里都一样。两人拉扯的镜头正好被记者捕捉到了。这张照片清晰地展示了两人的态度：俞正声重视人才，而樊明武随性谦虚。俞正声说的一句话樊明武至今清楚地记得：做官是一阵子，做人却是一辈子。

◆与时任湖北省委书记俞正声在会上

院士名片

马伟明　男，电气工程领域专家，海军专业技术少将。江苏省扬中市人，1960 年 4 月出生。1982 年毕业于海军工程学院，1987 年获海军工程学院船舶电气工程专业硕士学位，1996 年获清华大学博士学位，2001 年当选为中国工程院院士。海军工程大学教授、博士生导师，第六届国务院学位委员会电气工程学科评议组召集人，中国科协常委，湖北省科协第八届全省委员会副主席。中共第十六届全国代表大会代表，中共第十八届中央委员会候补委员，第九届、十一届、十二届全国人大代表。

长期致力于电气工程领域研究。在国际上率先提出“电力集成”的技术思想，创建并发展了多相发电机整流供电系统的理论体系，攻克了一系列国内外长期未能解决的重大关键技术难题，研制出三代集成度不断提高的新型发供电系统——多相整流发供电系统、交直流集成式双绕组发电机系统和高速感应发电机系统，达到国际领先水平，为我军新型舰船作战性能的提升做出了重大贡献。创立了独立系统电磁兼容研究方向，组建的电磁兼容团队成为国内电气工程学科领域唯一连续两期获自然科学基金委创新研究群体基金资助的团队。主持建设了国家级“舰船综合电力技术国防科技重点实验室”，充分发挥后发优势，带领科研团队攻克了制约综合电力系统上舰的瓶颈技术，实现了我国舰船动力的跨越发展。走军民融合发展之路，牵头成立“国家能源新能源接入设备研发（实验）中心”，形成了国防武器装备研制和经济建设相互促进、协调发展的良好局面。获“国家科技进步奖”一等奖 2 项，“国家技术发明奖”三等奖 2 项，“军队科技进步奖”一等奖 4 项（以上奖项均排第一）。申请发明专利 56 项，出版专著 2 部，发表论文 380 余篇，培养博士、硕士 70 余名。荣膺“中国发明创业奖”特等奖、“军队专业技术重大贡献奖”、“中国青年科学家奖”、“求是杰出青年实用工程奖”、“何梁何利奖”等奖励；被授予“全国十大杰出专业技术人才”、“国家有突出贡献的中青年专家”、“十佳全国优秀科技工作者”等荣誉称号。荣立一等功 2 次、二等功 2 次。

院士寄语

勇于担当、敢于超越，用对科技事业的忠诚铸就强军魂、托举中国梦。

告诉你一个真实的马伟明

施昌学　李旭斌

马伟明，海军工程大学教授，海军少将军衔，国际电气工程青年科学家，34 岁被破格晋升教授，38 岁成为博士生导师，41 岁当选为中国工程院院士。

“我是个做学问的人，不适合当领导”

10 多年前，组织上到海军工程大学考察干部，一位领导和马伟明谈话：你是人选之一，你要愿意，可以先任命为副校长。你考虑考虑。

海军工程大学是正军级单位，副校长是副军，当时马伟明才 40 岁，这等好事还用考虑吗？可马伟明却说：“报告首长，我是个做学问的人，不适合当领导，也当不好领导。”

看他那认真样不像是故作谦虚，莫非他真的不适合当校长？组织上进一步调查了解，结果大多数人认为他当校长有利于引领学术风气。组织上又来征求意见：“你还可以考虑一段时间。”他的回答仍让人大感意外：我已经考虑过这个问题了，我真的不适合。

马伟明自己关上了进官场的门。有人背地里说他是“天字第一号傻瓜”。

他的想法并非一时冲动。当年马伟明在参加研究生面试时，张盖凡老教授给他出的第一道考题是：“研究生毕业后三条道，当官、发财、做学问，你选哪一条？”马伟明的回答是：“终身做学问！”他说的是真心话。马伟明没入官道，却在一年后的 2001 年当选为中国工程院院士，时年 41 岁，在当年 616 位院士中是最年轻的一个。

“就因为我愿意”

马伟明的科技成果多是原创性的。是他，解决了多相整流发电机系统固有振荡的世界性难题，在世界上首次创立了三相交流和多相整流同时供电的基本理论，研制出世界上首台双绕组交直流发电机，等等，有多项成果属于“世界首创”或“国际领先”。他因此两获“国家科技进步奖”一等奖，四获“军队科技进步奖”一等奖，先后获“中国青年科学家奖”、“国家发明创业特等奖”以及“国家十大杰出专业技术人才”、“当代发明家”等荣誉称号。

取得如此突出的成果，对国家和军队作出如此重大的贡献，中央和军队媒体的数十名记者前来采访，好不容易才把他从实验室里拉出来，他看了一下提问单，其中有个问题是：“你拒绝当官，而情愿没日没夜地搞科研，到底为什么？”他回答说：“有人说我不愿当官是为了出名、立功、获奖、当典型，这都是扯淡。老实说，得了什么奖，登了什么报，我真的搞不清。硬要问我为什么，一句话，就因为我愿意。”这句话是他回答类似问题的“标准答案”，对他的亲爸也不例外。

◆指导课题组攻关

2007年，马伟明的父亲患上了早期胃癌，从江苏老家来武汉治疗。然而，整整一个星期，马伟明成天猫在实验室里，似乎忘了老父亲还在家中等待住院手术。这天，听说儿子中午就要出差，老人急了，直接闯进实验楼。同事刘德志教授见状问老人有什么事，老人家气呼呼地说想跟儿子说几句话，只需5分钟。刘德志立即把正在布置科研工作的马伟明找来。马伟明急着去机场，希望和父亲回家再谈。老人一听就火了，指着儿子吼道：“你上不管老下不管小，家里什么事都不闻不问，是挣了多少钱，还是得了多少利？你为了谁像着了魔一样成年累月拼死拼活地卖命？”马伟明一听，也火了：“不要再跟我说给谁卖命的话！我干的所有事情，没有哪一级组织、哪一级领导硬要求我干，命令我干，就因为我想干，就因为我乐意干！”“好！你干你愿意干的事去吧！我到上海去动手术好了。”一看情况不对，刘德志等人赶紧出来解释，马伟明其实早就安排好了父亲的手术，只是在等医院的床位。老爷子其实也不是为住院的事生气，他本意是要劝儿子不能只顾工作不顾身体，儿子1.74米的个头才55公斤的体重，瘦得像根豆芽，老人心疼啊！

“你不懂，我可以教你！”

20世纪末，我国制造的军舰被人戏称为“八国联军”，因为许多关键设备是分别从多国进口的，其中被喻为“舰艇心脏”的电机从某国的一家著名公司（以下简称E公司）进口。然而，E公司提供的第一套发电机系统在试运行时就发生了重大故障。马伟明和老搭档刘德志教授会同有关部门的专家在事故鉴定中，得出结论：引发故障的直接原因是发电机某部件设计不合理与制造质量不合格。一场国际官司在所难免。为打赢这场官司，马伟明说：“我们必须从理论和实际两方面找出足够的证据来。”

马伟明组织人员按1∶1做出故障设备仿真模型，夜以继日展开一系列试验。为了检测其制造质量，他找到E国的制造工艺标准，逐项逐项进行对照。还邀请本校振动噪声专家施引教授、结构力学专家王安稳教授、材料力学专家王德石博士等共同会诊，反复进行电脑模拟仿真……终于从各方面掌握了铁证。就在马伟明的故障论证研究接近尾声时，从北京传来指令：以马伟明为首席专家组成中方代表团，与E公司代表团展开谈判。

E公司的谈判代表团10个人，8个是具有总设计师、总工程师头衔的资深专家。其首席专家一到故障现场便一口咬定是“中国人操作不当”，高傲得近乎蛮横！马伟明不慌不忙，逐条论证其设计上的重大失误与制造工艺的明显缺陷。对方似乎不想跟你论理，只是矢口否认。“那么，请您提供设备的结构设计图，我们一起来分析。”马伟明用手指着图纸的一角：“请问，你们的端部设计经过力学计算吗？”“计算过。”“那就请把你们的计算结果拿出来。”对方拒绝了马伟明的要求，以教训的口吻说：“这属于另一个技术合同范畴，没经协议拿到报酬之前，我们是不会公开计算结果的。”

此时，马伟明已是怒火中烧，但他还是忍住了：“你们算没算我不知道。但我们计算的结果是，你们的发电机端部共振频率与柴油机机械共振频率相近，这是造成故障的主要原因。”看了马伟明拿出的数据，对方首席专家愣了一下，但故作镇定地问：“请问你们是如何计算共振频率的？”马伟明随手写出一个公式递了过去，对方不经意地瞅了一眼，便指责马伟明的公式是错的，而另写了一个公式。谁对谁错？刘德志翻开一本该国出版的教科书查看，证明是对方弄错了。“这是电机学的基本常识，你们国家出版的教科书上也是这样写的。”马伟明不动声色地说。对手的脸红了，他们低估了中方的实力，没料到眼下这位身材瘦小甚至有些羸弱的年轻人，会运用众多学科领域的理论来支撑他的结论，让对手无法招架。E公司首席专家坐立不安，热汗浸湿了鬓角。突然，他将手臂使劲一挥："马博士，既然你已经分析出故障原因，还要我们来中国干什么？顺便说一句，你的理论太离奇了，我们听不懂！"言罢，夹起皮包要走。马伟明见状，一股热血直冲头顶，他再也无法遏制怒火，双眼圆睁，直视对方，一字一板地吼道："先生，我们是在讨论科学。你不懂，我可以教你！"对方顿时惊呆了，马伟明接着厉声道："再加一句：我分文不收，免费教你！"

最后，对方老老实实认可了中方的鉴定结论。谈判虽然取得了胜利，但马伟明一点也高兴不起来，对手凭什么如此傲慢？凭什么蛮不讲理？因为他们在科技上胜人一筹，是国际动力设备巨无霸，自认为你离不开他。

"没有科技的强大，中国就谈不上真正强大，而科技的强大是多少钱都买不来的，唯有靠中国人自己奋发图强。"马伟明说。

"这项发明的知识产权属于中国"

又是外国公司，而且是称霸全球的跨国公司。1997 年，该公司（以下简称 M 公司）为中国生产的第二套十二相发电机整流系统在工作电压范围内遭遇"振荡"。这个问题不解决，整个产品就等于一堆废铁。这套设备是为我某大型装备配套的，而十二相发电机我们当时制造不了。人家就是看死了这一点，竟然没有做先期稳定性试验。

马伟明出马了，与中方验收装备的专家组一起，要求 M 公司做振荡试验。当难以抑制的"低频振荡"像幽灵一样附身发电机整流系统时，该公司从上到下顿时方寸大乱。他们临时抱佛脚，紧急约请其国内著名专家会诊，折腾了好几天都白忙乎了。山穷水尽，他们不得不低下高傲的头颅。一夜之间，中方专家组的待遇全变了样。从电机公司老板直到公司总裁，都对来自中国的年轻教授马伟明博士表现出无以复加的尊重。双方的谈判在看似十分轻松友好的气氛中重新开始了。马伟明的发言毫不客气："我的导师早在 1989 年就曾提醒贵公司注意'低频振荡'问题，我本人随后到此验收第一套系统时，也发现并敦请贵公司切实研究解决'低频振荡'问题。但令我感到吃惊和遗憾的是，八九年过去了，作为一家世界顶级的

◆和同事进行科研交流

电力设备跨国集团，贵公司对这个问题的研究竟然毫无进展！”

M公司此刻已无心顾及面子问题，更焦虑的是公司的利益。如果“低频振荡”隐患不解决，一旦中方要求退货和索赔，那损失的将不仅是巨大的经济利益，而且还有损失不起的商业信誉。

“马博士，在您看来，我们的设计问题出在哪里？”M公司首席谈判代表绵里藏针，反守为攻。如果中国人也破解不了这个难题，那么就有讨价还价的余地。马伟明直截了当，一语破的：“关键性的两个参数不对，比值选择失当。”“应当如何修正这个问题？可以请教您吗？”M公司的高级专家态度十分谦恭。马伟明淡淡一笑，对方察言观色：“看来，您已经掌握了解决振荡问题的技术。”“是的。”马伟明随手在一张便笺上写下两道公式交给了对手。

M公司拿到马伟明写出的两道公式，如获至宝，连夜组织高级技术人员展开会战。第二天早晨，M公司的首席谈判代表便告诉马伟明：“马博士的方法与我们的思路是一致的。”这是想过河拆桥啊！马伟明不动声色地说：“既然如此，那我们之间就没有必要再谈判了。”

谈判中止不到两天，M公司的会战搁浅了。这时，他们才领教到了马伟明的厉害：他给你指出了解决问题的路径，却并没有把他的核心技术告诉你。好比医生处方只开了药，没标明每味药的剂量。M公司再度恳请马伟明指点迷津，此时他们已从英国的世界专利权威《DERWENT》刊物上得到证实，中国已有解决发电机整流系统低频振荡顽症的发明专利，马伟明正是专利第一发明人。马伟明态度十分坚决：“事关我国知识产权和我的发明专利，不达成协议，我无权向贵公司继续提供帮助。”

“如果能以您的发明专利帮助我们解决振荡问题，我们愿意向您本人支付相当于贵国人民币150万元的现钞作为酬劳。”M公司想私下交易。马伟明的回答义正词严：“专利技术转让是有价的，但是否转让，要多少钱，不是我关心的事。因为这是一项职务发明，其知识产权不仅属于我，更属于中国。”M公司别无选择，只有老老实实购买中国的发明专利。

自我加压　扬鞭奋进

刘德志教授与马伟明搭档21年，在他眼里，马伟明是个走路像跑步一样的人，一个以百米冲刺的速度跑马拉松的人。海军首长和学校领导不担心他出不了成果，最担心他的身体。他从来没有节假日，每天在实验室工作十几个小时，一天只能睡几个小时的觉，还有严重的失眠症。2008年秋天，他连轴转了几个月，感冒咳嗽也伴了他几个月。腰扭伤了，站不能站，坐不能坐，仍然坚持躺在实验室指导大家做研究。直到年前成果鉴定会开完了，他才肯上医院。学校为他在武汉华中科技大学同济医院预约了病房，要他全面体检并住院休养。体检会诊的结论是“极度的疲劳综合症”，可他一天医院也没住，每天到医院输完液就偷偷跑回实验室。坚持了不到一个星期，连输液也不去了，理由是“太浪费时间，还白花一笔病房费。”时间对他来说太宝贵了。的确，作为一名院士、研究所所长、国防重点实验室主任、“973”科研项目首席科学家，他肩上压着N副重担，能安心休养吗？

要休养，最好的办法是减负。可马伟明不仅不愿给自己减负，还常常自我加压。刘德志介绍说，他承担的课题大部分都不是国家和军队指令性课题，是他自己揽来的项目，没有经费，他就自己找。例如，他要做一个综合电力技术大型装备的课题研究，这样的研究项目国家即使投资预研，也给不了多少科研经费，而相关科研院所和生产企业拥有雄厚资金，却往往又找不到合适的课题。于是，马伟明把他们请上门来谈合作：你们投钱我做研究，出了成果三方共享。尽管首期投资高达1.5亿人民币，但课题的高技术含量和潜在的军事效益令合作方怦然心动，三方一拍即合。此外，只要是他看准了的课题，即使无人投一分钱，他也会自掏腰包硬着头皮往前闯。8年前，他瞄准一项国际前沿尖端技术，却没有经费支持。马伟明犟劲十足：“砸锅卖铁也得干！”率领实验室一帮青年专家埋头苦干8年，研制成功了1:1样机，实现了我国重大装备的跨越式发展。2013年1月，国内80家单位的电气、机械、船舶、航空航天、兵器、计算机等领域，包括40名两院院士在内的百余名专家代表，对该项目进行了验收和科技成果鉴定，专家们用“伟大的成就”、“重大的创新”、“电气领域史无前例的成果”等词语来评价这一与世界强国比肩的成果，所有专家都被马伟明团队8年来为强国强军克服万千困难、心无旁骛、矢志不渝、奋力拼搏的精神所深深感动。

为恩师张盖凡塑像

年轻人跟着他干，有时难免感到委屈，但也特有成就感。例如，他会为一天多报销一张20块钱的出租车票让手下难堪；“为什么不好好计划把该办的事一趟办完？”他心痛的是被浪费的时间，而不是那点钱。但，有为强国强军而拼搏的目标，有实现目标的条件，加之他马伟明从不亏待人，他那里的吸引力无疑更加巨大。跟着他一起走过来的骨干，个个都提前晋级并多次立功受奖；

他想节省集中财力干大事，但给手下每月发课题津贴绝不吝啬。

有时他严谨得不近人情，倔起来六亲不认。张盖凡老先生是马伟明的恩师，可以说没有老先生就没有他的今天。当年招研究生时，是张老先生力排众议将马伟明招至麾下。研究整流系统稳定装置时，张先生是掌舵人，马伟明是技术负责人。在准备召开鉴定会的前一天下午，老先生突然想到有一个工况没有做试验，建议再做一下。这一做，不料整个线路却意外失常，全乱了套，直到晚上6点半也没有找到原因。马伟明急得满头大汗，大家七嘴八舌分析原因。马伟明一下火了，大声吼道："别吵了！都给我走！全是你们左一个主意右一个主意闹的。"他这一顿火，把老先生抢白得满脸通红，一句话也说不出来。刘德志见状，拉着老先生和大家一起走了。刘德志把老先生送到家，又返回实验室，直到陪着马伟明终于排除了故障，才开导他："你跟我们大叫大嚷都行，但老先生这辈子有哪个学生敢跟他发火？"此时马伟明才如梦初醒，拉上刘德志立即赶到老教授家。老教授正一个人黑灯瞎火地坐在书桌前抽闷烟。其实马伟明心里十分感谢老先生，因为老先生挑刺，让他消除了稳定装置存在的隐患，提醒他要严谨再严谨，本该道歉的他说出来的话却是："教授，刚才我和刘德志把原因找到了，从头至尾全调好了，您放心。"师徒如父子，老先生知道这就是爱徒的认错方式，站起来舒了一口气，说："一起吃饭吧。"仿佛什么也没有发生过。2001年岁末，在海军为新科院士马伟明举行的庆功大会上，他转身把获得的鲜花转送给了坐在主席台上的张盖凡先生。

◆和导师张盖凡一同研讨问题

2003年6月，张老先生与世长辞。半年多的日子里，不论谁当着马伟明的面提及老先生，他都会失声痛哭。每逢春节、清明和老先生的忌日，他都要去墓地祭拜。在他领衔的电力电子技术研究所实验大楼前的草坪上，矗立着盖凡老先生的铜像，这是马伟明筹资铸塑的。这尊铜像，寄托着马伟明对先驱、对恩师、对师范、对传统的尊重与怀念，以鞭策自己，激励后人。铜像无语，但人们却分明听到它在重复古人的一句话：建非常之功，需非常之人。

院士名片

茆 智 男，节水灌溉工程专家。籍贯江苏省南京市，1932年9月出生。1953年毕业于华东水利学院。2003年当选为中国工程院院士。武汉大学教授、博士生导师，国家水利部科学技术委员会委员，国家节水灌溉工程技术研究中心工程技术委员会主任。曾任湖北省水利学会理事，湖北省土地学会副理事长、常务理事，中国农业现代化研究委员会委员。

长期致力于节水灌溉研究与开发。20世纪50年代在我国率先提出"依据水汽扩散原理推算作物需水量"的方法。20世纪60年代主持橡胶灌溉研究课题，取得系列成果，填补了国内外空白。20世纪80年代以来，主持10多项国内及国际合作灌溉节水重大科研项目，提出了农作物需水量与灌溉实时预报方法，水稻节水、高产、降污的灌排与水肥综合调控模式，以及水稻水分生产函数和非充分灌溉的系统成果，在灌溉节水方面做出了重大成就与贡献。20世纪90年代以来主持并完成8项国家及国际合作的重要节水灌溉研究项目，成果已在4省（市、区）累计推广166万公顷，增产粮食27.4万吨，节水13亿立方米，经济效益4亿多元。学术方面，提出了先进、实用的需水量和灌溉实时预报理论与方法和水稻节水高产的灌溉模式，首创性地提出了水分生产函数时空变化规律和作物受旱复水后生长产生"反弹"的理论及其指导节水灌溉的方法，为灌溉工程的运行、规划设计和水资源开发利用提出了先进、实用的节水理论与技术。曾以第一获奖人身份获"国家科技进步奖"二等奖1项，省部级一、二等奖7项。2000年获得"国际农业节水技术杰出成就奖"，该年度全球仅他一人获此项奖励。被美国传记研究院评为"当今全球最优秀的500名学术带头人之一"。出版专著4部，发表论文50余篇。

院士寄语

始终坚持创新，利用课堂、业余时间不断创新。要培养求知欲望，主动学习。学术不能总与利益相结合。

有些专业大类是相同的，对于文理不同的专业来说，要多交朋友，积极参加有意义的社团，但却不能花太多的时间而影响学习，要注重兴趣的培养。

搞科研最忌浮躁，一定要耐住寂寞，要胆大心细，实事求是，勇于创新。

年轻人要敢想敢创新，敢向老师挑战，敢跟老师讨论。

悠悠水情结

黄世猛

恨 水

1932年9月20日，茆智出生于江苏省江浦县（现南京市浦口区）一个知识份子家庭，父亲茆礼恭毕业于东南大学理科，终生在中学、大学任教。1937年12月，日寇对南京发起疯狂进攻，为避日寇蹂躏，刚满5岁的茆智，随亲人向西逃难，经历了许多磨难。1940年，父亲去位于四川合川县的国立第二中学任教，茆智随父迁合川，住在嘉陵江与渠江交汇的岸边。

在四川农村生活了7年，大自然的残忍，给年幼的茆智带来新的痛苦，以至彻底改变了他的人生轨迹。

刚到乡下他感觉很美，树木郁郁葱葱，河水清澈见底，他常和小朋友一起去小溪捉鱼，在水中石缝里摸小螃蟹，在塘里採菱角。可是进入夏天，一场暴雨引发上游山洪暴发，洪水翻江倒海直泻而下，江河水面的惨景让他毛骨悚然。除了家具杂物，还有死羊、死猪和人的尸体漂荡在洪水中，尚未完全淹没的树木上，爬着蛇和挣扎的人……

半夜里他常被噩梦惊醒吓哭，他恨水无情，恨现实残酷；生命在山洪面前显得是那样的脆弱，那样的无奈！山洪退去后，他去上游看到，倒塌的房子没有修复，村子里满是残垣断壁，村民大部分已经流离，看上去一片苍凉。令他没想的是，3个月前遭受洪水侵袭的村子，3个月没有下雨后，又面临严重干旱，山坡地庄稼干枯，水稻叶子枯黄，甚至连村民吃水也要翻山越岭去邻村担。

水啊水！太多了——疯狂泛滥，淹地毁屋，天塌地陷；太少了——河塘干枯，草木不生，人禽难活。水的“度”在哪里？哪是合适的度？茆智暗暗下决心，长大了要当水利专家，要治水防灾，造福于民。

1944年2月，茆智报考位于合川的国立二中。小学年龄段东跑西躲、全部加起来只读了两年书的茆智，在考语文时，卷面上标的“作文题见黑板”，意指见考场里黑板上当时写的作文题目。他根本没看一眼黑板，而误把“黑板”当成了题目，围绕“黑板”作文章。茆智用他的视觉赞美老师，歌颂粉笔，褒奖黑板。虽然写得“文不对题”，却充满才华智慧，被慧眼识珠的老师看中，破格录取。

日寇投降后，1946年一家人才返回江苏，茆智先后在江苏省立常熟中学、南京市第三中学读书。1950年夏考上大学时，他的第一志愿毫不犹豫选择了南京大学水利系（现河海大学）。靠着童年理想的支撑，大学里茆智非常刻苦，表现优秀。

◆向有关负责人讲解推广新技术的意义

大学刚刚毕业，他就获得一个深造机会——随苏联专家学农田水利。

他抑制着内心的喜悦，一板一眼跟着“老大哥”学功夫。当时茆智的苏联导师传授苏联采用的推算作物需水量的两类经典方法，一类是农田水利领域苏联唯一科学院院士提出的用作物产量推算，另一类是导师自己推崇的用水面蒸发量推算。这两类方法均是先求出总量，再按比例求出各阶段需水量。然而，当他在湖北农村几个灌溉试验田里埋头试验数年后，觉得不能再按苏联专家的观点“照葫芦画瓢”了，自己观点是正确的，必须亮出来。

茆智认为，水面蒸发量、产量以及需水量是众多因素影响的结果。而苏联专家提出的两种办法，都是用一种结果去推算另一种结果的纯经验方法，不尽合理。总量是分量合成的，先算总量后按分配比例确定分量更是本末倒置。

那么，什么是合理的计算法？

茆智认为，合理的计算法应是根据需水量的成因，用影响需水量的直接因素，分阶段地计算需水量。

为了论证自己的观点，他多年在田间反复做试验，实践证明：以水汽扩散原理为基础，以日照、气温、风速与栽培水平为指标的分阶段计算水稻需水量的方法，比老大哥的方法在理论上更完善，推算的结果更精确。

至此，茆智计算需水量的方法，成为我国最早按成因原理计算需水量的半经验方法之一，被我国南方一些灌区采用，后被苏联和越南水利刊物介绍。

此后，茆智对水、对围绕水的科技创新产生了一种特殊的亲密感。

爱　水

人间所有的爱，都是需要付出的。爱上农田水利学科的茆智似乎要付出比常人更多更大的代价，每做一项试验，每获一个数据，每证明一个观点，都要在野外像承包养殖业的农民那样，吃住窝棚，天当被地当床，少则一个春夏秋冬，多则三四个年头。

1960 年，橡胶灌溉研究被列为国家重点项目。此前国内外尚无橡胶灌溉研究先例，更无参考资料。茆智承担此重任后，率师生 20 余人赴海南岛，开始了艰苦的系统探索。那些日子里，国家处在困难时期，研究经费少，为了节约，更为了掌握第一手数据又节省往返住处与试验场地的途中时间，不耽误及时观测，他放弃条件较好的楼房，而住到橡胶园旁搭建的草屋内，经常是昼夜在胶林连续观测，这样一干就是三四年。

茆智回忆这段经历，仍很兴奋地说："搞农业、水利研究，必须要学会吃苦，说起来这是个老话题，但如果现在丢掉了，什么也搞不成。当时，海南乡下几乎一片荒凉，我们住在胶林旁茅棚里，无电、无自来水，还要防白蚁叮和蛇咬，床板架在木桩上作为床，木桩树四周绑着树刺，以防蛇虫爬上来。床边桌子的抽屉中只放 3 件物品——手电筒、刀片和蛇药，万一被毒蛇咬了，紧急用刀片挖伤口、放血、外擦和内服急救蛇药；夜里在胶林中观测，边走边拍巴掌，以便赶走蛇虫。夏天在油灯下工作，为防蚊叮虫咬，周身要穿严，经常捂出一身痱子。"

经过 4 年艰苦的试验研究，茆智和他率领的研究人员，对橡胶的灌溉效应及其原理、需水规律、灌溉制度、灌水方法，均取得系统成果。茆智编著的《橡胶灌溉》成为迄今为止全世界该领域唯一的一部专著，填补了国内外空白。

茆智感觉到：我国人口多，底子薄，农作物灌溉面积大，品种多，但灌溉科技落后，仅靠专业研究人员的努力远远不够，必须培养大量的灌溉试验、灌溉管理人才。

于是在改革开放后 10 多年的日子里，茆智遍跑全国 16 个省（市、自治区）举办了 10 多期灌溉试验、灌溉管理培训班。先后培训了 500 多名试验人才，这个数字几乎占全国灌溉试验技术骨干的一半。许多人把参加茆智教授的学习班看作灌溉试验的黄埔军校。进了这个校，表现优秀的，会被茆教授收为研究生，就有机会干更大的事业。所以每到一处讲课，学生们都争先恐后要求参加，这样一来，茆教授的工作量就成倍增加。

在一份年深月久的材料上，记录着这样一个故事：有一年，茆教授赴西藏讲学，讲完后又到海拔4400米处考察地热大棚滴灌系统，由于劳累加缺氧，当场休克昏迷。经抢救并及时送拉萨治疗，醒过来的当天，他又坚持写汇报到深夜，次日开会再次昏倒，再次紧急送到医院。医生诊断说，高山反应变成了间质性肺水肿，病灶紧靠心脏，随时有生命危险。然而，抢救脱险后的茆智，情绪仍保持乐观。回武汉后身体很虚弱，医生开病条让他全休3个月，他把病条藏起来，也不向领导说，坚持工作。

靠着这种“豁出去”的毅力，靠着不断创新的智慧，他几乎每年都有建树，每隔几年就有大的研究成果。

◆与专家观看鄱阳湖湖区模型现场

1985年起，他率科研组在中国北方（河北望都县、唐海县）和南方（广西桂林市、湖北荆门市）布站开展田间试验，提出了节水灌溉条件下作物需水量与灌溉的实时预报方法。这一方法，受到联合国粮农组织与国际灌排委员会专家的高度重视，认为茆智的预报方法，比联合国此前向世界推荐的方法更先进、更实用。美、加、葡、波等国同行和一些国际科研机构，随后提出与茆教授合作研究，茆教授 10 多次应邀出国讲学，在国际上产生了很大影响。

在漫长的科研岁月中，无论吃了多少苦，取得多大的成绩，茆智都显得淡定平静，为人亲善，刻意低调。他把做学问比作瀑布："蔚然壮观的瀑布，是需要山泉、小溪一点点的汇集，经历无数狭窄的河谷和舒缓的河床之后，遇到陡峻崖坎才能爆发出势能。"

他的沉默，到 1990 年后开始爆发，此时 60 出头的茆智主持了 4 个国家自然科学基金项目、7 个国际合作项目以及 6 个省部级项目。1995 年以后拿下了一大堆各种大奖，其中，他主持的国家自然科学基金项目《水稻水分生产函数及稻田非充分灌溉原理与应用》获"国家科技进步奖"二等奖。2003 年，他当选为中国工程院院士。71 岁高龄的他，被人戏称为"老来俏"和得奖专业户。

节　水

水稻节水灌溉，是茆智系统研究农田灌溉中的一个内容，也是几十年来让他呕心沥血、不断创新造福人类的事业。

20 世纪 90 年代，他在主持多个国家自然科学基金项目研究时，针对节水灌溉，连续 7 年开展田间试验，在世界上首次发现水稻水分函数与参照作物需水量存在的密切关系；提出了作物早期和中期受轻度、中度干旱再复水后对生长、耗水会产生"反弹"效应的理论，并提出了利用"反弹效应"指导节水灌溉和非充分灌溉的方法。他把节水总结为 4 句话：高效省水，持续高产，有利于生态环境，与其它农业技术最合理地配合。

既能节水又能提高单位面积产量——这个研究成果，经历了外国专家从怀疑到坚信的过程。茆智用精彩绝伦的证明，扭转了国际同行的观念。

多年来，国际水稻研究所等几个国际研究机构的几位知名专家坚持的概念是：水稻节水肯定要减产，这似乎成了颠扑不破的真理。然而，茆智却根据他研究的结果，提出了相反的观点"水稻节水又能增产"。

国际权威不太相信，要证明他的观点。1997 年"国际农业研究中心"、"国际灌溉管理研究院"和"国际水稻研究所"3 个单位联合与茆智的研究组合作，在中国立项研究"节水灌溉对产量的影响"。说白了，外国专家要验证茆智提出的既节水又增产技术的真假。

试验两年，外国专家终于改口说："中国的节水灌溉技术可以不减产。"

“可以”两字似乎不够肯定，于是又经过两年试验，外国专家们完全相信并作出结论：“中国的节水灌溉技术既节水又增产”。

3个国际研究单位，对中国同行产生了极大的信任。2001年，他们又提出进一步与茆智研究组合作研究新项目，名为“以更少的水获取更多产量的中国水稻灌溉技术”，同时在中国湖北、河南和澳大利亚展开研究。

试验结果更使他们坚信：中国节水灌溉不仅节水而且增产。这是对国际节水灌溉科技的一项重要贡献。

茆智创造的农田节水又增产的灌溉技术，目前已在国内推广了2000多万亩，创造了4亿多元的经济价值。茆智因此荣获“国际农业节水技术杰出成就奖”。

身在武汉大学，对湖北有特殊感情的茆教授，对第二故乡节水灌溉作出了突出贡献。然而，湖北和全国各地特别是和南方多个省份一样，为了农业增产，过量和不合理地施用化肥、农药，致使农业面源水污染日益严重，这更加重了灌溉水量的匮缺。

茆智充满担忧：“农田面源污染，严重危害人们健康，已成了影响进入小康社会的瓶颈，阻碍社会、经济可持续发展的毒瘤。”

于是，一辈子献身水利灌溉的茆教授，近10年来又致力于用农田水利措施防控农田面源水污染的研究，并以此为专题，开展国内外项目的研究，指导博士生。2007年，首先提出用“四道防线”，即“田间节水灌溉、控制排水—田间草沟—塘汇湿地—骨干生态沟”来降解排水中的污染物。试验研究表明，“四道防线”可降解氮、磷70%以上，效果显著，国内外给予高度评价。如今，这一方法正在运用于一些重要农业面源污染防治项目之中。

耄耋之年的茆智，仍在不遗余力地培养学生，仍在全国不停地奔波，仍在山水田野间转来转去，他转过了青春，转过了壮年，转得满头青丝变白发。

山一程，水一程，路一程。日历一页一页撕去如烟的过往，他却没有淡化人生的梦想和追求，专注学术，生活上也非常豁达。他家距武汉大学有一个小时车程，为节约时间，从1956年起，他一直在学校食堂吃饭。他爱护身体不太好的夫人，也不分散在外地外国学习、工作的儿女的精力，虽然现已80多岁的高龄，他仍然像1956年年轻时一样，独自去食堂吃饭，自己打扫卫生，自己洗衣服。

“茆院士对学术严谨、对人充满真情、充满人格魅力，他在学术圈内口碑颇佳，是可亲可敬的师长。”跟随茆院士做了20多年科学研究的崔远来教授，深受其熏陶，如此评说。

跟着茆院士做科研，受到潜移默化影响的王修贵、董斌等，目前是水利学院杰出的教授和所在领域的学术骨干，他们向笔者一谈起茆院士，都赞不绝口，夸他的人品，夸他的气量，夸他几十年来良好的学术习惯和生活态度。

院士名片

陆佑楣　男，水利水电工程专家。原籍江苏省太仓市，1934年1月生于上海市。1956年毕业于华东水利学院（现河海大学）河川结构与水力发电专业。2003年当选为中国工程院院士。中国大坝协会荣誉理事长，湖北省科协荣誉委员，清华大学、河海大学教授兼职教授。曾任国家水电部副部长、能源部副部长、国务院三峡工程建设委员会副主任委员、长江三峡工程开发总公司总经理。

长期从事水电工程建设的技术和管理工作，先后参与、主持了黄河刘家峡、汉江石泉、汉江安康、盐锅峡、黄河龙羊峡等水电工程的建设。在水电部、能源部工作期间，推进了水电建设体制改革，促进南方电网的形成，实现了初期的“西电东送”；参加了三峡工程论证工作并任论证领导小组副组长，1993至2003年主持长江三峡工程建设，成功地研究和决策了一系列重大工程技术和工程管理问题。在他担任中国大坝委员会主席期间，积极扩大中国坝工建设在国际上的影响。2002年荣获第70届“国际大坝委员会奖”。主要论著有《三峡工程大坝混凝土快速施工新技术的研究及实践》、《长江三峡工程建设管理的实践》和《在实践中认识三峡工程》等。其中《三峡工程大坝混凝土快速施工新技术的研究及实践》获“湖北省科技进步奖”一等奖。

院士寄语

坚持科学发展观，做好中国梦。

坝之曲

王玲儿

《叙事曲》

夜晚，如果你经过三峡大坝，远远望去，会发现有一架巨大的“钢琴”正好横卧于长江之上——大坝就是整架钢琴，用来泄洪的一格格匝道则是那黑白琴键，错落有致，节奏分明。奔腾而下的洪水翻滚着一束一束白浪，发出巨吼，恰如在弹奏的一首交响曲。气势磅礴，激情四射，又弥漫着些许浪漫情怀。

从 1994 年正式开工，至今已有 20 年的三峡工程，一度吸引了世界的目光。而今，这座横卧于世界第三大河流——长江之上的“世界第一大坝”，依然是世人瞩目的焦点。

陆佑楣先生曾经说过，“每一条河流都是有个性的。”毫无疑问，每一座大坝也是有着自己独特个性的，或巍峨、或雄伟、或艰险、或俊朗，可三峡大坝，我们又该如何形容它？它建于滚滚长江。它号称世纪工程。它的坝体总混凝土量为 2807 万立方米。它拥有双线连续五级船闸和单线一级垂直升船机。它的永久性船闸人字工作门挡高度是 38.5 米，运转时最大淹没水深达 36 米，最大单扇门重 850 吨，均属世界之最。

过于宏大、也过于强悍的三峡大坝，它的个性是如此复杂、又充满了矛盾。理智与情感，漫长和瞬间，遥远或伸手可触，都在它身上完美地统一了，简单的词语根本无法概括出它的精髓。

或者，它更愿意是一架钢琴，就如人们在夜晚所看到的那般，能够弹奏出一首首的曲子，欢喜、悲伤、坚强，或是梦想，都能完整地由自己来表达。事实上，它的性格、它的命运以及它所经历过的悲欢离合，都曾经在长江、在这片土地上不间断地奏响过，余音缭绕。

《命运交响曲》

贝多芬在《C小调第五交响曲》第一乐章的开头，写下了这样几个字："命运在敲门"。不过简简单单的5个字，却如一盏明灯，将整首曲子都笼罩在震撼与感动之中。它似乎有一种无形的魔力，总让人生出壮怀激烈之感，由此相信"搏斗"是生命中最为痛快淋漓的事情。而"命运"二字，也被引用为这首交响曲的标题。

从1804年开始酝酿到最终完成，《C小调第五交响曲》花费了贝多芬5年时间。那恐怕是作曲家最为艰难的时期——恋人远离、耳聋治愈无望，他经历着旁人无法想象的痛苦。只是，看着呼啸而来的命运一次次撞击着的大门，贝多芬却无声地笑了。他没有退缩，而是暗自捏紧自己的拳头，最终"成为了灵魂的坚定守护者"，与前来敲门的命运握手言和。

◆青年时期

一首曲子，一个人，诚如一座大坝，一群人。同样是从无到有、同样都让梦想变成了现实，同样地，他们也承受住了很多的怀疑与磨难，最终还是在世界的某一处，稳稳地站住了！从1993至2003年，整整10年时间，陆佑楣都在与"三峡工程"打交道。或者，时间甚至可以追溯到更早——1986年，国务院决定重新论证三峡工程的可行性与必要性，他便在钱正英女士的领导下，任长江三峡工程论证领导小组副组长，负责水库水位和综合专题组的工作。此后的17年，他看着三峡工程从一摞摞的论证材料、一张张的设计图纸、一片片的山野林间走出来，屹立在长江之上。由此，这座世纪工程也成为了他生命中最重要的存在。

一个人的命运是否真的能够被掌控？或许并无十分可能。更多的时候，人们只是被抛在了命运的漩涡之中，而后开始抗争。一些人，早就被裹挟着巨浪而来的命运冲昏了头脑，哪里还记得要去搏斗？惟有少数人，他们不管不顾，在风雨之中依然坚持着自己的梦想。胜者如贝多芬，命运不得不与他言欢，才有了震憾世人的《命运交响曲》。其实，在命运面前，这首处于创作之中的曲子又何尝不是在等待、坚持和搏斗——它尽自己所能，牢牢地盘踞于作曲家的脑海之中，不肯离开半步。

而三峡工程，从最初的设想、勘察、规划、论证到开工，整整经历了75年时间。如果将它比喻成一个人，那也是在古稀之后才隐约触摸到了自己的梦想。要实现这个梦，还得再经历10多年的磨难。

面对命运近乎开玩笑的方式，三峡大坝也在苦苦搏斗。1919年，孙中山先生在《建国方略》一文中写道，“当以水闸堰其水，使舟得溯流以行，而又可资其水力。”这便是修建三峡工程的原始设想。此后，它就陷入了漫长的等待之中。

直到1993年9月27日的到来，所有的等待才戛然而止。

这一天，中国长江三峡工程开发总公司在湖北宜昌成立，陆佑楣出任总经理，开始进行三峡工程正式动工前的各种筹备。于他来讲，“三峡工程”就像是一个熟悉的老朋友——它是一个词语，也是一个工程，更是一个宏伟的目标，是整整几代人的梦想。而今，梦想的蓝图已经绘就，一切不再是纸上谈兵，必须真枪实弹地干起来，梦想才会鲜活起来。

当梦想照进现实，一切的艰难险阻才刚刚开始显现。

祖祖辈辈长于三峡两岸的人们，自古以来生于长江之畔的动植物，还有历史遗留下来的文物古迹，如今都被一个称为“三峡工程”的新名词所震动。所有的，都即将进入到一个完全陌生的环境。于是，无数家庭搬迁，几百万移民，而那些飞鸟鱼虫、花草树木，未来究竟会如何，还不得而知。

此时的命运，静静地站在时间的边缘，看到三峡工程如火如荼地筹备，看到陆佑楣正在四处奔走，看到无数的人们不得不放弃自己的家园而背井离乡。它也看到，自然界的生物开始有了微微的惶恐。命运那只手，将看似不相干的一切都推动到了一起，纠缠不清。表面看来只是宏伟的三峡大坝即将修建，而背后，却隐藏着如此之多的小音符、小插曲。谁也不能从中抽离，谁也无法独善其身。

质疑的声音随之而来。好在陆佑楣清楚全部的过程——修建大坝的论证文件，如山一般堆积着，建与不建的所有证据都在其中。而在三峡大坝建成之后，自然界的生物如何繁衍、会不会濒临灭绝，也都有着较为详尽的预测。

所谓的“世纪工程”，远不是修建一座大坝如此简单。处于20世纪90年代，人也好、物也罢，甚至于三峡地区的整个自然循环，都不得不与属于自己的命运直视。生长于大的天地之中，一只蝴蝶、一株花草、一尾中华鲟，它们的命运，莫不是与人相同。顺应或抗争，于天地而言，是必须要做出的选择。

被推到实现梦想总指挥这一角色的陆佑楣，也选择了迎难而上。没有桥？架！没有路？修！大型水电工程历来都会修建一条专用铁路，用以开工之后运送各种原材料。等水电站建成，铁路也基本废弃。但这一次，有没有可能只修公路呢？方案提出，又是一片哗然。但陆佑楣从来都不惧怕质疑，他相信科学，相信专业知识的力量。

“工程一旦开工，单一的铁路根本不可能完成巨大的物流进出，大量物资还得依赖公路。既然有了铁路还得修公路，铁路的后期利用率又低，经过专家的大量论证，最终我们放弃铁路，全部采用公路运输。”这番话，陆佑楣一定说过很多次，毕竟，说服人们尝试着创新是一件极为艰难的事情。

于是修建了一条三峡专用高速公路。进出两条路，为工程建设的物质运输提供了充足的通道用量。即便工程完结，公路的便利与快捷也会将三峡大坝与外界紧紧联系起来。这或许是第一次，公路取代了铁路，在大型水电工程的建设中以交通主角的身份亮相。

“不拘一格降人才”，何尝不是在说人们的思想？

可困难依旧重重。

即便红线内的搬迁已经结束、对外运输的专用公路已经建成；即便，右岸一期工程的土石围堰已经填筑，早已不再惧怕第二年的长江洪汛；即便，各路人马早就集结、各式机器已经热火朝天地干了起来，却每天都面临着新的问题、新的矛盾。

◆考察乌东德水电站坝址区

如今讲起来，似乎云淡风轻。他坐在宽大的办公室，回想起为三峡工程而奔忙的日子，依旧是恬淡而平静的。“三峡是世纪工程。长江的水量很大，世界排名第三。要在滚滚长江上修一座大坝并不简单，这并不是在平地在上建一栋房子。开工后，几乎每时每刻都有新的问题出现，有些能够很快解决，有些则需要暂时放一放，找到解决方案后才能继续。”

到底都有什么样的问题？外行人根本无法想象。

就说混凝土浇筑吧，说起来似乎很简单。实际上，在进行大规模的混凝土浇筑时，温度的控制就是一个大问题。大量的沙石、水泥混合凝固后会产生热量，在此过程中要进行人工冷却，让热量散发。如果浇筑后的混凝土其内外温度不能以相近的速度降下来，必然会形成温差，导致裂缝的产生。三峡大坝的工程量巨大，坝体是靠一块一块的巨型混凝土堆砌而成，有裂缝的混凝土是不能用到工程中的。如何保证工程质量？得从最普通的混凝土浇筑抓起。

白天和夜晚不一样。炎热的夏季与寒冷的冬天也不一样。即使是重复做同一件事情，也会因季节、气候的变化而面临不一样的结果。这对于施工方、监理方和管理方，实在是一个考验，如果稍有不慎，就会让整个工程出现“裂缝”。虽然事情千头万绪，但本身就是水电专家的陆佑楣，绝对不会放过任何一个小小的错误。

“要做到每一块混凝土都不出裂缝是非常复杂的，这需要针对三峡工程的自身特点，依靠专业的科研所共同进行研究。同时严格施工管理、质量监管，采取各种综合措施，以保证混凝土不出裂缝。”说起专业问题，陆佑楣神情轻松。对于命运抛掷过来的所有问题，他从来都没有回避，总是一个个捡起再轻轻放下。如此地举重若轻。

坚持、等待、搏斗。在它们面前，命运总会低下高昂的、不可一世的头颅，选择与之和平相处。它深知，于此刻，“臣服”便是自己的命运。

1999 年，三峡工程的混凝土浇筑实际完成 448 万立方米，打破了巴西伊泰普电站年浇筑 300 万立方米的施工记录，震惊世界。2000 年底，这一浇筑记录又被刷新，竟然达到了 540 万立方米。这意味着，混凝土浇筑克服了技术上的难度，达到了工程所需要的质量标准。而这些数字的背后，是无数个不眠之夜、无数次的重复试验，以及无数人的心血和汗水。

阳光开始探头，但黑暗并没有远离。只是，我们要坚信，既然命运能与胜者相谈甚欢，那么，光明也终会来临。

《1812 序曲》

1812 年，俄国元帅、著名将领米哈伊尔•伊拉里奥诺维奇•戈列尼谢夫•库图佐夫带领俄国人击退了拿破仑 60 万大军的入侵，最终赢得了俄法战争的胜利。

到了1880年，柴可夫斯基创作了一部管弦乐，以此纪念伟大的卫国战争。这部作品，于1882年8月在莫斯科救世主大教堂进行了首演，而后开始流传。

柴可夫斯基在刚刚完成《1812序曲》之初，并不是很满意。他在给梅克夫人的信中说："这首曲子将会非常嘈杂而且喧哗，我创作它时并无太大热情，因此，此曲可能没有任何艺术价值。"但真相并非如此。不仅普罗大众热烈地喜欢着《1812序曲》，作家马克西姆•高尔基对此曲也极尽赞美之词："……它像平稳的波涛那样庄严有力地在大厅回荡。它以一种新的东西攫住你，把你高举于时代之上，它的声音表达出这一庄严的历史时刻，极其成功地描绘了人民奋起保卫祖国的威力及其雄伟气魄。"

可是，战争中从来就没有真正的赢家，无辜的生命葬于战场，美满的家庭支离破碎，无论是哪一方，都逃不过国破山河碎的结局。但在《1812序曲》之后，所罗门•肖特却说："柴可夫斯基是1812战争唯一的胜利者。"

假如说三峡工程的修建是一场战争，那也是一场坚持不懈的持久战。无数的施工人员、科研人员、后勤人员都投入到了战斗之中。而1997年11月8日的那天，更像是一场与大江大河的决战——按照预定计划，三峡工程要在这一天实施大江截流。

◆ 2012年1月，出席中国大坝协会工作会议

江泽民、李鹏等时任国家领导人都亲临三峡工程现场，要见证这足以载入史册的时刻。陆佑楣作为总指挥，不能紧张，又不得不紧张，神情也不由自主地严肃起来。他知道，此时正在紧张施工的建设大军，早已摸透了长江的脾性，也掌握了这条河的喜怒哀乐，只要顺应河水的流动做好疏导工作，一切都没有问题。可他也知道，除了主席台、施工现场，全国上下该有多少双眼睛在热切地等待着、期盼着啊！经历了几个世纪，几代人为之努力，龙口一旦合拢，就意味着截流成功，也意味着三峡工程的胜利竣工有了足够的底气。

当3颗红色信号弹在蔚蓝的天空中跳跃时，人群突然静默了，大概谁也无法相信眼前的事实——胜利怎会如此真的就到来？几秒之后，主席台、现场、无数个家庭的电视机前开始沸腾，爆发出一片欢呼声。

戴着安全帽的陆佑楣眉毛上下跳动着，紧绷的嘴角也轻轻地舒展开，似乎松了一口气，但他在接下来的讲话中，声音依然透露着轻微的颤抖。紧张、激动、担忧、艰难、焦虑、喜悦，那一刻，他又何止是五味杂陈啊！

谁又真的了解，作为世纪工程的统帅，他曾独自承受了多大压力、面对多少问题？——复杂的人事、不能松懈的质量、时时出现的技术难题、还有外界的某些怀疑，都曾出现在无数个辗转反侧、难以安睡的深夜。这样的夜晚到底有多少？这是一个秘密，而他拥有保留的权利。这一刻的成功截流，让他如释重负，也让他更加坚持。

甚至都来不及回味战斗胜利后的喜悦，就要紧锣密鼓地开始新的战斗——抢筑上下游围堰。要在第二年长江汛期之前，在围堰内挖掘出左岸厂房坝段、一部分溢流坝段基坑，更大规模的混凝土浇筑就要开始了。而人们平常不大注意的四季变换、江水涨落、鱼儿回溯产卵的日期，如今也不得不整理成细致的战时情报，在工程建设之中加以考虑。

“人都是自然界的一部分，我们不可能脱离自然而存在，也不可能强行地改变自然。应该在尊重自然规律的前提下，好好利用它，为人类造福。”说这番话时，儒雅而沉静的陆佑楣更像是热爱思辨的哲学家。

大自然的力量是无穷的。奔腾不息的河流、黄沙漫飞的高坡、四季如春的城市和大雪堆积的山脉，都处于这天地之间。而渺小如我们，却梦想着在奔流的长江之上建一座坝，让长江下游的平原不再遭受洪水侵袭，也可以借此发电，让更多的人们用上清洁能源。似乎是人类战胜了自然。

陆佑楣却说，“人定应天。就是在观察、掌握自然规律后，顺应规律对自然界进行适当的改变。”在他的思想里，顺势而为也是需要强有力的科学依据的。

每当船闸大门缓缓打开或关闭之时，人们总会发出惊叹声。被称作“天下第一门”的船闸大门，单扇门的面积就相当于一个标准篮球场，而当两个篮球场闭合之后，竟然可以做到严丝合缝、看不出任何拼接的痕迹，更不会漏水。这能不让人讶异么？何况，这是中国人自己的技术，最终由武汉造船厂制造出来。

2003 年，陆佑楣当选为中国工程院院士。如今又过去了 10 年，三峡工程早已完工。一些人走了，更多的人来了——他们来看三峡大坝的雄伟、高峡出平湖的美景，来看“天下第一门”的精湛、五级连续船闸的惊险。但他，却很少再回去——即便那是他曾经战斗过、赢过，并且赢得很漂亮的地方。只是，陆佑楣指挥的这场艰巨战斗，没有输家。他让所有的参与者，都曾处于时代之上，并且拥有了《1812 序曲》里的庄严与自豪感。

院士名片

张祖勋　男，摄影测量与遥感学家。籍贯江苏省无锡市，1937年6月出生。1968年武汉测绘学院研究生毕业。1995年当选为国际欧亚科学院院士。2003年当选为中国工程院院士。武汉大学遥感信息工程学院教授、博士生导师，湖北省科协荣誉委员。曾任武汉测绘科技大学副校长，测绘遥感信息工程国家重点实验室主任。

主要从事摄影测量与遥感教学、科研工作。主持完成了多项国家和部委重大科研项目，为推动我国摄影测量的产业革命作出了突出贡献。系统全面地发展了摄影测量的理论，在数字摄影测量理论、影像匹配的理论与方法等方面取得了突破性成就。他的全数字化自动摄影测图系统的产业化产品，彻底简化了数字摄影测量的仪器设备，改变了摄影测量的“贵族”身份。他开发的具有我国自主知识产权的数字摄影测量系统在国内外已经推广应用1000余套，产生经济效益逾亿元，使我国的数字摄影测量走到了世界前列。曾获“国家自然科学奖”二等奖、“国家科技进步奖”二等奖等多项国家和省部级奖励，被授予“全国高等学校先进科技工作者”、“国家级有突出贡献中青年专家”称号。撰写论文、著作100余篇，被SCI、EI等检索20余篇。

院士寄语

不管多难的事，中国人都可以办到。

科研路上铸辉煌

刘书平

是谁，推动了摄影测量领域的一次革命，使原来需用价值几十万元精密仪器才能完成的工作，现在只需一台计算机就能完成？

是谁，让中国的三峡工程、阿富汗巴米扬大佛的三维重建等许多国内外著名工程，都受惠于他主持研制的“全数字化自动测图系统”？

又是谁，在2008年汶川大地震发生后，为灾区提供了第一手遥感数据？

张祖勋！名如其人，为祖国建功立勋。

张祖勋是新中国培养出来的第一批摄影测量与遥感学家。1960年毕业于武汉测绘学院航空摄影测量专业，后留校任教。50多个春秋，潜心为社会和人类呕心沥血，成为我国摄影测量产业实现跨越式发展、走向世界的开拓者。

科研路上躬耕前行

张祖勋成功研发出“数字化自动测图系统软件”后，有一位外国朋友建议将这个系统改成英文名字“VirtuoZo”，张祖勋欣然接受了建议，认为这个英文名字非常贴切。因为“VirtuoZo”翻译成中文，有“艺术家”、“虚拟摄影测量”等多种意思。

VirtuoZo在国内外应用非常广泛，包括水利、铁（公）路、电力、城市建设、世界文化遗产保护等领域，发挥着重要的生产力作用。三峡工程早在1997年就开始应用了VirtuoZo，每年一次对三峡坝区地形图的快速更新，制作工程建基岩面影像图，用于地质素描和地质分析，制作高清晰大视野的全景影像图等；敦煌研究院应用VirtuoZo对珍贵的敦煌壁画进行保护；苏黎世高等工业大学利用VirtuoZo，对被毁前的阿富汗巴米扬大佛图像进行半自动量测，成功地实现了三维重建；德国、比利时用于处理CORONA卫星影像；英国用于处理ASTER立体卫星影像；韩国应用于数码城市等方面的建设……

VirtuoZo微机版自诞生以来，至今，VirtuoZo销售17000套，其中教育版

4000套，标准版13000套，产值5亿元。荣获“国家测绘科技进步奖”一等奖、“国家科技进步奖”（推广类）二等奖。

1978年，当张祖勋的老师、我国摄影测量与遥感学科的奠基人王之卓院士提出“全数字化自动测图系统”的构想时，国内外很多人都觉得不可思议。由于当时技术落后，设备奇缺，这种大胆的想法无疑受到极大限制。业内也有不少人难以从传统观念的桎梏中解放出来，认为“底片才是影像最好的信息载体”。

甚至在20世纪90年代初期，还有人持怀疑态度，觉得测图摄影怎么能离得开底片呢？1992年在华盛顿召开的国际摄影测量与遥感大会上，一厂商举起一张航摄底片说：“请大家看看，这上面的信息量是100兆！”他把底片转了一下又说道，“数字影像能如此实时旋转吗？”

而当时作为王之卓得力助手的张祖勋，坚信老师的构想是建立在理论和科学依据之上的。为了让这种构想变为现实，他给予老师坚定的支持，顶住各方压力，毅然迈上艰辛的探索之路。

◆ 1989年和导师王之卓院士（左一）在德国

1979年，张祖勋领导的课题组开始了项目试验。那时，他们仅有的设备是一台上海产的TQ-16晶体管计算机，数据输入靠的是早已淘汰了的穿孔纸带，试验只能一个点一个点地人工读数、记录、穿孔进行。速度极为缓慢，工作十分繁琐，然而，张祖勋始终不气馁，不放弃，凭着坚定执著的精神，攻克一个又一个难关。

1985年初，经过漫长的6年，他们终于迎来了曙光，课题组编制出来的“全数字化自动测图系统软件包”，其研究成果达到20世纪80年代国际先进水平！一时间，整个测绘界为之震动。有位权威专家说，在如此简陋的设备上做出这样的成绩，实在少见。

在这份骄人的成绩面前，张祖勋并不满足，又果断地挑战自我：“我们的研究成果从严格意义上说，还只是停留在理论阶段，我们必须做出能够实际应用的产品。”1986年，他再次领导课题组开始研究“全数字化自动测图系统中间成果的应用”，可谓是任重道远，需要的是一个科学家顽强的耐力和持久的恒心。

又一个6年过去了，到了1992年6月，经过扩充与完善的全数字化自动测图系统软件——WuDAMS第三版终于诞生了，这是一个具有实用性的研究成果，毫无疑问，在业内再一次引起震动。

从科学常识上来解释，摄影测量是利用影像进行测绘的学科，它经历了模拟、解析、数字3个发展阶段，前两种方式测量仪器价格昂贵，测量人员工作量大、效率低。而张祖勋主持研制出的“全数字自动化测图系统”，用计算机代替传统仪器，用计算机影像自动匹配代替人眼进行立体观测，实现了测图自动化，且精度更高，是摄影测量从理论到实践最彻底的革命。应该说，他为“全数字化自动测图系统”的产业化倾注了大量心血。

这项经王之卓倡导、由张祖勋历时14年主持完成的全数字化自动测图科研项目，得到了我国科学界的重视，1993年，该成果获得“国家自然科学奖”二等奖。

只有在探索的路上躬耕前行的人，才有可能成就一番伟大的事业。张祖勋认为，研究出来的成果，其终极目的就是要为人类服务，否则就失去了研究的意义。张祖勋审时度势，决定走“先国际化，后国产化”的与众不同的产业化发展道路，让全球的人都能享受到这一先进成果。

“VirtuoZo”走出国门

1994年，张祖勋借助国外资金与技术快速实现科技成果的产业化，决定让“全数字自动化测图系统”走出国门。他与澳大利亚合作，在澳大利亚黄金海岸首次推出具有我国自主知识产权VirtuoZo的SGI工作站版。当初谈判时，澳方要求1992年之前的知识产权属武汉测绘科技大学，1992年开始合作后，知识产权属“双方共同所有”。张祖勋不接受这个条件，据理力争一个星期，对方才同意在长达23页的合同上注明：“武汉测绘科技大学拥有版权”！正是这关键的一笔，才有了VirtuoZo的今日。

借鸡生蛋，借船渡海，这是一个智者的做法。张祖勋说，如果不采取这种做法，这个产品绝对没有现在的影响，这种成果不仅仅是我个人的，更多是国家的。我们为全国，甚至为全世界人民作出成绩，是国家真正兴旺发达之路。

VirtuoZo，这个诞生在澳洲的“炎黄之子”，开始了它的世界之旅。在1996年国际摄影测量与遥感学会的维也纳大会上，由美国Leica公司产品总监

Walker 先生、英国 GLASGOW 大学 Petrie 教授所作的特约报告称：“VirtuoZo 是一个羽翼丰满、具有很多创新特点并正在参与全球竞争的产品。”能得到这种评价，张祖勋高兴，中国人自豪。

1996 年 7 月，Intel 等国际风险投资者和武汉测绘科技大学联合投资在武汉成立了适普软件公司，研发出 VirtuoZo 微机版，并被广泛推广。从此，彻底简化了数字摄影测量的仪器设备，改变了摄影测量的“贵族”身份。过去只有极少数院校能进行摄影测量教学，目前近 40 所院校都可应用。此外还促使我国摄影测量生产方式完全改变，生产规模扩大，产值大幅度提高，促进了摄影测量生产的跨越式发展。如四川省测绘局遥感院使用 VirtuoZo 后，价值上百万元的 OR-1（瑞士）等价格昂贵、体积庞大的传统摄影测量仪器被送进了博物馆。而 VirtuoZo 在 1998 至 2002 年 5 年中，其产量、产值提高了 10 倍以上。

VirtuoZo 之所以能享誉世界，因为张祖勋为这个科研领域涂上了浓墨重彩的一笔。在 2000 年国际摄影测量与遥感学会的阿姆斯特丹大会上，瑞士苏黎世联邦技术大学称，他们将国际上主要的 3 个摄影测量系统用于冰川的研究并进行了比较，发现 VirtuoZo 完成任务是最好的，也适用于起伏的地形；计算时间是最短的，比其它两个系统快一个数量级；3 个系统中，在精度、速度、价格和易使用方面，VirtuoZo 都是最好的。

2002 年，国际摄影测量与遥感学会原主席、东京大学教授村井俊治在日本《测量》杂志撰文《中国的 IT 行业登陆日本》称：“最先商品化的软件是张祖勋教授开发的利用数字影像匹配进行数字摄影测量的软件，名称叫 VirtuoZo，这个软件就是一个数字摄影测量的优秀产品。我想我们已经到了该向中国学习的时候了。”

◆ 1994 年在澳大利亚黄金海岸签订 VirtuoZo 海外推广合同

2003 年，由于对中国摄影测量学科作出的杰出贡献，67 岁的张祖勋当选为中国工程院院士。

真正的科学家心中都应该有两盏灯，一盏是希望的灯，一盏是勇气的灯，有了这两盏灯，在艰难曲折的路上，他都会举灯一直向前迈进。张祖勋当了院士，本该颐养天年，然而，他仍坚持在科研一线指导学生从事数字摄影测量的应用研究，激励他们在遇到难题时不要轻易放弃。他始终记得王之卓的一句话“人不怕慢，就怕站。”张祖勋说：“你只要走，即使走了弯路不要紧，但你不能说站着不动，你要走，你得不停往前走，要执着地去追求。”

暮年壮志再建功勋

探索路上无止境，探索探索再探索。继 VirtuoZo 之后，张祖勋又提出了更加先进成熟的数字摄影测量系统——“数字摄影测量网格”（Digital Photogrammetry Grid—DPGrid）。DPGrid 打破传统的摄影测量流程，集生产、质量检测、管理为一体，合理地安排人、机的工作，充分应用当前先进的数字影像匹配、高性能并行计算、海量存储与网络通讯等技术，实现航空航天遥感数据的自动快速处理和空间信息的快速获取，其性能远远高于当前的数字摄影测量工作站，能够满足三维空间信息快速采集与更新的需要，实现为国民经济各部门与社会各方面提供具有很强现实性的三维空间信息。

具有自主版权的高性能新一代航空航天数字摄影测量处理平台 DPGrid，可以推广应用于国家基础测绘、城市基础地理信息动态更新、国土资源调查、生态环境监测、灾害监测、海洋资源、农业监测、快速响应等各个领域，大幅度地提高航空航天遥感影像数据处理的效率，缩短地图更新周期，提高空间信息获取的实时性，特别是对大型的自然灾害的快速评估、应急反应等方面，对于我国的社会经济发展以及军事安全等都具有重要的意义。这项研究，填补了我国数字摄影测量数据处理技术的空白，标志着我国数字摄影测量技术整体上达到国际先进水平。

2009 年，DPGrid 通过国家测绘局组织的成果鉴定，鉴定委员会专家给予极高赞誉，认为该项目在国际上首次提出基于数字摄影测量网格的大范围正射影像自动更新技术方法，并成功设计和研制了正射影像更新系统，革新了摄影测量的生产流程，大幅度提高了数字摄影测量作业效率，较好地满足了数字影像信息快速采集与更新的需要，是新一代高性能航空航天数字摄影测量处理平台。

每个人都有不同的幸福观。张祖勋认为：“一个科学家最大的幸福是出成果，而且成果被社会承认，转化为生产力，为社会发展作贡献！”他带领科研团队多年前就开始进行我国三线阵测绘卫星数据处理技术研究，攻克了多条带

三线阵卫星影像空中三角测量、数字高程模型生产以及数字正射影像生产等核心技术，成功研制了全自动业务化运行的资源三号卫星高级产品生产系统。2012年1月11日，在位于北京的卫星地面应用中心，张院士团队在1小时内成功完成了首图处理。从卫星发射到数据处理，直到出结果，能在这样短的时间内完成，在我国还是第一次！该系统的成功研制，可确保资源三号卫星当天获取的数据当天完成数字高程模型和数字正射影像等地理信息产品的自动化生产，是我国国产遥感卫星处理技术的全新突破。

2008年，汶川地震发生的第二天，武汉大学就成立了“5•12”地震遥感信息收集与灾情评估项目组，一批学科带头人和科技领军人物迅速加入到高科技救援中来，他们在国内相关遥感数据严重缺乏的情况下，第一时间与国外同行和相关研究机构取得联系，获取了地震灾区第一手卫星遥感数据。

5月18日凌晨1时，在张祖勋和张剑清教授的指导下，武汉大学的测绘遥感专家利用具有自主知识产权的最新技术成果——数字摄影测量网格PC版（DPGrid.PC），进行数字正射影像图，快速制作拼接出四川汶川大地震后部分震区航空数码影像，然后正式开始进行正射影像图制作。影像图可以直观地显示灾害现场的情况，为抗震救灾的部署起到了至关重要的作用。通过航拍能够及时、真实地收集到灾区的各种信息，但要将成百上千张照片高效、无缝地“拼接”在一起，提供位置、高程以及距离、面积、土方等各种量测数据，需要摄影测量最新科技的支撑。即使是常规的航空摄影都必须按事先设计的规范航线进行，而抗震救灾过程中飞机只能在灾区边飞边看边摄影，甚至“绕圈”飞行。

张祖勋认为，“地震造成的这种如此杂乱无章的航空摄影，可能是有史以来第一次。”面对飞行线路像“打结的绳子”一样的航拍照片，张祖勋指导科研人员克服重重困难，终于找到了满意方案。他面带笑容说：“DPGrid处理数据的速度和成像清晰度简直令人难以置信。”

国土资源部副部长贠小苏说："这张图清楚地反映出地质灾害的现状，反映了大地震引发的地质灾害给当地各个方面造成的损失。"

看到自己能为抗震救灾贡献一点力量，张祖勋十分高兴，还拿出1万元钱作为特殊党费交给组织，为今后建立防灾减灾应急响应机制尽一份心。

在数字摄影测量方面，张祖勋不断探索、创新，拓展应用的新领域。他将数字摄影测量与最小二乘法理论完美地结合起来，将基于"点"的摄影测量拓展到"直线、圆、直线+圆弧"。与日本Amtech公司合作，改变了他们加工零件（板金件）采取人工检测的传统方法，实现了高精度、自动量测。

他将航空影像"匹配"的理论扩展到多比例尺、多光谱段的遥感影像，实现了它们之间的高精度自动配准，每分钟可识别3万～5万个同名点，完全改变了用人工找控制点速度慢、精度低的现状，解决了多源遥感数据融合的关键技术。

他提出了利用正射影像与"立体配对片"构成"工程设计三维可视化平台"，使设计人员能够在"三维实地模型"上进行设计、规划，增加了工程设计的"可视化"。电力设计部门已经应用该平台进行输电线路的设计，将选线、断面采集等功能集于一体，直观、高效。

他提出将"全站仪"与"量测数码相机"集成在一起，构成"摄影全站仪"，使数字近景摄影测量在工程测量中开创了新的应用领域。

他提出多航带"视频测量"，通过日本东京的"银座"等地的试验，获得了日方"想象不到的效果"，为建立数码城市开创了全新的途径。

他提出采用价格低廉的无人驾驶飞艇，结合差分GPS、电子罗盘等设备，实现无人驾驶飞艇的自动控制，并在艇上搭载数码相机获取序列影像，然后通过专用软件快速进行数据处理，满足局部地区三维建模和大型土石方量计算等方面的需求……

张祖勋的敬业精神，令无数人敬佩。李德仁院士曾感叹："张祖勋院士这么大年纪了，还随身携带着电脑和软件，一有空就在那里不停地编程序，搞钻研。"

是的，如今已是76岁高龄的张祖勋，仍在忙于学校筹建摄影测量与计算机视觉实验室，打算将数字摄影测量的理论拓展到国防、近景摄影测量与数码城市等领域，使研究成果得到进一步的应用。这种可贵的精神，像一团火、一曲歌、一首诗，让他的暮年依然流光溢彩。

院士名片

张超然 男，水利水电工程专家。籍贯浙江省温州市，1940 年 8 月出生。1966 年 2 月毕业于清华大学水利系。2003 年当选为中国工程院院士。现任中国长江三峡集团公司总工程师、科学技术委员会主任。曾任原电力部成都勘测设计研究院设计总工程师、院副总工程师、副院长、院总工程师等职务。

长期以来，一直从事水利水电工程勘测设计和工程建设技术管理工作。曾负责我国 20 世纪已建成的最大水电站——二滩水电站的勘测设计，主持金沙江溪洛渡，四川官地、桐子林、沙牌、小关子、冷竹关、东西关和西藏羊卓雍湖等大中型水电站的勘测设计工作。在高混凝土拱坝设计计算方法与准则、高拱坝泄洪消能、高强度大体积混凝土特性等关键技术研究和成果应用上取得重大成果。参与三峡工程建设重大技术问题的研究和决策，协调和解决现场施工出现的技术难题和质量问题，为三峡工程建设作出重要贡献。主持我国第二和第三大的金沙江溪洛渡、向家坝水电站建设中重大技术问题研究和决策。曾获“成都市优秀共产党员”、“先进生产者”，“国家有突出贡献的中青年专家”、“湖北省劳动模范”、“全国五一劳动奖章”、“全国劳动模范”等荣誉称号。

院士寄语

老老实实做人，认认真真做事。

血管里奔涌着浩荡长江

彭宗卫　罗时汉

他一直在水利水电工程一线从事技术实践，与长江上3座巨型电站结下不解情缘。从1970年开始参加长江上游雅砻江二滩水电站的勘测设计工作，主持二滩电站的科技攻关，20年后又主持金沙江上的溪洛渡等大中型水电站的蓝图规划，直至1996年调任三峡工程建设业主单位——中国三峡总公司任总工程师，参与主持三峡工程建设中有关重大技术问题的研究和决策。

40多年来，他接受最多的是工作，拒绝最多的是采访。由于很少报道，张超然在公众的视野中显得默默无闻，对此，他却十分“超然”。因为他知道，他的血管里同样奔涌着一条大江……

扎根水电潜心设计大坝

1966年3月，张超然从清华大学毕业，分配到成都勘测设计研究院。在“文革”动荡的岁月，尽管抱着与江河为伍的夙愿，仍无法施展自己的报负，但他不忘母校校训，超然物外。潜心地识图绘图，足迹踏遍大西南的大江小河，梦想着开发江河的时机早日到来。

1983年，张超然挑起了二滩水电站设计总工程师的重担，负责工程的初步设计和报告编制。他长期在现场主持勘测设计工作，审签施工设计图纸，负责处理现场遇到的与设计有关的技术问题。

二滩水电站是我国第一座坝高超过200米的高坝，在川西复杂区域地质构造环境中选择了条件相对优越的坝址，需要设计人员研制一套双曲拱坝设计计算方法和设计准则。张超然带领技术人员提出了“高水头、大泄量、窄河谷”条件下泄洪消能的“二滩模式”，研制了地下厂房特大洞室群围岩稳定及支护设计理论和方法，攻克了无数技术难题。1986年，二滩初步设计报告通过了国家审查，获水电总局“优秀设计金奖”。张超然负责工程的优化设计工作，取得的成果与初步设计比较，仅混凝土量就减少55万立方米，缩短工期1年，节约工程投资15亿元。他负责编制的《二滩土建工程国际招标文件》，获世界银行高度评价，被确定为东南亚地区世界银行国际招标工程标书的范本。

二滩水电站的导流隧洞规模是世界上已建电站工程导流隧洞之最，张超然参与和主持了导流洞设计方案的研究，并长期在现场施工中处理遇到的设计问题。二滩水电站建设中的一系列技术难题，都被列入国家“七五”攻关项目。张超然作为技术攻关专题主要负责人之一，和同事们一道，紧密结合二滩电站勘测设计实践，攻克了《高拱坝设计计算方法与设计准则》、《高混凝土拱坝泄洪和消能》、《高坝坝基岩体稳定评价》等3个专题的研究，并将研究成果较系统地应用在二滩工程设计中，达到国际先进水平或国际领先水平。按照1985年的物价水平，这3项成果取得的直接经济效益达2.5亿元。1993年11月26日，二滩工程截流成功。1998年，二滩导流隧洞设计获“全国优秀工程勘察设计奖”银质奖。2002年二滩电站获“全国优秀工程勘察设计奖”金质奖。

◆在溪洛渡

在成都勘测设计院工作期间，张超然作为设计院总工程师和技术委员会主任，主持溪洛渡水电站预可行性研究勘测设计工作。溪洛渡水电站装机容量1260万千瓦，最大坝高278米，建成后将是世界上第三大水电站。这个电站的高拱坝抗震、狭窄河谷大流量泄洪消能、特高边坡稳定、地下厂房洞室群围岩稳定等均系世界级技术难题。1995 年 9 月，他带领技术人员完成了“溪洛渡电站的预可行性研究报告”，并于 1996 年 5 月通过了国家审查。

张超然还参与主持了世界上最高的混凝土坝——锦屏一级水电站的前期坝址选择，以及世界上最高的碾压混凝土拱坝——沙牌水电站的前期勘测设计和科技攻关工作，沙牌水电站已于 2003 年 4 月竣工，运行情况良好，并经受了 2008 年汶川大地震的考验。他负责西藏羊卓雍湖抽水蓄能水电站输水隧洞质量事故处理设计，工程处理后至今运行正常。

1996 年 8 月，张超然调任中国三峡总公司总工程师。像许多水利工作者一样，他把有机会参加三峡工程建设当作自己人生最幸福的追求。

回顾自己 40 多年的人生经历，张超然感慨地说：“我选择水电事业从不后悔，能参与这些重大工程建设是自己人生最大的幸福和机遇。回顾过去，自己做了一些工作，心里很踏实。我能有今天事业上的成功，并不是我的本事比别人大，而是我的机遇比别人好。”

当好三峡工程的“参谋长”

三峡工程凝聚着几代中国人，尤其是无数水利水电建设者的集体智慧，他们中的许多人“求名只求三峡名，计利只计三峡利”，默默奉献，以非凡的智慧和辛勤的工作实现着人生的价值。虽然当时张超然已是在水利水电领域工作了 30 多年的老专家，积累了丰富的经验，但仍感受到了沉甸甸的责任，把三峡工程看作自己最大的挑战。他到三峡工地的第一件事，就是用一个月的时间尽快熟悉技术资料，从浩如烟海的工程资料中尽快理出头绪。他深知，三峡工程汇集了新中国建立以来我国水电建设所有的科研成果，不了解这些背景资料，就当不好这个技术“参谋长”。

作为一个有多年设计经验的老专家，张超然完全可以通过看图纸、听汇报就能对很多技术分析做出判断。但他清醒地知道，凭自己的工作经验掌握施工现状并不难，但自己干的是举世瞩目的三峡工程，必须深入施工一线，掌握现场材料，才能避免决策失误。大坝施工场面再复杂、再危险，他都要去现场认真查看施工工艺和施工质量，现场解决技术问题。张超然考虑的问题远不止工程技术本身，而是从工程的进度、合同、施工难度、投资成本等方面综合考虑，深思熟虑后才提出最优化的施工方案。

他常常戴上头盔，穿上工装，风雨无阻地走上施工一线。为检查混凝土浇筑质量，他沿着脚手架爬上七八十米高的混凝土浇筑仓面，汗水湿透了衣衫；为调查机组蜗壳保温新技术的质量效果，他从密密麻麻的钢筋丛中钻进烟雾呛人的巨大钢管里，察看每一个细节。从三峡泄洪坝段到左岸厂房，再到副厂房，从永久船闸高边坡到中隔墩下的闸室直立墙，从左岸的防渗走廊到右岸的茅坪溪防护大坝，十几个冬春过去了，三峡工地的每一个角落都留下了张超然的足迹。

◆在二滩水电站大坝现场

张超然为人特别谦和，但在工程技术和质量管理工作上，从不看别人的脸色行事。对关键技术问题从不放松，坚持自己的原则立场。他常说，科学技术必须实事求是，该讲明白的就要讲明白，来不得半点虚假。“做总工程师就要敢负责”是他的口头禅，他对工作责任看得很重，常对身边的技术人员说：“对一个技术方案的决定，一旦心中有底，就要敢于负责；否则，悬而不决对工程的影响非常大。”

作为总工程师，张超然协助中国三峡总公司领导抓工程技术质量，始终以“如临深渊”、“如履薄冰”的态度，一心扑在工程建设现场。在每一项重大技术方案决策前，他都要深入研究，虚心听取各种意见，坚持做到技术决策科学化和民主化。在三峡大江截流、二期深水围堰施工、永久船闸开挖与锚固、三峡大坝混凝土浇筑与温控等世界级的技术难题的决策中，他提出了许多重大建议，为确保工程的施工质量作出了贡献。

他参与大江截流戗堤堤头稳定、预平抛垫底、导流明渠泥沙淤积等重大问题的决策研究，参与主持二期深水围堰混凝土防渗墙变形稳定分析、深陡部位混凝土防渗墙施工、茅坪溪土石坝沥青混凝土心墙特性和反馈分析等关键技术研究。他参与主持二期混凝土施工配合比优化研究，在采用一级粉煤灰、加大其掺量、优选高效外加剂、混凝土碱含量控制、提高混凝土耐久性等方面，取得了重大技术突破和显著的经济效益。他参与主持左岸电站钢衬、钢筋混凝土联合受力压力管道优化，将总的安全系数由 2.2 降至 2.0，相应外包混凝土环筋由 4 层、5 层减至 3 层，节省投资 1000 多万元，并方便了施工。

在三峡工地的 10 多年，张超然还参与主持了世界最大船闸——三峡双线五级船闸高直立墙边坡开挖方案优化、闸室边墙岩体特大不稳定体加固、闸室混凝土边墙增加水平施工缝、部分地下工程利用混凝土后期强度等重大技术问题的研究。在船闸地下隧洞衬砌施工中，按传统的规范做法，设计单位要求衬砌混凝土的“龄期”28 天。张超然充分征求混凝土专家的意见后，提出利用后期强度 90 天的意见。这“龄期”由 28 天改为 90 天，不仅减少了混凝土中水泥的用量，还降低了水化热，提高了混凝土的抗裂性能。就是凭着这种认真负责的精神，经张超然审定的三峡科技项目，质量要求没有降低，经费却节约了 1000 多万元。

三峡工程的质量要求“千年大计”。张超然是三峡工程质量管理委员会常务副主任，为了确保工程质量，通过广泛调查研究，1998 年，主持编印了《三峡工程质量标准》。该著作吸纳和借鉴了国内行业与部颁标准，并结合三峡工程的实际，形成了一套高于国内水电行业规范的新标准。这广泛流传的“三峡标准”凝聚了张超然多年的心血和经验。从 1999 年以来，国务院三峡工程质量检查专家组每年两次来三峡工地调研，大多由张超然负责起草报告并向专家组作质量汇报。他积极贯彻落实专家组的检查意见，研究解决多方面的质量缺陷和问题，为确保“千年大计，国运所系”的三峡工程建设质量付出了智慧和心血。

“干水电就要准备吃苦”

张超然常说：“怕苦就不要学水电，干水电就要准备吃苦。”在成都勘测设计院工作期间，张超然经历过水电站工作的种种艰苦。到三峡工地后，作为业主的总工程师，没有专车，没有设立办公室，许多具体工作都得亲力亲为，但张超然却感到很满足。他总是说："只要能让我干三峡工程，只要技术上不出差错，我比什么都踏实。既然选择了在三峡，就要做出奉献，不讲价钱、不讲荣誉地位、不计较个人得失，踏踏实实做好工作。"从1996到2002年，他在三峡工地过了6个春节。无论是周末双休，还是正常上班作息，他都坚守在工地，召开技术论证会、审阅技术文件、查阅资料等，忙得像个不停转动的陀螺。

除了工作和技术，他不愿对任何人讲起个人的得失。苦与乐，张超然自有体味。从事水电工作以来，张超然20多年没回过温州老家，就连父母病逝、两个女儿结婚，他都没有离开水电建设工地。小女儿在成都，最长时间有3年多没跟他见过面。他对女儿说："爸爸是幸运的，搞了二滩又来干三峡，马上又要搞溪洛渡，人生机遇难得！累点苦点没什么，心里头是甜的！"他对夫人说："你得帮我。吃穿要你张罗，义务秘书兼打字员你也得干好！不图别的，为了三峡。"

张超然积劳成疾，患有脑血管硬化的毛病，经常头疼，还患有高血压和十二指肠溃疡。别人问起他的身体，他总是淡然一笑："只要精神不垮，有病也不怕，没啥了不起。"

◆与陆佑楣院士在三峡截流现场

2000年，远在日本的大女儿分娩在即，盼望亲人赴日照料。当时正赶上中国三峡总公司准备组团前往日本考察，总工程师张超然已在名单之内。他坚决拒绝这种照顾，执意让老伴执因私出国护照去日本照料女儿。在张超然眼里，公就是公，私就是私，没有公私兼顾的道理，表现出一个共产党员的平凡本色。中国三峡总公司原总经理陆佑楣知道这件事后，深有感触地说："许多人做不到的事，超然同志做到了。"

张超然当选院士后对记者说："这次评上院士，我自己没有想到，是三峡工程这个大背景给了我一个好机会，并不代表我的水平就比别人高。我只是三峡工程的一个代表，工作都是大家做的。我还是一个普通的三峡建设者，还是三峡工程中的一个技术人员。我不认为当选院士就高人一等，也根本没想过要得到什么待遇。我今后仍会努力把自己承担的工作做好，发扬技术民主，发挥好大家的整体力量，齐心协力把三峡工程干好。”

张超然当选中国工程院院士的消息刚刚传出，国内就有一家大型公司打电话邀请他加盟，承诺送他一套别墅，给他百万年薪，被张超然毫不犹豫地拒绝了。说起这件事，他说：“我是从三峡工程走出来的，我只为三峡工作，什么待遇我也不要。我继续把自己的工作做好，全力以赴支持年轻同志的工作。”

◆在溪洛渡水电站工地

“时代在飞速发展，我自己也要不断学习，在技术进步上跟上时代需求。”张超然积极参与国内外重大水电工程的技术咨询，把自己的经验教训多跟年轻的技术人员进行交流，做好技术的传帮带工作。在年轻的技术人员眼中，张总工是个从不张扬的人，在三峡工程很多技术难题的攻关过程中，他都是领头雁。他从不摆架子，勤奋钻研，是年轻人的良师益友。

一生辛劳为长江，把全部精力融入祖国的水电建设。张超然从事水电事业40余年，兢兢业业，勤勤恳恳，默默奉献，以非凡的智慧和辛勤的工作谱写出人生的辉煌篇章。

院士名片

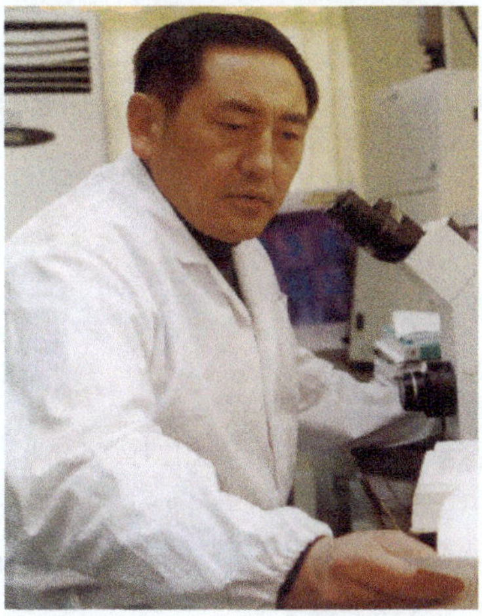

陈焕春　男，动物传染病学家。籍贯湖北省恩施州，1953年3月出生。1988年获慕尼黑大学兽医学博士学位。2003年当选为中国工程院院士。华中农业大学教授、博士生导师，湖北省科协第八届全省委员会常委，兼任中国畜牧兽医学会理事长、国务院突发事件应急专家委员会委员、科技部"973"传染病专项专家组副组长等11个社会职务。曾任华中农业大学副校长。

在国际率先开展了牛冠状病毒单克隆抗体与基因工程抗体研究，建立了检测犊牛冠状病毒抗原的单抗ELISA方法。在猪高致病性蓝耳病、乙型脑炎、奶牛结核等多种重大动物疫病和人畜共患病等方面开展大量研究与防治工作。研制出30余种新型疫苗与诊断试剂盒，其中已有21种获得国家新兽药注册证书，16种获得转基因安全证书，25种获得发明专利证书。获"国家科技进步奖"二等奖3项，"国家教学成果奖"二等奖1项，"湖北省科技进步奖"一等奖2项，2006年获"何梁何利科学技术奖"，2009年获"中华农业英才奖"。发表论文500余篇，其中SCI收录200余篇，专著1部，参编2部，编写论文集14部。

院士寄语

创新，创造，创业。

畜禽病原的克星

张品正 彭丽丽

陈焕春院士以他高超的学术科研水平、严谨的治学态度、高尚的爱国情结、执着的奉献精神，深深烙上这代人的时代印记，成为“手把红旗旗不湿”的科研弄潮者，是业内翘楚，受人敬仰的风云人物。

豁达而不失严谨，开朗而又儒雅的陈院士，带领笔者走进他那丰富而又漫长的人生里程，由此展开了一代宗师的奋斗画卷。

受命于危难之际

2004年我国爆发高致病性禽流感，陈焕春院士担任了国家高致病性禽流感防控指挥部攻关总体专家组组长。根据2003年SARS对我国影响和全球人畜共患病发展的趋势，他在国务院召开的禽流感防控专家座谈会上，提出我国要把当今人畜共患病的防控工作提高到像治理国家政治经济、促进社会稳定与发展一样的高度来认识，这一卓识得到了国务院副总理回良玉的高度肯定与重视。近10年的实践也证明了他这一建议的正确性。我国2003年爆发SARS，2004年爆发高致病性禽流感，2005年四川人猪链球菌病，2006年山西发生人猪乙型脑炎，2009年全球爆发甲型H1N1，2013年发生H7N9禽流感。这些突发的人畜共患病事件都严重影响了我国经济社会的发展与稳定，打乱了人民的正常生活与工作秩序。

2005年7月四川爆发所谓“神秘病”，导致205人发病，39人死亡，大量生猪发病死亡。陈焕春受农业部委托，于7月20日早晨赶赴四川与农业部专家组和卫生部专家组汇合，根据临床症状和实验室初步检测结果，经细致分析后，他判定该病由猪链球菌2型引起，采取对应措施后，农业部、四川省于8月25日正式宣布有效控制了该病，人畜死亡和经济损失降到了最低。2009年全球爆发甲型H1N1，受科技部委托，陈焕春牵头组织了国内7个与流感病毒相关的国家重点实验室的研究力量，启动了“973”应急项目“甲型H1N1等流感病毒变异规律与致病机制研究”。经过两年多的研究，取得了一些有关我国甲型H1N1等流感病毒重配变异规律及致病机制方面的重要成果，结题时受到了同行专家的高度评价。鉴于我国动物结核病情况较为严重，而结核分枝杆菌在动物和人之间相互传播，结核病不仅严重影响我国养殖业的发展，而且严重威胁着人类健康。我国是世界上第二位结核病高发国家，我国每年因结核病死亡15万人，结核病患者500万人。每年新发病例130万人，约4亿人感染结核。世界卫生组织专家曾经说过，不把动物结核控制好，人类结核控制永远不会成功。

针对这一严峻形势，陈焕春看在眼里，急在心里，他到处游说，宣传结核病防治的重要性，而我国在结核病的基础研究方面尚很薄弱。他申请了“动物重要病原菌的分子生物学与致病机制研究”973传染病专项，深入开展了结核病的基础研究，通过动物结核病分子流行病学研究，发现在我国动物结核病中有46%是人型结核分枝杆菌。这为我国结核病的防控提供了重要的科学依据。

同时，他带领的团队建立了动物结核病的各种诊断方法与试剂盒，为该病的简便、快速、准确检测与诊断提供了重要工具。在致病与免疫机理和新型疫苗与药物研究方面也取得了重要阶段性成果。在2008年四川汶川大地震和2013年四川雅安芦山大地震中，陈焕春捐赠了自己研制和生产的猪乙型脑炎疫苗，用于灾后人畜共患病的防控，为灾后无大疫作出了贡献。

当今提倡“一个世界，一个医学，一个健康”和“健康动物，健康食品，健康人类”的新观念。陈焕春教授深知目前我国的国情及所处的人畜共患病状况，他带领并组织全国力量开展人畜共患病原及动物重大病原基础研究，发展高技术，开发新产品并实现产业化，解决实际问题，为人民提供安全放心的动物高蛋白食品。他多次提出我国动物疫病状况复杂，要扭转这种局面必须从病原学与流行病学入手，弄清病原的分布、传播与流行规律，有的放矢地采取针对性措施。他一方面积极开展重大人畜共患病的防控工作，一方面又带头参加省政府和农业厅举办的“鸡宴”，带头吃鸡，破解人们心头的疑虑。

“养殖户的守护神”

2004年之前，陈焕春院士就已在生猪传染性疾病研究中取得重大突破和成功。1989年1月，从德国回来的陈焕春，恰逢我国养猪业中普遍流行一种“猪冬季腹泻病”，他忧心如焚，跑了南方的许多猪场，获得大量的临床症状信息资料。他充分利用湖北省自然科学基金资源，开展了该病的病源分离鉴定，结果分离出猪传染性胃肠炎病毒，对厘清当时流行的“猪冬季腹泻病”病原和有效防治起到了重要作用。1990年，我国猪群中又流行一种猪的繁殖障碍疾病，怀孕母猪产死胎、弱仔、新生仔猪大量死亡，空怀母猪返情、配不上种，使养猪业遭受沉重打击。陈焕春带领科研小组，认真进行病原分离鉴定工作，很快成功分离出猪伪狂犬病毒，研制出多种诊断方法，并受农业部委托在全国范围内开展病原学与血清流行病学研究，总结出该病的五大临床表现形式，为人们正确认识该病提供了理论依据，先后研制出该病的灭活疫苗与基因缺失疫苗，有效地控制了该病的发生与流行，还提出了该病的根除计划，产生了巨大的经济效益和社会效益。

进入21世纪，我国猪群又开始发生严重的呼吸道疾病，陈焕春深入到养猪场，从临床病例中分离鉴定出猪传染性胸膜炎放线杆菌，并从澳大利亚昆士兰州动物研究所猪传染性胸膜炎参考实验室引进15个血清型标准菌株，研制出标准血清和诊断方法，有效地控制了该病的蔓延。他还成功分离鉴定出致病性副猪嗜血杆菌，研制出该病的灭活疫苗，预防效果明显优于国外同类产品。

2006年，我国爆发了“猪高热综合症”，大量生猪死亡。受农业部委托，陈焕春深入到湖北、湖南、安徽、江西等地的规模猪场和农村养猪户，开展病原学与流行病学研究，首先分离鉴定出肠外致病性大肠杆菌、猪链球菌、副猪嗜血杆菌等重要细菌性病原和猪繁殖与呼吸综合病毒与猪圆环病毒2型等重要病毒，提出这些病原的原发与继发以及混合感染是造成生猪“高热综合症”的主要原因。通过大量的临床实践，摸索出了一套较为有效的防治措施，被誉为“养殖户的守护神”。

陈焕春还先后主持完成了国家自然科学基金重点项目、国家“973”、“863”、国家支撑计划等重大科研课题40余项。克隆、测序了100余株病毒和40余种细菌的全基因组序列。构建了伪狂犬病毒、猪胸膜肺炎放线杆菌和猪沙门氏菌等3种通用型载体，研制了10余种基因工程疫苗和10余种分子诊断试剂盒，获得了16个转基因安全证书、21个新兽药注册证书、25个发明专利、国家重点新产品证书 4 项。参与制定了国家标准、农业部行业标准 3 项，获得“国家科技进步奖”二等奖 3 项、“湖北省科技进步奖”一等奖 2 项、“国家级教学成果奖”二等奖 1 项，获“何梁何利基金科学与技术进步奖”、“中华农业英才奖”、“十一五”国家科技计划执行突出贡献奖。在国内外期刊发表论文 500 余篇，SCI 收录 200 余篇，出版专著 1 部，参编 3 部，已培养毕业博士 71 人，硕士 76 人。领导的研究团队入选国家自然科学基金委员会创新群体。

成功路步履维艰

“宝剑锋从磨砺出，梅花香自苦寒来。”陈焕春院士的成功，得益于他从小铸就的勤奋好学品质和持之以恒的敬业精神。

1953 年 3 月 20 日，陈焕春出生于湖北省恩施市一个农民家庭，父母并不识字，但对孩子的学习要求十分严格。为了让孩子们能专心读书，父亲常把孩子们关在土房的楼上，然后搬走梯子，不到时间不准下楼。

1972 年，陈焕春被推荐到华中农业大学畜牧兽医专业学习。他倍加珍惜这宝贵的学习机会。利用一切时间拼命学习基础课和专业课，充分利用实践教学、生产实习和毕业实习的机会丰富临床经验，提高实际操作能力。1976 年，他被留校任教，分配到家畜外科学教研室。

◆视察鸿翔公司肉鸭屠宰车间

不久，陈焕春带学生到天门县实习，发现那里流行一种耕牛腹泻病，许多耕牛死亡，农民无牛耕地，出现人拉犁的悲壮场面。从农民家庭走出来的、深知农民疾苦的陈焕春见此既心酸又难过，由此坚定了从事家畜传染病研究的信念。

回校后，陈焕春向领导汇报了想法，得到支持，于是他从家畜外科教研室转到微生物传染病教研室。此后，陈焕春通过教学和科研，掌握了兽医微生物的基本理论和操作方法，积极参加全国卫生防疫系统在武汉举办的病原学与流行病学讲习班学习，虚心向前辈和同行们请教。

1982年陈焕春被选拔参加德语培训，以优异的成绩通过了国家考试。1984年被教育部公派到德国慕尼黑大学兽医学院医学微生物、传染病、流行病学研究所留学，师从国际著名动物传染病学家、德国兽医学会主席Mayr教授。到了慕尼黑大学，导师对他说："你不能读学位，因为我们国家不承认你的学历。"陈焕春回答说："我没有说要读学位，我一共只有两年时间，我来这里最重要的目的是能在你的实验室学到真正的技术与知识，回国后能解决我们国家动物传染病问题。"导师回答说："那没有问题，我们这里实验条件很好，技术全面，也很先进，材料也丰富，只要你努力，你可以学到很多东西。"

就这样，陈焕春留在了实验室。由于他勤奋学习、刻苦钻研，在短短一个多月的时间里，就了解和部分掌握了实验室的各项主要技术，并具备实验室对外检测诊断服务的能力。导师开始对这个来自中国的学生刮目相看了，时常称赞他是"师傅"，并主动提出资助他去学德语。慕尼黑大学德语考试非常难，许多中国留学生朋友劝陈焕春尽早放弃。但他却坚信"世上无难事，只怕有心人"，下定决心用半年的时间来通过德语考试。随后，他坚持上午在实验室工作，下午去学德语。3个月后，他顺利通过了德语考试，令很多人惊讶万分。此后，陈焕春成为慕尼黑大学的正式学生，并开始攻读兽医学博士学位。

在攻读博士学位期间，导师首先给陈焕春设立了一个关于马轮状病毒研究课题。陈焕春很快把研究结果发表在德国《兽医展望》杂志上。导师对这个勤奋好学的中国学生非常满意，并给他换一个更具挑战性的研究课题——建立牛冠状病毒抗原的酶联免疫吸附试验（ELISA）方法。导师告诉他牛冠状病毒感染普遍，危害严重，建立简便、快速、敏感、特异的ELISA方法，对该病的诊断与防治非常重要，但建立这个方法一直是个世界性难题。导师已有几届研究生进行了艰苦尝试但都未能成功，国际上也无人突破，以至于国际上许多专家认为在冠状病毒方面建立该方法是不可能的事情。

此时，在陈焕春脑海中，浮现出1976年带学生在天门实习看到人拉犁春耕的情景，于是他毫不犹豫地接受了导师的新课题。经过一年多的反复摸索，他研制了多抗、单抗和基因工程抗体，终于找到了一个处理抗体的办法，并成功建立检测犊牛粪便中冠状病毒抗原的ELISA方法。当陈焕春把博士论文呈交到导师Mayr教授手里时，导师看后连连称赞："你给我们乃至世界解决了一个多年来想解决而没解决的世界性难题。"后来，陈焕春多次去慕尼黑大学进行学术交流，一些德国老朋友笑着对他说："我们天天在用你的 ELISA 方法，天天想到你。"

一份耕耘一份收获，经过 4 年的艰苦磨练，陈焕春用自己持之以恒的拼搏精神和优异的学业成绩赢得了导师的信任，取得了慕尼黑大学兽医专业的博士学位。

1988 年，得知柏林自由大学即将举办一个国际动物传染病与畜牧业生产研讨班，他马上报了名，并顺利通过面试，但当他把这个决定告诉导师 Mayr 教授时，导师却不同意，并对他说："你就在我们所里工作，我们很需要你。" Mayr 教授还承诺工作几年后可以推荐他到国际著名制药公司——德国拜尔公司工作，可以得到很高的职位。陈焕春婉言谢绝了导师的好意，并表达了为祖国动物传染病防治做贡献的志向。

这位国际著名动物传染病学专家被眼前这个中国学生的报国热情深深打动，最终同意他去柏林参加国际动物传染病与畜牧业生产研讨班。临别之际，导师对陈焕春深情地说道："柏林的研讨班对你今后回中国工作很有帮助，希望你今后回中国把中国的动物传染病工作做好，如果需要细胞系、菌株、毒株等材料，我全力支持。"

爱国情终生不渝

在国外 5 年多的学习时间，无论是理论知识还是实验技术，陈焕春都有了很大提高。1989 年，陈焕春完成了柏林研讨班的学习，准备回国。他要用自己的实际行动来报答党和政府、祖国和人民的培育之恩。

◆告诫学子："兽医是最有前景的专业，不要轻言放弃"

在谈到人生中最难忘的时刻时，陈焕春院士提到，回国的时候，国内外环境反差很大，国内条件不好，一切要从头开始。科研用房紧张，等了快一年才落实了实验室，而且是在学校边缘的兽医院家畜传染病教研室，水电设施老化，不能正常供水供电。原来教研室的仪器设备被人为破坏，没有一件可用。他从学校设备处报废的仪器设备中发现了一台还可以修缮的高速冷冻离心机，修好后一直运用至今。幸好在回国前夕，他在德国申请了 3 个合作项目，申请到 6 万马克。他用这些经费购买了 -80℃超低温冰箱、ELISA 酶标仪等仪器设备并运送回国。

尽管学校科研处给了他 2400 元的科研启动经费，但对于筹建实验室来说，无异于杯水车薪，他只能申请国家自然科学基金和国际合作项目，利用争取到的经费添置一些仪器设备，将家畜传染病室被损坏的部分仪器设备进行维修，并与病理教研室的老师协商将其闲置未用的显微镜借来，这样才在学校的兽医院初步组建了动物病毒研究室，开始病毒学研究工作。

在整个采访过程中，陈焕春一直面带微笑，对自己取得的成绩不愿多提，说得最多的是他的专业和他的团队。在专业这条路上，他比别人走得艰辛，比别人走得远，也比别人收获得多。他领导的科研团队，从最初的 2 人小组发展到今天的 20 余人小组，被评为“国家自然科学基金委员会创新群体”。

到目前为止，他领导的团队共研制开发出新型疫苗和诊断试剂 30 多种，其中已获得新兽药证书 19 个，已获转基因安全证书 16 个，获发明专利 25 项，已申报受理在评的还有多项。成果已转让我国中牧集团公司、武汉中博生物股份有限公司和武汉科前动物生物制品有限责任公司等企业规模化生产，被广泛用于生产实际，减少了动物疾病发生与流行，为促进养殖业可持续发展和保障人民健康作出了重要贡献，产生了巨大的社会经济效益。仅 2012 年一年，由他用自己的科研产品创办的武汉科前动物生物制品有限责任公司就上交国家税收两千多万元，并解决了 400 余人就业。陈焕春从自己的实践中深刻体会到，从事研究的人首先要有创新意识，要创新知识、创新理论、创新技术。在此基础上创造新的物种、新的产品。有了新的物种和产品，就要创业，兴办企业，形成新的产业链，或带动传统产业的升级，解决更多人就业，推动社会的发展和进步。即是说，科研成果必须转化为生产力，才能为社会做出更大的贡献，否则，科研的价值和意义就会大打折扣。

他说：创新、创造、创业无止境，参与的人越多，创新、创造的财富就越多，社会就会越美好！

陈焕春在充满挑战和机遇的科研道路上，挥写着壮美人生。

院士名片

金振民　男，构造地质学家。籍贯浙江省温州市，1941 年 9 月出生。1965 年毕业于北京地质学院。2005 年当选为中国科学院院士。中国地质大学（武汉）教授、博士生导师，国际地球物质物理化学性质委员会委员，中国大陆科学钻探工程副总地质师，教育部岩石圈构造、深部过程及探测技术重点实验室学术委员会主任，中国地质学会构造专业委员会委员，中国地质学会构造专业委员会——显微构造组专业委员会副主任和武汉市科协副主席。曾任国际大陆科学钻探计划专家组顾问组委员，湖北省科协第七届全省委员会常委。

发现初始玄武质熔体不像静态实验那样只呈孤立状态赋存于橄榄石三连点位置，而且熔体还在应力驱动下沿橄榄石颗粒边界呈熔体薄膜分布，这种熔体分布形式会引起矿物边界湿润，连结力减弱，加速物质扩散和流动。建立超高压榴辉岩流变本构方程，为揭示大陆造山带深俯冲榴辉岩质板片拆沉机制提供约束。揭示呈对数正态分布的橄榄石位错稳态亚颗粒直径是计算上地幔流动应力大小的最佳显微构造参数，发现了代表不同流动应力值的两类位错亚颗粒构造。用天然地幔矿物做原始材料，模拟了我国西藏罗布沙铬铁矿床部分熔融的矿床成因。对大别—苏鲁地区超高压岩石和中国大陆科学钻孔岩心系统地开展了物性研究。1989 年被评为“全国教育系统劳动模范”，并被授予“全国模范教师”称号；2007 年获“国家自然科学奖”二等奖，2008 年获“中华全国总工会五一劳动奖章”，“湖北省教学科学研究成果”一等奖 1 项，“国家级教学研究成果”二等奖 1 项，2008 年获“国家科技进步奖”二等奖。发表论文 82 篇，SCI 论文 40 余篇。

院士寄语

莫愁前路无知己，今信世有慧人眼。
耐得住寂寞，就是守住了生命黄金。

叩开“入地”之门

胡育华

苦来苦往地质行

银蛇吉瑞，新春伊始。2013 年早春时节，年逾七旬的金振民院士就踏着亿万人民追逐中国梦的鼓点，远渡东瀛赴日本考察，探寻地球深部之奥秘，为“入地”研究而奔忙。

曾几何时，“上天、入地、下海”，乃人类探索大自然的三大梦想。进入科学技术迅猛发展时代，“九天揽月，五洋捉鳖”已成为现实。

然而，地球内部由于受高温、构造复杂等因素限制，“入地”研究尚未像上天、下海一样被突破。

神州大地孕育神奇人才。沉睡苏醒后的东方热土，沐浴着知识救国的风雨。金振民 1941 年出生于浙江温州龙湾永中，仅有小学文化程度却自学成才的父亲，对他的成长产生了很大的影响。父亲经常向孩子们灌输知识的重要性，使他们从小就产生了对知识的渴求。孩提时的金振民就怀揣着报国之心，立志成才。

金振民初中就读于勤俭中学，学校设在温州白象的头陀寺。当时交通不便，每次回家要翻山越岭 4 个多小时。

金益臣是金振民人生历程中特别值得感激的人，此人是金振民高中的副校长。金振民因不是“根正苗红”，担心高考时政审过不了关，是金益臣呵护、鼓励和帮助他顺利地考上了大学。

1960 年，金振民负笈北京，就读于北京地质学院，与温家宝总理是同一届校友。从那时起，他结缘地质，由于俄语出色还成为学校唯一在毕业前翻译 5 篇论文并发表在国家刊物上的学生。他铭记李四光教授的赠言，将其“大自然是地质学家的天然乐园，是汲取知识的宝库”之语内化于心，外化于行。

1965 年毕业后，金振民和日后成为他夫人的同学、北京满族姑娘金淑燕两人，冲着闻名世界的大冶铜铁矿藏，选择了湖北，走进了大冶的深山里。钻工成为他的第一份工作。

地质人员的岗位在野外，风餐露宿，日晒雨淋，“春天山风作伴，夏天烈日随行，秋天野菊泛香，冬天冰霜护身。”天公造化的环境中，金振民一干就是整整 10 年。苦来苦往的他从不叫声累，反而认为接触大自然是让人高兴的事，是地质工作者的天职。他经常乐观自嘲自己的事业是在“野外起家的”。

1974 年，金振民被调到武汉地质学校任教。1976 年，更名为中国地质大学的北京地质学院迁到武汉，并与武汉地质学校合并。走出大学校门的第 11 年，他又成为母校的一员，只不过身份变了，由学生到老师。

金振民在传道授业中，时常告诫学生：大自然是获得地球科学新认识的源泉，是获得科学结论的基础。地质工作人员必须热爱地球、热爱大自然、热爱山区，不到大自然中去汲取营养，不到山区去熔炼打磨，闭守在室内仅靠书上空谈，将成为无源之水，无本之木，事业最终也就一无所成。有作为的年轻人应该乐于下基层，只要不怕吃苦，必将得到社会与生活的丰厚回报。

追寻“入地”金钥匙

1986 至 2004 年，金振民先后 8 次赴美国加利福尼亚州大学和明尼苏达大学地质和地球物理系进修和从事国际科研合作。他有很多留在国外的机会，但满腹爱国情怀的金振民总觉得自己更应该报效祖国，祖国的山山水水才是自己地质事业奋斗的天地。

1994 年，金振民以第一作者在国际重要刊物《自然》杂志上发表封面论文，当时对国内的科技工作者来说，可算是非常不容易的。10 年后，他和美国加州大学一位教授联合指导培养的博士生章军锋，在 27 岁的时候也以第一作者在《自然》杂志上发表文章。

上地幔部分熔融产生玄武岩浆过程是板块运动和地壳增生动力学主因之一，金振民探明上地幔动态部分熔融产生的初始玄武质熔体在应力驱动下大量沿橄榄石矿物颗粒边界呈熔体薄膜（meit-film）形成分布，这种分布引起矿物边界湿润，连结力减弱，加速物质扩散和流动。这一发现对阐明上地幔低速高导层（软流层）成因和大陆造山带物质不均匀流动具有重要价值。金振民通过高温高压实验新建立了超高压榴辉岩流变本构方程，为揭示大陆碰撞造山带深俯冲榴辉岩质岩石圈板块断开（或拆沉）机制提供了实验依据，对了解天然榴辉岩塑性变形和研究上地幔岩石圈拆沉作用

具有直接的重要意义。

金振民通过对中国东部11个地区地幔橄榄岩位错显微构造研究，提出了对数正态分布的橄榄石位错稳态亚颗粒是估算上地幔流变应力的最佳显微

构造参数。他与合作者在大别—苏鲁造山带超高压岩石和中国大陆科学钻孔岩心系统物性研究的基础上，发现了高密度榴样岩与低密度片麻岩之间高反射系数是引起地震强反射体的主因，不同尺度韧性剪切带糜棱岩和透入性应变面理组构是增强地震波各向异的反射载体。

青藏高原是世界的第三极，是打开地球科学之谜的金钥匙。1996年以来，年事渐高的金振民仍以顽强的毅力克服高原缺氧等困难，3次走进4000米标高以上的青藏高原，全然不顾头晕、气喘、嘴唇发紫等高原反应，坚持与学生一起进行地质调查。

俗话说，知夫莫若妻。“他的韧性很强，他曾经是一名马拉松赛运动员。在同学中他不是最聪明的，但却是耐力最好的。这成为他取得成功的一大原因。”金淑燕这样评价丈夫。质朴无华之语，道出了成功者的秘诀，更道出了金振民攻坚克难的睿智。

被称为深入地球内部“望远镜”的大陆科学钻探，是当代地球科学具有划

时代意义的工程。2011 年被称亚洲第一钻的中国大陆科学钻探工程（钻孔深度 5000 米）在江苏东海县实施，金振民担任工程现场指挥部副总地质师，负责岩石物理性质实验室。在此期间，他全身心倾注于事业，用智慧和汗水，求解地球深部的未知数。

金振民主要研究了地球深部两种岩石的流动规律，一种是地幔橄榄岩石，一种是榴辉岩石。在地幔橄榄岩石研究中，金振民等利用高温高压技术手段查明了岩石力学的强度有何影响。这一发现，对地球内部的地震波速度传播的衰减和大陆造山带等科学问题有重要启示意义。

我国铬铁矿匮乏。为研究这种矿床的成因，我国科学家做了大量的研究，30 多年来逐渐形成了一个共识，即它的形成与地球深部橄榄岩熔融作用密切相关，但没有人能用天然地幔橄榄岩的样品做实验证实这一点。金振民和他的团队通过高温高压技术模拟实验，成功地证实了这一矿床的成因。

金振民长期从事构建地质学的教学和科研工作。他对岩石流变学上地幔动力学和高温高压岩石变形实验进行了比较系统的研究，取得了在国内外颇有影响的科学研究成果。

垂暮之年再生辉

有志者事竟成。金振民潜心“入地”之举，取得了令人惊羡的多项业绩：在上地幔熔融动力学超压榴辉岩流变本构方程建立，中国东部地幔岩石超显微构造和橄榄石矿物流变学高温高压实验方面，取得了被国内外同行认可的成果，使我国这个领域在国际上占有一席之地。

针对青藏高原巨厚壳形成机制的重要科学问题，在我国开展地壳深熔作用高温高压实验研究，阐明了高喜马拉雅二云母花岗岩和下地壳麻粒岩成因。

从高温高压实验角度证实西藏罗布沙和东部地区阿尔卑斯橄榄岩型铬铁矿形成的上地幔部份熔融观点。

从事苏鲁—大别山超高岩石研究和中国大陆科学钻探工作。与德国 Kiel 大学 H.Kern

教授合作开展苏鲁—大别地区深部构造和岩石物理性质的研究。作为国际大陆科探计划项目（ICDP）顾问组专家委员，直接参与中国重大科学工程——中国大陆科学钻探工程项目的国际论证工作。与该项目首席科学家许志琴等领导的集体一道，通过多年共同努力，为该项目争取国际大陆科学钻探委员会专家组批准和在我国实施成功，做出了自己的一份贡献。

一位哲人曾说过：“成就的大小与人们为之付出的汗水和时间成正比。”纵观中外历史，步入老年志向恒贞者不胜枚举：法国著名文学家巴尔扎克住院时，医生叫他马上写遗嘱，他把“写遗嘱”的劝告扔在一边，还像往常那样坚持每天写作12个小时以上，持续了20几年，到离开人世时，留下由96部中、长篇小说组成的宏伟史诗《人间喜剧》。发明家爱迪生75岁时，还照样去实验室签到上班，81岁时取得了他的第1033项专利。当记者问他身体状况，爱迪生照准自己的胸膛“咚咚”捶了几拳。单是1882年，他申请立案的专利权就有141项，平均不到两天就有一项新发明。我国唐朝名医孙思邈的医学巨著《千金翼方》是100岁时完成的……

从一个普通的地质工作人员到一名中科院院士的距离有多远？古稀之年的金振民教授用行动给出的回答是：10年野外勘探的沐风浴雨加上近40年对地

质科研工作的不懈求索，也就是说，金振民是用锤子叩击地球近 50 年，才“叩”来他所取得的科研成果。

金振民的不凡之路，体现着一个科研骄子吃苦耐劳、敢于创新以及走遍千山万水、吃尽千辛万苦、想尽千方百计的“温州精神”！

“光环仅是过去的荣誉，成绩更是今后的起点。”在中华民族共圆中国梦的征程中，金振民壮心不已，暮年生辉，为实现“入地”研究新突破而继续默默地努力工作。

院士名片

邓子新 男，微生物学家。籍贯湖北省房县，1957年3月出生。1982年毕业于华中农业大学微生物专业，1987年获英国East Anglia大学分子微生物学博士学位，1988年回国。2005年当选为中国科学院院士。2006年当选为第三世界科学院院士。2010年当选为美国微生物科学院院士。武汉生物技术研究院院长，武汉大学药学院院长、教授、博士生导师。曾任华中农业大学，上海交通大学教授，兼任5个国际刊物编委，国家“973”项目首席科学家，国家“863”计划领域专家组成员，国家自然科学基金委员会生命科学部第四届专家咨询委员会委员和学科评审组成员。

长期从事微生物分子生物学研究，在重要类别抗生素生物合成基因克隆、定位、结构功能分析、表达和遗传调控机制、抗生素代谢工程与药物创新、天然产物的生物化学与组合生物合成等方面取得了系统性研究进展，提出了多个国际认同的“抗生素生物合成分子机制”的理论模型，利用遗传操作高产了重要抗生素，并产生了系列药物衍生物，是我国在微生物代谢途径与代谢工程研究领域的主要学术带头人之一。在众多细菌DNA大分子上首次发现了硫（S）修饰，打开了DNA硫化修饰新领域。曾获“国家杰出青年科学基金”、“中国青年科技奖”、“国家自然科学”二等奖、瑞典“国王Baudouin奖”等奖励，被授予“国家级有突出贡献的专家”、“全国五一劳动奖章”、“全国先进工作者”等荣誉称号。

院士寄语

发现的灵感在于不寻常地关注异常，
创新的真谛在于不唯理地探求真理。

笑迎逆境

刘益善

第一眼见到他，他温和的笑容瞬间化解了笔者对院士采访的顾虑。议科学、侃文学、聊人生，我们谈笑风生，两个小时仍意犹未尽。握手告别后，他那自信、开朗、坦荡、谦逊的微笑带着一种力量、一种温暖、一种大气激荡在笔者的脑海中，久久不能平静。

他，一个大山深处走出的砍柴娃，一个英语成绩曾倒数第一的大学生，一个总敢跟“共识”现象“抬大扛”的“愣头青”，一个偏在别人蜂拥出国时却非要回国的“疯”博士；

他，一个笑对质疑奔波寻证的探索者，一个穿梭国内外弥补条件差的实验师，一个激情 20 年把一个冷门焐热的科研勇士，一个发现 DNA 上第六元素的学科领袖；

他，一个组合生物药学研究平台的创立者，一个前沿科学创新团队的打造和领跑者，一个擅长结合基础、应用和开发研究于一体的科学家，一个乐于聚集政产学研高端人才共同创业的开拓者；

他就是用微笑迎战逆境，用微笑创建体系，用微笑激励学生，用微笑引领团队的微生物学家邓子新。

从大山走出

邓子新，1957 年出生于湖北房县城关镇小西关村。房县毗邻神农架，古称房陵，为历代流放之地，据记载清朝之前共有 45 位帝王皇亲或将相流放于此。这里山高岭峻，受流放文化的影响，这里也重视读书立业。邓子新有两个哥哥和两个姐姐，他是老幺，父母希望他能长大成材，取名“ 子新”。

邓子新家里很穷，生活异常艰苦，常常一个月的口粮不够半月吃，部分口粮还得被迫换成红薯，上顿下顿天天吃，以至于邓子新现在看到红薯还哭笑不得，浑身发怵。父母省吃俭用，千方百计供他读书，希望用知识改变命运。小学5年，邓子新用过的练习本全是用别人剩下的残本旧纸装订而成，而且页页都是顶格写，常常连上下左右那点缝隙都舍不得浪费。每学期两元钱学费，迟迟无法交上。10岁时邓子新就上山打柴，挑着上百斤的柴草走10多里山路。上中学后，星期天还要到砖窑场挑砖，每天挣8角钱的工钱补贴家用。砖窑场热，灰尘大，担担砖压得他腰都直不起来，每次去砖窑场的时候还总怕别人看见要“割资本主义尾巴”，所以天不亮就得悄悄赶路。

1977年恢复高考，邓子新的希望之光在那鄂西北大山遥远的夜空升起，决心放手一搏。进入备考阶段，他还在工地上打眼放炮。凌晨4点就要出工，别人放工，他还得留下来点炮。晚上8点，他才拖着疲惫的身体回家，连吃饭洗澡都顾不上就温习功课。高考前一天，他还在工地上挥锤砸石，第二天带着满身泥土走进考场。功夫不负有心人，邓子新平时爱好写作，高考也是凭着语文比别人多几分、政治比别人高几分的优势，考上了华中农学院（今华中农业大学）微生物专业。邓子新微笑着登上了人生奋斗的第一级台阶，微笑着走进了他生命的第一个转折点。

为报国回归

到了省会武汉，走进大学，邓子新就作好了勤奋苦学的准备。上学后的第一次英语考试，他的成绩竟然是全班倒数第一。在房县上中学时，英语课从不受重视，曾经学过的那26个字母也早就还给老师了。于是他每天早上5点起床，跑到后山湖边读英语。凭着一股韧劲，他的英语成绩很快进入班上的前几名。在大学里读书4年，国家的助学金只够他生活，武汉到房县，千里迢迢，为省火车票钱，他寒暑假常常不回家，到十堰火车站当装卸工，搬运木头，赚些工钱买书和衣服。1982年大学毕业，他光荣地加入了中国共产党，并留校工作。那时实验室的条件很差，连一根针都要自己到街上买，常葆笑容和积极乐观态度的邓子新在做好实验和功课的同时，包揽了实验室所有的跑腿活。他的真诚和勤奋赢得了陈华癸、周启教授的认可，并最终促成了他去英国深造的机会。

1984 年，邓子新被推荐到英国约翰•因纳斯研究中心攻读博士学位，师从戴维•霍普伍德教授。接触世界顶尖科学前沿，邓子新如饥似渴，沉浸在知识的海洋里，抓紧一切时间学习，从没轻易给自己放过一天假。在日复一日地观察、思考、研究中他不时地发现一个个科研“亮点”，又孜孜不倦地去揭示其中的科学奥秘，相继在《基因》、《核酸研究》、《分子遗传和普通遗传学》等科学杂志上发表了多篇论文，用 3 年时间顺利完成了硕士和博士学业的两级跳，戴上了英国皇家博士帽。

1988 年 5 月，邓子新在别人蜂拥出国的季节，偕夫人回到祖国。当时国外的科研条件要好得多，很多人对他的选择不理解。邓子新一笑置之，他说他的选择是一个知识分子的报国情怀，这是他的精神支柱。“如果学到的知识不能把它带回国用于祖国发展，我就有一种负疚感。家乡土地上农民父兄长满老茧的手，在我脑海里留下了刻骨铭心的记忆，想到家乡的农民们过得十分辛苦，想到生我养我的土地，那份责任感让我学成后无法留在国外。”

磨廿年一剑

邓子新回国时，导师戴维•霍普伍德对他说：“ 邓，你是个做基础科学研究的料，要坚持。” 这句话给了邓子新莫大的鼓舞与支持。1984 年，在英国读博士学位的邓子新在做细菌 DNA 的电泳实验时，注意到在同一块电泳凝胶上，有些细菌的 DNA 发生了降解，而另一些则没有。这是一个司空见惯、芝麻般小的现象，同领域中的人都习以为常了，对这个现象在很多文献中都有一个同样的解释，即认为是人工操作中不小心污染了核酸酶造成的。但邓子新看到这个不起眼的偶然现象，却想寻根问底。整个 DNA 的提取、电泳等过程中都是同一个人操作的，为什么在同样的环境、操作方法和实验条件下不同生物来源的 DNA 会出现降解特性完全相反的差异呢？这不应该是 DNA 提取过程中人工操作的问题，倒像是由不同生物自身的遗传特性决定的。这是一个谜，这个谜从此萦绕在邓子新的脑海中。在英国时，邓子新的国家月助学金是 158 英磅，他 1 分钱掰成两半花，用省下的钱和国家给留学生的免税指标买了当时很奢侈的冰箱，带回国内用来搞科研存放试剂。当时武汉许多试剂买不到，邓子新就自己跑到北京上海购买。试剂怕高温，邓子新每次都要找列车长商量，把试剂放到餐车的冰箱里保存。在得到国家自然科学基金 5 万元的青年科学基金后，他用这 5 万元开始起步，进行他的解谜研究。其间，不知道有多少个理由可以放弃，但他都义无反顾地选择了坚持。1997 年，DNA 降解之谜研究有了进展，他们分离出相关基因，第一次得到 DNA 上可能存在“硫修饰”的旁证。但当时还没有遗传学、生物化学，尤其是没有化学分析的最终数据，国际国内仍不认可。国内做不成的实验，邓子新就通过国际合作来解决。1990 到 1999 年，他每年都到英国约翰•因纳斯中心做一些关键的实验，先把思路想好，到那儿后就拼命地做 3 个月，再赶回国内做一些，把国内国外的实验连续起来。

2003 年，他申请国家自然科学基金委的重点项目，然而答辩没通过，认可的程度仍很低。但基金委认为这是个有潜力的项目，以基金委生命科学部主任基金的名义给了 30 万元资助。这种在非共识情况下得到的经费，无疑是对邓子新挑战常规的一种支持与鼓励，令他非常激动。

2004 年，邓子新的团队在实验中证实了细菌 DNA 分子中硫元素的存在，2005 年论文《DNA 大分子上一种新的硫修饰》在权威科学杂志发表，国际上第一次正式认可这个成果。2005 年，国内将这一成果评为“中国高校十大科技进展”。2007 年硫修饰的精细化学结构得以阐明，这一成果被评为“全球十大科学新闻”。

DNA 的第六种元素被发现了，邓子新当年“偶遇”的一个冷门，终于被他和同事们用心血、智慧和献身精神焐热了，成了专著和教科书的新内容！

2005 年，邓子新当选为中国科学院院士，这年他 48 岁。回忆这些年的科研历程，邓子新莞尔一笑说：“我很享受这个发现的过程，失败有时候也是一种美妙的体验，要相信自己，耐得住寂寞，有敢于把冷门焐热的勇气、执著和毅力。”

攀科学山峰

邓子新和他的团队除了发现 DNA 第六种元素的科学成果外，在抗生素生物合成的生物化学和分子生物学研究方面也都取得诸多成果。

2003 年以来，邓子新团队克隆了一系列新结构类型的抗生素生物合成基因簇，并在国际上首次提出了多烯、多醚类等抗生素生物合成的模型。这些新发现大大扩展了人们对许多重要微生物药物生物合成机理的认识，使通过遗传工程大幅度提高抗生素药物的产量，以及拓展生物学功能越来越得心应手。国际化学生物学领域的专家多次高度评价这些成果。

同时，邓子新团队还系统性地建成了具有国际影响的“抗生素药物基因资源库”和“抗生素药物化合物库”，建立和发展了重要抗生素产生菌的基因克隆体系，克隆的杀虫、抗病、抗细菌、抗真菌、抗癌及HIV 等抗生素药物基因簇和一系列控制药物产量的正、负调节基因等不断受到国内外的密切关注。部分重要抗生素药物（如井冈霉素）基因已成为推动学科发展和产业进步的重要新基因储备。

这类药物需要不断更新换代、降低生产成本，业界的传统做法是从自然界微生物中筛选。这样的操作，资金消耗大，耗时长，往往需要 8 到 10 年，甚至更长时间。国际生物学界一直希望通过基因工程的方法，寻找众多抗生素的合成基因，将不同源和功能的基因合理地组合在一起，产生自然微生物本身所不能产生的“杂合药物”。如果能够寻找到一个有用的化合物，除了将产生数亿乃至数十亿美元的巨额利润，还有可能为人类的医疗和农业病虫害的防治以及生态的保护提供新的手段。

邓子新团队开展了提高抗生素药物产量和创新药物的研究，提高了重要药物（如多氧霉素）的产率，获得了数十个新抗衍生物，申请了 18 项发明专利，包括国际 PCT 及法、日、韩等国外专利，并具有我国自主知识产权。这些成果标志着邓子新团队转变自然微生物中被动筛选抗生素新药物的传统模式，迈出主动高产、创新微生物药物的第一步。

科学是没有止境的。邓子新笑容可掬地说：“科学就是一座爬不到顶的山，它没有顶峰。”

带创新团队

2009 年底，武汉光谷获批第二个国家自主创新示范区，邓子新受邀考察武汉国家生物产业基地的九峰基地等。随后，他欣然接受担任武汉生物技术研究院和武汉大学药学院院长的邀请。来到这里的，不仅仅是邓子新，10 余位高层次人才也追随着他的步伐，来到珞珈山这片科研乐土。

从剑桥大学生物化学系归来的孙宇辉说，祖国生物科学事业的欣欣向荣和恩师邓子新的殷切期待对自己产生巨大的吸引力，使得自己毅然放弃了即将获得的“绿卡”，来武汉大学拼搏出一片天地。就读于斯坦福大学的博士后刘天罡、就读于哈佛大学的博士后陈实、就读于麻省理工学院的博士后王连荣等，也追寻老师一起来汉，分别从事生物燃料、神经药物方面的研究。许多以前未曾相识的“海归”们也纷至沓来，形成一个朝气蓬勃、踌躇满志、只争朝夕的科研队伍。组合生物合成与新药发现教育部重点实验室也从无到有跨越式建设发展起来。实验室硬件建设是物质保障，但软环境建设更为重要，对此，邓子新颇有心得："一定要营造有利于科研创新的文化氛围。"

这是一个团结协作的团队。采访中，师生们说的最多的就是团队合作精神。实验室有一条不成文的规定或共识，不论谁申请到科研经费，都要拿出一部分来贡献给团队的共同运转，也作为新引进同事们的科研启动资金，暂时还未申请到经费的教师们的科研工作也可以不间断地在团队顺利开展。"实验室真正做到了你中有我，我中有你。" 实验室主任孙宇辉说。实验室运转不久，大家就共同凝练出"博学精问、同舟共进"的"室训"来支配实验室创新精神和团队文化的发展。

这是一个相互包容的团队。"实验室的文化应是一种互动交往的团队文化，师生之间一些好的方面能够相互影响。"邓子新嘴边开出一朵花，笑着说"实验室多是 30 岁至 40 岁的年轻人，来自四面八方、天南海北，每个人在实验能力、创造能力、科研灵感等方面都有其独到之处，每个人都应该学习别人某一方面的优势，取长补短，成就自己。"谈起包容失败，邓子新滔滔不绝，"社会的评估体系，特别是容忍失败的体系，可能现在还不是特别健全。我们应该容忍失败，在科学上面尤其如此，只要整个探索过程是科学的、有逻辑的，即使最后没有产出论文和产品，它还是培养了人才。从更深层面来说，科学研究应该是科学知识和人文底蕴的积累。"

这是一个快乐工作的团队。"我们有冲劲，有活力，却难免急躁，邓老师像慈父一样，包容着大家的个性，也包容着我们的失败。"王连荣说，"成功时他用微笑与我们分享，失败时他用微笑给我们鼓励，大家沉浸在愉快工作，开心生活的和谐氛围中。实验室充满了笑声和欢乐，我们可以踏实、安心、快乐地做科研。"

建科研体系

一个国家综合实力的强弱及其能否健康和可持续发展，一个极其重要的指标就是基础、应用和产业化研究这三者的发展是否协调。科技成果束之高阁，与经济社会发展相脱节，会造成科学知识和成就的浪费，社会经济发展的乏力。着力推进高校和科研机构科技成果的转化已越来越引起当今世界各国的高度重视。面对健康、农业、能源、环保等生物领域的重大需求，充分利用多年的科研积累，邓子新团队在重视基础性积累的同时，积极推动科研成果的应用，近年来也开展了卓有成效的工作。他所带领的微生物代谢重点实验室经历了从教育部重点实验室向国家重点实验室的挺进，重点实验室在与产业集团或国家产业开发区相结合，催化科研成果向产业化转移方面也日见成效，有的成果已形成高端生物产品，有的大大推动了产品的升级换代。作为院长的他也通过投身于武汉光谷生物城的建设，与仁人志士们共同致力于打造一个体制机制最新、创新能力最强、成果转化最快的武汉生物技术研究院。使之成为一个名副其实的政产学研交融协力的平台、区域优势集成创新的基地、生物产业做大做强的支撑以及人才聚集多方共赢的舞台。几年来，武汉生物技术研究院整合了政产学研各自的优势，打造了优越的科技创新和合作的环境，高校院所的高端创新人才、海内外生物领域的领军人才和创新团队云集，国家重大专项和新型高新生物企业在这里扎堆，培育了颇具特色的产业集群。如今，中国光谷生物城里众多身怀研发绝技、心系强国梦想的科研工作者们正尽情绽放着他们的科技梦和产业梦。一批生物医药、生物农业、生物能源、生物环保、生物制造、生物服务的产学研群体正应运而生、携手并进。

◆向 Nobel 奖获得者 Aaron Ciechanover 介绍光谷生物城

行文至此，我的脑海中猛然蹦出伟人毛泽东的诗《卜算子•咏梅》：“风雨送春归，飞雪迎春到。已是悬崖百丈冰，犹有花枝俏。俏也不争春，只把春来报。待到山花烂漫时，她在丛中笑。”诗中梅花蔑视困难、战胜困难、放眼未来的气概，喜悦者、自信者、胜利者的形象，为民先锋、众芳同笑、与民同乐的心胸，谦逊、脱俗、豁达、大度的精神风采，恰似邓子新和他的团队笑迎科研、情注科研的神韵。笔者默默地期冀邓子新团队在探寻科学真谛的道路上坚冰不能损其骨，飞雪不能掩其俏，险境不能摧其志，恰似冰枝嫩绿、疏影清雅、花色美秀、幽香宜人的梅花，笑在丛中，爱在丛中，和全国的科技同仁们共同笑迎生物科技的春光灿烂。

院士名片

朱英国　男，植物遗传学专家。籍贯湖北省罗田县，1939年出生。1964年毕业于武汉大学获学士学位。2005年当选为中国工程院院士。武汉大学教授、博士生导师，国家有突出贡献专家。曾任湖北省三系杂交水稻协作组组长、武汉大学生物系遗传研究所所长、湖北省遗传学会理事长，湖北省科协第七届委员会常委等职。

长期从事植物小孢子发育、植物雄性不育与杂种优势的研究。40多年来，将基础研究、应用研究和产业化紧密结合，一直在科研教学第一线奋斗，为发展我国水稻科学事业做出了巨大贡献。带领团队，先后合作育成“红莲型”、“马协型”两个新的细胞质雄性不育系和多个籼粳稻光敏核不育水稻；利用“马协型”、“红莲型”细胞质雄性不育系和籼型光敏核不育水稻选育出“马协63”、“两优1193”、“红莲优6号”、“两优234”和“珞优8号”等组合，通过国家、湖北等省市品种审定，并与民营企业合作，进行大面积生产和推广。截至目前，红莲型杂交水稻累计推广面积已超过了1亿亩，为国家乃至世界的粮食安全做出了重大贡献。承担有国家重大专项、国家自然科学基金、“863”、“973”和省部级多项重点研究项目。曾获“国家科技发明奖”二等奖、“国家自然科学奖”三等奖、“湖北省科技进步奖”一等奖、“教育部科学技术奖”一等奖、“湖北省科学技术突出贡献奖”，“湖北改革开放30年30人物”和“全国师德先进个人”等多项奖励和荣誉。发表研究论文200余篇，合著或专著4部，培养博士后、博士、硕士120多名。

院士寄语

农业科研常常与苦、累、脏联系在一起，搞农业研究，没有艰苦奋斗的奉献精神是万万不行的。

只要你有正确的发展方向，有一颗无私的心，有积极向上的精神面貌，有为社会多作贡献的满腔热情，工作中遇到的困难、受到的委屈都不会把你击垮。

以天下苍生为念

黄世猛

20 世纪 60 年代初，国家面临三年自然灾害，在武汉大学读大二的朱英国有一次回罗田县河铺镇文家庙村老家，目睹了在村头修水利的父老乡亲饿死在路边……那一幕让他刻骨铭心！夜里，他辗转难眠：民以食为天，吃饱饭才是天下头等大事啊！一种为天下苍生吃饱饭而奋斗的使命感油然而生。由此，他毅然放弃热门的微生物专业，选择植物遗传学。

此后 40 多年他兢兢业业、百折不回，“让众生远离饥馑”成了他始终不渝的追求。

为美丽的稻子南征北战

1972 年 9 月的一天，正在沔阳（现仙桃市）排湖原种场搞田间试验的朱英国，被召回武汉大学，领受一项特殊任务：武汉大学成立了水稻三系协作组，决定任命他担任科研组长，以一株红芒野生稻作母本，去海南岛设立天然大温室南繁基地，展开杂交水稻研究。

朱英国二话不说，匆忙准备，第三天就率领团队登车南下。

当时海南条件异常艰苦，朱英国和科研人员住在农民家，没有自来水，没有电，晚上用煤油灯、马灯照明，自己种菜做饭。因供应关系不在当地，粮油等必需品无法买到，想吃点猪肉更是困难。经常是白菜咸菜当餐，水煮盐拌过日。

环境再艰苦，工作起来还要像姑娘绣花一样细心。海南的二月烈日炎炎，他们蹲在稻丛间，小心翼翼地把住穗头，剪颖、去雄、套袋、授粉、封口，为了抢时间，一套固定的程序每天得做上百个，哪怕是眼睛冒金花，哪怕是衣服汗得透湿。

他们的农田实验，常常遭受南方特有的蚊虫和毒蛇的威胁；硕大的田鼠经常把他们辛辛苦苦培育的禾苗咬断。很长一段时间，朱英国和他的同事不得不将铺盖搬到田埂边，每天晚上拉电网、撒鼠药、放夹子，彻夜与田鼠激战……

待到4月收割时，根根稻穗去秕捡实，粒粒谷子剥壳入袋，成千上万个组合都得分类整理，带回武汉赶季播种。

返汉之旅，交通不畅，每人要背100多斤的材料。在火车上一路站回也是常事。身体受苦其次，最煎熬的是对种子的担心。

1975年4月中旬，海南岛气候反常，稻子晚熟。为赶上湖北的育种期，朱英国他们收下稻种，来不及晒干就匆忙启程。仓促中忘了带《病虫害检疫证》，车至湛江站被禁止通行，朱英国急得泪水快要掉下来。湛江站的工作同志了解原委后，破例放行。

年复一年，朱英国和科研团队像候鸟一般在海南和湖北奔波，同甘共苦，很少有机会与亲人团聚。有一年朱英国回汉开会，正好遇到春节，听说父亲摔断了腿，匆匆忙忙回家看了一眼，大年初一就又往海南赶。

无论多么艰辛，一个强烈的愿望始终支撑着朱英国：他梦想揭示稻种的科学模式，进而揭示遗传学、分子生物学上的规律，推动整个水稻科学研究的发展。

历经5年反复试验，他率领的科研小组，用几十个常规稻种作父本进行杂交，经过6代回交后，终于培育出不育类型“红莲A”稻种。这项研究成果，被誉为“中国超级稻育种技术新突破”，成为杂交水稻发展的重要基石之一。

“红莲A”培育成功后，信心更大的朱英国，加快了研究步伐。1984年3月，他和助手余金洪在上千个农家品种中发现了一株比周围矮20厘米、不育特点明显的不育株。又经过3年艰苦试验，成功培育出马尾粘细胞质雄性不育系“马协A”。这项研究成果，突破了理论界认为的水稻雄性不育资源只能从野生稻中获得的定论。

在培育“马协A”的同时，朱英国对“红莲型”的基因展开了克隆研究，并逐步取得重

大突破。他们利用各种分子标记结合 RNA 表达分析，成功克隆了与红莲型细胞质雄性不育相关的嵌合基因 orf H79，和育性恢复基因 Rf5、Rf6。搞清楚了“不育”与“恢复”之间的关系，为指导红莲型杂交稻新不育系、强恢复系选育和强优势新组合选配提供了坚实的理论基础。

这些研究成果相继在国际顶尖杂志上发表，展示了我国农业科学家已登上基础科学研究的高峰，为我国赢得了殊荣。

近 10 年来，朱英国和他的团队在此前的基础上，经过一系列攻关，成功选育出优质的“红莲型”不育系“珞红 3A”和“红莲型”杂交稻组合“红莲优 6”、“珞优 8 号”和“粤优 9 号”等优质组合。

一路飘香，“红莲型”杂交水稻，与日本培育的“包台型”和中国工程院院士袁隆平培育的“野败型”，一起成为世界公认的三大细胞质雄性不育类型。

“种子效应”惠及 5 亿人

奔波在田间地头的朱英国，常常头戴草帽，身着旧装，看上去跟农民没什么区别。他有着农民一样的纯朴，有着农民一样对土地的挚爱，更有着孜孜不倦的追求！他要学以致用，他要让种子产生效应，他要让效应去改变世界，造福民族。这是他 4 0 多年来抱定的“种子效应”。

然而，由于水稻品种的特殊属性，推广一个新品种，让广大老百姓认识并接受一个新品牌，一般要花 10 年功夫，还需要大批的基层农科人员不屈不挠、默默无闻的奉献；更需要一个专业过硬，素质超强的科研团队。

朱英国是团队的灵魂。随着“红莲 A”的叫响，他的团队渐渐壮大起来，逐步形成了 3 支队伍：一支做基础研究，加上研究生有 150 多人；一支做应用育种，他们常年在田间工作，有的已经坚持了 30 多年；还有一支负责产业化推广，目前已经成立了 3 家种业公司。这 3 股力量的结合，实现了“从基础研究中来、再到应用育种中去”的良性循环。

“朱英国的团队”和朱英国的名字一样响亮，凭着精良的素质和非凡的业绩，先后被评为“国家创新研究群体”、“教育部创新团队”、“湖北省创新团队”。团队里每个人似乎都是一口井，一部书。把团队凝聚得如此之好，源于朱英国的领导才能和人格魅力，更源于他先进的人才理念：善于观察发现，严格要求培养，投入感情凝聚，创造条件栓心。

谈到朱院士爱惜人才的话题，他的学生杨代常教授介绍说，朱老师的人才观很超前，他在课堂上曾给学生讲过，二战时，德国的柏林同时被苏军和美军攻占，苏联人忙着抢机器设备，美国人却不要一个螺丝帽，而是四处寻找德国的科学家，带回美国给很好的待遇，调动德国科学家的积极性，结果让美国的科技水平总是保持世界前列。朱老师也有这种战略眼光，他爱惜人才不只是停留在口头上，而是来真的，动实的。杨代常就是朱院士早年在沔阳搞农技推广时发现的一棵好苗子，那时，杨代常还只是一个年龄不到20岁、初中没毕业的农科员。在朱院士的鼓励和帮助下，杨代常考上了武大插班生，接着又跟朱院士读硕士、博士。1987年为了把杨代常的妻子调到武汉团聚，朱英国跑了不少路，求了不少人，一次在省人事厅苦等了3个小时，终于解决了杨代常的后顾之忧。后来，杨代常去菲律宾国际水稻研究所工作，之后又到美国学习工作了7年。2005年，朱老师一个电话，就把已在美国有点名气的杨代常召回到他的团队，成了基础研究领域的领军人。

打心眼里敬佩朱英国的何止杨代常教授！黄文超博士心里也装着一串串朱院士惜才爱才的故事：高级工程师余金洪夫妇分居的问题，一度也让朱院士放心不下。那年夏天，朱院士四处打电话，坐公交到处找关系，终于联系好接收单位，让余金洪夫妇在武汉团聚，之后又帮余金洪的妻子找到工作。朱仁山也是一位优秀人才，因为朱仁山常年在室外工作，很少在珞珈山校园出现，因此很少有人了解他，更不知道朱仁山工作艰辛，成绩出色。在朱仁山晋升高级工程师时，有人提出不同意见。朱院士反复向评审专家们介绍，称朱仁山是一位应用研究不可多得的人才，不怕艰苦，取得了不少成绩。评审们知道朱仁山的情况后，无不动容，高度肯定并全票通过。

40多年来，朱英国先后培养硕士、博士生120多名，副教授、教授23名。这些人才在基础研究、应用研究、市场推广方面充当他的主力军。在朱英国感觉最棘手、最需要时，他们总是横刀立马，分忧解愁。

“我们平均5年建成一个基地，早期的武大八区湖边基地、海南陵水基地仍在发挥作用，继武汉花山基地后，我们又建成鄂州基地……这些基地，为基础研究和应用研究提供了条件，为新品种大规模推广、百倍千倍万倍的‘发酵’，发挥了重要作用。‘种子效应’也渐渐显现出来了。”朱英国激动地说。

2007年9月17日，在湖北省农业科技创新中心试验示范现场的实测中，红莲型“珞优8号”亩产创造了823.4公斤的纪录，跨入了超级稻的行列。同时该品种还在湖南、河南、江西、安徽、浙江、福建、广西等地推广种植近60万亩。试验表明，在长江流域、四川盆地、华南地区和河南南部种植，均有良好表现。

“红莲优6号”在菲律宾、印尼、越南、斯里兰卡、孟加拉国、莫桑比克等国进行更大范围的推广，比当地品种增产20%～50%，显现出生产势强、穗大粒多、抗性较好、适应性广、亩产高等特点。

截至2012年12月，朱英国和他的助手选育出来的杂交水稻品种，通过省和国家审定、认定的近20个，累计推广面积超过1亿亩，惠及5亿多人口。

在主粮产区，看到千家万户牛羊满圈、鸡鸭成群、人欢鱼跳的丰衣足食的景象，朱英国的脸上露出了笑容。然而，为天下苍生一代代一茬茬吃饱饭的愿望仍在支撑他。“晴带雨伞饱备饥粮”的古训，让他对国家粮食安危总有着与众不同的忧患……

亲情亏欠 苍生为天

2005年12月13日，已66岁满头白发、满脸沧桑的朱英国教授，当选为中国工程院院士。在他看来，这是一种荣誉，更是一种责任，这责任，像灌了铅一样，沉甸甸的：13亿人口的中国，水稻播种面积4.4亿亩，杂交稻占其中的55%，产量占到66%，杂交水稻的发展显得尤为重要。粮食产量虽然连续多年取得丰收，但是随着国民人口不断增长，工业化和城镇化推进，加上不可预测的因素，粮食问题岂能有半点的忽视！

2006年6月，他给时任中共中央政治局委员、湖北省委书记俞正声寄出了他撰写的“加快发展红莲型杂交水稻的建议”。俞正声看后十分重视，将朱英国的信批转给当时分管农业的刘友凡副省长，并请刘省长替他“看朱老师”。刘副省长随后召集专门会议，听取朱院士汇报，决定成立“红莲型杂交稻研究中心”、安排专项资金支持红莲型杂交稻种子生产、并将“珞优8号”列为湖北省主推品种。

2012年11月，朱英国不顾自己年过古稀的高龄，下基层，走乡串户，了解分析湖北农业实际情况，向湖北省政府提出“加强农业强省的四点建议”。郭有明副省长看后十分激动，当即批示“很有针对性”，要求有关部门研究采纳……

人类发展无止境，粮食品种和科学研究也无止境。现已74岁的朱英国院士，仍每天工作10来个小时，每次去基地看稻种，一下车就独自往田头走，捧着稻穗就像捧着孙子的脸那样激动，瞅来瞅去，久久舍不得放下……朱英国心里装的，是农业生产，是对粮食优良品种的无止境的研究。他的研究成果惠及天下苍生，但他却很少顾及家人。只要一提到家人，他的心里就有几分愧疚。他说：“如果说我是成功的，那么成功背后有我家人作出的牺牲。作为人夫我愧对老伴，作为人父我愧对孩子。”

◆时任省委书记罗清泉（右）颁发湖北省科学技术突出贡献奖

在罗田农村的那些日子里，朱英国的夫人上要照料他的老父，下要哺养他们的3个孩子，还要顾着挣工分，养猪养鸡。不管多难，夫人总是忍着，常背着小女儿下地干活，多次从山岗上滚下来，母女俩摔得头破血流。老父亲在他夫人的悉心照料下，活到90高寿才离去。家搬到武汉大学校园后，成了武汉户口的夫人，梦想有一份正式工作，学校也曾提出给他夫人安排工作，这个难得的机会，却被朱英国请学校先给他安排个助手而失去了。直到前几年，朱英国才给一直做临时工的夫人买了份社保，如今每个月能领几百元钱。

朱英国的3个孩子小时候都很聪明，可因为朱英国长年累月在外奔波，很少回老家，可以说是“四个没有”：没有过问过孩子的学习，没有看过孩子的成绩单，没有参加过家长会，更没有辅导过孩子的功课。3个孩子都是靠后来刻苦自学才拿到成人本科文凭。儿子朱新锋如今在深圳一家物业公司做老总；二女儿朱文在出版社工作，还在读在职研究生；小女儿朱金红工作也不错。

朱英国心里也知道，夫人和3个孩子对他有怨气，想弥补也来不及了。3年前，省里奖给朱英国100万，90万用于科研和奖励优秀人才，剩下的10万元他拿回家，想通过老伴给孩子们一点补偿，可孩子们都不要，非但不要，儿子看父亲穿的衣服，价格从没有超过300元的，戴的手表和用的手机，磨得连数字都看不清了，花几千元给父亲买了一套高级西服，打开心扉对爸爸说：“以前，妈妈和我们三兄妹对您确有些抱怨。不过现在理解了，您一辈子风里来雨里去从没享受生活，奔的都是为了天下人不挨饿，我和两个妹妹真的能理解您。”儿子的话让他很感动，可高级西服至今仍舍不得拿出来穿。

笔者采访快结束时获悉，朱院士和助手们最近又通过传统育种与现代分子生物学技术紧密结合的手段，正在培育高产优质的红莲型“珞优10号”。这种被称为“超级稻后”的品种，研究阶段就将“高产、优质、广适、生态”的品质结合在一起。

“珞优10号”将是典型的绿色生态产品，是朱英国多少年来梦寐以求的希望，更是这位心系天下苍生、年过古稀的院士的又一智慧结晶！

院士名片

程时杰　男，电力系统学家。籍贯湖北省通山县，1945年7月生于武汉。1967年毕业于西安交通大学，1981年和1986年分别在华中工学院（现华中科技大学）和加拿大Calgary大学获硕士和博士学位。2007年当选为中国科学院院士。2010年当选为IEEE会士（IEEE Fellow）。华中科技大学教授、博士生导师、校学术委员会副主任，中国电机工程学会咨询委员会主任，教育部科技委员会委员，湖北省科协第八届全省委员会常委，湖北省电工技术学会理事长。

长期从事电力系统及其自动化研究。在电力系统稳定控制方面，建立了一种有效的电力系统自适应控制机制和基于实时参数识别的自适应辅助励磁控制策略，有效提高了控制系统的鲁棒性和同步电机及其互联电力系统的稳定性。在电力系统次同步振荡方面，深入研究了大型汽轮发电机组机电耦合轴系扭振的理论和方法，成果已用于生产实际。近年来，积极倡导并努力实践基于储能原理的电力系统稳定控制和大规模可再生能源并网的研究。获得“国家有突出贡献中青年专家”、“湖北省优秀科技工作者”、“湖北省科技精英”、“湖北省优秀教师”等荣誉称号。在国内外学术期刊和国际学术会议上发表论文600多篇，出版专著1部、译著1部，获国家发明专利3项。

院士寄语

山水有灵气，大地藏智慧。

追赶生命的时光

张品正

时光对每个人都是公允的，既不赠予，也无克扣。但对每个生活在时光中的鲜活生命而言，如何利用甚而运用时光则大相径庭。于是在社会生活舞台上，平庸与高尚，碌碌无为与成就显赫，被人漠视与受人尊敬就一一厘清，若揭于化日之下。当我们打开程时杰院士的人生，便清晰地感觉到，这是一个追赶生命时光且在时光中留下闪光足迹的人。

程院士的生命在时光的磨砺中灿亮。

读书造就人生

程时杰1945年出生于武汉市汉正街一个小商人家庭，兄妹7人。他自幼好奇心、好胜心就很强，动性和灵性兼具，尤其对读书，先入眼，后入心，再入迷，从小学到中学都是班上的佼佼者，为老师所喜爱、同学所钦佩。年仅17的他，就以高分考入西安交通大学。

美丽的校园，丰沛的人文环境，尤其是图书馆的大量书籍，更加激起他求知的渴望。他除了上课、吃饭、睡觉及少量的锻炼外，几乎是手不释卷，成为班上有名的“蛀书虫”。他涉猎广泛，尤其对专业书，博中求渊。他读书的特点是坐得住、读得进、钻得深、悟得透、用得活，常常于举一反三中闪射出思维的灵光，直达郑成功所畅言的“养心莫若寡欲，至乐无如读书”之意境了。

如果说从小学到大学的读书过程处于一种相对静止状态的话，那么走出课堂，融入社会，边工作边读书就是一种动态的读书了。程时杰从1968年大学毕业参加工作到1978年的10年期间，先后参加4个电力工程建设，常常奔波于西北、华北、华中各地，居无定所，但他以工地为家，心无旁骛，除了工作就是读书。10年来，每天清晨去山坡上看书，从未间断。他曾对记者说：“只要不下雨，我每天清晨就去工地后面的山坡上看书读英语。在大自然中记忆与在教室里记忆感觉就是不一样，山水有灵气，大地藏智慧，人越学越有精神，越学越觉得自己知之甚少。每天看到上班时间快到了，我才恋恋不舍地告别心爱的山坡。今天的我，得益于那时的坚持。”读书，已成为他每天的必修课，成为他生活中不可或缺的组成部分，成为一种心灵的寄托和烛照思想的快乐。

◆青年时代的程时杰（左）与兄（右）弟（中）

1978年，程时杰抓住恢复高考后的历史机遇，调动自己丰富的知识积累，以优异成绩一举考入华中工学院（现华中科技大学）电力系的研究生。

10年辛苦不寻常。久违的教室和图书馆依然那么亲切，如故友重逢一般。10年的工作经历，唤起他更加强烈的专业学习意识，激起他更加浓烈的社会责任感。这时的他，已从刻苦学习的知识型向专业人的智慧型学习拓展了。读书不仅仅是获取知识，而是和社会发展的时代使命结合在一起了。他注重读，更注重思；他注重实验，更注重创新。由于他的出色表现和卓尔不群的才华，1981年研究生毕业后留校任教，一酬心愿。

“我人生的又一次转折始于1983年。”那一年，学校决定从100万美元的世界银行贷款中拨出99万美元培养33位留洋博士，于是38岁的程时杰有幸成为改革开放后最早出国攻读博士学位的留学人员，享受国家每月资助的362.5加元奖学金。

因为年龄没有优势，他在联系国外大学的入学申请中遇到了一些阻碍。加拿大Calgary大学没有招过中国大陆的学生，校方觉得程时杰可能不能顺利毕业，但他后来的导师、该校工学院副院长马力克教授，却看中了他丰富的工程实践经验和持之以恒的学、思、研结合的个性，担保说：“如果这个学生不能拿到学位，我们以后就不再招中国留学生。”

1983年5月，程时杰进入Calgary大学电机工程系攻读电力工程博士学位。这为他已然腾飞的志向无疑插上了金翅膀。

深知机会来之不易，在异地求学的日子，程时杰一心扑在学业上，每天三点一线，在教室、实验室和住所间往来。

虽然英语不是太流畅，但在正式转为博士生前的试读期，程时杰仍然凭借自己的刻苦钻研，4 门课程全部为 A，创下了当时学校的新纪录。

程时杰租不起学校附近的公寓，只好在离学校很远的地方租了一间住房。冬天的清晨，零下 40 度，程时杰每天都要用大衣和围巾将自己包裹得严严实实，踏着深深的积雪，迎着刺骨的寒风，从住地到学校，一路上差不多冻成了“冰人”。

有一天，程时杰快走到学校门口时，忽然感觉一辆小车停在身后，回头一看，是导师马力克送孩子去上学，他走上前去问好，却发现导师惊讶得半天说不出话来。

“你每天都是这样走路上学的？”

“是的。”

导师了解到程时杰的拮据经济状况后，流着眼泪深情地说：“我真没有想到你是这样读书的，我一定要让你拿到奖学金，改变你的学习环境。”

这一刻，导师激动了，他为有这样不畏困难、锲而不舍的优秀学生而感慨。程时杰感动了，他为有这样关爱自己、善解人意的导师而感佩。

不久，马力克为程时杰争取到了一笔数额不小的奖学金。程时杰很快搬到学校附近，全身心地投入到学习和科学研究中。马力克说：“是程先生让我们了解到中国学生的优秀品质。”程时杰以自己的坚韧刻苦，赢得了学界的认可。

这段时光，还为他的终身学习注入了不竭的活力。

5 年的留学生涯，锻造了他过硬的知识本领，当有人问他有没有考虑过留在条件优越的国外时，他爽朗地回答：“一直没有动这个心，接受传统教育多年，国家给我奖学金，学成后理所当然要回国服务。中间有个小插曲，就在我博士论文答辩完的那天，我办公室门口的墙上忽然贴出了一张境外大学招聘教授的启事，我知道这是在暗示我，也能猜出是谁贴的。我别无选择，带着报效祖国的心愿，带着家人，归心似箭。”

专业成就人生

程时杰热爱自己的电力工程专业，就像热爱自己的眼睛。

他是科学的朝拜者，也是科学的捍卫者。无论是在条件艰苦的沉湖军垦农场垦荒，在四处漂泊的电力工程工地，在人生地不熟的加拿大刻苦求学，还是在实验室潜心学术致力研究，程时杰始终坚守自己的信念，对专业永不言弃。

他常讲的一句话是："我就是想搞专业。"

是专业的社会性，强化了他的责任意识；是专业的独特性，把他推到科学研究的前沿；是专业的普适性，使他的聪明才智得到极大的发挥。

正是因为热爱自己所从事的专业，他才废寝忘食地学习，哪怕是在繁忙紧张的建设工地之余，哪怕是"不清楚前方的路会通向哪里，我都不愿虚度光阴。而且在工程实践的基础上，再看专业书籍，收获良多。"这是程时杰当时的心境。向书本学习，向实践学习，他的专业思想不断得到巩固，专业水平不断得到提升，专业能力不断得到强化。

正是因为热爱自己所从事的专业，他才敢于站在巨人的肩上，以探寻的眼光，求异的思维，勇挑重担，另辟蹊径。在加拿大读博期间，他发表论文《一种自适应同步电机稳定器》，提出了一种新的电力系统自适应控制机制理念。该成果被世界多家电气设备制造企业用于生产实际，取得巨大的经济和社会效益。

正是因为热爱自己所从事的专业，他才能放弃国外优越的生活环境和工作条件，毅然回到华中科技大学，肩负起重大的教学和科研使命。他把自己的专业和祖国的发展结合起来，勤勉自励，很快成为电气领域的学科带头人。

◆程时杰（中）

1976年唐山大地震，程时杰正在唐山市陡河电站建设工地。他是亲历者，也是幸存者之一。程时杰回忆说："地震来临，我藏到床下，躲过一劫！"当他爬出后，发现整个工地已是一片废墟。在此次事件中，他所在公司有近三分之一的员工共700余人遇难。

劫后余生的经历，让程时杰强烈地感受到生命是如此脆弱，又是如此宝贵。唯有多学知识，更好地从事自己的专业，为社会作出最大的贡献，才不会愧对人生，才能慰藉遇难员工的在天之灵。

2003 年 8 月 14 日，美加大停电事件，震惊全球。停电持续 29 小时，损失负荷 61800MW，经济损失达 300 亿美元。其后果的严重性，也使世界各国对电力系统的安全稳定运行极度重视。

机遇和机会总是为有准备的人提供的。恰在这一年，程时杰领衔的课题组，历时数年，为预防大电网大机组灾难性事故发生提供了诸多有效对策。其研究成果“大电网大机组安全稳定控制的研究”获当年国家科技进步二等奖。

针对大电网地域分布辽阔、信息量大、系统稳定性分析复杂等问题，程时杰等利用 GPS、EMS 中的有关成果所开发的电网稳定监控装置，已成功用于湖南电力系统、华中电网、河南电网、葛洲坝电厂、小浪底电厂等枢纽电力系统。此外，他们还研制出了对汽轮发电机组轴系扭振进行故障诊断的分析方法和专家系统，已成功地运用于汉川电厂、锦界电厂、绥中电厂等大型汽轮发电机组上。他还积极倡导并努力实践了基于储能原理的电力系统稳定控制和大规模可再生能源并网的研究。

干一行、爱一行、专一行、精一行。永不放弃，执著坚守，终成大器，这就是程时杰的专业在成就他的人生的同时，对我们的启迪。

境界升华人生

作为一名老师，他对学生的要求非常严格，曾经有一位博士申请答辩，可是程老师认为他做得还不够，没有批准。这个博士当时觉得非常委屈，认为老师太严格了，因为有些同学做得比他还少都可以顺利通过答辩。但委屈归委屈，他最终还是按照程老师的要求完成了论文。而事实证明，在以后的科研路上，对他帮助最多的就是这段时间所做的研究。

程时杰就是这样：治学、教学、科研严谨，可待人随和、率真，眼中充满了锐气与灵动。

他不慕仕途，不入流俗，多次放弃从政机会。

他淡泊名利，专心于学术。但凡与专业相涉的，他兴味皆浓。而对于社会上的诸如应酬、挂职、宣传等唯恐避之不及。

安心于学、静心于教、致力于科研，是他生命的追求。

2007 年，当听到自己当选为中国科学院院士这一消息时，程时杰既没有喜形于色，也没有放下手中的工作。此时，他正在给他的博士生修改论文。贺喜者言辞激越，他却说："好！等我把这篇论文改完吧！"

不难想象，多少人为了当选院士而煞费苦心；也不乏有人为当选院士而欣喜若狂，甚至摆宴庆贺，夜不能寐，为这殊荣所困。而程时杰此时如此淡定，决不是做秀给别人看，而是淡泊名利生动而真实的写照。这诚若老子所言："保此道者，不欲盈。夫唯不盈，故能蔽而新成。"

当选为院士，程时杰说，阳光总在风雨后，正是持之以恒、永不言弃的信念支持他一路前行。

他还说："当选院士，我仍希望多给学生讲课、改论文。"他的语速很快，有着武汉人特有的爽朗。执教的程时杰总离不开课堂，离不开实验室，离不开自己心爱的学生。学生也离不开程院士，离不开他的开朗豁达，离不开他的卓识才华，离不开他严父般的要求和慈母般的温暖。

◆程时杰（中）

"在国外，把导师称为老板，我认为国内的老师应该是家长。家长对孩子的成长、要求、期望是殷切的，与老板不同。"

程时杰高兴之余，感受更多的，却是一种压力，一种责任。他说："在这个位置上，要考虑的问题会更多一些，如何促进学科更好更快地发展，我责无旁贷。”

教学相长是中国自古倡导的教学原则。只有把学生置于自由、自在的教学环境里，才能最大限度地激发学生的学术兴趣，张扬学生的学术个性。在导师的引领下，步入更高更深的学术殿堂。程院士深谙教学之道、育人之道。在学生面前，摒弃师道尊严，却又让学生产生敬畏感；在学术面前，不搞一言堂，于纷争中达成共识；在课题研究方面集思广益，唯虚，更唯实，注重社会效益，不断拓展新思路，开辟新领域，为专业发展提供源源不断的动力。

程时杰教授是一位国际知名学者，与国际学术界建立了较广泛的合作，为加强我国在该领域国际学术界的地位作出了贡献。培养出的博士、硕士现在大多成为各行各业的骨干、学术带头人、博士生导师、教授、成功的企业家。

“看着学生成才，比我自己拿大奖还要开心，因为我是一个老师。”质朴的话语中透出他对学生的殷殷之情。他心中总有一种强烈的责任感和使命感，那就是为学科发展选拔和培养优秀的青年教师，尤其是年轻的学术带头人，“就算我拿不到个人全能，也希望能拿个团体金牌。”

程教授平时虽然很忙，但只要一有机会，他就会和同学们在一起。一次课题组内部的排球赛，比赛前程老师也出现在赛场上，所有的同学都非常惊讶，因为程老师毕竟已经60多岁了。可是，他却不顾身体不便，教同学们怎么站位，怎么握手。看着这位受人尊敬的长者这样平易近人，同学们都异常感动。

教师应当“以渊博的知识培养人，以科学的方法引导人，以完善的人格唤醒人，以优雅的气质影响人”，程时杰就是这样一位受人尊重、爱戴、敬仰的教师。华中科技大学大学生对“我最喜爱的导师”程时杰的评价是：“他是一个专心于学术的导师，他是一个淡泊名利的导师，他是一个让学生充满敬重感的导师。”程院士得此评价，作为人师，此生足矣！

生命在时光中缩短，也可以在时光中延长。而追赶生命时光的人，时光会给他加倍的回报。程院士亦如是。

院士名片

赵进东　男，植物生理学及藻类学家。籍贯江苏省武进区，1956年11月生于重庆。1982年毕业于西南师范大学，1990年获美国德克萨斯大学博士学位。1990至1993年在美国宾夕法利亚州立大学进行博士后研究，1993年受聘为美国加州ABI公司研究员。1994年回国，先后任北京大学生命科学学院副教授，教授，教育部“长江学者”特聘教授。2007年当选为中国科学院院士。2010年当选为第三世界科学院院士。中国科学院水生生物研究所所长、湖北省科协第八届全省委员会常委。中国植物生理学会副理事长，中国水产学会副理事长，中国植物协会常务理事等职。中国植物协会常务理事，中国植物生理学会副理事长，西南大学淡水鱼类资源与生殖发育教育部重点实验室学术委员会主任等职。

长期从事藻类生物学研究，对蓝藻细胞分化和格式形成有系统研究，尤其对蓝藻异型胞分化中的信号转导和基因表达调控有深入研究。揭示了钙结合蛋白和钙离子信号在蓝藻细胞分化中起到的重要调控作用。对蓝藻藻胆体吸收光能在两个光系统间的分配与调节开展了系统研究，对揭示藻胆体吸收光能向光系统传递的途径和调控方式有重要贡献。1995年获得国家自然科学基金委“杰出青年基金”。

院士寄语

人生当如蓝绿藻，以一变促万变，以不变应万变。

蓝绿的世界

冯 慧

破译蓝藻的密码

蓝藻，又称为蓝绿藻。它是最原始、最简单的藻类生物。在显微镜下观看，它的蓝细胞像美丽的珠子，色彩异常艳丽。蓝藻是最早的光合放氧生物，对地球表面从无氧的大气环境变为有氧环境起到至关重要的作用。一些蓝藻具有特殊的固氮细胞，可以直接固定大气中的氮，促进地球氮素循环和农作物增产，还可以提高土壤肥力。

虽然如此，美丽的蓝藻却如蓝色的妖姬一样，既美丽温顺，又如魔鬼般狰狞。一些蓝藻进入营养丰富的水体内，便会在夏季大量繁殖，并迅速在水面上形成一层蓝绿色而带有腥臭味的浮沫，被人称为“水华”。大规模的蓝藻爆发，被称为“蓝藻水华”。蓝藻水华引起水质恶化，严重时会耗尽水中氧气而造成鱼类的大量死亡。一些水华蓝藻还会产生毒素，从而造成水体被蓝藻毒素污染，严重地影响着人和牲畜的饮水安全。

蓝藻像一把双刃剑，一方面提高土壤肥力，增加农作物的产量为人类造福；另一方面严重地破坏生态环境。

让许多人认识蓝藻的是 2007 年夏季的太湖。曾有一首非常著名的江南小调《太湖美》，歌中唱道：“太湖美呀，美就美在太湖水。”而这一年，太湖爆发了大面积的蓝藻水华，导致整个水面呈稠绿色，一股恶臭扑鼻，人们再难看到清凌凌的太湖水。太湖水质恶化，让这个美丽的江南水乡变成了蓝藻泛滥的灾区。这时人们才见识到了，这个漂浮在水面的“美丽浮漂”，竟是“温柔的陷阱”。

破译蓝藻的密码，对其有效研究和治理，一时成为水生科学家攻克的课题。

中国科学院水生生物研究所所长、中国科学院院士赵进东，就是长期致力于蓝藻研究的一位专家。他说，蓝藻水华现象属于“世界难题”，而且通常在发展中国家出现较多，中国的蓝藻水华尤其严重。主要是人类对于自然没有充分保护、利用过度产生的恶果。

赵进东常利用机会向大家介绍有关蓝藻的知识。蓝藻作为原核生物之一，在地球上生活历史极其久远，其生命力非常旺盛。蓝藻的过快繁殖与生长会

形成“水华”，以此可大致判定环境污染的严重性。近年来，我国环境污染不断加剧，淡水湖泊不时爆发蓝藻水华，从而进一步加剧了环境的恶化。怎样利用蓝藻缓解环境恶化？怎样治理蓝藻水华？这是摆在我国科学家面前的重要课题。他还针对有关科学问题进行了深入细致的研究，并从蓝藻基因组层面揭示了我国不同湖泊蓝藻基因组成上的差异性。赵进东说，充分利用蓝藻增殖快及生命力旺盛的特点，将外源纤维素合成基因导入蓝藻基因组，并得到稳定遗传与表达，可以实现蓝藻生产纤维素的科学梦想，并实现用蓝藻生产生物能源的目标，以解决我国蓝藻水华以及能源危机等重大问题。

遨游蓝绿的世界

1956 年 11 月，赵进东出生在重庆一个书香门第。他与许多同龄人一样经历了当知青、回城、考大学等一系列人生的轨迹。

上高中时，身材健硕的赵进东是运动场上的健将，曾是重庆南开中学足球

队的主力队员，当年他们足球队中有许多伙伴都进了专业队，有的甚至还进了国家青年队。许多年以后，赵进东曾半开玩笑地说："如果我擅长长跑的话，或许也进专业球队踢球去了。"

20 世纪 70 年代初，"读书无用论"盛行。一向喜欢在绿茵场上驰骋的赵进东却迷恋上了数学。他发现，除了在足球场上勇往直前酣畅淋漓的进攻外，数学也是个让人着迷的东西。每当你解开一道数学题，就犹如解开了一道环环相扣的九连环，妙趣无穷。于是，他开始沉迷在数学的王国里。重庆，素有"四大火炉"之称，每到盛夏酷热难耐。赵进东学习时，汗水常常把桌面弄湿。他便找来一条毛巾垫着胳膊，等毛巾汗湿了，他才放下笔休息一会儿。

高中毕业时，随"上山下乡"的滚滚洪流，赵进东被下放到四川忠县当知青。那地方很穷，每天最多的工分仅值 9 分钱。他一年要出工 300 多天，生产队按照每天的工分多少来发放他们的口粮，红薯和谷物是当时的主食。赵进东住在队里仓库的隔壁，经常看到老鼠、蟑螂和蛇出没……在蹉跎的岁月里，面对艰苦的生活，悲观的人心灰意冷，懦弱的人一蹶不振，而心怀目标的人往往把艰苦看成是人生的锤炼。在回忆那段生活时，赵进东不无感慨："那段日子让我受到了很大的锻炼，对一生都有着重要影响。"

身体上的疲惫仅仅是肉体的折磨，而精神上的空虚才是最大的磨难。在农村，许多风华正茂的"知青"因看不到前途而消沉、堕落。赵进东不愿意就这样虚度时光，他要为自己寻找心灵的出口。于是，他托朋友从重庆寄来书籍，背唐诗宋词，抄俄罗斯诗人的诗，读完整套《鲁迅全集》……

夏天的夜里，赵进东钻进蚊帐读书，他在蚊帐里吊着一盏灯，结果把蚊帐熏得墨黑墨黑的。伴他读书的，还有在头顶上蹿下跳兴奋的老鼠和匍匐在墙角等待着到嘴猎物的蛇……赵进东根本顾不上它们的觊觎，完全沉浸在书里。书让他明智，给他力量，让他的内心世界日益丰盈。

1976 年，赵进东终于结束了两年多的知青生活，顶替父亲到重庆师范学院生物系当了实验员，每天的工作就是给学生演示泡在福尔马林溶液里的各种标本。而正是这些泡在福尔马林中不腐的生物让他窥探到，生物的世界竟如此多样如此奇妙，由此他对生物产生了浓厚的兴趣。

1977 年冬天，一个划时代的春天却来临了。"文革"后第一次恢复高考，让所有为这一天而准备的人心花怒放。赵进东的鼠蛇作陪挑灯夜读，汗水做衫伏案苦读，都是为了等待这个时刻。在填写高考志愿时，他在专业栏里工工整整地填上了西南师范大学生物系。奇妙的生物世界，已经开启了他的心扉。

当他如愿以偿地收到大学录取通知书时，慈爱的父亲把儿子叫到跟前，只说了一句非常简单的话："你有了这个机会，学习就有了起点。"是呀，父亲太了解儿子了，赵进东折翼的翅膀起飞，就差这个起点！

西南师范大学的白兰花，花开花落。1982年，赵进东从生物系本科毕业后，考上了中国科学院水生所的硕士研究生，导师是我国著名的藻类学家黎尚豪院士。黎尚豪对蓝藻特别是固氮蓝藻倾注了大半生的精力，对固氮蓝藻从理论到应用，从分类到生态、生理生化直至分子生物学，进行了系统的研究。赵进东曾说过，是黎尚豪院士把他带入了藻类研究领域。在黎尚豪院士影响下，赵进东养成了良好的学习习惯，勤奋进取，刻苦钻研，用运动员不惧艰难的精神去对待学业，深得导师的喜爱。

由于黎尚豪院士在藻类研究方面的影响力，中科院水生所得到了一个留美学习的机会。1984年，赵进东经选拔考试，以优异的成绩被公派到美国留学。

◆陪同专家们考察了梁子湖国家野外站

出国留学，首先要过的是语言关，因为在国内缺少英语对话的机会，许多留学生学的英语几乎都是哑巴英语。赵进东还清楚地记得第一次用英语在研讨会上演讲时的尴尬。他说：“我讲完以后，会议室的灯亮了，看着在座各位的表情，我就知道，我的破英语谁都没听懂……”但这是难不倒赵进东的，很快，他硬是凭着坚强的毅力恶补英语，终于克服了语言障碍。

赵进东是个大成智慧的学者，喜欢文学，爱好体育，文学让他的想象力更丰富视野更开阔，体育给了他不服输的个性。在美国的 10 年里，在蓝藻的世界遨游的他如鱼得水。他在光合作用研究领域取得了突破性进展，SCI 核心期刊先后收录了他的论文 20 余篇。1993 年他在美国宾州大学完成博士后研究，受聘为美国加州 ABI 公司研究员，1994 年还获得了美国的一项专利。

美国的加利福尼亚也被称为“金州”，19 世纪曾经有无数个怀着淘金梦想的人涌向这里“淘金”。100 多年过去了，如今它已成了美国科技与文化的中心。当时赵进东同不少在美国留学的学子一样，在加州过着收入丰厚的舒适生活。但是，在美国的 10 年并没有让他把根扎在美国，相反，他觉得自己也如他所研究的蓝藻一样在水面飘忽不定。特别是每当工作有成就时，这种失落感就更强。祖国是什么？是生你养你的土地，是你父母的化身，是长在你血肉中无法分割的基因。不管走到哪，祖国始终是游子心中最柔软的地方。也许在忙碌时你可以暂时忘却对故国的思念，但这思念却挥不去，抹不掉，让你从恶梦中惊醒……

1994 年一个星期六的下午，赵进东一个人在篮球场上打球，寂寞的心却无处安放。球在篮筐上蹦蹦跳跳，却无论如何也进不了筐。他若有所思，一个想法迸了出来：回国吧！

当赵进东接到北大接收的通知后，甚至连经费和实验室都没问就毅然回来了。

曾有人无数次地问过赵进东，为什么回国？回国的想法和理由是什么？赵进东总是引用一句他非常欣赏的话说：“我是中国人，回来不需要理由，待在国外才需要理由！”

期待发现更美丽的贝壳

1994 年的秋天，未名湖畔绿波荡漾，丝丝的垂柳犹如春的翅膀欢迎着海外的学子归来。赵进东偕夫人、女儿回到祖国，到北大生命科学学院任教。他如一节春柳，终于扎根在祖国的沃土上了。

那时生命科学的研究在中国还比较落后，赵进东心里早就做好了准备，如果他畏惧困难，是不会选择在这个时候回国的；如果贪图待遇，是不会选择在这个时候回国的。当时他在美国半天的工资，就相当于在国内一个月的收入。尽管国内的科研条件和研究水平与美国有着不小的差距，但是困难可以克服。几乎所有的事情都是从头开始，就是在这段艰难的日子里，赵进东通过研究蓝藻细胞分化中关键调控基因 HetR、PatS 和 CcbP 的功能，取得了一系列重大的发现。1998 年、2004 年、2005 年和 2006 年，赵进东先后在《美国科学院院报》（PNAS）发表了 4 篇研究论文，其中 2005 年的论文是以“封面论文”形式发表的，引起国际同行的极大关注。同时，他还为研究生、本科生新开设了“植物生理学”、“光合作用”等 3 门课程。

赵进东对他的学生们说，在科学研究中，要敢于怀疑，提出自己独到的见解，而不是一味地相信。他要求学生在读文献做研究时要敢于挑战权威，这样才能活跃思维，激发想象，发现和解决问题，创新的灵感就是这样一步步产生的！只有具有这样的科研态度和精神，才能在浩瀚如海洋的未知领域探索中，发现一个个更漂亮的贝壳。

有人曾问过赵进东：“你这样有才华，也许在国外会更早、更容易出成就。”赵进东却不以为然：“我就是在美国成绩也不过如此。我们中国的学生很聪明也很勤奋，国家给了我们很大的基金投入，北大对我们的工作也很重视，应该可以出好的成果。”说起回国后唯一的顾虑，只有一点，就是担心女儿长大后会抱怨自己，那将是做父亲的失职，不过懂事的女儿从没抱怨过父亲。赵进东说着心满意足地笑了。

从1994年回国在北京大学生命科学学院任教，赵进东先后任副教授、教授，生命科学学院副院长。1995年获国家自然科学基金委“杰出青年基金”。2000年受聘为教育部“长江特聘教授”。2007年11月，赵进东出任中国科学院水生生物研究所常务副所长和法定代表人。2007年12月当选为中国科学院院士。

中科院院士委员会对赵进东的研究成果这样评价：“赵进东长期从事藻类生物学研究，对蓝藻细胞分化和格式形成有系统研究，尤其对蓝藻异型胞分化中的信号转导和基因表达调控有深入研究。揭示了钙结合蛋白和钙离子信号在蓝藻细胞分化中起到的重要调控作用。对蓝藻藻胆体吸收光能在两个光系统间的分配与调节开展了系统研究，对揭示藻胆体吸收光能向光系统传递的途径和调控方式有重要贡献。”

赵进东还是一个经验丰富的教师。在北大工作期间，他是主管研究生的副院长，是全国中学生生物奥林匹克竞赛委员会主任。1997年他率团出国参加中学生生物奥林匹克竞赛，中国荣获“三金一银”的好成绩。2005年成功主持了国际中学生生物奥林匹克竞赛，获得参赛国的选手和领队一致好评。

赵进东的人生轨迹在祖国大地上不断地闪烁着耀眼的光芒。有人曾这样评价赵进东：“工作认真负责、待人诚恳、办事公正，有较强的组织能力和良好的群众基础。”2008年11月，赵进东出任中国科学院水生生物研究所所长。他诚恳地说：“我们水生所是一个有着80年悠久历史的研究所，作为所长，如果5年后水生所比现在的情况差，我就没当好所长了。因此研究所的事比我个人科研还要重要！”

蓝藻的世界是神秘的，愿赵进东院士在蓝绿的世界里不断探索，不断给我们带来新的惊喜。

院士名片

张金麟　男，船舶总体和动力专家。籍贯河北省滦南县，1936年10月出生。1960年毕业于哈尔滨工业大学获学士学位。2007年当选为中国工程院院士。中船重工集团719研究所国家某重点工程总设计师。曾任中船重工集团第719研究所副总工程师、副所长、所长。

长期从事特种船舶总体和动力研究设计。曾获1978年“全国科学大会奖”，1989年获“国家科技进步奖”二等奖，1993年获“中国船舶工业总公司科技进步奖”特等奖，1996年获“国家科技进步奖”特等奖，2007年获“国家高技术发展建设重大贡献奖”和金质奖章，入选中央直接掌握联系的“高级专家”、“湖北省有突出贡献专家”，被授予“湖北省五一劳动奖章”。

院士寄语

能为国家做出点贡献，很大程度就在于人生观。在我们这代人心里没有任何东西属于自己，一切都是党给的，一切都是国家的——包括自己的生命。

一生只为一个梦

王伟举

2013年新年伊始，记录我国军事工业发展历程的系列记录片《军工记忆》亮相中央电视台，我国军事工业发展中鲜为人知的艰难历程第一次向世人昭示，许多尖端的护国利器也相继向世界公开展示，众多军迷被深深吸引，国内外数亿观众高度关注。

当全国人民都在为我国军事工业的巨大成就欢欣鼓舞之际，有位76岁的老人心情格外激动，似有千般情愫，万端感慨："祖国啊，总算看到这一天了，现在我们终于能自豪地告诉亲人，这一生我都在做什么了……"《军工记忆》共有3集，第1集就是记录核潜艇诞生过程的《水下长征》，看到电视上出现了他自己接受采访时的画面，老人激动得泪眼模糊。

这位老人就是我国核潜艇工程第三任总设计师、中国船舶重工集团719研究所的前任所长、中国工程院院士张金麟先生。此时此刻，53年的科研生涯，历经艰难的峥嵘岁月，无数次攻关试验中的悲与喜，一幕一幕过电影似的在他眼前重现。

号令声声催人急

张金麟1960年从哈尔滨工业大学毕业后，就分配到了军工单位。中国要洗刷任人欺侮的百年屈辱，就得有强大的国防，而国防强大必须靠强大的军事工业来支撑。张金麟分配去的单位正属于军事工业的尖端——涉核军工科研。年轻的大学生张金麟充满自豪，他参与的这项工程自启动之日就属于国家高度保密的范围，每个涉及这项工程的工作人员都须经过严格的政审，并且必须遵守十分严格的保密制度。在《军工记忆》公开亮相央视以前的几十年里，包括父母兄弟在内的亲人，对他的工作毫不知情。父亲病危弥留之际，张金麟远在几千里之外，赶回家时竟没能与老父见上最后一面。父亲直到闭眼也不知儿子在做什么工作，但心里明白儿子是在为国家做最重要、最需要的事。

张金麟的工作，是与原子弹导弹同步启动的核潜艇研究，其工作和生活的艰辛至今家里无人知晓。在当时，世界上只有美国和苏联拥有核潜艇。而由于意识形态的不同，整个西方世界对新生的社会主义中国充满敌意，凡稍微与原子弹、导弹、核潜艇有关的技术和材料方面的信息都严密封锁。就连同为社会主义阵营的“老大哥”苏联也对坚持独立自主的中国实行了技术封锁。

在采访中，老人感慨地对笔者说：“这项宣传有意义，但不要写我个人，要写那个时代的精神，要写出我们中国人的志气！写我们中国的军事工业在一张白纸的情况下，在一穷二白的极端困难条件下，独立自主地创立了我们自己的国防军工体系，研究建造了自己的核潜艇。”

◆代表中国核学会向高校赠书

回忆起当初的艰难，张老感叹不已：从哈工大一毕业就分到了海军的一个部门，当时自己也不知从事的工作是从什么时候开始的。实际上，这项工程从 1958 年聂荣臻元帅给党中央毛主席打报告时起就开始了。因为美国在 1954 年就造出了核潜艇，苏联在 1957 年也有了核潜艇，对我们威胁很大。为了控制中国，赫鲁晓夫劝中国不要搞原子弹，不要搞核潜艇。后来赫鲁晓夫在他的回忆录中还说，“中国想搞核潜艇是异想天开”。1960 年苏联把援助我们的专家全部撤走了，对我国刚起步的核潜艇研究无异于釜底抽薪。毛主席气愤地说：“一万年我们也要搞出来！不管他什么国，什么弹，他们有的我们都要有，而且要超过！”毛主席的决心成了我们研制核潜艇力量的源泉。

当时正处三年自然灾害困难时期，生活艰苦的程度现在的人难以想象。张金麟在北京工作几年后，就去了四川西南部的深山沟。房子是自己搭盖的简易草棚，远看像村庄，近看像民房。四季阴冷潮湿，一年中有 180 天见不到太阳。后来随着研究的推进，从西南转到了东北葫芦岛附近的荒凉海岛。四周是无边海水，一年到头刮大风，无遮无挡。老军工们说：“葫芦岛一年只刮两次风，一次风要刮半年。”吃的就更差，供应只有高粱米和包谷渣子，只有藉贯是南方的人才供应几斤大米。菜只有大白菜和土豆，一个月只有 3 两油，半斤肉的供应也不能保证。那时候谁有机会回北京，就记着给大家带挂面，每次去北京都到菜场排队买肉，排一次队只能买到 2 斤大肥肉。

毛主席“一万年也要搞出来”的决心，激励着每一个军工人，而技术上的难题并不是决心和信念能够解决的。核潜艇分为攻击型核潜艇、弹道导弹型核潜艇，每型核潜艇都有好几种，还涉及核燃料、核动力、大型艇体、战略导弹的设计制造等多个尖端科技领域。

从艇体设计到核动力、导弹、导航、通讯……系统繁多，数以万计的元器件，没有一个数据能找到国外的借鉴，没有一张图纸可供参考。从特殊钢材到每一种设备，每个环节都得靠军工科技人员一件件地摸索着独立自主地研究、创造。

笔者对张金麟这代军工科学家能够白手起家造出核潜艇，感到不可思议：“张老，核潜艇这样尖端的科技，你们连一点基础都没有，研究没有任何参考，那是怎么做出来的啊？”

张老说：“可不是！现在做科研，网络上百度、谷歌之类搜索引擎任意选，各种图书馆资料室应有尽有。那时候有什么？国家极端困难，连饭都吃不饱，能有什么？我们只有一遍又一遍地描画，一次又一次地试验。”

“总会遇到过不去的技术障碍，你们怎么克服的？”

“我们也有自己的法宝，这就是毛主席的‘老三篇’。”张老爽朗地笑着说。“不过我们军工学的‘老三篇’不是《愚公移山》和《纪念白求恩》，除了《为人民服务》，还有另外两篇是《矛盾论》和《实践论》。《为人民服务》是精神信仰支柱，但是解决问题就靠《矛盾论》和《实践论》。这可不是政治挂帅，都是我们的亲身经历。每遇到过不去的坎了，就停下来学习《矛盾论》，先从矛盾中找出主要矛盾，然后就一个一个地攻克。学习《实践论》，把难题放到实践中解决，一遍又一遍地实验。靠毛主席的哲学思想，我们从零起步，从基础材料开始，从一块特殊钢板一个控制电器元器件开始，竟然一步一步地走过来了。上万台件设备器件，没有一件是外国的，全由我们在摸索中独立自主研发，并且都是在国家要求的时间节点按时完成了任务。”

张老不无自豪地说：“外国人无论如何也搞不懂，中国人不但造出了原子弹和氢弹，发射了卫星，竟然还赤手空拳造出了核潜艇。可是令人骄傲的事实却让他们不得不折服。”

沉浸在回忆中的院士真诚地说：“我们中国军工制胜的法宝就是毛主席的自力更生思想，党中央毛主席的重视，全国上下军民一心的大协作，还有两弹一星精神的鼓舞。”

张老说，核潜艇项目从一开始就是国家重点项目，由毛主席拍板，周恩来总理亲自抓，聂荣臻元帅亲自指挥，项目具体工作由有着“中国核潜艇之父”之称的彭士禄负责。彭士禄是革命先烈彭湃之子，当时是核工业的总工程师。他作风扎实，科学严谨，研究试验中的每一个过程都及时向总理报告。周总理对工程进展的每一环节都亲自过问，具体指示，遇到困难时给我们鼓励，进展顺利时就给我们敲警钟。有一次试验中因为一个仪表出了点故障，报告周总理后，总理马上指示：一定要对每个仪表、每个参数、每个指针认真核对，一丝不苟！

在我国之前，美苏核潜艇先后经历了常规艇体加核动力、水滴型艇体加常规动力的发展过程。而我们从一张白纸开始，一起步就选择了水滴型艇体加核动力的完美设计。独立自主地完成了“核动力装置”、“人工大气环境”、“鱼雷武备系统”、“惯性导航系统”、“水声综合系统”、“自主舵和远程快速通讯”这七大系统。只用了短短十几年就使我国成为世界上少数拥有战略核潜艇的国家之一，这使我国的战略威慑力和国际地位大幅提升。

蓝色国士胸中装

在世人眼里，76岁已是高龄老人。作为工程院院士，功成名就，国家给予的待遇优厚，应该安享晚年了。可是张金麟虽然卸掉了研究所所长的职务，工作上并没有丝毫的轻松。陪同我采访的党办的同志说："张总师就没有清闲的时候，甚至比过去更忙了。"

张老说，随着国际形势的变化和国家战略的调整，作为核潜艇总设计师，他感到自己担子更重了，责任也更大了。

正如党办的同志所说，张金麟肩上的担子一点没有减轻。各种专业学术会议、论证研讨会议接连不断。他不是关在工作室审看图纸、技术文件，就是在天上飞来飞去赶各种会议。

他的案头还堆放着海军工程大学新编的教材草稿。张老说，这是刚刚送来的，等着他审定。

笔者看了看稿纸，厚厚的两大本。

"好几十万字啊，有时间上的要求吗？"

张老笑笑说："当然要求是越快越好，今天晚上就得加班看。"

笔者不由感叹道：这哪是76岁的老人，就是年轻小伙子也吃不消啊！

党办的同志对笔者说："你看到的只是外面工作上的忙碌，张总师家里负担也不轻呢，张总师的老伴现在卧床多年丧失意识了，他回家还要陪伴照顾病人啊……"

张金麟的夫人是彭士禄的夫人介绍的，原来也是一位军工女杰，从北京理工大学毕业后也献身于国防军工事业，从事的是导弹液体燃料研究。年轻时两人各自的工作性质决定了他们离多聚少，两个孩子从怀孕到出生张金麟都不在夫人身边。夫人患病后无人照料，张金麟每次外出只能将她带上，开会时托付给宾馆服务员照看。几年前夫人意识完全丧失卧床了，张老工作繁忙经常出差，只好请了两个保姆轮流照看。张金麟感到欠夫人太多，总是尽量挤出时间多陪伴她。每次出差他总选择最晚的航班，下了飞机就开会。开完会尽量不住宾馆，总是赶最早的航班回家照顾夫人。

陪同的同志说，院士的高风亮节体现在工作生活的方方面面，张总师年事已高，所以每次出差研究所尽量把他的工作条件安排得好一点，可是他十分节俭，出差乘飞机坐经济舱，有时还买普通的火车票。

笔者对张老说："院士是国家的宝贵财富，无论按级别、按年龄、按贡献您都该坐头等舱，您这样的身份不坐头等舱就没有人配坐头等舱了呢！"

张老慈祥地笑笑说：“国家现在是富裕了，但是比起发达国家还有很大的距离，要花钱的地方很多呀。再说，想想当年坐闷罐车的滋味，能坐飞机就是天大的享受了，就一两个小时，没必要多花好几百元，省点钱用在科研上吧。”

尽管工作和家庭负担这样沉重，但张金麟还要挤出时间学习。每天的报纸，每月的专业期刊，他都要认真阅读，所以真正的休息每天不过四五个小时。笔者有些不解：“您已经是院士了，在业内您是权威专家，还要对学习抓得这样紧吗？”

张金麟院士认真地说：“学无止境啊！现在国际形势十分复杂，我们不仅要把尖端的科技成果运用于强军强国，用于维护国家的海洋权益，还要用相关科技成果服务于国家的经济建设。国家的海洋战略需要我们啊，有时真的感到时不我待呀。”

院士亲切地给笔者讲起他对国家海洋战略的思考。以前海洋研究一直是我国的短板，但是一个真正强大的国家，必须有强大的国防，也必须是一个海洋大国。今天的中国已经是世界第二大经济体，党的十八大提出了更远大的发展目标，习近平总书记提出的“中国梦”让全国人民深受鼓舞。国家科学界提出“三深”战略，要向深地、深空、深海进军。作为深海研究方面的科技工作者任重道远。

“我一生都在研究潜艇，很多技术正是我们开发海洋资源所急需的。因为国家深海资源的开发、岛屿岛礁的守护，都需要我们的科技成果。”张老说到这里愈加激动，“我已经工作53年了，一生只做了一件事，就是核潜艇研究，从核动力到艇体总体设计。习近平总书记讲的中国梦道出了我们中国军工科技人员的心声。想想我们一生为的就是一个梦啊，中国的核潜艇之梦，强军强国之梦，中华民族的复兴之梦。我国的海洋国土有300万平方公里，国家海洋战略需要我们。我感到自己的知识结构还要调整，所以还要不断地学习。”

这就是老科学家丰富的内心世界！心中装着祖国300万平方公里的海洋国土，这是多么宽广的胸怀！

院士名片

姜德生　　男，光纤传感材料与传感技术专家。籍贯湖北省武汉市，1949年3月生于湖北省武汉市。1975年毕业于武汉理工大学物理师资班。1985年赴法国昂热大学研修非线性光学。2007年当选为中国工程院院士。武汉理工大学首席教授，光纤传感技术研究中心主任、光纤传感技术国家工程实验室主任，美国光学学会会员，中国材料学会理事，湖北省科协第八届全省委员会常委。

我国光纤传感技术的主要开拓者之一，为我国光纤传感技术的发展作出了突出贡献。近30年来，通过多学科交叉研究，取得多项创新成果，打破国外技术封锁与垄断，在国内率先开发生产了7大类30余种光纤传感器，把一个仅3人的研究小组建成为全国最大规模的集人才培养、研究、开发和产品生产于一体的国家级光纤传感技术工业性试验基地和光纤传感器国家高技术产业化示范工程，形成了从材料、器件、传感系统的生产直到大规模工程应用的具有我国自主知识产权的全套技术与装备，并在多个领域的国家重大工程长期安全监测中推广应用。先后4次获得“国家科技进步奖”、“国家技术发明奖”，10余次获省部级成果奖；申请发明专利50项，取得授权22项，其中1项获“中国专利优秀奖”。获湖北省科学技术最高奖——“突出贡献奖”。

院士寄语

贫寒、磨难是奋发的源泉和动力。

“草根院士”的“光纤之舞”

谢学军

养子岁月隐忍坚强

2007年12月，中国两院院士评选揭晓爆出“冷门”：在学术背景深厚的484名候选科技精英中，一位仅有本科学历的“草根学者”当选为令人艳羡的中国工程院院士，成为该年当选的33名院士中的一朵奇葩！

他，就是目前我国光纤传感技术的领军人物——武汉理工大学姜德生教授！

院士，中国科技领域最高学术称号，享有终身荣誉。可谁能想到，“草根院士”姜德生的人生，是从“养子”开始的。

1949年3月，姜德生出生在汉口一户王姓人家，有兄弟姐妹7人，他排行老三。王家早年拥有管家和保姆，很是富有。然而，连年战乱，终致家道中落，回归平民。姜德生出生不久，父母就把他送给了一户姜姓人家做养子。

养父母，其实是原来跟随王家多年的一对保姆夫妇。虽然王家此后门可罗雀，但两家依然来往，胜似亲人。保姆夫妇多年未育，求子若渴，姜德生的亲生父母就心怀感恩，把儿子送给这对憨厚的夫妇续香火。

姜王两家，同在汉口一条巷子里，相隔不过30米远。姜德生从记事起，就从街坊口中惊闻自己被抱养的身世。血脉分离，在他幼小的心里烙下难以抹去的感伤。他渴望回家，却又怕因此伤了养父母的心；而善良的养父母更惧怕彼此相认给两家日后带来的尴尬和纠纷，坚决不让其回王家。就这样，姜德生只得埋下所有的忧伤与向往，斩断回归血脉之狂念。他给自己一个最好的安慰：近在咫尺，自己其实拥有两对父母，两份爱，而抛弃与留下，都是深爱，他该心怀感恩。于是，他隐忍所有的悲欢，内心变得安然，在养父母家沉淀下来。

养母大字不识，靠给人家做保姆、洗衣服补贴家用。养父仅仅上过几天私塾，是纺织厂的一名钳工，一家三口相依为命，倒也其乐融融。可是，1958年，企业精简裁员，养父失去工作，只得靠炸面窝、油条等小生意来维持一家人生活。

从 10 岁开始，姜德生每天凌晨 3 点就起床帮养父母做早点的准备。寒冬腊月，一天也不落下。他还帮别人做杂事赚钱，剥一天茭白得 2 分钱……尽管家中一贫如洗，养父母依然送他上学，"再苦，不能苦了孩子。"这是姜德生一生中最早的感动。

少儿时代的清贫与寂寞，让姜德生性格变得内敛、沉静、坚韧。他将自己低到尘埃里，发奋读书。1962 年，他以优异的成绩考入著名的武汉六中，并在数学、物理、无线电竞赛中经常拿奖。那个年代，他对无线电更着迷，仿佛那里面藏着通往未来世界的秘密。但在毕业时，要不是他的班主任帮忙补交所欠学费，他连毕业证都拿不到。

1968 年 7 月，高中毕业后，"文革"爆发，被历史的洪流裹挟着，姜德生下放到湖北省公安县务农。放牛、插秧、割谷、挑百斤的草头、挑粪……什么都干，挣工分，一天才几毛钱收入。艰苦的"知青"生活，让姜德生渴望命运的垂青。1972 年，凭着踏实肯干和机灵劲，他有幸被招到光化水泥厂当工人，不久作为"工农兵学员"被推荐到湖北建工学院（武汉理工大学前身）硅酸盐专业学习。绝处逢生，姜德生分外珍惜，学习更加勤奋。当时学校给的生活费是每月 18.5 元，他还节约下来 5 元补贴家用。

因为理科成绩优异，大二时，学校决定把姜德生等一批"尖子生"培养成物理学教师，将来留校任教。姜德生被校方选派到武大、华师等名校进修物理。

儿子，让父母越来越有盼头。然而，1975 年，将他视为己出的养父不幸中风偏瘫，撒手人寰。1976 年，带着对养父的追思，姜德生大学毕业，留校做了一名物理教师。每月工资 36 元，他拿出 20 元，给与自己相依为命的养母补贴家用。

光纤传感托起高贵人生

参加工作不久，同事们很快发现，平日沉默寡言的姜老师经常埋头做各种有趣的物理实验，动手能力非常强。一个枯燥的组件，却在他手里魔术般变得轻巧灵便，不一会就展示出一个神奇的电光世界……

但谁能想到，少年时代，姜德生就是一个“机械控”。这个沉默少年几件惊人之举，一度轰动街坊……

20 世纪 60 年代中期，电视机是一件神秘高档的尤物，不是一般人家买得起的。少年姜德生多想有个能显示“小人”的电视，为劳累一天的养父母解乏啊。穷则思变！他要造一台黑白电视机，让街坊都来家里看电视。他从物理学书籍上读懂电视机的制造原理后，就用打零工积攒的钱，到武汉电视机厂买来旧显示屏、显像管。另一个关键组件发动机则是他从旧货市场淘来的——一个苏制飞机上拆下来的，竟非常管用……材料齐全后，姜德生躲在房间里，花了 1 年时间琢磨、组装，一台世界上独一无二的“姜氏黑白电视机”就横空出世了。开播这天晚上，这个贫寒的家里一下挤满一帮看稀奇的老少街坊，比过年还热闹……之后，少年姜德生拼装了音箱、录音机和电风扇等，都是那个年代的奢侈品……天才少年，一时在小巷里美名传扬。

姜德生极强的动手能力，引起学校刚刚组建的激光试验室的注意。激光是一项神秘的朝阳产业，他们正补充新鲜的血液，姜德生无疑是最合适的人选。1978 年，如鱼得水的姜德生，带着 1 名技术人员，1 名工人，一头扎进激光研究室。所谓实验室，就是间盖着石棉瓦，四面透风的屋子，20 多平方米。这间陋室，却为姜德生打开了一个神奇广袤的世界，一脚踏进了国际前沿的光纤传感技术研究领域。

光纤传感技术，是 20 世纪 70 年代伴随光纤通信技术的发展而迅速发展起来的，以光波为载体，光纤为媒质，感知和传输外界被测量信号的新型传感技术。传统传感器是通过电阻、电容的量的变化来检测待测量，光纤传感器则是通过光的相位、波长等参量，来检测温度、压力、位移等，它抗电磁干扰、精度高、寿命长、可靠性好，是国内外公认的高新技术。而在姜德生看来，一根纤细修长的光纤，竟连接着一个大世界，它宛如一个身材苗条的美女，而光纤传感，则是这名美女美轮美奂的舞蹈，它妖娆灵动，风姿曼妙，舞动着高贵的灵魂，洞开一个通往神秘世界的路径，撩拨着他敏感的神经末梢，让他如痴如醉……1977 年，美国就开始进军光纤传感领域，而我国对此的起步要晚得多。这个穷人家的孩子，决定在这个领域为国人杀出一条血路……

没有钱，他借了 2 万。没有光纤，他就用武汉邮科院剩下的边角废料……如同一个拓荒者，在茫茫的荒漠深处，寻找着一眼甘泉。他来自于寒门，一无所有，却坦然而宁静地踏上征途！神秘幽深的光纤传感世界，就如同妖艳的舞女，在黑暗中扭动着妙曼的身材不断向他抛媚眼，吸引着他在那间最普通不过的石棉瓦房里，落定、研究、推算、分析……孤独、艰难，如影随形。他一步步跋涉，向目标靠近……1978 年，我国第一个光纤传感风压计，终于在姜德生的简陋实验室里悄然诞生了！

此时，国门初开，高楼崛起，台风袭来时，高楼会发生多大的位移？高层建筑国家标准的制定离不开这个重要数据。广州白云宾馆，高达30多层，堪称当时国内最高的四星级酒店。1981年，国家组织数十家科研机构在白云宾馆，实测台风下高层建筑风载荷。国内最先进的传感器，悉数装上了这座宾馆，等待台风到来测位移。姜德生研制的传感风压计也名列其中。

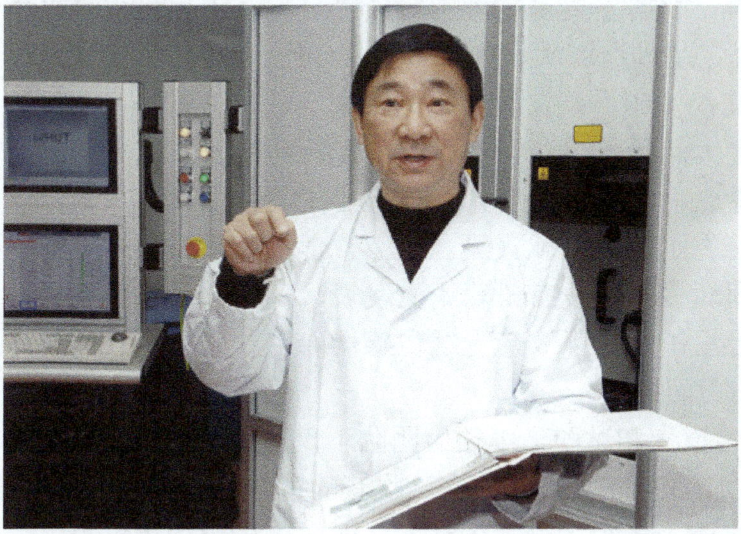

可是，由于初出茅庐，他被推上了台风之口。校内外学者的各种质疑将他淹没：“一个工农兵学员，他能弄成功？”不少人在等着台风来临看他出丑的把戏。

在姜德生的忐忑中，8月的一天，台风突至。狂风怒号里，一幕让人为之震惊的现象出现了：传统传感器在台风强电磁干扰下纷纷失灵，唯有姜德生的光纤风压计准确、全面地记录下了各种数据。这是光纤传感器在我国首次应用成功，业界无不为之诧异、惊叹！

牛刀小试，姜德生第一次进入光纤传感技术领域，就荣获1979—1980年国家建材部科技进步奖。这是他的第一个科研成果。1981年，他被破格提升为讲师，系当年湖北高校4个破格提升的讲师之一。

此时，有人说是幸运，更有人说是意外。

然而，对姜德生此后系列光纤传感器的研制及其产品广泛应用于桥梁、火警等领域的成功，外界不得不承认：“这绝对不是运气！”

“草根院士”惊羡科学界

在光纤传感器的缤纷王国里，用作预防火灾的光栅传感器研制是一支应用广泛的劲旅。美国在这方面一直超前，到20世纪90年代几乎在全球垄断了其核心技术。如何跟进和超越？这是摆在姜德生面前的一道难题！1978年姜德生要去激光实验室时，同事担忧地劝他，那是一条充满未知的路。

担忧不无道理！

那个时代，项目论文鉴定，这个模式多多少少是科研工作的写照。而武汉建材学院的优势是建筑材料，科研不要说拿到国家项目，省、市项目也难以争取到。胆大心细的姜德生决定跳过这道坎，直接和企业合作。

1985 年的一天，他到江汉油田参观，发现检测仪表全部是电子类产品，稍有不慎就有火花，安全隐患大。姜德生建议油田改用光纤传感器，双方一拍即合。很快，温度、压力、界面、流量等 5 个光纤传感器安装在油田的工地上。但技术人员不会调试，他前脚走，后脚就失灵。企业、学校、家人担心，参与研制的专家束手无策。时间耗去了，没有一篇论文发表，评职称又成了问题。然而，两年之后，姜德生给油田送去了 8 套光纤传感器专用仪表、工具和傻瓜型操作技术。一切问题，迎刃而解了。

到 1991 年，经过艰苦的摸索和试验，姜德生团队不仅攻克了仪表器件等核心技术，而且耗材比国外要便宜得多。对他而言，收获的黄金季节来临了！

21 世纪初，国内陆续建成了多个大型战备油库，面向全球招标火灾报警系统。来自美国、日本等世界先进发达国家的光纤传感器与姜德生的光纤光栅火灾报警系统在油库摆开擂台。测试显示，姜德生的产品技术优势明显，一举中标。2007 年 5 月的一天，一个 10 万吨油库遭雷击着火，姜德生的报警系统迅即响应。30 吨消防泡沫剂打下去，火灭了，油库安然无恙，有关部门专程上门致谢。“一旦燃烧起来，根本没办法扑灭，那将是一场世界级的环境灾难。”姜德生说。

此后，姜德生独创研制成功了拥有完全知识产权的光纤光栅火灾报警技术，为国家战略储备油库广泛采用并多次成功报警。

两根光纤贯穿双洞，世界上首个 20 公里无中继光纤光栅火灾报警系统也在姜德生手中问世。“我做的东西要让别人能用”，他说。近年，油库发生 3 起火警，全部在规定时间内响应，装在全国 1500 多公里公路隧道内的火灾报警系统响应 9 次。每一次警报的响起，都避免了重大损失……

如今，姜德生的光纤传感技术已在全国 200 多座长距离隧道的火灾报警工程中推广运用。

武汉一座桥梁的钢索出了问题，请他去会诊。这触动了他敏感的神经——发现了一个新的市场需求：钢索光纤传感器，及时发现钢索故障并报警。经过他和团队的努力，克服了光纤易折断的缺点，在世界上首次将光纤传感器嵌入了钢索中。靠着团队的独门技术，湖北一家钢索生产厂将这一产品打进了日本市场。

用光纤传感器当小区“警卫”，国外已有了产品，但只能报警，不能指示闯入者的位置。姜德生团队自主研发出"周界光纤传感器"，沿着小区四周布置一条光纤，就能成功报告非法闯入者位置。武汉一家机关应用后，已抓获多名非法闯入者。

20 世纪 90 年代，国际上发明了多种光敏感材料和新型光纤传感器，美国一家企业垄断了核心技术。

◆ 2010 年度湖北省科技创新奖励大会上与时任省委书记李鸿忠亲切握手

姜德生想跟美国企业合作，被对方傲慢地拒绝了。他这才明白，"跟在别人屁股后面，随时可能憋死。走自己的创新之路，才是唯一出路。"

光阴荏苒，10 多个寒暑转瞬即逝。2011 年，"中美光纤传感高层论坛"在武汉理工大学举行。美国光纤传感领域的高手全部到会，那家企业的技术总监也在其中。参观之后这位总监感叹："姜教授，我原以为光纤光栅传感器全世界只有我们能做，现在您也能做，而且您有自己的知识产权，我感到吃惊。"

他们能不吃惊吗？

光纤敏感材料及制造设备的共性关键技术均被姜德生成功突破。他还健全了产业链体系，从光纤传感器材料、器械、系统研究，一直到产品开发及应用。他一手创建的理工光科公司专门生产光纤传感器产品，已成为世界上领先的光纤传感器企业，年销售额过亿元，利润达到 2000 万元。

国际光纤传感器协会主席感叹："全世界有三个最大的光纤传感器基地：美，日，中。"那位美国总监要求代理姜德生的火灾报警系统，姜德生笑着婉拒了。

高者在腹，对围棋、象棋颇有心得的姜德生，雄踞江城，俯瞰八方，布局光纤传感市场。用迂回、耐心、定力，越过楚河汉界，进军美、日和欧洲光纤传感技术列强的大本营。

姜德生没有发表多少论文，却把论文直接“写”在了神州大地上！1985年，这位“草根教师”被破格提升为副教授。1991年，他又被破格提升为教授。之后是博导。一个工农兵学员，就这样实现了“三级跳”。

30多年来，姜德生教授先后4次获得“国家科学技术进步奖”与“国家技术发明奖”，10余次获省部级成果奖；在国内率先开发生产了7大类30余种光纤传感器；把一个仅3人的研究小组建成为全国最大规模的集人才培养、研究、开发和产品生产于一体的国家级光纤传感技术工业性试验基地和光纤传感器国家高技术产业化示范工程；形成了从材料、器件、传感系统的生产直到大规模工程应用的具有我国自主知识产权的全套技术与装备……鉴于其在我国光纤传感技术的发展上作出的突出贡献，2007年12月，他当选为中国工程院院士。这个“工农兵学员”背景，至今只有本科学历的教授，一时轰动中国科学界，被奉为“草根院士”。

2011年，姜德生院士再次实至名归。在湖北省科技奖励大会上，他从时任省委书记李鸿忠手中接过了“湖北省科学技术奖”最高奖——“突出贡献奖”证书，获得100万元奖金。

这一年，光纤传感技术国家重点工程实验室大楼在武汉理工大学落成。在全国高校，这样鹤立鸡群的实验大楼并不多见，这成为武汉理工大学的地标性建筑。30多年了，姜德生终于有了像样的实验室，但他忘不了当初的那间石棉瓦房……

今年64岁的姜院士，看起来比实际年龄要年轻许多。他操着一口纯正的汉腔，质朴的言语透出科学家的严谨求实的特质：“我们不仅掌握了光纤核心技术，而且比美国规模大，领域大。美国能做1万，我们就能做100万，而且成本便宜……”

这位与共和国同龄的院士，每天围着学校操场走5公里，风雨无阻，以一个健壮的体魄应对高强度的研究工作。目前，他把目光投向了高铁产业。

命运跌宕之后，一切恢复宁静。他最难忘的还是过世多年的养母：“要是她老人家活着，都110岁了。”可惜这位一生为儿子倾吐心血的母亲，看不到儿子今天的辉煌了。但姜德生院士相信，养父母在天有灵，一直在静静地看着自己一路前行……

院士名片

邓秀新　男，果树学专家。籍贯湖南省宜章县，1961年11月出生。1981年毕业于湖南农业大学园艺系，1987年获华中农业大学博士学位。2001年受聘教育部长江学者特聘教授。2007年当选为中国工程院院士。华中农业大学校长，现代农业（柑橘）产业技术体系首席科学家，农业部果树顾问专家组组长，中国园艺学会副理事长，湖北省科协第八届全省委员会副主席。曾任国际柑橘学会主席、中国柑橘学会主席，第九、十届全国政协委员。第十一、十二届全国人大常委会委员。

主要从事柑橘遗传改良和品种选育研究。将细胞工程、分子标记技术与常规育种有机结合，提高了柑橘育种效率，创造了40多个四倍体和10多个三倍体柑橘材料，培育出多个柑橘新品种，并在生产中大面积推广应用。先后主持国家自然科学基金重点项目、国家“973”国家“863”、农业部科技攻关、农业部“948”、农业部行业专项等重大项目20余项；主持完成的“柑橘优异种质资源发掘、创新与新品种选育和推广”获2006年度“国家科技进步奖”二等奖，省、部“科技进步（及自然科学）奖”3项，专利1项。荣获“全国模范教师”、“全面建设小康社会先进个人”、“全国五一劳动奖章”、“农业科技推广标兵”等荣誉称号。2011年荣获美国园艺学会颁发的“杰出国际园艺学家奖”，2012年获国际柑橘学会“会士”称号。主编或参编《园艺植物生物技术》等著作3部，在国内外学术刊物发表论文200余篇，指导的3篇博士论文被评为“全国百篇优秀博士论文”。

院士寄语

把握今天，脚踏实地，面向明天，志存高远。

柑橘香甜情浓浓

寒 青

“果压枝头遍神州，柑橘香甜满中华。”这是一位诗人发自内心的感慨，也是对我国柑橘现状的真实写照！

可不是吗？

云南玉溪的橘子香甜可口；福建平和的琯溪蜜柚鲜嫩多汁；江西和广西的蜜橘浓甜味纯；赣州南丰和湖北秭归的脐橙体形硕大，口味浓烈；南方的椪柑、砂糖桔、春甜橘清淡爽口……

大江南北，山山岭岭无不频传柑橘丰收的捷报，无不称道柑橘的美味。香甜的柑橘，给农村千家万户带来了喜悦，给13亿中国人带来了甜蜜……

国家统计数字表明：2011年，我国柑橘产量超过2900万吨，居世界第一。出口量从10年前20余万吨到2011年的近百万吨，赣南脐橙等国内名优柑橘远销国际市场。

每当提起这些，人们就忘不了我国工程院院士、国家柑橘产业首席科学家、华中农业大学校长邓秀新，忘不了邓秀新拳拳的报国心和浓浓的果民情！

树影始终连着根

邓秀新出生在被称为湖南“南大门”的宜章县莽山脚下的一个小山村。母亲生他时，正赶上我国三年饥荒的第二年。还没有上小学，他的父亲就因病离开了人间。那是一个炎热的下午，被病魔折磨得不成形的父亲在区医院撒手丢下了妻儿，带着不舍与无奈，永远地闭上了眼睛。临终前，父亲拉着他哥哥的手，眼睛死死地看着他们，浑浊的泪水从眼眶里溢出，他是放心不下他的妻子和孩子们，他是期待着他的孩儿们长大了一定要走出这个穷山沟啊！

区医院离邓秀新家有30里山路，那时也没有电话，只好叫在区医院附近中学读书的表叔跑到他家所在的桐木冲村报哀。表叔一到村对面的山凹就大喊“老表病故了”，喊声响彻山谷，噩耗传遍了整个邝里洞。

父亲走了，邓秀新家中的大山倒塌了，家里的处境可想而知。含辛茹苦的母亲坚强地拉扯着7个未成年的孩子，依靠生产队的帮助生活着。好在他们家有个在外面工作的叔叔，鼎力相助，常常自己省吃俭用，把省下的工资用来接济他们，精神上给予这个家庭一种大山般的依靠。

懂事的邓秀新知道，自己没有任何理由不发奋读书、刻苦学习。聪慧的邓秀新学习成绩在班上总是名列前茅。20岁那年，毕业于湖南农业大学园艺系果树学专业的邓秀新，以优秀的成绩考取了华中农业大学的研究生。

◆ 1992年，邓秀新博士（右三）与老师章文才教授（右一）到意大利参加国际柑橘学术会议与外国专家合影

那是一个咋暖还寒的早春二月，历经千辛万苦的母亲把邓秀新送了一程又一程。可送行千里终有一别啊！

“妈，您回去吧！”

此时的邓秀新那稚嫩的面颊早已挂满了泪水。望着善良而又慈祥的母亲，望着用柔弱的肩膀扛起整个家庭重担的母亲，望着荒凉得连吃水都难寻找的家乡的山沟沟，他的心碎了！他恨不得早点离开这个穷山沟。可他怎么也舍不得这个穷山沟。因为，在这穷山沟里，有生他养他、一把屎一把尿把他拉扯大的母亲，有勤劳质朴且与他朝夕相处的父老乡亲。正如印度著名诗人、哲学家泰戈尔所说：“无论黄昏把树的影子拉得多长，它总是和根连在一起。”

“妈，您回去吧！我会回来看您的。我一定会改变这里的面貌！”

来到华中农业大学，邓秀新成了中国柑橘研究专家章文才的研究生。从导师章文才那里他知道，中国的柑橘种植资源十分丰富，但大多是果小、皮厚、粒多，成本高而质量低，往往上市时间从10月到春节几个月，好不容易产出的柑橘，还会积压烂掉。

晚上，邓秀新躺在床上翻来覆去，怎么也难以入睡。他想到了他的母亲，他想到了他家乡的穷山沟，他想到无数个像他母亲那样勤劳善良的果农……

谁来帮助果农解决成本和品质的问题？谁来让中国柑橘种植从不可能变为可能？

虽然邓秀新只是初出茅庐甚至还未出茅庐，但他觉得自己的肩上沉甸甸的，他要走一条中国柑橘研究专家从未走通的荆棘路！

钻研，不知疲倦的钻研；求索，从不停歇的求索……

邓秀新攻读硕士时，在“柑橘愈伤组织染色体变异研究”中取得重大进展；

邓秀新攻读博士时，承担了农业部“七五”攻关课题，开始攻克生物工程技术领域的难关——柑橘原生质体培养及植株再生技术的研究。1987 年，他首次在国内创建了原生质体培养到再生植株的全套体系。这是我国果树生物技术上的一个重大突破，使我国成为继以色列和日本之后，世界上第三个获得柑橘原生质体再生植株的国家。邓秀新还通过改进培养方式和栽培方法，使再生植株所需的时间比以色列短了两个月，而且大大提高了再生植株移栽的成活率。

就在邓秀新声名鹊起时，留校任教的他被公费派往美国佛罗里达大学柑橘研究及教育中心进行合作研究。短短一年的时间，他独立完成了 20 余个柑橘属间和种间融合的研究，其中柑橘属和金橘属融合的几个体细胞杂种为世界首创。利用业余时间，他还取得了更加令人瞩目的成果：三倍体胚乳愈伤组织再生植株并植入大田。美国同行称他为该中心解决了一大世界难题……

在回国的飞机上，不知疲劳的邓秀新终于打了个盹。刚一合上眼，莽山脚下的山沟沟即刻闪现在他的面前，生活在山沟沟的母亲，还有成群结队的果农含着微笑向他走来……

一处橘园片片情

作为国家柑橘产业的首席科学家，30 多年，邓秀新驱车跑了多少山路？司机摇摇头说：“我不知道。”柑橘地里，叠印了邓秀新多少足迹？果农摆摆手说：“我们怎么也数不清。”只有茵茵的柑橘树和漫山遍野的柑橘会对你说，每一处橘园，每一个柑橘，都凝聚了邓秀新无穷的智慧，饱含着邓秀新片片深情！

在江西赣南流传着这样一句歌谣：“果挂枝瓜连藤，邓教授和我们心连心。”

1991 年秋，邓秀新第一次踏进赣南这片红色的土地，就与那里的民众结下了不解之缘。那一次，邓秀新陪着导师章文才教授翻越了赣南的每一座山，踏遍了赣南的每一道岭。他知道，赣南是我国少有的适宜发展优质鲜脐橙的地区之一，他要把先进的柑橘种植技术传授给农民，他要让可亲可爱的革命苏区人民早日摘掉贫穷的帽子。从那时起，哪一片山坡适宜脐橙种植，哪一处柑橘园的户主叫什么名字，他都清晰地记在笔记本上，装进自己的脑海……

1999 年，赣南发生了百年难遇的霜冻，霜冻使局部地区的脐橙树冻伤或冻死了不少。

当地的领导彷徨了：果业是这里农业的主导产业，是继续种脐橙还是改种奈李？

果农们耷拉着脸：来年再霜冻咋办？

无奈之下，有的准备挖脐橙树，腾园改种其它果树。面对这种情况，邓秀新忧心忡忡：改种其它果树的现象如在赣南各地发生，赣南脐橙产业将会夭折，老一辈开拓的有着无限发展前景的脐橙产业势必毁于一旦！

邓秀新一行察冻害，跑政府，串农户，整资信，讲科技……

在邓秀新严密的科学求证面前，当地领导干部信服了，赣南果农大户心里亮堂了：任何产业的形成和发展不可能一帆风顺，眼前百年难遇的霜冻对赣南脐橙的发展不会产生根本性伤害。只要“咬定青山不放松”，赣南脐橙产业的前景一定灿烂光明。

由此，赣南人民对发展脐橙产业的信心历史性地坚定下来。

当劳动力快速向城市转移，给赣南脐橙的发展带来影响时，邓秀新带领现代农业专家，推广果园标准化、省力化、机械化等技术，缓解了劳动力成本给赣南地区带来的压力。

◆在赣南指导橘农生产

当农民为了脐橙上规模，要把耕地用来种植脐橙时，邓秀新告诉当地领导：赣南的脐橙规模用不着占用粮食耕地，要在提高产品质量和产后处理上下功夫……

2011 年脐橙丰收时节，“第三届中国赣州国际脐橙节”在赣州市隆重举行。看着人头攒动的远处停放着的一排排小轿车，邓秀新激动了：改变了，脐橙产业的发展让赣南地区的人民的生活发生了翻天覆地的变化！他记得，10 年前他在培训班上讲座时，农民骑着自行车从四面八方赶来；几年后，农民骑着摩托车从四面八方赶来；如今，农民们开着小车从四面八方赶来。

怎么不改变呢？

2011 年，赣州脐橙种植面积已达 181 万亩，产量超过 150 万吨，产品不仅成为了北京、上海等地的抢手货，还成了港澳、东南亚等国际市场的主导品种。全市 23 万种植户 68 万果农受益，果农人均收入 5000 元。

怎么不改变呢？

赣南的脐橙产业已经发展成为一个集生产、仓储、保险、加工于一体的产业集群，构建了以果品分集包装为主，配套加工和机械等行业的大产业，成为赣州最有特色、最有优势和最具潜力、最具竞争力的现代农业主导产业。

在第三届中国赣州国际脐橙节开幕表演中，当中央电视台节目主持人朱迅说到“赣州脐橙有今天，要感谢章文采、邓秀新”时，全场响起了长时间的掌声。

那掌声，在会场上空，在赣南的山山岭岭，久久回荡。

2008 年的一场大雪，给大自然带来了灾难，给邓秀新带来了无尽的牵挂：柑橘是否冻坏？果树是否受损？

2 月 3 日，雪花仍旧不停地纷飞着。天刚放亮，邓秀新与有关专家就前往各柑橘基地指导抗灾。经过 5 个小时的跋涉，来到秭归，看到沿路满树的脐橙，邓秀新很是担忧。当他亲口尝了一个脐橙后，满脸的忧虑被笑容所取代：“这场雪像个天然的大冰箱，帮助橙子保鲜，现在吃风味更好。”他建议当地领导和果农，要尽快完成采摘，果实再不下树就会变软，没商品价值。脐橙现在下树也是为了减轻果树的负担，为来年的挂果做准备。

在郭家坝镇海拔 580 米处的柑橘园，柑橘树大面积卷叶发黄，邓秀新给正在为柑橘树刷白的崔老汉指导说：“受冻后大面积落叶，树保住是没问题的，但当年的产量会减收七八成，这样的老果园可趁机进行品种改换。”

踏着积雪，邓秀新来到海拔 730 米处的一处橘园。看到树干裂口，他心痛地说：“这些树很难保住，这验证了当年 600 米是种植安全线的产业规划。”

“果树撕裂后怎样包扎伤口？”

“涂抹保护剂后，用农膜包扎较好。”

“柑橘树得了黄龙病要不要砍？”

“应该砍。大雪已经把木虱冻死了一部分，正好利用这样的机会更换无病毒的种苗，彻底解决黄龙病造成的麻烦。”

2 月 12 日，当浓浓的年味还在空中弥漫的时候，邓秀新一行就离开了温暖的家，奔赴到柑橘生产基地。在湖南衡阳、永州，在广西全州、阳朔，面对灾区群众提出的问题，邓秀新一一作出耐心的解答，进行科学的指导。

当地干部和果农说：“邓教授的心像一根无形的彩带，紧紧地系着祖国柑橘产业的发展，时刻牵挂着每一处橘园，每一户果农。”

细雨淅淅草萋萋

邓秀新30出头就晋升为教授，40多岁就当选为中国科学院院士，担任华中农业大学的校长，他还是我国柑橘产业技术体系首席科学家，农业部果树顾问专家组组长，中国园艺学会副理事长……

称谓再多，邓秀新还是那么和蔼可亲，那么平易近人。诸多的头衔他都不在意，他喜欢人们称他为老师。因为，他对三尺讲台，他对他的学生，有一种怎么也抹之不去、割舍不断的真挚情感。

20多年来，邓秀新一直没离开过讲台，尽管事务繁忙，他始终坚持为本科生讲授专业选修课“园艺案例”，始终坚持为研究生讲授“柑橘学”和“园艺学进展”。偶尔，他还会客串到其它课堂。有一天，邓秀新出现在“科技写作”课堂上，他用了两节课的时间，为来自园林、生科、植科、食科、水产、资环、理学等学院近200名研究生讲授“如何做好科学研究”。课堂上，他要求研究生做到“三气”、“五会”：人气、和气、志气；会学、会写、会讲、会解决问题、会团结一帮人解决问题。

讲台上，邓秀新声情并茂，神采飞扬。他的讲课，像一阵阵迎面扑来的春风，似一声声催发和鼓舞学生投身科学斗志的号角。课堂上，研究生们不时报以热烈的掌声。

一位来自湖北的学生，因家里特殊的困难和情况，无法安心学习。邓秀新了解到这一情况后，一面鼓舞该学生安心学习，一面帮这名学生解决实际困难，垫付学费、归还贷款，使这名学生顺利完成了学业……

秋季开学后的一天，一名研三的学生放假返校后找到邓秀新，告诉他说有人给自己介绍了一份工作，工资待遇很高，并对邓秀新说，他不想读研究生，他要去挣钱回报他的父母。

◆在实验室指导学生

听了学生的话，邓秀新愣了好一会儿，他不敢相信自己的耳朵。邓秀新让这名学生坐下，自己却激动地站了起来："我们是要回报父母，但不一定是马上啊！你想过没有，你现在去挣钱而放弃学业，你对学问的追求就要中断，你良好的进展别人要接手又得从头开始，损失的是国家的投资。我记得有位记者采访我，说我成为了院士，当校长了，是否考虑报答我含辛茹苦的母亲，是否考虑关照一下我那仍在山沟沟里的兄妹。我坦然地回答记者，我报答了，我关照了。我用我所学的柑橘技术，让我家乡的荒草坡，让家乡宜章县几万亩山地都种上了优质的柑橘，我让湖北、湖南、广西、云南、江西数以万计像我母亲、像我兄妹那样的农民因种植优良柑橘而过上了幸福的生活……"

不知不觉地，这名学生离开凳子站了起来；不知不觉地，泪水已模糊了他的视线。透过依稀的泪光，研究生似乎感到，矗立在他面前的，不是邓秀新，而是一棵碧绿而又伟岸的常青树……

邓秀新爱讲台，爱学生，更爱他的团队。不论是作为重点实验室负责人，还是作为国家自然科学基金重点项目、国家"863"、农业部"948"、国家"973"计划等重大项目的牵头人，邓秀新随时都以春风般的温情，细雨般的暖流，滋润着团队每一个人的心灵，随时都以宽阔的胸襟、高贵的品质和人格魅力影响着团队每一个人的行为。

华中农业大学果树学科在20世纪80年代是中国该学科唯一的国家重点学科，由于当时教师年龄密度过于集中，加之后续人才流失，该学科面临严重的青黄不接。自20世纪90年代初邓秀新主持果树学科建设以来，他以身作则，身体力行，团结广大教师，加大学科建设，建立合理的人才梯队，为该学科成为全国同类行业中竞争力最强的学科提供了强有力的人才保障。国家依托这支科研队伍，先后投资2000多万元，建设了国家果树脱毒种质资源室内保存中心、国家柑橘育种中心及国家一级采穗圃。

正因为邓秀新这一团队强劲的实力，得到了国际同行的认可，使得第11届柑橘学大会在武汉成功举行。

近10年来，邓秀新率领的柑橘团队在国际上发表的柑橘论文占中国科学家的四分之一。2012年11月26日，由邓秀新和国家"千人计划"学者阮一骏共同带领团队完成的甜橙基因图谱研究成果，在《自然——遗传学》杂志发表，这如同打开了甜橙生命活动的"黑匣子"，破解了甜橙基因"密码"，得到了基因组合的排列顺序和相关特征。

望着全球最完整的甜橙基因组序列图，团队的每一个成员都激动得夜不能寐。是啊，这甜橙基因组序列图，渗透着邓秀新和他们每个人的智慧和心血，更凝聚着邓秀新浓浓的深情啊！

院士名片

段正澄　男，机械制造与自动化（加工技术和装备）专家。籍贯江苏省镇江市，1934 年 6 月出生。1957 年毕业于华中工学院（现华中科技大学）机械系，后留校工作至今。2009 年当选为中国工程院院士。华中科技大学机械科学与工程学院教授、博士研究生导师。

长期从事机械制造与自动化（加工技术和装备）专业相关的教学与科研工作，致力于自动化、数字化加工技术与装备的应用基础研究和工程技术研发。领衔攻关研发生产的第一台数控高速全轴自动曲轴磨床，提高了国产汽车发动机曲轴的加工质量；领衔研发的国际首台体部肿瘤数字化放疗设备“旋转式伽马刀”，在国内医院被广泛应用到体部肿瘤的放疗中；在国内率先开展了激光加工技术及其数控装备，也在制造业中被广泛推广应用。获 1978 年“全国科学大会奖”2 项、“国家科学技术进步奖”二等奖 3 项、省部级“科学技术进步奖”一等奖 5 项、二等奖 4 项，2011 年获“湖北省科学技术突出贡献奖”；授权专利 24 项；被评为“全国优秀教师”、“湖北省劳动模范”、“湖北省先进教育工作者”和“湖北省先进科技工作者”。发表论文 200 余篇，编写教材 5 部，主编《光机电一体手册》等。

院士寄语

努努力力学习，快快乐乐生活，健健康康成长！

机械“狂人”

望见蓉　张天然

提到机械，人们往往容易联想到生硬和刻板，继而就想到不近人情。这位院士长年从事机械加工自动化技术与制造装备领域研究，取得辉煌成就，但碍于工作繁忙，一直没有安排采访时间，所以，这些联想和猜测便胡乱地盘旋在笔者脑海。经省科协多方斡旋，在今年三月将近，一个鸟语花香的日子，笔者终于获准一谒大师尊容的机会。

夹克、毛衣、眼镜，在春寒料峭的早春里，一位朴素硬朗的银发长者带着春阳般暖暖的微笑向笔者走来。进了办公室，老人请笔者在沙发上落坐后，便专心沏茶。他弓身垂首的样子让笔者不安不忍。笔者上前提出自己动手，坚持数遍，老人仍执意亲手捧壶煮茗，后亲手给来访者一一奉上。老人坐到笔者身边，依旧是微微的笑，听他说话竟有少年男子清越的喉音。据随行人员介绍，老人年轻时是校篮球队队长，再看老人脸上孩子般天真的笑便得到了诠释。看来老人是善于举重若轻的，谈笑风生，和颜悦色。笔者起初对于他的隔膜和猜疑顿时消散，与老人交谈半日过去，竟是浑然不觉。采访结束，更有如沐春风之感。

这位老人便是华中科技大学机械学院的段正澄院士。

倾情贫困学子大爱无声

在 2012 年召开的湖北省科技奖励大会上，78 岁的段正澄荣获“湖北省科学技术突出贡献奖”，成为全场焦点。他代表众多获奖者上台发言，坦言自己心情激动，最感谢母校培养。会后，他婉拒众多媒体采访，表示目前仅有两件事是确定的：一是 100 万元奖金个人部分将全部捐出，用于资助贫困大学生；二是自己只是一名普通科技工作者，获奖后第一件事还是回到实验室工作。

笔者问段老为何要把巨奖捐献给学生，段老说：“这应该不是突发奇想，而是由来已久的夙愿。每当在食堂里看到一些贫困学生买不起菜只啃两个馒头时，我的心就很痛，常想能帮助他们解决点实际困难多好！现在恰好有了这笔钱，不正是好钢用到了刀刃上么？”

◆年轻时与夫人的合影

在段老眼里，钱只有需要的时候才显现其价值。资助学生叫物尽其用。否则，钱多了，放在那里也是浪费。段老的金钱观源于他自己的一段经历。

1934年，段正澄生于江苏省镇江市一个普通家庭。父亲是职员，母亲是家庭妇女。1953年，19岁的段正澄成为华中工学院（今华中科技大学）成立后招收的第一届大学生，1957年毕业于华中工学院机械系机床与工具专业，留校任教至今。老人深情地回忆当年在本校读书的情形。他说：“我们那时读大学4年不需要个人出钱，每个月还发1元零花钱，学费、生活费全免。实习路费，毕业设计，纸张都是国家出。就连自己所戴的第一副眼镜也是国家配的。每每想到个人领受的国家恩泽，就想到羊有跪乳之恩、鸦有反哺之意。现在，若能为贫困学生分担点什么，既是一个老师的职责所在，其实也是想为国家尽一份力。”

段正澄对学生像老牛护犊，非常慈爱，学术上却十分严格。50余年来，他培养了博士生27名，博士后6名，与其他科学家比起来，这方面“产量”的确不高。在华中科技大学机械学院流传着这样一个说法：“没熬个四五年，很难博士毕业。”段院士笑呵呵地说道：“我比较挑剔，每个博士研究生的论文至少要看3遍。不过关就重来！”有的弟子因论文过不了，没少在他面前哭鼻子。他认为，做论文是对自己研究工作的总结，作为研究生，不会总结成果是件遗憾的事。

段院士接受这次采访后即将启程去新西兰，要与奥克兰大学谈机器人技术上的合作，而合作对象便是他的硕、博学生谢胜泉教授。谢胜泉1998年毕业于华中科技大学，后进入奥克兰大学，今年43岁，已成为首席教授。他领衔研发出的机器人能非常灵巧地完成医疗手术。青出于蓝而胜于蓝，这大约是每个教师引以为豪的。谈及得意门生，段院士容光焕发，精神抖擞，自豪之情溢于言表。

冰冷的机械　勇者的痴狂

段正澄扎根喻园，一呆就是 50 多年。问段院士何以取得科研上的重大突破，他谈得最多的是两个词：创新，坚持。创新就像悬崖边上的树，是让凡人望而却步的风景。而恰是这道只能远观不能近赏的风景，越能激起真正的勇者攀登的兴致和决心，也更能考验和测试一个人的胆识和潜能。

段正澄一直很感念当初大学 4 年打下的扎实功底。那时，甚至有过上午 6 节课的经历。第 4 节课结束，发个馒头，接着再上 2 节课。一共 36 门课，他硬是用 4 年时间学完了苏联 5 年制的全部课程。到工厂实习也是一个钉子一个铆，从无半点含糊。自然修练出的都是真刀真枪真本事，所以，他一留校便能上讲台，一上课便能带着学生搞机械设计。

1968 年，第二汽车制造厂尚处于初创期，“文革”中物质特别匮乏，很多东西买不回来，想要的资料也难以查找，生产线可资参考的模子也是空中楼阁。当时，急需的发动机连杆称重去重和曲轴动平衡自动线难以引进。他便和七八个师生组成的团队来到上海第五机床厂一呆就是 7 年。

那时“文革”正如火如荼地进行着，小女儿出生才 11 个月，妻女急需他照顾，段正澄除了按照学校规定回校参与“斗批改”外，全部精力都投注在工厂里，与工人同吃住同作息，偶尔才回家一趟。他感慨道：“从事科研几十年，我呆过的每家工厂的工人都很好，甚至他们的小孩都认得我。”他带领团队成功主持研发了国内首条连杆称重去重自动线，参加研发了国内首条曲轴动平衡自动线，填补了国内空白，研发的三代 4 条连杆自动线，满足了二汽、江铃等企业的生产急需。连杆自动线和曲轴动平衡自动线分获 1978 年“全国科学大会奖”。

科研像一口不知深浅的井，只青睐那些执着追求挖掘不止的人。浅尝辄止、企图一锹下去便能挖到井水，是天真的幻想。尝到创造乐趣的段正澄更坚定了一个信念：瞄准，坚持！他瞄准的永远是机械领域的前沿和空白。那里或许是一片寂廖的荒漠，是看不见一线光明的窄巷，却恰是他施展才华的用武之地。

转眼 10 年过去。1977 年，他又将目光盯住了汽车的心脏——发动机关键零件的制造技术与装备。段院士说，汽车品质的优劣主要在发动机，而汽车发动机的品质在很大程度上又由曲轴等关键零件决定。缺乏生产汽车发动机曲轴的先进设备，生产不出高品质的曲轴，一直是制约我国发动机行业发展的一大难题。高品质的曲轴，要求高精度、高稳定性曲轴磨床加工生产；新研发的磨床设计，要求砂轮架在进给运动中微量进给，速度为每秒钟连续均匀移动0.5微米，每分钟均匀移动0.024毫米，机床生产出来的曲轴轴颈尺寸误差最大值不超过一根头发丝的七分之一。

当时机床的运转靠的是液压驱动，液压油在运行过程中会产生发热、不稳定、机床的性能会改变等一系列变数，往往使原本花九牛二虎之力调好的状态前功尽弃。于是段正澄和他的团队抛弃用液压驱动的办法，改用自主研发的小规模集成电路、单板机组成的数字控制技术，使曲轴磨削加工的精度大大提高，但其稳定性、可靠性、抗干扰能力依然不理想。

怎么办？汽车市场“等米下锅”，当时曲轴磨床全用液压驱动。为一个设备，设计出的图纸不下千份。单是设计画图，就花掉了一年光阴。段正澄开始整夜整夜地失眠。在数控曲轴磨床的生产制造过程中，有时半夜三更，脑子里灵光一闪，似茅塞顿开，于是腾地起床，叫上团队的人去生产现场进行机床调试，引得人怀疑他是不是得了精神病。

机床发热后导致的变形，一直是道难以攻克的坎。单是温度场等16项机床样机实验就进行了一年。从做加工工艺实验、功能部件实验，到设计方案，再实验，再决定方案，要反复多次，设计好了，再制造，至少还得两年。繁琐的工序、未知的探求与精微的质量要求，日夜鞭策着段正澄不知倦怠、永不停歇地向前，向前。

1981年，段正澄带领团队成功研发出我国首台具有自主知识产权的数控曲轴磨床，填补了国内空白。后来，他又不断融入新技术，实现产品的更新换代升级，在国内率先主持研发了具有国际先进水平的三代6种型号数控曲轴磨床，产品已销售200多台，在全国30多家工厂应用，部分取代了进口产品，销售产值超过3亿元，此项成果2008年获“国家科技进步奖”二等奖。

科技的发展日新月异，段正澄认识到满足现状就是后退就是淘汰。为了与时俱进，不断实现新突破，他恨不能生出三头六臂。1985年，他又瞄准了大功率激光加工技术领域。针对我国当时高档激光加工装备基本依赖进口的现状，段正澄组建了国内最早的机械科学与激光技术相结合的科研团队。经过20年的努力，他的团队突破了国内外激光拼焊板的待焊板边传统加工方法，解决了在线激光切割——焊接用一光路复用的难题，发明了激光切-焊组合加工新方法，研发了多种激光加工装备，在神龙汽车等大型骨干企业应用，并出口美国、印度等多个国家。2003年，这一成果获“国家科技进步奖”二等奖。

又一个10年过去，时光的罗盘转到了1996年，段正澄在机械领域也早已声名鹊起。这时，外面求贤若渴的声音此起彼伏。段正澄的研究方向，却迎来一个新的契机：向医疗机械领域进军。

当时，深圳奥沃公司提出生产新型肿瘤放疗设备的设想。当时，国际上仅有瑞典研制的头部放疗伽马刀。患者需求呼唤着用于全身肿瘤治疗设备的出现。奥沃公司向全国遍罗人才，召开诸葛亮会议，段正澄被特邀参与了方案讨论。听到段正澄的构想，奥沃公司觉得他更有把握完成，并提出3个月拿出图纸。后来公司老总又亲自登门，段正澄欣然领命。

原理有了，设计中的难题首当其冲依然是精度问题。同时，由于肿瘤治疗的特殊性，还涉及操作员防放射性污染，以及治疗中最大限度保护健康组织不受辐射问题，这些因素都严重困扰着段正澄。

尽管如此，段正澄带领他的团队依然在无计其数的实验和方案中摸爬滚打。单是设计方案就花了3个多月。在华科机械学院的东八楼，每天都是门卫反复催促：“快回去吧，要锁门了！”一个项目一旦确立，他们的日历上便没了昼夜之分，也没了作息之别。若干个方案优中选优，结果是他们将14吨重的源体与30个准直器30个孔分3层同时在不同的经度和纬度上转动，大孔小孔在转动中随时2秒钟内切换，这样就确保了伽马射线通过不同层面上的大小孔聚焦成一束，抵达患者的病灶点，从而提高了疗效，又最大限度地减少了对正常组织的损伤。

1999年，全球首台全身伽马刀诞生。其立体定向精度提高3倍，疗效高，副作用小，目前已在64家大型医院应用，治疗了20多万名患者。段正澄领衔研发的伽马刀制造工艺简洁，也丰富了治疗内容。段院士说，人无我有，人有我优，正是科研的魅力。2005年，这一成果获国家科技进步二等奖。

“从事科学研究，也许10年20年都不会有什么大的成果，因此绝不能浮躁，不能急功近利。选准了目标，就要长期坚持，不折不挠。只有这样，才能出成果，出大成果。”对于坚持的意义，段正澄有着特别深刻的体会，他形象地说：“做研究要耐得住寂寞，不能外面来一个脉冲，自己就要震荡。”

扎根团队　一汪清泉

“团队的和谐合作让我们把想法变成了现实。”段正澄说，“这是取得成功很重要的原因之一。”谈及自己的团队，段正澄脸上洋溢着自豪，“好的科研成果往往需要几代人的共同努力。我所要做的最重要工作之一就是创造一个和谐、团结的团队，最大限度地挖掘团队潜力。”

段正澄非常看重科研中的团队精神。他经常强调，一个重大的研究项目，仅凭个人的力量是很难完成的，需要大家团结协作。每个人都要树立“我为人人，人人为我”的服务意识，这样才能营造出和谐的环境、团结的氛围。师生之间、同事之间、同学之间只有相互理解、相互包容，才能更好地合作，更快地进步。1993年，段正澄担任所长的机械学院制造自动化研究所被评为“全国先进集体”，并获“全国五一劳动奖”。同年，他被评为“全国优秀教师”。

采访中，段院士指着他的学生黄禹和龚时华对笔者说，你们要多宣传年轻人，宣传我们的团队。这两个年轻人已经是教授、博导，原因之一便是在伽马

刀和激光焊接的研究中立下了汗马功劳。这是段院士爱护和培养青年的方法：宝剑锋自磨砺出。

采访结束，笔者问道："是什么支撑您在科研上不断创造新成果，又像父亲一样关怀学生？"段院士回答："当好一名普通老师，就是全部的理由。"

是啊，段正澄院士多像一杯澄澈的清泉，因正而清，愈澄愈正。

院士名片

秦顺全　男，桥梁工程专家。原籍四川省绵竹市，1963年7月出生。1987年毕业于西南交通大学获硕士学位。2009年当选为中国工程院院士。中国中铁股份有限公司副总工程师，中铁大桥局集团有限公司科技委主任，兼任国际桥协会员、清华大学教授，湖北省科协第八届全省委员会副主席。曾任中国土木工程学会桥梁及结构工程分会副理事长，第十、十一届全国人大代表，现为第十二届全国人大常委。

长期从事大型桥梁的设计、施工技术工作，为中国桥梁事业的发展做出了重要贡献。主持了武汉天兴洲公铁两用长江大桥、杭州湾跨海大桥等多座代表世界领先水平的超大型桥梁的设计、施工技术工作，主持了芜湖长江大桥、海口世纪大桥等的设计和青藏铁路拉萨河特大桥等的施工技术工作。创立了桥梁分阶段施工的无应力状态控制法理论，应用于国内外30余座大跨度桥梁施工中；创新了大型桥梁结构工厂化、标准化施工方法，推进了跨海长桥和铁路客运专线桥梁整体预制、架设技术的发展。获“国家科技进步奖”特等奖1项、一等奖1项、二等奖3项，获省部级“科技进步奖”特等奖3项、一等奖5项、二等奖3项，“技术发明奖”二等奖1项，获发明专利40余项。获第六届“詹天佑科学技术成就奖”、第八届“中国青年科技奖”、首届“武汉市科技重大贡献奖”，被评为“全国杰出专业技术人才”、“全国劳动模范”，入选首批“新世纪百千万人才工程”国家级人选，享受国务院政府特殊津贴。出版学术专著3部。

院士寄语

要做好一件事，首先是喜欢它，热爱它。

乐为天堑铸“长虹”

周 娴

桥梁“新兵”一战成名

1980年，秦顺全跨入西南交大铁道工程专业，该专业涵盖了桥梁、隧道等工程，对大桥情有独钟的他，在上研究生时如愿选择了桥梁及结构工程专业。硕士毕业后，他以优异的成绩被派往中铁大桥局工作。大桥局是新中国诞生之初，为修万里长江第一桥——武汉长江大桥而组建的，这里汇集了全国桥梁科技界的精英。走进中国桥梁圣地——大桥局的那一刹那，秦顺全就认定了这里是他“梦”开始的地方。自此一生无悔，数十年如一日勤奋地学习和工作。工作一段时间后，大桥局设计院的前辈们很快注意到这个中等身材的小伙子，因为他话不多，却总能说到点子上。

1987年，浙江钱塘江二桥开始筹备建设。钱塘江二桥是铁路、公路布置在同一平面上的特大桥，混凝土梁为单箱单室三向预应力变截面连续梁。当时，我国的桥梁规范大多是针对简支梁而定，箱型截面连续梁还是个空白，面临的首要技术难题是大桥结构纵向受力状况。当时，连续梁的计算程序只能计算结构纵向受力状况，而箱型截面梁的受力特性却是三维空间的。在前辈指导下，秦顺全设计完成了“箱梁扭转计算程序”，解决了约束扭转应力计算问题；针对宽翼缘箱梁在纵、横向内力传递过程中存在剪滞效应的问题，他利用空间结构分析程序，对剪滞效应进行仔细研究，找出了其中的规律、确定了纵向力计算的剪滞系数。秦顺全的首份“答卷”，令大家刮目相看。在赞誉声中，他谦虚地说：“我就是桥梁世界的一名小兵，今后的路还长着呢。”

20世纪90年代初，初出茅庐的秦顺全有幸参加了武汉长江二桥设计。复杂的大型结构，使得传统的斜拉桥梁体安装计算方法无用武之地。面对技术难题，秦顺全坚信，创新就会赢得成功。他把自己关在电脑机房里，夜以继日地分析计算方法，进行科学论证，最终提出了斜拉桥桥梁安装无应力状态控制的新方法，创建了以无应力索长计算法为基础的施工控制软件系统。

武汉长江二桥是一座主跨400米的城市预应力混凝土斜拉桥。长江武汉段河道宽阔繁忙，地质结构复杂，工期却只有短短的4年。传统的斜拉桥施工，都采用来自德国人发明的倒拆法，这是一种安全但保守的斜拉桥安装方法，其主要问题一是安装计算工作量大，二是安装过程中各施工工序不能并行作业，这极大地制约了施工周期，也不适应我国如火如荼的经济建设。面对这一难题，必须寻找一种全新的、高效的斜拉桥安装计算方法！这个历史重任最终落在了秦顺全肩上 。从钢梁制造到安装的零应力状态现象，到朴素的“无应力状态控制法”思路，再通过严谨的数学演绎、推理确认其正确可行，最后编写应用软件。无数个日日夜夜的付出，功夫不负有心人，无应力索长计算方法控制软件系统成功应用于武汉长江二桥的建设中，解决了上述困扰大桥施工的两个关键问题。

多年以后，秦顺全潜心总结，将无应力状态法加以总结并上升为理论，出版了专著《桥梁施工控制：无应力状态法理论与实践》，从思路到理论推导一直到施工应用，全面系统地阐述了这一全新的斜拉桥施工方法。如今，这套理论已广泛地应用于中国桥梁界。

在参与建设当时我国公铁两用最大规模的芜湖长江大桥时，秦顺全依然诠释着不断创新的科学理念。为了满足航运、航空和受力的要求，大桥采用了低塔、斜拉索加劲的连续钢桁梁新桥型，大大缩短了工期，减少了成本，其科研成果获得“国家科技进步奖”一等奖。

◆在武汉天兴洲公铁两用长江大桥现场指导工作

如今，在桥梁界，不知道秦顺全这个名字的人不多。而让秦顺全“一战成名”轰动桥梁界的，则是曾经对宁波招宝山大桥主梁压溃断裂的结构状态作出诊断并完成重建设计及施工方案。那一年，宁波招宝山大桥主梁发生断裂。秦顺全临危受命，承担了加固设计、监控、施工团队总指挥角色。大家为当时年仅35岁的秦顺全捏着一把汗，他却乐观地说：“学以致用，用以促学，这样才有创新的可能。”正是这种无畏的科学实践精神，使得他探索出前所未有的断桥调整结构体系。两年后，招宝山桥修复工程顺利完成。

2003年，秦顺全组织策划召开了“21世纪国际桥梁技术的发展与展望技术论坛”，邀请海内外100多名专家共同研讨桥梁科技理论。他说，大桥局的发展需要不断科技创新，大桥局的技术团队需要更多的人才。善于吸纳，勇于实践，秦顺全获得了成功。然而，荣誉面前，他却变得诚惶诚恐。他要求自己，一定要始终站在桥梁科技的前沿，不断探索，建造起更多具有更高技术含量的桥。

秦顺全的人生得益于上天和桥梁的眷顾，他的桥梁人生经历了桥梁设计、桥梁施工、桥梁施工管理等阶段。进入2000年，秦顺全把桥梁施工管理放在第一位。建立一套桥梁施工企业标准，是他担任大桥局总工程师后的第一工作目标，秦顺全深知只有在传承传统的基础上创新，企业才能有旺盛的生命力。大桥局每年施工项目有100余个，每座桥地质、水文情况不尽相同，桥型多变，施工组织设计也不同，面对这样的情况，为了有效、快速、安全地完成工程任务，必须制定一套企业标准。秦顺全很自豪地说：“这套标准就是大桥局企业内部建立的标准体系，涵盖了大桥施工结构设计、施工方案等所有的标准。在全国，能够制定出这样完整的标准化体系的桥梁企业，仅大桥局一家。”企业标准的制定和实施，有效地提升了大桥局在国内、国际工程界的竞争力。

目前，秦顺全钟情于桥梁人才的培养：“历史赋予我承前启后的使命，培养桥梁建设人才是义不容辞的责任。”谈起学生，秦顺全如数家珍，充满了期待，期望学生有更宽的视野、更深的造诣，能走向更加广阔的舞台。他常说，年轻人做一件事，首先要喜欢它，热爱它；工作需要创新，但这种创新要解决实际工作问题，否则就是为创新而创新。

恋桥情结挥之不去

2007年9月26日，在武汉天兴洲长江大桥建设现场，一座雄伟的大桥飞架长江两岸。世界第一跨度、世界最大荷载公铁两用桥、国内首座采用三索面斜拉的大桥、国内最快的高速铁路运营时速……一次次被改写的纪录，翻开了中国建桥史上令世人惊叹的一页。这一系列成就的取得离不开一大批辛勤劳动的科研工作者，秦顺全就是其中一位领军人物。

秦顺全爱桥，天兴洲大桥就是他最喜爱的作品。不仅是因为这座桥以跨度、宽度、速度和载重刷新4个世界第一，成为我国桥梁史上的第五座里程碑，更是因为这座桥采用了他在世界上首创的“三主桁三索面”的桁段架设法。

20年间，秦顺全先后主持了武汉长江二桥、芜湖长江大桥、海口世纪大桥、东海大桥、杭州湾大桥、武汉天兴洲公铁两用长江大桥等大型桥梁的方案设计与施工技术工作，以及京沪高速铁路济南黄河桥、南京大胜关长江大桥的前期研究工作，主持完成重大科研项目30余项，并取得了一个又一个突破。

1996年，秦顺全在参与设计芜湖长江大桥之前回了一趟四川老家。一是看看年迈的老母亲，二是看看被送到老家的儿子。从儿子3岁起，每一个寒暑假，他都让儿子在他和夫人双方的老家度过，目的是培养儿子对双方家人的亲情。一脚踏进家门，儿子却像见了陌生人一样怯怯地望着他不知所措。他急忙从口袋里掏出糖果递了过去，儿子这才在奶奶的教导下甜甜地叫了一声：“爸爸！”

接着，秦顺全又从旅行包里掏出许多桥梁模型的玩具，可儿子却摆摆手不愿接受。母亲走过来笑着责备说：“你也真是，什么玩具不好买，偏买这些东西，孩子哪有兴趣！”

◆时任省委常委、武汉市委书记阮成发（右）颁奖

秦顺全却认真地说："桥不仅美，给人们的生活带来了便利，而且桥还是人类想象力和创造力的产物。做桥如做人，一个人要做好一件事，首先就要喜欢它，热爱它，对它有感情，只有发自内心地热爱自己的事业，才能持之以恒地坚持下去！"

由于他的潜移默化，儿子有了很强的社会责任感。2008 年汶川特大地震发生后，儿子认为自己是灾区人民的后代，义无反顾地到灾区去当志愿者。无论是参与灾后卫生防疫工作，还是在帐篷学校为灾区小朋友上课，他都干得非常认真、投入。2010 年，儿子以优异的成绩、良好的综合素质被世界著名大学——美国加州大学洛杉矶分校录取，就读建筑专业。

回到芜湖长江大桥设计组，秦顺全马上投入到紧张而繁忙的工作之中。芜湖长江大桥位于芜湖市镜湖区芜湖东方医院附近。由于受到通航净空、飞行航线的制约，桥塔不能过高，但要建成矮塔大跨度斜拉桥，这种技术在国内外均无先例。其实早在几年前，秦顺全就将前瞻的目光瞄准了国际先进的轻型、大跨桥梁建设方向。平常只要有时间，他就经常翻阅有关文献和国内外有关桥梁建设的论文，在思索中开拓，在开拓中思索。推导公式对于一个应对高考的高中生来说，那是无奈之举，但是对于秦顺全来说，却是一件有意思的事情，甚至是工作之后闲暇放松的极佳方式。他对学术的偏爱到了令人无法理解的地步，他会经常在办公室做推导公式直到很晚。他的案头经常放着许多有关数学、力学方面的书籍，只要有时间，他就会随手翻阅，甚至在出差时，这些书籍也会成为他的随身必带品。

2003 年 12 月 18 日，中铁大桥勘测设计院改制为"中铁大桥勘测设计院集团有限公司"，作为董事长，秦顺全亲手为公司的创立揭牌，并发表了热情洋溢的讲话。活动结束后，秦顺全回到阔别已久的家。一放下行李，他就直奔屋顶，去清洗那个用浴缸改成的露天鱼缸。因为露天的缘故，鱼缸里的青苔长得特别快，夫人刘红燕每次清洗太费劲，于是，只要出差一回来，洗鱼缸就成了他例行的一件事，并乐在其中。

看着丈夫郑重其事的样子，刘红燕怡然一笑说："家懒外勤的人，还知道工作完了帮家人搭把手。"

确实，在秦顺全的生活里，工作的时间远远大于他待在家里的时间。

刘红燕是秦顺全大学时的小师妹，婚后一直默默地支持丈夫的事业，将家里打理得井井有条，虽然有时偶尔也会有些怨言，但更多的则是愉悦和满足。多年来，秦顺全一心扑在桥梁事业上，家中的大小事务一概不闻不问，只要一时半刻不呆在工地或办公室"想"桥，他心里就会发慌。正是有了刘红燕的理解和支持，才成就了秦顺全在桥梁事业上的辉煌。

大桥人生赤子情怀

“一桥飞架南北，天堑变通途。”而今，在我国的长河、大海、深涧、幽谷上，由中铁大桥局建造的一座座桥梁正在跨越、延伸……中铁大桥人正用智慧和汗水在华夏大地上铸就一弯弯壮美的“中国彩虹”。今天的秦顺全正是这支大军的“军师”。20多年来，他获得的荣誉奖项无数，发明专利40余项，出版学术专著3部，发表论文40余篇。

长江骄傲，它已不再是人们眼中的天堑；大桥自豪，它缩短了人类出行的距离；秦顺全欣慰，他铸就了一弯弯壮美的“中国彩虹”，获得了一项项“闪光”的荣誉称号。

如今，当长江货运量超越欧洲的莱茵河和美国的密西西比河时，中国的建桥技术，已令全球刮目相看。在国际建桥竞技场上，中国是少有的全能选手，目前世界上已有的桥型，中国人全部能做。尽管这位年轻的院士已手握一项项世界纪录，但仍保持着谦虚与谨慎。他认为目前要抓紧做的，仍然是对桥梁工程前沿科学相关课题的研究。在东南大学，秦顺全谆谆教诲几百名桥梁界后生：“请谨记，修桥不是为了破纪录，不是为了建‘地标’，而是永远地为交通功能服务！”

他时常惊叹英国伦敦塔桥的古朴厚重，长久醉心于美国金门大桥的雄伟壮观。那波光粼粼间的一抹抹诗画风情，让他深感中外在建桥理念上的诸多差距。“每项工程，如何与环境协调？如何兼顾市民对景观的需求？在美学、人文的修炼上，我们与国外建筑大师还有着不小的差距。向高强、轻型、大跨、美观等国际化方向努力，才能帮助我们更快地融入国际市场。”

用秦顺全自己的话说，要想站在桥梁科技的最前沿，只有不断地探索，不断地追求，像爬山似地一步一步向上攀登，才能有所收获。现在的他只有两个愿望：一是希望和他一起爬山的人越来越多；二是可以有更多的机会让他建造更多的桥。

谈到未来，戴着一副框架眼镜的秦顺全充满了期待，他说，他最大的梦想是建造一座跨越台湾海峡的大桥。台湾海峡水深浪大，宽 200 多公里，工程难度非常大，但是，台湾海峡中间有岛屿，可以根据实际情况，采用修一段桥、修一段隧道的方式，桥和隧道相结合。秦顺全感慨地说：“这是我的一个梦想，我还很年轻，有能力接下这个挑战。”

多么质朴的语言！虽然这听上去只是一个桥梁专家的追求与愿望，但更道出了秦顺全院士对祖国桥梁事业的一颗赤子之心。

院士名片

张俐娜　女，高分子物理化学家。籍贯江西省萍乡县，1940年8月生于福建省光泽县。1963年7月毕业于武汉大学化学系。1985年赴日本大阪大学研究多糖溶液。2011年当选为中国科学院院士。武汉大学化学与分子科学学院教授，第十届全国政协委员、第八、九届民盟中央委员，《Cellulose》、《Journal of Biobased Materials and Bioenergy》和《高分子学报》编委。曾获日本学术振兴协会奖学金赴日本大阪大学任客座研究员。

长期致力于高分子物理与天然高分子材料的基础和应用研究，涉及高分子物化、农业化学、环境材料和生物学交叉学科，其成果的原始创新性以及学术价值和应用前景已在国内外产生较大影响。发现了一种崭新的低温溶解法，开创了高分子低温溶解的技术及新机理，并初步实行工业化试验；开辟了构建基于天然高分子新材料的途径及揭示其结构与性能之间的构效关系，创建了无污染、价廉、生产周期短的人造丝和玻璃纸生产新方法；揭示了多糖链构象及其构效关系，可推动食品和生命科学的发展。先后主持国家自然科学基金重点项目、国家“973”、“863”、国际合作等项目10多项。获准专利68项，国际专利2项，并获得“全国首届优秀巾帼发明者”、美国化学会纤维素与再生材料领域“安塞姆•佩恩（Anselme Payen）奖”等奖励。国家及省部级科技奖8项，其中“国家自然科学奖”二等奖1项，“湖北省自然科学奖”一等奖1项，“湖北省技术发明奖”一等奖1项，“武汉市突出贡献奖”1项。发表论文400余篇。

院士寄语

诚实守信做人，脚踏实地做事。

零下 12℃

王玲儿

零上 12℃

三月的武汉，太阳开始有了些许温暖，所以樱花才盛开得格外活泼。

尤其是武汉大学的樱花。繁复的花瓣饱满无比，一朵挨着一朵，熙熙攘攘地挤在枝头，隐隐的花香也在校园上空飘散着。真真是应了那句“若待上林花似景，出门俱是看花人”。只是，过多的看花人，也带来了外面世界的喧嚣与嘈杂，让原本应该安静的校园就如繁华都市一般模样。

化学与分子科学学院静静地隐在桂园的入口处。著名的樱花大道离这里还有一段距离，行人大多只是匆匆路过，他们需要的繁华美景，断然不在此处、此刻。安静而自在的学院，与前方的人潮涌动仿似两个不同的世界。但这份难得的冷清，却让整个学院骤然有了“深藏功与名”的低调姿态。

这是真实的化学与分子科学院。它冷静、理性，也有一些意想不到的浪漫与诚恳，完全符合大多数人想象中的模样。那么，张俐娜院士就应该是在这里传道、授业、解惑，在未知的领域不断地探索，也在这里迎来了她人生中最辉煌的时刻。也只能是在这里。就如同，永远是那些孤独、甘于寂寞的人才配得到皇冠上的明珠。

零下 12℃

如果不说，没有人能够知道零下 12℃与“安塞姆•佩恩奖”的关系。

设立于 1962 年的“安塞姆•佩恩奖”，以苛刻、严谨著称。在 2011 年之前，从未有过女性得到该奖项的青睐；而发展中国家的人，更是没有谁入得了他的法眼——无论男女，甚至连提名都没有。

但这一切却被突如其来的零下 12℃打破了。

这个温度，会让人感到异常寒冷；这个温度，氢氧化钠和尿素水溶液还是液体；这个温度，是一个临界点、爆发点，只需要再降低那么一点点，只需要到零下13℃，一切便都面目全非——氢氧化钠也好，尿素水溶液也罢，终究是被凝固在了这一刻。

零下12℃，于是成为了一个传奇、一个事实，摆在所有人的面前——被冰冻到零下12℃之后的氢氧化钠和尿素水溶液仍然是液体，但它已经可以迅速溶解纤维素——这是一种最为顽固的天然高分子物质。百年来，人类一直找不到合适的溶剂来对付它，只好长期使用污染严重的粘胶法来溶解纤维素，生产人造丝和玻璃纸，特别是发展中国家。而张俐娜院士和她的团队发明的这种新溶剂，让人在惊讶之余，也不得不为之折服。

◆ 1964年

美国化学会纤维素和可再生资源材料学部的评奖委员会主席 Marie-Pierre Laborie 在贺信里说："祝贺你。今年已评选你作为下年度的'安塞姆•佩恩奖'获得者……今年是居里年，你作为一名优秀女科学家在我们领域中取得的成就在这个最美好的时间得到一致认可，并且又是本领域作出贡献的人，因此再次祝贺你获得崇高的荣誉。"

得知这个消息时，张俐娜女士和先生杜予民已吃完晚饭，各自在做着手头的工作。电话响了，是从加拿大打来的。然后，她听到获奖的消息——"安塞姆•佩恩奖"！

1962年，安塞姆•佩恩奖刚刚设立；1963年，张俐娜毕业于武汉大学化学系，被分配到北京铁道科学院。但此时的她，对这个奖还是毫无所知。在可再生资源领域苦苦探索近20年之后，她才知道，从安塞姆•佩恩奖设立以来，从来没有一个中国人拿到。

怎么可能会颁给我？张俐娜放下电话，愣了半晌，不敢相信这是真的。同为科学家的先生坐在一旁，听到消息后一下子跳了起来，像个孩子一样举着双手，在屋子里走来走去。恍若梦境啊！她一把拉住先生："我是不是在做梦啊？你掐我一下看看！"

两位70岁的科学家，在相互求证了这个事实之后，按捺不住喜悦，也顾不上时差了，马上就给身在美国的儿女打电话，让他们也能分享父母的荣耀与幸福。然后，夫妻俩出去散步。

二月的校园，夜晚清冷而安静，有花的芳香弥漫。挽着先生的胳膊慢慢走着的张俐娜，激动地情绪在慢慢消散，反而有一种更加踏实的幸福感爬上了心头。

零下 12℃，由此成为了一个分水岭。

在她的科研组，以往难以溶解的大分子，诸如纤维素、甲壳素、聚苯胺等，如今都能溶解在预冷零下 12℃的氢氧化钠和尿素水溶液之中。这也意味着，由张俐娜创建的“绿色”溶剂，其低温溶解的新理论和技术，已成为了可再生资源材料领域的重大突破，也打开了研究和开发应用这种最为棘手的生物大分子的崭新通道。

纤维素、甲壳素、淀粉都是很难被溶解的高分子，要想加工，首先需要溶解。传统方法是用氢氧化钠 / 二硫化碳作为溶剂，再经过高温加热，使其溶解。普通如我们，也应该知道二硫化碳是有剧毒的一种化学物。只是 100 多年以来，却只能延续这种落后、污染极为严重的工艺，用以生产纤维素丝、膜等产品。偏偏，纤维素、甲壳素、蛋白质以及各种多糖，都是地球上取之不尽、用之不竭的可再生资源。这几乎是一种悖谬的循环——人们的衣食住行越来越离不开高分子，譬如塑料、橡胶、油漆、电器插座、大理石板、铅笔套等等，但又只能用近乎自我毁灭的方式来生产、制造这些产品。

我们穿时髦服装、开高级轿车、看欧洲杯、喝各种饮料、超市购物、离不开各式电器，却根本不知道，那些氨纶或是涤纶、轮胎、足球、装饮料的瓶子、大小塑料袋、电器外壳，甚至一双尼龙袜子、一卷卷保鲜膜、一小根彩色皮筋，都与高分子有着紧密的关系。只是随之而来的“白色污染”、石化原料的逐渐枯竭，带给人类世界的灾难也是预想不到的。因为人类无节制的需求，已有太多的隐患存在于这个世界。倘若不及早寻求解决的办法，终有一天会大爆发。

20 世纪 90 年代末，美国、日本等国家都意识到了用传统工艺来得到某些成品所付出的代价——那不是现在，而是关乎未来、以及未来的生存。他们很快就将这类高污染的粘胶丝工厂关闭了，淘汰下来的设备卖到中国。在中国重新开设工厂，制造所需要的产品，然后，他们进口。

一个偶然的机会，张俐娜知道了最残酷的真相，难堪与伤心狠狠地侵袭了她——怎么会是这样？为何要将淘汰的设备卖到中国？明知是有毒、有污染的行业，为何还要让中国继续？难道，我们就甘心情愿被轻视、被欺负？

不行！

“当时我听说了这件事情，特别难过，觉得自己有责任、也有义务来做这方面的探索和研究。做了这么多年科研，怎么可能就找不到一种新的产品来代替呢？”如今讲起来，她的脸上还是流露出愤慨，即使再优雅的气质也无法掩藏。

这是一个有气节的人。

已经在可再生资源领域进行了 10 多年研究的张俐娜，被现实的惨烈激起了无限斗志。她下定了决心，一定要想办法研发出又便宜、又环保的新型溶剂，破解这百年来都没有改变过的高分子溶解难题。恰巧，此时的她得到了国家自然科学基金的支持，拿到这笔经费，张俐娜二话没说，开始了全心全意的研究。别看她个子娇小玲珑，发起狠来，却有一股子九头牛都拉不回来的倔强劲儿。

做科研，最重要的就是重复做试验。A 方法不行就用 B，B 方法行不通换 C，C 方法靠不住则用 D，总之，便是穷尽所能，一遍又一遍地尝试着各种方式、方法，以寻找到能通往光明的那条道路。

“在科学上没有平坦的大道，只有不畏劳苦、沿着陡峭山路攀登的人，才有希望到达光辉的顶点。”卡尔•马克思的这句话，可能是张俐娜最喜欢的，也是她多年来从事科研的准则——无论是崎岖的山路，或是多么不起眼的小路，作为一名科学家都应该默默地去攀爬、探索，不畏艰难。

张俐娜已经记不清，为了找到这条隐秘的、通往成功的路，她和她的团队经过了多少次失败。只是，即便那条路长满了太多的荆棘、杂草，即便真理被小心翼翼地隐藏起来，即便从来没有人注意到那条路的存在——张俐娜还是发现了！她不仅有一双敏锐又细致的眼睛，也有一颗强大的心，更重要的是，灵感还常常光顾她的头脑。

爱迪生曾说过，“天才是百分之一的灵感加上百分之九十九的汗水。当然，没有那百分之一的灵感，世界上所有的汗水加在一起也只不过是汗水而已。”可见，灵感是多么地重要。而此时的张俐娜，从脑海里蹦出来的便是——高温溶解？那好吧，如果是低温又会如何？

只是逆向思维，却让她的研究也一下子掉转了方向，她和她的研究生们又开始重复着枯燥的实验。从 0℃到零下 1℃、2℃、5℃、10℃，都做了各种实验，依然没有找到最正确的路口。实验又一次陷入了僵局。

某天早上，从零下 12℃的冷冻柜里拿出前几天放进去的氢氧化钠和尿素水溶液，将纤维素浸入其中，发现它竟然在慢慢被

溶解。这，可是真的？但明明，在零下10℃、零下11℃的溶液中，纤维素还是不完全溶解的啊。随后，他们又将甘蔗渣浆、竹浆放进被冷却的氢氧化钠 / 尿素水溶液，两分钟之后，这些极难溶解的高分子竟然全部被溶解！她们发现，当氢氧化钠 / 尿素水溶液被冷却到零下12℃之后，就能够溶解纤维素。这是高分子的一种特殊溶剂——它几乎没有任何污染，简便、安全，最重要的是，制作成本还很低。

她几乎不敢相信。仅仅就因为零下12℃？在零下12℃，纤维素就能神奇地溶解在氢氧化纳和尿素水溶液中？而且其溶解速度，可以称为纤维素历史上的最快。这是在枯燥而单调的实验重复了千万次之后得出的数据，毫无疑问，是相当正确的。

张俐娜和她的团队，终于在零下12℃找到了那条通往光明的道路。那里，阳光普照，温暖宜人。当她在国际学术会上报告这一重大成果时，来自世界各国的科学家纷纷惊叹："太奇妙了！"

太奇妙了。

这是多少从事可再生资源研究的科学家们梦寐以求的奇妙结果啊，但只有张俐娜和她的团队做到了——突破了有机溶剂加热溶解高分子的传统方法，提出了水体系低温溶解大分子的新方法和机理，并且，她们用这种纤维素溶液创建出一系列的新型高分子材料。这也意味着，部分化石原料的高分子产品，极有可能被这种新型高分子材料所替代。

为什么会是零下12℃？因为，一旦被冷冻到了零下13℃，液体便会被凝固，那么，进行工业化就没有可能。唯有零下12℃，才是最佳温度；唯有零下12℃，才是让这些高分子望而却步的低温度，是化解它们的秘方。也唯有零下12℃，可以让这种新溶剂从实验室走向工业化道路。

零下12℃，就这样从冷冻柜、从实验室、从一连串的数字中走了出来；走向了一向是高高在上的"安塞姆•佩恩奖"；也走向了一个有着蓝天白云的世界。

0℃

1940年8月生于福建光泽的张俐娜，很小的时候就随父母迁移到了江西。她是家里的老大，是母亲的好帮手，也是弟弟妹妹们的"小老师"。刚刚7岁的她，已经能够辅导妹妹们学习，好让她们能顺利通过入学考试。"我是大姐，我有责任带她们。"她说，"如果选择了，就必须负责到底，要不然就别做。"

或许正是因为这样的经历，让她过早地学会了认真、执著以及担当。而这些，正是一个优秀科学家必须具备的素质。

张俐娜生于真正的书香门第——父亲张国雄（后改名张杰）毕业于清华，堂伯父张国焘毕业于北大，母亲从北京民国学院肄业。但父母并没有给她多少学习上的辅导。他们只是不断地给她买书，让她自己从书里找到很多的真理——关于如何学习，关于诚信、责任，关于勤奋和执著。

她坐在自己的办公室，半层南楼都是她的实验室，无数的学生为了梦想的绚烂，跟随她一起在可再生资源领域苦苦地做着种种探求。1958 年，刚刚考上武汉大学化学系的张俐娜，一定没有想到会有今天的情形——拥有庞大的研究团队、有如此多的仰慕者和追随者，以及所做出的杰出贡献。

已经年过 70 的张俐娜，头发微微烫过，打理得一丝不乱。眉毛用眉笔轻轻地描过，仿似一弯浅浅的月牙。精巧的眼镜，轻柔的声音，不时露出亲切的笑容。一件英格兰斜纹呢子外套，一方充满了春天气息的丝巾，一枚花朵样的胸针。举手投足之间，透着大家闺秀特有的隐忍与坚定。

◆ 2013 年荣获国家自然科学二等奖

“中国高分子的基础研究对国民经济的贡献比较弱。因为没有原创性，再加上对提高材料的质量和性能的研究都不够，让我们在国际竞争中受到极大的制约。”

她个子并不太高，却一直挺拔着，没有片刻的松懈，就如她的科研。

1986 年，从日本大阪大学留学归来的她，和先生分别组建了自己的研究团队，开始在可再生资源领域探索，着重研究生物大分子。说到短暂的留学经历，张俐娜坦言：“对我影响巨大的，就是在留学期间，我才知道如何去做科研，如何去寻找科学的规律，如何做对国家有用的科研。以前只知盲目地蛮干，现在学会了有目标地巧干。”

而她所说的“巧干”，就是看准一个研究方向，就狠命儿去钻研。“所谓的科研，就像在木头上钻洞。美国人提倡的科研方法是将一个洞打好、打深，但中国人喜欢在一方木头上打下很多洞，每一个洞都有痕迹，却找不到宝藏。”

这便是我们的现状——浮躁、急功近利，极少有人肯沉下心来，安安静静、本本份份地做一件事情。大多数人，都在拼命喧哗，惟恐自己的声音太弱。这世界太大，诱惑如此之多，那些繁华美景，又怎可错过？

但他们忘记了，繁华的背后是苍凉，美景也有凋谢的时刻。他们也忘记了，安静而专注，实在是另外一种实实在在的幸福。因为他们无法体会，所以也无从得知其甘甜滋味。

但张俐娜却体会到了。

当 7 岁的她带着 4 岁的妹妹顺利通过小学的入学考试，当 18 岁的她拿到武汉大学的录取通知书，当她自学了英语、日语、德语和计算机，当她在特殊时期坐飞机去海南做实验，当她亲手给自己的先生和孩子们裁制衣服，当她最终确定了可再生资源作为自己的研究方向，当她荣获“国家自然科学奖”二等奖，当她成为院士、获得国际大奖……

这一切的一切，都是带给她喜悦与幸福的源泉。而这源泉的初始，却是她持之以恒的坚定态度，以及身体力行的刻苦精神。

2011 年，张俐娜当选为中国科学院院士，也是当年的两院院士中唯一当选的女性。

2012 年 3 月 27 日，美国圣地亚哥，在“安塞姆•佩恩（Anselme Payen）奖”颁奖仪式上，正播放着一段 VCR——身着酒红色暗花的天鹅绒旗袍、乳白色西式上装的张俐娜，用流利的英语致谢，高贵、典雅，又不失风度，引起现场科学家们的一片赞叹。

当时的张俐娜还在武汉，因为身体原因不得不在医院接受治疗——特意为她而举行的颁奖仪式，缺少了主角的光临。镁光灯下站着的，便是这段提前录制的 VCR，它越过千山万水，将一位美丽的中国女院士形象带到了美国，也将中国人做科研的决心传递到了大洋彼岸。

评奖委员会说：“这是纤维素生产技术上的一大里程碑。”科学家说：“这是一个从实验室基础研究到工业化试验的神话般的故事。”同行们说：“这是对现有再生纤维素生产工艺（粘胶法）发展迟缓和污染严重的一个显著突破。”

都没错。

只是，她的学识、她的教养、她那从容不迫的风度，都给世人传递出一种信息——无论是零下 12℃带来的荣誉，或是 12℃的温暖赞美，她依然会一如既往地保持 0℃的冷静与决绝。

因为她是张俐娜。

院士名片

龚健雅　男，1957年出生，江西樟树人，中国共产党党员，2011年12月当选中国科学院院士，博士，教授，博士导师，现任武汉大学测绘遥感信息工程国家重点实验室主任，目前是国务院第六届学科评议组测绘学科组召集人，国际摄影测量与遥感学会第六委员会主席。国家杰出青年基金获得者（1995年）、教育部首批“长江学者”特聘教授（1999年）、“973”项目首席科学家（2006年）和国家自然科学基金创新群体学术带头人（2007年、2011年）。

长期从事地理信息系统(GIS)与几何遥感的理论、方法、标准、软件与应用研究。在GIS方面提出了GIS中的面向对象数据模型和互操作模型，推动了面向对象GIS和面向服务GIS的发展，自主研发了GIS基础软件GeoStar与地理信息网络服务平台GeoSurf和GeoGlobe，在天地图等重大项目中得到广泛应用；在几何遥感方面提出了遥感广义几何成像模型与数据精确处理方法，组织研发了遥感地面处理系统，提高了遥感影像几何定位精度和质量，满足了国家重大需求。先后承担了国家和省部级科研项目30多项。获“国家科技进步二等奖”3项（2项排名第一、1项排名第二）、省部级一等奖5项、“国际摄影测量与遥感学会（ISPRS）Dolezal成就奖”1项。出版专著和教材12部（其中第一作者专著6部），发表论文430多篇（其中期刊论文290多篇、第一作者论文80多篇、SCI论文34篇、EI论文182篇），论著他引9000多次。指导硕士研究生120多名，博士研究生70多名，其中合作指导的两名博士研究生获“全国优秀博士学位论文”。

院士寄语

严格要求，鼓励创新，学以致用。

纵横经纬定位人生

杨 宁 罗时汉

他是武汉大学测绘学科的第三代接棒人之一，他是王之卓院士和李德仁院士的联合博士生，他的三大研究成果引领了测绘地理信息产业的拓展……

他不是天才，更不是传奇，他只是用平凡的脚步坚持攀登着中国科学的顶峰，阐释了平凡与伟大的真正内涵。

他就是龚健雅，中国科学院院士。

“人的一生，大学是最美好的时光”

1957 年 4 月，龚健雅出生于江西省清江县义成乡的一个普通农民家庭，原名“龚贱芽”，这个极具时代特色的名字，一直沿用至其大学助教期间。

1964 年，7 岁的龚健雅和同龄人一样正式迈入学堂。学校设在村里，村里的小学招收 1 至 3 年级学生，学校只有 1 名老先生，所有的学生、所有的年级都一起开课。

“我从一年级开始就听二年级、三年级的课，有时三年级的同学做不出作业就来找我，然后就会送点东西给我，比如一些纸啊、糖啊。”已是院士的龚健雅曾这样谈到小时候的混合班。然而，由于时代的原因，即使如此困苦的学习也难以为继。1966 年，“文化大革命”开始了，教材没有了，老师被批斗了，学生们都不读书了，龚健雅也就不再“吃香”了，反倒因为曾经收受同学们的“纸、糖”受到冲击。

1977 年 9 月，国家恢复高考，龚健雅第一次高考失败后，在中学老师的推荐下，被请到大队小学当民办教师，教语文和政治。

恢复高考的第二年，面对是否再考一年的选择，原来的尖子生打起了退堂鼓。原来，1977 年全国考生超过 570 万，录取 27 万，录取率 4.8%。难以抉择之际，中学李老师一语点拨：“你怎么不想想你考上了会怎么样呢？”这句话如醍醐灌顶。彻底甩掉包袱的龚健雅开始抓紧每分每秒学习，如期参加了 1978 年的高考，成为那一年村里唯一考上大学的人。

1978 年 10 月 5 日，龚健雅带着行李来到了抚州地质学院（现为东华理工大学），开始了美好的大学生涯。当时“文革”结束不久，学校刚刚复办，生活和学习的条件都相当艰苦。入校时，学校每月发给龚健雅 17 元的助学金，包括书本费和所有生活费，每周只能吃到一次肉，而且要凭票供应。但 20 世纪 70 年代末的那代人深知上大学的机会来之不易，都十分珍惜大学的时光。

事实上，龚健雅原来是想学地质专业，后被调剂到测量专业。他读书学习如拼命三郎，其努力刻苦的程度，现在的学生一般无法想象。为了学好数学，他把当时樊映川主编的数学习题集一题不漏地做完了。每次课后预留的作业，很多是要靠手算的计算题，工作量很大，龚健雅总是上课前就做好了。

大学 4 年，每遇到学术问题，他钻研到底；平时上完实验课，也总是虚心向实验室的老师请教。在测绘学院资料室，仍可看到保存完整的龚健雅档案：龚贱芽，测量系四七八一班（学号为 78183），大学 4 年 20 多门课程，他几乎每门都是优秀，4 年的平均成绩为 94.4 分。1982 年 7 月 24 日，龚健雅的毕业论文《利用精测仪航测 1:2 千地形图精度分析》全优通过。

经过发愤读书和刻苦钻研，龚健雅终于戴上了学士帽，被授予工学学士学位。作为“优秀毕业生”留校任教，他拿起了粉笔和教案，坚定地承担起教学和科研的任务。

“人的一生，大学是最美好的时光。”每每提起那段奋力拼搏的日子，龚健雅总会面带微笑，那是他用汗水浇灌成长的青春之花。

“他连硕士学位都没有，怎么能轻易读博？”

大学毕业后，龚健雅留校主讲《航空摄影测量》课程。一名毕业于工程测量专业的学生要教好摄影测量课程具有一定的难度，为此华东地质学院将他送到武汉测绘学院摄影测量与遥感系进修。就这样，龚健雅成为航测系的插班生。学校给他的任务是：用一年时间学完航测系一年半的课程，包括《基础摄影测量学》、《解析摄影测量学》、《数字摄影测量》等。

在武测进修的一年里，龚健雅如饥似渴，几乎上遍了所有与航测相关的课程，其中还包括研究生课程，并且一边听一边编软件。在朱宜萱主讲的《近景摄影测量》课程考试中，龚健雅名列班级第一，分数甚至超过了正规生。朱宜萱教授欣喜地向丈夫李德仁教授推荐了龚健雅，大赞他聪明、刻苦。

结束了在武汉测绘学院一年的学习，1984 年，龚健雅回到华东地质学院继续担任测量系老师，主讲《航测与遥感》，其间与中南矿冶学院杨善慈教授一起搞科研，用 PC1500 编程解决矿产储量计算问题。

1987 年，一次偶然的机会，他碰到了李德仁教授，交谈一番后，慧眼识珠的李德仁院士问龚健雅想不想到武汉测绘科技大学工作。龚健雅认为自己连硕士都没有读，怎么有资格到武测工作呢？想不到李德仁院士爽快地说：“那你就直接考博士吧！”龚健雅喜出望外，当时就答应了。回到学校他花了几个月时间夜以继日地复习和准备。天道酬勤，龚健雅通过了笔试。

但是，面试的时候，他这个来自二三流院校的小助教差点被拒之门外。原来 1988 年武测航测系只招收 2 名博士生，一名是王之卓教授与李德仁教授合作指导，一名是王之卓教授与张祖勋教授合作指导。

虽然李德仁院士大力举荐，但是我国摄影测量与遥感学科奠基人、素以治学严谨著称的中国科学院院士王之卓教授对此十分慎重，甚至有些怀疑，一个连硕士学位都没有的人，怎么能轻易读博？但惟恐错失千里马，这名严谨的伯乐便亲自向给龚健雅上过课的老师了解情况，还询问龚健雅的同学，甚至给中南矿冶学院杨善慈教授写信了解龚健雅的科研能力。在得到大家肯定的答复后，他仍决定抓好面试的环节。

这是一次专门组织的面试，王之卓、李德仁、张祖勋和郑肇葆这4位教授一起，整整考了龚健雅一个下午，从2点考到了6点多钟。经过重重把关、考察，龚健雅正式被破格录取为王之卓和李德仁的联合博士生。

就这样，龚健雅再一次来到武测当起了学生，只是这一次，他是正规的博士生，还是当年航测系唯一的一个。

"你也回国'踢足球'吧！"

地理信息系统（GIS）是一种基于计算机的系统，它可以对在地球上存在的东西和发生的事件进行成图和分析。在广泛的公众和个人企事业单位中解释事件、预测结果、规划战略等中具有实用价值。GIS技术可以应用于帮助完成一系列任务，例如：为规划调查提供信息，帮助解决领土争端，以最小化视觉干扰为原则设置路标等。

◆测绘遥感国家重点实验室迎2012元旦晚会上献唱《少年壮志不言愁》

师从王之卓和李德仁之后，龚健雅的学术方向和科研视野上了一个台阶，慢慢地就融入了行业最新科学研究行列。然而，当时国内地理信息系统领域尚处于发展阶段，怎样培养这样一名博士生，导师们也同样没底。后来，李德仁在一次国际学术会议上碰到了著名的 GIS 专家、丹麦技术大学 Jacobi 教授，提出合作培养请求，Jacobi 教授一口答应了。1989 年 9 月，龚健雅踏上了丹麦的土地，进入丹麦技术大学摄影测量研究所进修。

20 世纪 80 年代末，GIS 开始在中国兴起。那时航测系的 GIS 研究还比较滞后。丹麦技术大学给龚健雅购置了世界上第一套面向对象的 GIS 软件 System 9，龚健雅开始参加面向对象的 GIS 研讨会，没有走原来的老路，而是提出面向对象研究的路子。“这是一次跨越，有跨越才有创新，你仅仅跟在人家后面，捡人家做过的事重复做，你就总在后面。”李德仁如此评价。

龚健雅没有辜负导师的期望，在丹麦深造一年后，他所提交的《面向对象 GIS 数据模型》论文被选为欧洲第一届 GIS 学术讨论会报告论文，引起了专家的极大兴趣，澳大利亚《摄影测量和大地测量学报》全文转载，龚健雅在国际学术界脱颖而出。

时任 ISPRS 主席、日本东京大学村井教授等对“面向对象 GIS”概念给予高度评价，认为“这种新的一体化数据结构和面向对象数据模型，为建立新一代 GIS 奠定了理论基础。”

由于看中了龚健雅在学术上的突出表现，丹麦农业部致信龚健雅，邀请他到该部工作。此时，龚健雅接到了导师的来信，李德仁的信中有这样一段话：“希望你能尽快回国，你看世界杯足球赛，各国球员都要回国为自己的国家踢球，你也回国‘踢足球’吧！”

龚健雅毅然踏上了回国之路。对于他的回国，当时很多人不理解，因为那时国外工资月薪 2.5 万元人民币，而国内不到 100 元。整个风气都是出国就不愿意回来，甚至社会普遍觉得，只有找不到出路的人才回来。龚健雅不管别人怎么看，回国后开始大显身手，越来越多地承担国家重点项目，科研成果的商品化也取得了良好的效益。

但是，面对我国当时有限的科学技术，国家测绘地理信息局副局长宋超智曾忧虑地说了这样一番话：“在空间定位、野外控制这一块，我们 90% 是在使用美国的 GPS；在数据源获取、卫星这一块，我们 90% 使用的是国外的卫星影像；在高端测绘仪器这一块，我们 90% 使用的是进口产品。这 3 个 90%，严重制约和影响了国家的需求、国防的需求，成为我国广大测绘地理信息科研人员和企业必须面临和解决的问题。比如我国国产卫星的遥感数据，由于器件和处理水平低，定位精度只有 300 米，很难满足用户需求。”

为了提高定位精确度，龚健雅在国际上率先提出了双中心投影的广义几何成像模型理论，该模型可以表达中心投影、平行投影等多种成像模式，所需地面控制点少，方程解算的稳定性好，定位精度高。

针对国产卫星元器件受国外封锁、质量较差的状况，龚健雅又提出基于全球控制点数据库的影像匹配和粗差探测方法而进行高精度几何处理的算法。在上述理论研究成果基础上，他主持研发了我国遥感卫星地面处理系统，成功地将遥感影像自动定位精度从300多米大幅度提高到20米左右，在我国9颗国产遥感卫星地面数据处理中稳定运行，填补了国内空白，扭转了我国遥感卫星地面系统依赖国外技术的局面，解决了国防重大需求。由他主持论证的我国第一颗民用立体测绘卫星和研发的地面处理系统各项指标达到国际先进水平，成为国产遥感卫星从有到好的转折点。

龚健雅提出的面向对象GIS这一新方向，逐渐成为国际地理信息系统发展的主流方向。而且在该模型的基础上，经过10年努力，在我国率先成功研发出自主版权的面向对象GIS软件GeoStar。时任国际摄影测量与遥感学会（ISPRS）秘书长John Trinder教授评价：“在地理信息新的理论方面，中国人走在前面，GeoStar是国际上面向对象GIS的World Leader。”龚健雅由此获得ISPRS颁发的首届“Dolezal成就奖”。

国家测绘地理信息局局长徐德明发表指示，中国人不能受制于Google

Earth，要做我们自己的天地图。在成功研发 GeoStar 的基础上，面对异构操作系统、异构网络、异构地理信息系统等复杂问题，本世纪初，龚健雅提出了面向对象的多源异构空间数据集成共享模型，以及基于组件和网络服务技术的多层次互操作方法，系统地构建了空间信息集成、网络服务与互操作理论和方法，将面向对象 GIS 进一步发展为面向服务 GIS，也即后来的 GeoSurf、GeoGlobe，在网上能管理全球的数据，这就是现在天地图的基础。

天地图的最终完成，表明在地理信息理论的学术上，我国站到了国际的前沿。

从 2010 年发布至今，中国的“天地图”访问量已经超过 2 亿多人次。谈及未来，龚健雅说：“我们当前正在进行软件升级，要比现在的谷歌地球再往前走一步，在地面数据的基础上，加上地下和室内数据，届时从天上到地下，从室外到室内都可以在网上浏览。”龚健雅相信，至少在中国境内，天地图可以超越谷歌地球。他表示，“地理数据将来会交由各地自行维护，第一时间更新变化，这是国外做不到的。”2010 年 10 月，时任国务院总理温家宝在武汉考察时，亲身体验了“天地图”，并由衷称赞提供核心技术支撑的测绘遥感信息工程国家重点实验室：“你们真厉害！”

但是，和许多痴迷于科研的院士一样，龚健雅在女儿的眼里是一位“不负责任”的父亲，一年 365 天，他有三分之二以上的时间都在实验室，或者往返世界各地进行学术交流。即使有时回家也匆匆离去，谈不上陪家人闲聊或逛逛商店公园。只有一次例外，龚健雅由于要梳理一下研究方向，足不出户呆了一个星期，女儿感到奇怪，问他怎么还没走？这一句话提醒了龚健雅，同时也让他涌起一阵愧疚，确实他对家人亏欠太多了。于是，他主动提出星期天与家人一道去街上转转。然而，还没走出家门，他的灵感又来了，马上转身进了书房，开始了新的研究，不得不再一次让家人失望。

这就是龚健雅，一名忘我工作的普通博士，一位更接地气的平凡院士，在宽广的大地之上，苍茫的宇宙之中，用勤劳和坚持的经纬两线纵横定位了他一生的足迹。

院士名片

舒红兵 男，细胞生物学家、免疫学家。籍贯重庆市荣昌县，1967年1月生于重庆市荣昌县。1987年毕业于兰州大学生物学系，1990年获中国医学科学院基础医学研究所硕士学位，1995年于美国Emory大学获博士学位。2011年当选为中国科学院院士。2012年当选为发展中国家科学院院士。武汉大学生命科学学院院长，中国细胞生物学学会副理事长，湖北省科协第八届全省委员会常务委员会委员。曾任美国犹太医学研究中心副教授，北京大学“长江学者”特聘教授。

主要从事免疫相关的细胞信号转导研究，在抗病毒天然免疫反应等领域取得了一系列有重要国际影响的成果。发现了多个在病毒感染诱导细胞表达I型干扰素的过程中发挥关键作用的信号蛋白，为了解细胞抗病毒反应的分子机制做出了重要贡献；发现了多个负调控I型干扰素过量表达的蛋白和作用机制，这种精细调控机制避免机体产生过激的免疫反应；发现了新的肿瘤坏死因子家族成员，阐述了肿瘤坏死因子家族的多个成员信号转导的早期分子事件，为了解相关免疫疾病的分子机制做出了贡献。2010年获得“国家自然科学奖”二等奖。发表SCI论文70篇，其中以第一和通讯作者发表论文56篇，被SCI期刊他引2705次，单篇被他引120次以上的有7篇；回国工作后以通讯作者发表的25篇IF>5的论文中，包括3篇Immunity，1篇Mol. Cell，3篇PNAS，1篇EMBO J。作为主编出版专著《抗病毒天然免疫》。作为第一完成人获“国家自然科学奖”二等奖。

院士寄语

正心明志，实事求是。

撑起生命的绿荫

望见蓉 张天然

在湖北省科协满墙生辉的湖北院士照片中，舒红兵逼人的青春格外引人注目，眼镜，大眼；在美国学习工作了15年；武汉大学面向全球招聘的生命科学学院院长；目前中国科学院生命科学和医学领域最年轻的院士。这些就是最先映入人们脑海的信息。他从考中师失利到博士后期间师从美国顶尖科学家，如今一跃而成为我国免疫学的学科带头人。这一路走来，不能不说是个奇迹。他是怎样扼住命运的咽喉、反败为胜、创造别样人生风景的呢？正是这份好奇，强烈地驱使着笔者去打开他这本人生的大书。

让“那一个”成为奇迹

每当提起幼时求学经历，舒红兵“耿耿于怀”的总是初中时与他梦寐以求的中师失之交臂。他说，那时考上中师的都是最优秀的。好像这么多年以后，那仍然是他挥之不去的结。考取中师，就是当年舒红兵眼里最高的荣誉和奢望。对于出身贫寒的他来说，这意味着能够免费上学，然后拥有一个“铁饭碗”，从此跳出“农门”，不再为三餐发愁，还可以用他稚嫩的双肩分担父亲独自养活他和3个弟妹的沉重家庭负担。

1967年1月20日，舒红兵出生于重庆荣昌县远觉公社一个偏远的村子，父母都是老实巴交的农民。8岁那年夏天，他母亲因感冒发烧，在公社卫生院打了一针后，便不再出现在他贫困却不缺少欢乐的童年里。当时他的弟弟刚生下20天，还有两个妹妹，一个3岁，一个5岁。母亲的离去让舒红兵深深体会到什么叫天有不测风云，什么叫医学无小事。或许正是上天冥冥之中的这种安排，让幼小的舒红兵在潜意识里开始感悟生命和它的奥秘。

贫困的山区教育条件非常有限。舒红兵的初中是在公社唯一的“戴帽”中学读的。所谓“戴帽”中学，便是在小学的基础上加上3年的初中。自然这“帽子”有些因陋就简，有些凑合的意思。老师们都操着一口标准的四川话，在这样的教学条件下，更别奢望有英语教学了，这也正是舒红兵与他期望的中师失之交臂的原因之一。他想重读初三，再向中师发起进攻，可他没有十足的把握。但他知道，读书，只有读书，才是改变农村孩子命运的唯一途径。最终，他退而求其次报考了县里的高中。幸运的是，荣昌中学那年首次面向农村招收了一个重点班，于是他赤着脚回到了书声琅琅的课堂。

然而，坐进高中课堂，舒红兵的内心是忐忑的。这所高中虽称得上是县里的最高级学府，然而考取一两个大学生也是极偶然的事。但他别无选择，他唯一能做的便是破釜沉舟，奋力一搏，或许那零星的一两个中就有他一个。他的入学成绩是全班倒数第二，这是他必须正视的现实。第一学期，他两科不及格，化学甚至只考了 6 分。别人读过 3 年的英语他得从字母学起。自尊心强、不服输的他开始向“苦干”加“巧干”进军。他每天 5 点起床，早操一完便躲到山窝窝里背英语。他不会读单词的发音，就用拼音记单词，用谐音的办法琢磨词意。中午从不休息，晚上学校熄灯后点蜡烛。即使这样，他仍觉时间不够用。1 个宿舍睡 12 个人，他想多学习一会儿又怕打扰了其他同学。终于，机会来了。在离学校公共厕所最近的地方竟有一间房没门窗，那里气味难闻，蚊蝇也多，但没人住，且夜晚一直亮着灯光。他与一起考来的发小慧眼相中，如获至宝地住了进去，那里成了他们夜晚作战的乐园。蚊帐上挂的贴的全是英语单词，通宵达旦地学习成了家常便饭。苦孩子出身的他并没有觉得当时的条件有多困难，反倒觉得被命运眷顾：三叔给他买来一双解放球鞋，他的脚终于不再受坚硬的石子和凛冽的寒风的割划；花几分钱到折扇厂买一摞边角废料做草稿纸，他窃喜不已。苦守寒窗拼搏奋战的结果是，两年后他以全班第一的成绩考入兰州大学生物系，他真的成了凤毛麟角中的“那一个”。

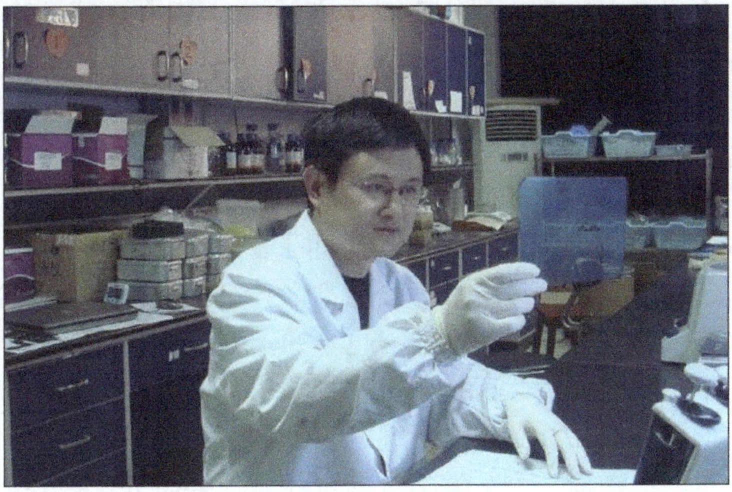

◆在细胞抗病毒天然免疫研究上获突破性进展

我的竞争对手：整个世界

在兰州这所地域条件艰苦的大学里，舒红兵第一次享受到家庭贫困甲等助学金。每月 21 元的生活费，让他心无旁骛地投身学习。或许正是从这时起，他倔强而野心勃勃的内心纵然想驰骋千里，却总有一根柔软的丝线与他的祖国和人民紧密相连。

4 年大学，舒红兵以优异的成绩毕业。学校打算推荐他免费读本校的研究生，这对于舒红兵来说无疑是一份意外的惊喜。然而，在他暗自庆幸时，忽然接到因长跑成绩不及格被取消推荐资格的通知。好在第二天便是报考研究生的日子，不服输的舒红兵决定凭自己的本事报考。结果，他考入了中国医学科学院基础所细胞研究室，攻读硕士学位。

进入医学研究领域，舒红兵完全是个门外汉，浩瀚而又陌生的英文文献和术语更是给他的学习和研究平添诸多困难。读文献，他要字字查字典；面对陌生的术语，还要翻阅大量资料。起初，他得花 1 个月时间才能读完 1 篇文献。他想绝不能因此而放弃，他要读，且要精读，否则这一次你放弃了它，下一次它依然不放过你。他就这样发扬蜗牛的精神，不怕慢，就怕站，积累多了，再去读就成轻车熟路了。舒红兵说，1 个月，2 个月，3 个月地坚持下来，再读专业文章他终于只消用 1 天时间了。当然，现在更快，一二十分钟便足够。

入学半年后，导师去加拿大作高级访问学者。这对于舒红兵来说，无疑又是一次考验。做课题，他啥也不懂，实验操作更是还不曾入门。按理他可以玩出一个硕士学位，然后找一份理想的工作。但他的阅历和使命已远远超出一份工作，他已渐渐品尝到生物研究的滋味，他得继续品味下去，而且他从母亲的意外离世里，已深谙一个医学学者的责任。他要研究，他要从科学实验中探索生命科学的奥秘。一个导师走了，其他的老师不都可以当我的导师吗？于是，教细胞生物学的、教生物化学的，教分子生物学的，不论过去认识不认识的老师，谁也不忍拒绝一个“送上门”来的学生。正是有了这两年半“吃百家饭”的经历，舒红兵独立工作的能力大大提高，而且还博采众长，比一般学生多了十八般武艺。

那时，实验设施非常简陋。例如一双手套，戴一会儿便是千疮百孔。舒红兵有时觉得这样的手套戴着碍手碍脚，索性拉下扔进垃圾桶。光着手操作虽然利落，危险却一直潜藏四处。这时，与具有放射性的同位素，与具有致癌性的溴化乙锭亲密接触，也无异于“明知山有虎偏向虎山行”的义举了。科学研究总得有点牺牲精神。舒红兵说，当时可能也不愿想那么多，不做完不成课题，就怀着侥幸心理去做吧。正是通过大胆而细致的科学实验，他在《中国医学科学院学报》上发表了第一篇研究论文。

舒红兵硕士毕业后的第一份工作，是以技术劳工签证的方式受雇美国密西根大学医学中心做研究助理。他认为科学研究是属于世界的，他的触角只有伸到世界的尖端，他的实践才能牵动这个领域的进步，这是他的野心。从读懂第一篇英语文献开始，从跨出国门的那一刻起，他就主动将自己摆入了国际前沿。一次，因为一点私事他没去实验室上班，第二天，舒红兵在单位楼道里与老板 Nabel 狭路相逢，老板叫住他："红兵，如果你想获得成功，就必须一个星期工作 7 天，每天 15 小时。"他垂着头，无言以对。他的老板是研究基因转录调控及基因治疗的权威，后来曾任美国国立卫生研究院心、肺、血液研究所所长，现任哈佛大学一所附属医院的院长。

在这里，舒红兵开始了英文论文的写作，结果被老板改得面目全非，让他很没面子。他想，面子不是别人给的，是要靠实力挣的。于是，他平心静气研究每一处的修改原因。琢磨透了，就变成了自己的经验。

在实验室呆得太久的舒红兵发现，在美国不读博士，就只能永远做助理。助理固然可以学到很多东西，但远不如站在前面的那个人能充分实践自己的科研思路。他在心里再次发出了"我要读书"的呐喊。他很快成为埃默里大学细胞与发育生物学专业的博士生。从第一天开始，他就在实验室泡着，一年 365 天，一天十几个小时，天天如此。他是那种想到就要做、一做就要坚持到底的人，有时候睡到半夜，突然脑子里灵光一闪，他不顾那时几点，一个骨碌爬起来，到实验室验证他的灵感；有时候为了完成某个实验，他可以坚守在实验室，通宵达旦地干活，几天几夜不回家，为此他的导师不得不强行赶他走。他瘦得皮包骨，一米七的个子，不到 90 斤重。他的导师 Joshi 教授是印度裔美国人。为一个结论，他们俩常争论不休，吵得面红耳赤，好在导师并不独断专行，允许舒红兵用实验证明假说。

◆ 2011 年 12 月 9 日在北京，中科院院长白春礼颁发院士证书

舒红兵还有根神经被导师的新杂志紧紧牵扯着。他知道邮递员啥时会把《科学》、《自然》、《细胞》3 份周刊

送进邮筒。他总是提前等在邮筒边，接过杂志，找个没人的角落迅速读完，然后再交给导师。导师知道这个学生是这些杂志的第一读者，只是心照不宣。他们会坐下来一起讨论生命科学有什么新进展新资讯。两年零 10 个月，舒红兵快马加鞭斩获博士学位，创造了埃默里大学用最短时间拿到博士学位的纪录，据说至今无人能破。

舒红兵说，他真正领悟到科研的真谛是在读博士后期间。博士后名额紧张，申请到世界顶尖实验室做实验的机会更是难上加难。他心仪已久的 Tularik 公司 Goeddel 实验室竟主动联系他，问他是否愿意去学习。他喜出望外又惊诧不已，这时对方才告诉他，他的博士导师暗地为他写了 3 页半的推荐信。对方还说，信太长我记不住，但我记住有句话是这样说的：This is a man with a mission（这是一个天将降大任的人）！他的博士后导师便是开发人类第一批基因工程药物、41 岁即成为美国科学院院士的 David Goeddel。从此他开始在这位导师的指导下参与对肿瘤坏死因子信号传导的研究。Geoddel 有个习惯：每年感恩节邀请一个他认为最优秀的博士后，到他家里一起共进晚餐，而舒红兵是唯一一个连续两年被邀请为 Goeddel 座上客的博士后。过去，舒红兵认为科研就是发文章，有工作有饭吃，来到这里做博士后，他发现他们取得的每一项研究进展都会被同行关注和讨论，所有人都盯着他们实验室。他开始切身体会到走在研究领域前沿的成就感和使命感：科研就是要做世界一流的研究，建树人类知识，推动这个领域往前走。

博士后毕业后，舒红兵被聘为一家制药公司的资深科学家，一年后又被聘为世界著名免疫学研究机构——美国犹太医学研究中心及科罗拉多大学医学院免疫学系的助理教授，从事细胞凋亡、肿瘤坏死因子家族信号转导方面的研究。2003 年 7 月，他晋升为副教授，在异国的土地上有了写着“舒红兵”3 个字的实验室，他终于完成了破蛹成蝶的美丽嬗变。

舒红兵在多种场合强调一个观点：“我们的竞争对手不是周围几个人，而是整个世界。”正是这一先见之明，引导着他始终不畏艰难，向高峰更高峰步步登攀。

“学术不端零容忍”

舒红兵从美国多位优秀导师身上杂取了很多看家本领。他发挥擅长写英语论文的优势和参与前沿领域科研的经历，很快申请到 10 个项目，近 700 万美元的科研经费。有了充足的经费支撑，他的科研底气更足，劲头更大。以至后

来成为他同事的美国科学院院士、免疫学泰斗Philippa Marrack竟对自己美国本土出生的博士后说，去向红兵学习怎么写论文、申请基金。

1999年舒红兵回到国内，成为北京大学生命科学学院当时全国最年轻的“长江学者”，继续研究肿瘤坏死因子、细胞凋亡和抗病毒天然免疫。同时，他在美国的工作还在合同期内，于是，他成为“跨境作业”的教授，一年中有5个月在北大。这样一个最大好处是，他可以将国内的优秀学生与国外的先进仪器设备和研究理念结合起来，优势互补，好的风气和传统也可以互为借鉴。北大研究生吴旻就是2001年有幸被选送到美国舒红兵实验室学习的学生，现在已成为武汉大学生命科学学院的年轻教授。

在舒红兵实验室的墙壁上张贴着这样的警示语：“有下述情形者，你不属于舒红兵实验室：无理想和抱负者；不诚实者；懒惰或不能自觉工作者；经不起挫折和失败，无恒心和毅力者；心胸狭隘、自私自利、没有忠诚或集体荣誉感者；对本实验室的研究不感兴趣者；不大量阅读相关文献者；人云亦云、无批判性思维能力者。”

正是在他的实验室里，舒红兵和他的学生们发现了在病毒感染诱导I型干扰素表达及天然免疫信号转导过程中具有“平台”作用的关键接头蛋白VISA。它的发现过程可谓一波三折，先是在美国的舒红兵实验室找不到这个蛋白的功能，一筹莫展之下，这一研究停滞了半年。后来在北大，他和学生们又重拾雄心，用报告基因实验进行大量筛选，这一尝试又是两年多时间，他们终于在荧光检测仪下测试出VISA非常强烈地激活了干扰素基因启动子，进而发现了该蛋白在抗病毒免疫中的关键功能。这一研究成果于2005年底在美国《分子细胞》杂志发表，成为抗病毒天然免疫领域的经典论文之一，发表后7年时间已被同行引用近800次，这一成果是他于2010年获得的“国家自然科学奖”的一部分。

“生命科学听起来很深奥，但实际上就在我们身边。”舒红兵说，他目前主要研究的是人体细胞抵抗病毒感染的机制，比如，为什么不同的人接触同一种病毒后，有的人安然无恙，有的人却生病。这是因为人体内产生的干扰素发挥了作用，产生了干扰素就能抵抗病毒的复制，而有的人体内不能产生干扰素，于是病毒便在体内安营扎寨。他就是要研究病毒感染细胞后产生干扰素的分子过程。

“这些都是基础性研究，但会对之后的研究起很大作用，尤其是感染性疾病治疗方面。”舒红兵举例说，1999 年他曾发现过一个蛋白，以该蛋白为基础，美国一生物技术公司通过 10 年的努力，研发出一种可治疗红斑狼疮的药品，可在此前，红斑狼疮是无药可治的。

担任院长后的舒红兵只要不出差仍然整天泡在办公室和实验室。他说，我终于认可了美国人的一句话：“世界上最好的工作是做生物学家。”他带给武汉大学的最大气象便是营造出了“学术不端零容忍”的科研氛围。而这一根本转变不是单靠嘴巴说出来的，是师生们跟着他以身作则的样板效仿出来的。

2007 级博士生钟波还记得，过去很多次都是舒老师已坐在实验室里了，给他打电话问那些实验样品在何处。他总比学生到得早，又是最后一个离开。在舒红兵的影响带领下，实验室形成了团结合作的氛围。一次，钟波的一篇论文被《免疫》杂志要求修改，时间非常紧张。实验室同伴们都停下手中的实验，为钟波培养细胞；部分实验需要人外周血单核细胞，七八个男生便纷纷献血，提供实验样品……最后论文顺利发表。

2011 年隆冬时节，武汉大学研究生网络投票评选十大“我心目中的好导师”，舒红兵以高票数获此殊荣。2012 年，他又获得两年评选一次的“武汉大学研究生教育杰出贡献奖”个人奖。

采访结束，笔者恍然悟出舒红兵之所以能书写出别样的传奇人生，恰如其名，在他的血液里似乎潜伏着一股舍我其谁的豪气和雄心，驱使他义无反顾地去担当撑起生命绿荫的重任。它们像一团红艳艳的烈火涌动在他内心，挺立在人生的任何一个阵地。他像一个不断冲锋的士兵，充满着所向披靡战无不胜的斗志……

院士名片

朱英富　男，舰船工程专家。籍贯浙江省宁波市，1941年7月生于上海。1966年毕业于上海交通大学船舶制造系获硕士学位。2011年当选为中国工程院院士。中国船舶重工集团公司第701研究所研究员、博士生导师，国家某重大专项工程总设计师，湖北省科协荣誉委员。曾任中国船舶重工集团公司第701研究所所长。

长期从事舰船工程科研工作，在全舰综合集成、隐身性和舰机适配性等领域均有较深的造诣，为我国水面战斗舰艇系列化发展作出了重要贡献；作为工程型号总设计师，成功主持研制了出口型导弹护卫舰和第三代驱逐舰，实现了舰船技术跨越发展，在国内外产生了重大影响。1990年任出口泰国的F25T护卫舰工程总设计师，该舰达到国际同期先进水平，获得“国家科技进步奖”二等奖。1996年任国家重点工程某两型舰驱逐舰工程总设计师，主持研制的“中华神盾”舰实现了海军装备的重大跨越，获得“国家科技进步奖”一等奖。2005年任中国航母辽宁号的总设计师，全面主持设计研制的技术工作，实现了中国航母“零的突破”。获中共中央、国务院、中央军委授予的“高技术武器装备建设工程重大贡献奖”金质奖章和“国防科技进步奖”特等奖，获“国家科技进步奖”一等奖、二等奖各1项；省部级“科技进步奖”特等奖2项、一等奖1项。获“何梁何利基金科学与技术进步奖”，获全国“杰出专业技术人才”和“船舶设计大师”等荣誉称号。享受国务院政府特殊津贴。

院士寄语

做事，不期望能做到最好，定要力争做得更好；
待人，不指望能成为知己，定要做到坦诚、宽容。

航母心 中国情

傅炯业

2012年9月25日，本是一个平凡的日子，但就在这一天的黄海上发生了一件令全世界瞩目的大事——中国第一艘航空母舰“辽宁号”设计制造试航完成，正式交付海军使用。

虽然有些晚——与中国人近百年的航母梦相比；虽然有些晚——对于联合国5个常任理事国中唯一没有航母的国家来说。中国科技与军事的完美结合，还是让期盼已久的中国人舒了一口气：中国，终于有航母了！

这一日，“辽宁”舰如待嫁的新娘，披上了喜庆的盛装，容光焕发；这一日，“辽宁”舰又像一名威壮的武士，在大海的波涛之上巍然屹立，傲视苍穹。

交接仪式规格很高，时任中共中央总书记、国家主席胡锦涛，中共中央政治局常委、国务院总理温家宝，中共中央政治局委员、中央军委副主席郭伯雄、徐才厚等都参加了这一盛会。

在舰长张峥大校的报告后，胡锦涛等领导同志检阅了航母上整齐干练的威武之师，脸上露出了满意的微笑。在行进中张峥告诉胡总书记，本航母的总设计师也在舰上，胡总书记兴致勃勃地走到一位年过古稀却精神矍铄的老人面前，热情地向他伸出了手，紧紧相握。这位老人，就是在业内名声如雷贯耳、在社会上却鲜为人知的中国舰船设计大师、被网友誉为“中国航母之父”的朱英富。

海之恋

朱英富的故事离不开海，祖籍乃海滨城市浙江宁波。1941年7月，他出生在上海一个普通织造工人之家。由于家境贫寒，加上之后父母又为他添了5个弟弟妹妹，稍大后，小小年纪，他就要承担做饭、洗衣、照顾弟弟妹妹的责任。然而，即使再忙再苦再少童趣，书本总是他唯一的慰藉。在发蒙之年，他向父母提出了上学读书的要求，在教育资源并不稀缺的上海，他本可以选一个公办小学启蒙，父亲却把他送进了一个名叫“以马内利”的教会学校。这个学校虽然有个洋名却寒酸之极，全校6个年级总人数不足百人，两个年级共1个教室。学校带有慈善性质，以招收上海社会底层的贫困孩子为主，收费低廉。朱英富的父亲正是冲着收费低而选择此校。不可思议的是，这个小学竟然开设英语课。对此朱父更是高兴，在他看来，稍懂文墨还能叽里呱啦与外国人搭上腔，足矣，有这点本事在上海滩混口饭吃应该不成问题。

朱英富不嫌学校小，不嫌条件差，就像一粒泡腾片丢进水里，他很快就把自己融化在这个集体中。他刻苦学习各门功课，成绩一直名列前茅。

少年朱英富喜欢玩的地方就是黄浦江边，常常独自一人或邀约几个好朋友奔向江边，看停泊在岸边的鳞次栉比的海船，看远航归来渐渐向岸边靠拢的巨轮。有时坐轮船回宁波，大海也是最吸引他的地方。这种海的情怀，让他萌生了将来当一名船长的梦想。

有梦想就有追求。小学毕业后，这种梦想支撑着他想继续求学，虽然家庭经济拮据，但见儿子学习成绩这么优秀，父母只得应允……高中毕业时，父亲为他找了个学铜匠的机会，他却执意报考大学，并填报了大连海运学院驾驶系。高中班主任却建议他考北京航空学院。在班主任看来，北航学成之后便是“天之骄子”。但去大连或去北京都遭到父母的坚决反对。父母的意思是，我们这个家家大口阔，你的弟弟妹妹也要读书，你考大学我们不反对，但你去那么远得花多少路费？何况在外地学习生活更是一笔不小的开销，我们可是一个子儿也拿不出来啊！你要考，只能考上海的大学。作为长子，朱英富哪里不知道家庭生活的艰难，哪里不知道培养弟妹也是自己的责任。“父母在，不远行”，他决定放弃远走高飞的梦想。这一年，他以优异成绩考取了与海有着千丝万缕联系的上海交通大学造船系。

舰船情

上海交通大学是一所历史悠久的名校，由清代教育家盛宣怀创办于 1896 年，学校曾培养出钱学森、王希季、吴自良、陈能宽、杨家墀、姚同斌等 6 位“共和国两弹一星”科技功臣，其教育实力可想而知。这所大学的造船系堪称中国舰船设计师的摇篮，该系的第一任系主任乃留学英国的中国著名船舶设计专家杨槱（现为中科院资深院士）。

1963 年初，在朱英富离大学毕业还有半年的时候，时遇我国首批统招研究生，时年 22 岁的他在系里年纪小成绩好，大家建议他报考。他不负众望，以优异成绩考取本校研究生，导师正是杨槱。在导师的指导下，他参加了一系列研究课题，在设计理念、设计创新上，打下了坚实的基础。

1966 年，朱英富研究生毕业，时值“文革”风云骤起，他的分配被搁置了将近两年。直到 1968 年 2 月，才被分配到第七机械工业部第七研究院 701 所（该所现为中国船舶重工集团公司第 701 研究所），从一名普通的技术员干起。在他大脑萦绕了多年的舰船情结，将在这个平台上变成实践，变成他终身的事业。

学生时代“求真务实”的教育早已成为朱英富人生的理念，融化在他的血脉中。到了 701 所以后，年轻的他凭借精益求精的工作作风，很快在这个高手如云的单位脱颖而出。他先后担任过设计师、研究室主任、副所长、所长等职，直至成为 701 所的领军人物。

1982 年，中国的改革开放方兴未艾，“请进来”与“走出去”不再存在壁垒。上级公派他以访问学者的身份去美国加州大学伯克利分校参与船舶流体力学方面的研究。这对参加工作已 14 年的他，无疑是人生一次重大跨越。这一大步不仅让他跨过了太平洋，还跨进了世界知名大学的知名专业。已过不惑之年的他，深知这一跨越来之不易，发誓抓住机遇，拓宽视野，将“他山之石”拿来“攻玉”。

在美国生活的两年中，他在与美国舰船专家研究流体力学之余，常和美国的学者、同事促膝谈心。这不仅全面提升了他的英语会话能力与语言技巧，也加深了他与美国知识阶层的友谊。

回国后不久，他作为技术人员与技术翻译第二次踏上了美利坚合众国的土地，由于他娴熟的美国英语和对技术的掌握，使这次技术交流与合同洽谈获得圆满成功。

1984 年，他被调到舰船部总体组，多次参加涉外项目的谈判。当年他参加向美国GE公司引进设备的谈判给人印象深刻。美国方面参加谈判的是一位50多岁的专家，经验相当丰富，但在与中国翻译沟通中因不很流畅而表情不悦，使在场的中国人颇为尴尬，后来一位领导推荐了朱英富。朱英富受命来到美国人面前，先用流利的美国英语与对方谈起了对美国风土人情的感受，一下子拉近了与谈判对手的距离，再谈技术问题就很容易沟通了。这位专家非常高兴，在场的中国人员也享受到了外交谈判成功的愉悦。

1986年，我国承建巴基斯坦一艘护卫舰，谈判之初巴方领导人要听介绍，上级机关请来一位翻译，不知是翻译对技术术语翻译不够准确还是语言的差异，总让那位巴方领导人一头雾水。只得临时请来朱英富，朱英富口语好，懂技术，对护卫舰的结构、设备安装、性能、操作注意事项等等一一解释，让那位领导人听得清楚明白，这笔生意谈判圆满成功。更令人高兴的是，这艘护卫舰的设计制造，也为后续的国产驱逐舰的设计建造打下了基础。

◆与胡锦涛握手

1989年，朱英富担任出口泰国的F25T型护卫舰的总设计师，这是他第一次担任大型舰船的总设计师。在赴泰国谈判的过程中，泰方对于这艘舰提出了两项要求：第一，排水量比同类舰减少 10%；第二，所购西方新型武器不在中国安装，也不让中方与西方军火商接触，只能听泰方一家之言。这无疑增加了设计难度。为了达到甲方“良好、快速”的性能要求，他查阅了大量相关资料，确定了设计思路，在动力选型、电缆敷设等方面进行改进；他还通过对关键设备、舱室布局的调整，使其紧凑合理，以解决排水量小的困难。为了便于与造船厂通力合作，朱英富一头扎进 701 所上海分部。由于总设计师的深思熟虑，不仅船模在德国汉堡的试验水池获得“优秀船型”的称号，还让泰军方聘请的西方权威机构在对舰船进行主尺度、吨位、总布置、总性能、生命力等全面论证后得出了“该舰与大多数欧洲海军的设计标准十分接近”的评价。这型舰的研制成功，使我国成为世界上为数不多的能根据国外海军及国际通行要求建造新型护卫舰的出口国之一，不仅打开了舰船贸易的新局面，也为我国自己的海军新型护卫舰研制提供了值得借鉴的母型。该型舰分别获得 1997 年中国船舶工业总公司“科技进步奖”一等奖、1998 年国家“科技进步奖”二等奖。

为泰国设计护卫舰让朱英富有了担任总设计师的经验，从 1996 年起，朱英富担任了我国“两型四舰”（驱逐舰）的总设计师。“两型四舰”是我国水面舰艇科技实力的体现，其装备之复杂，技术起点之高，研制难度之大，超过了以往任何国产舰船。为了冲破阻力实现中国舰船设计的重大突破，朱英富带领科研团队应用现代舰船设计理念，采用诸多新技术、新工艺，特别在以先进的水动力布局、全舰物理场特征值控制、一体化综合作战指挥系统、复杂电磁环境下的电磁兼容性等多项关键技术上，实现了突破。历经 10 年的努力，终于研制完成了达到当代世界同类水面舰艇先进水平的新一代驱逐舰，使我国成为继美俄之后第三个能自主研制编队区域防空型驱逐舰的国家。该两型舰投入海军使用以后，曾参加了中俄联合军演，曾编队访问了欧洲四国，其中的“武汉”舰与“海口”舰曾参加了索马里海域的国际护航。“两型四舰”因其具有高科技含量，2007 年获“国防科技进步特等奖”，2008 年获“国家科技进步奖”一等奖，还被誉为“中华神盾”舰。

用工作站与计算机配合进行舰船辅助设计，是当代发达国家的首创，曾在读研阶段就已接触用计算机进行设计的朱英富，对这一技术并不陌生，因此他也是我国最先推广使用 CAD 技术设计舰船的总设计师。

航母心

坚实的舰船设计理论基础，丰富的实践经验，敢于创新的开放性思维，脚踏实地的敬业精神，与人为善的亲和力，面对复杂关系的协调能力……构成了朱英富的高贵品质。1987年，朱英富担任701所副所长，1991年担任所长。一名技术骨干兼任行政领导并非易事，因为作为科研单位，总设计师责无旁贷要推动科研工作的与时俱进；作为所长，他需要抓单位的两个文明建设，要协调方方面面的关系，要完成上级下达的目标任务。一个人的时间与精力是有限的，他只能以争朝夕的精神和时间赛跑，如果在单位，他的办公室有时亮灯到深夜，如果外出，总是一到目的地就立马开始工作。在“两型四舰”设计建造期间，他在造船厂一呆就是几个月。试航期间，他和员工一样，在船舶的工具间休息。不论身在外地多久，他对全所的遥控是热线不断。在他任所长的10年中，701所不仅取得科研成果百余项，多次获奖，经济效益跃上新台阶，精神文明建设也成绩斐然，是湖北省最佳文明单位。

他没有想到，不当所长的他，在年过花甲之后，竟承担了一项特别重大的任务——出任中国第一艘航空母舰的总设计师。

2004年，中央作出重大决策：“中国要有自己的航母！”当时正有一艘从乌克兰购买来被废弃的航母拖到了辽宁的大连港，于是中央决定，以其为基础，改装建造成一艘有实战能力的新航母，并将这一任务下达给中国船舶重工集团公司，委任朱英富为工程总设计师。

朱英富多次担任舰船总设计师，而这一次的重任无疑是他设计生涯的一次突破。当这艘被废弃的航母拖进大连造船厂的船坞之后，朱英富便带着他的团队登上了长300多米、宽70多米的庞然大物，通过全面细致的勘查，他们感到非常震惊，这个庞然大物被破坏得十分严重，相当于一座“烂尾楼”，与真正的航母相距甚远。

设计工作相当复杂，因为作为有实战能力的航母，不仅是一个军事装备的大仓库，还是一个可供几千人生活的大空间，是一个生活设施齐全的小社会；不仅要有复杂的机械电气系统，还要有大量先进的信息化装备；不仅要容纳几十架舰载机，还要有让舰载机起降的滑跃式甲板，让驾驶员起降自如……

压力如山！设计与建造单位必须紧密配合，朱英富必须“钉”在大连，这一“钉”就是好几年。在同事们眼中，他们的总师虽然胸怀一团火，奔忙的脚步比任何时候都快，但从来忙而不乱，即使在日夜加班的日子，依然仪容整洁，风度儒雅；不论设计方与建造方对技术处理的意见有多大差距，他从不急躁，而是以他知识面广的优势，以理服人，化解矛盾，达成共识。他深知，即使有一点点瑕疵，后果也会不堪设想。因此，他常常亲力亲为，亲自造访全国各地的协作单位。他的每一个脚印似乎都有3个字：争朝夕。

随着航母装备的逐步完善，舰载机和航母的适配试验以及飞行训练列入议事日程，朱英富带着他的团队来到试验场，在那里建造了模拟舰载机起降的设施。试验场风特大，有一次一位员工的安全帽被风吹落，硬是追了几百米才追到。舰载机起降试验和训练阶段，朱英富一直在那里与同事们一起经受着恶劣气候的鞭挞。通过一次又一次的飞行测试，他找到了航母需要修改的关键数据，保证了辽宁号舰载机起降试飞成功。

从1968年毕业分配到701所，朱英富一干就是45年，他把自己最宝贵的年华献给了舰船事业。年过七旬，朱英富依然是该研究所的技术领军人物，依然以忙碌展示他生活的充实，依然接受这样那样的工作任务，依然为带好研究生而传道授业……

中国工程院院士的角色让他的“依然”画不了句号。

院士名片

李建成　男，大地测量学家。籍贯山西省左云县，1964 年 12 月生于内蒙古集宁市（现乌兰察布市）。1993 年获武汉测绘科技大学博士学位。2011 年当选为中国工程院院士。武汉大学测绘学院院长，湖北省科协第八届全省委员会常务委员会委员，湖北省第十一届政协委员。

长期致力于地球重力学及其工程应用研究，特别在精密高程基准面建立与维持、高程测定模式现代化、卫星重力、海洋卫星测高等领域做出了突出贡献，是我国该领域主要的学科带头人之一。提出了多项原创性方法，解决了区域精密大地水准面确定的多项理论和技术难题，完成了从米级到分米级、到厘米级、再到亚厘米级三次精度跨越，推进了我国现代测绘基准建设进程；提出了灾区测绘基准快速重建方法，并用极短时间快速恢复了汶川、玉树等地震灾区精密高程基准，提升了我国应急测绘保障能力；开展了全球重力场模型、卫星重力及卫星测高技术的研究，突破了地面重力数据与卫星重力数据最优联合及超大规模快速稳定解算等关键技术，研制了我国首个 720 阶 WDM2001 模型，形成了自主创新的理论与技术体系。获“国家科学技术进步奖”二等奖 4 项，省部级“科技进步奖”特等奖 1 项、一等奖 7 项。曾获“国家杰出青年基金”资助、“国家有突出贡献的中青年专家”、“全国五一劳动奖章”，“中国青年科技奖”、“中国优秀青年科技创新奖”、“光华科技工程奖（青年奖）”、“全国优秀科技工作者”、国家测绘地理信息局“首批科技领军人才”等荣誉。入选“百千万人才工程”和“新世纪百千万人才工程”国家级人选，荣获加拿大卡尔加里大学“国际杰出科学家”称号。发表论文 120 余篇，出版著作 4 部。

院士寄语

为人之道，当大公无私，至真至诚；
为师之道，当淡泊名利，潜心治学；
为事之道，当追求卓越，持之以恒。

大地精准 1 厘米

姜燕鸣

在中国人的心目中，8 是个吉利的数字。2011 年 12 月 8 日，对李建成来说，是个终生难忘的日子。中国工程院公布了 2011 年院士增选结果，中国工程院 9 个学部共选举产生 54 名新院士，武汉大学测绘学院院长李建成，成为中国工程院此次新增选院士中最年轻的一位，年仅 46 岁。

坐“冷板凳”的狂热学者

李建成研究的领域是大地测量学。对大地测量学这门专业，人们已不生疏，全国有不少高校开设了专业课，不少专家团队也在研究这个专业，但在 20 世纪 80 年代末，这却是冷门专业。彼时的大地测量学领域，卫星定位技术才应用于测量，李建成的导师——宁津生院士才开始研究大地水准面精化理论，国家给予这个学科的支持并不多。

对于一个学者，选择冷门做研究是有一定的风险的。至少三年五载是不容易出成果的，十年八年想创造经济效益也是微乎其微的。这需要沉得下心，耐得住寂寞，坐得住冷板凳。

但对于生性爱挑战的李建成来说，他毅然选择报考大地测量学专业研究生。那时候，全国 30 万大学生，只有 1 万人通过研究生考试。考研对于很多大学生来讲，需要勇气和毅力，更多人是“想都不敢想”。但他是那种“认定方向卯足了劲坚持到底”的人，从大三开始一门心思复习备考，寒来暑往一年半从没懈怠。大地测量学专业课程，特别是平差课程，令不少人至今回想起来都觉得艰涩抽象，理论难理解，考试难过关。李建成一声不吭却出人意料地考了满分。“理解钻进去之后就不难了，很容易学”，他说，“有兴趣，想做就能做。”

“虽然当时‘大地水准面’还是冷门偏门，但我相信一定能做出来。”他的坚定与自信、扎实雄厚的数理基础、知难而上的倔劲，获得了恩师宁津生院士的赏识。

李建成曾在文章中写道："宁津生院士对我学术上严格要求，生活上十分关爱。在长期的交往中，他总是告诉我要专注，要在某一研究方向不断追求，探索创新，取得突破，不应三心二意，否则肯定搞不出成果。先生本人就是这样做出来的，我也延续了这一点，而且这也逐渐积淀成为我们这个学科的一种优良传统。"

20多年里，从基础理论研究到关键技术攻关与实验，再到工程建设和应用推广，李建成潜心在他的"大地水准面"里，付出了无数的艰辛和汗水。武汉的冬天特别湿冷，有时候编程解算到深夜，发现办公楼大门已经锁了，回不了家，只得又返回到工作室，裹着大衣继续加班到天亮，这样的不眠之夜数也数不清。

◆工作照

虽已事隔多年，李建成的同窗好友兼同事闫利教授依然记得，那个深夜，李建成敲开他的门，像捡到宝贝般兴奋，眼睛里闪着光。"他花了近3万块钱买了台计算机，那是他想方设法做课题攒下的钱。"闫利回忆道。

炎炎夏日，在当时的博士楼里，只要推开李建成宿舍的门，总能见到他在计算机前挥汗如雨的身影。"从他光着膀子运算数据的那股劲看，就知道这小子终会成功。"昔日同窗、亦即后来的团队伙伴和事业搭档们，对这一幕记忆犹新。"只要不出差，永远可以在办公室找到他，哪怕夜里11点。"李建成的学生、青年教师邹贤才说，"他的科研成果，是在长期始终如一的不懈努力之下取得的，熬夜加班、牺牲周末是家常便饭，即使是等车、等飞机的短暂时间间隙，他也不会轻易放过。他常在出差的车上写程式、推公式，他说这是他的爱好。

搞科研不是一蹴而就的事。"大家都看到了李建成当选院士的光辉，没看到他背后20年的艰辛。"闫利教授深有感触。

从冷门研究到热门应用经历20余年，李建成这位年轻的科学家不仅在理论上取得了重大突破，而且解决了若干关键技术，并使其转换为测绘生产力，服务于国家测绘基础设施建设，为国家做出了巨大贡献。

一生只做一件事：大地精准

1956 年，国务院批准在武汉集中了同济大学、天津大学、青岛工学院、华南工学院、南京工学院等院校测绘专业的人力、物力，创办了我国第一所民用测绘高等学校——武汉测量制图学院，汇集了以夏坚白、陈永龄、王之卓、叶雪安、金通尹等 5 位一级教授为代表的国内测绘学科的顶级人才，首任院长便是新中国测绘事业先驱夏坚白教授。57 年来，一代代测绘人承前启后，始终坚持艰苦奋斗、团结共创的精神与立足现实、面向未来的科学态度，一步一个脚印，终于把学校办得“不仅在中国有名气，而且在世界上也有名气。”

生长在内蒙古大草原的李建成，1983 年考入这所国内测绘顶尖学府，1990 年师从宁津生院士攻读博士学位，1995 年 30 岁出头的李建成直接从讲师破格晋升为教授，3 年后被评为博导。李建成说：“我是幸运的，我的读书时代，七八位导师带我一个，他们的言传身教令我终生受益，他们倾注的大量心血令我刻骨铭心。尤其是宁津生院士、晁定波教授、王昆杰教授等 3 位导师，以广博的学识、严谨的学风，一直影响和鞭策着我。当我毕业留校、走上工作岗位后，导师们便成了我科研路上的同伴，我们结下了深厚的情谊。”

与导师等学者一起，李建成致力于用现代理论和技术求出一个统一精确的全国“大地水准面”。

“大地水准面”，这是一个过于专业的名词。让我们听听宁津生院士的解释：“没有一个统一的大地水准面，就无法测出海拔高度。为了定出一个起始面，我们设想海平面是个静止不动的水面，这个水面就是大地水准面。”如果有一个精确的全国大地水准面，测绘领域的许多问题会变得既简单又省时省力。

经过不懈探索，2000 年李建成等确定的全国大地水准面精度达到 0.3 米，满足了我国 1:50000 地形图测图的要求，获“国家科技进步奖”二等奖。此前，我国用传统办法求出来的大地水准面精度一直徘徊在 3 至 6 米之间，将其提高到分米级难度已较大，国际目标则是“本世纪达到厘米级”。

1994 年夏天，李建成前往美国 Texas 大学研究中心做学术访问。美国关于全球重力场模型和大地水准面精化技术的研究进展在国际上处于领先地位。在 Texas 的半年时间里，他把所有的时间和精力都投入到交流研究中，学习和探讨美国在该领域的理论和技术。

回国之后，李建成一边系统梳理国内全球重力场模型和大地水准面精化技术的理论脉络，一边参与区域大地水准面精化工程建设。整整10年，从荒凉的西北塔里木、陕甘宁到繁华的江苏，再到海角天涯的海南岛，足迹遍布大江南北。回顾那段时光，他深有感触："在迷惘里看到希望，在希望里一步步坚持走下去。"

◆与学生

2005年，南下东莞开展的区域大地水准面精化项目是最难忘的"战役"。在东莞项目中，东莞的似大地水准面精度达到 ±0.006m，这是当时国内精度最高的1厘米精度城市大地水准面，在国际上更是领先一筹。此后，在广州、武汉、南京等30余个城市实现了1厘米精度大地水准面的确定，推动了我国1厘米级精度区域大地水准面确定的跨越式发展。

2008年汶川地震，该地区大地基准遭到破坏，如果通过人工标石定位的做法，至少得一两年的时间才能完成。危急时刻，李建成带领他的"梦之队"第一时间采用大地水准面精化技术，仅仅半个月的时间，就快速精密地建起了灾区高程基准，为灾区救援和及时重建争取了时间。后来在玉树地震、舟曲泥石流等重大自然灾害中，大地水准面精化技术再次发挥了作用。

"只用GPS卫星接收机和求出的全国大地水准面，就能直接测出各类工程建设所需要的海拔高度，这在过去是想都不敢想的。"宁津生院士解释说。

目前，大地水准面精化技术已提升为国家战略需求。这一成果已规模化推广应用到我国 100 多个省市区域的大地水准面精化工程，产生了巨大的社会和经济效益。

“有距离感”的严师

49 岁的李建成，在测绘学院已学习和工作了 30 年，其中从教 19 年，身为教授 18 年。作为院士，李建成创造科研传奇，而作为教师，他自有一套“教书经”，教书育人、乐在其中。

多年来，李建成一直在教学一线，每年为本科生、研究生讲授《物理大地测量学》、《高等卫星大地测量学》、《卫星测高技术及应用》、《地球物理学专题研究》等课程，并指导青年教师讲授《物理海洋学》。“当了院士以后，仍然坚持为本科生上课。他宁可推掉一些会议，也要保证本科教学秩序和教学质量，为学院教师作出了表率。”分管教学工作的副院长许才军教授如是说。

李建成要求学生从基础学起，从底层做起。他说人一生做科研最好的年龄其实就是 30 至 40 岁之间，如果此前基础打好了，功课做足了，到时就不会感到后劲不足。他尤其注重培养学生动手能力。在一次《物理大地测量学》课上，李建成给学生布置课后作业，要求他们从理论公式出发，通过公式推导，从而掌握重力数据的归算及其应用。由于该作业偏于理论，难度比较大，学生通过跑图书馆、泡实验室、向其他老师请教，好不容易才完成作业。

“可是，李老师收到作业后，对结果好坏不置评论，仅对完成过程进行了鼓励。”本科生李红说，当时自己和同学都既惊异又释然。惊异的是，自己千辛万苦完成的作业竟然没有分数。释然的是，“李老师让我们明白，分数只是形式，学习是自己的事，要对自己负责。”

“让学生学会自己发现问题，自己分析问题，自己解决问题，这比直接评 100 分更有助于他们将来的进步与发展。”李建成道出初衷。

“李老师讲课有个特点：将科研成果融入课程教学，随时更新教学内容，不断优化课程设置。”李建成的学生、留校青年教师褚永海发现，“同一门课，他每年的课件都不同，总是加入新东西。”

除了把自己的科研成果和学生分享，他还将海内外学者的最新研究成果引入课程。面对丰富的新知识，学生能否消化？李建成解释道：“重在培养兴趣，兴趣才是最好的老师。就好比进超市，选择范围广的话，挑到满意商品的概率相对就高。”

2007 年，《物理大地测量学》被评为国家级精品课程。“采用启发式教学，极大地提高了学生学习该门课程的兴趣。”全国高等学校测绘学科教学指导委员会专家们对课程主持人李建成的这一授课方式，给予了充分肯定。

“李老师是完美主义者，对细节很苛求。”这是学生的最深感受。他和学生一起做研究，精度达到 1.5 厘米时，学生很得意地向他汇报，他却说：“不错，能不能提高到 1.4 厘米？”

搞科研的人大多沉默寡言，李建成也不例外，他外表严肃，容易让人产生距离感。但了解他的学生和同事都说他是一个外冷内热、真诚善良的人。

有学生因病脱发，他怕影响学生的自信心，便掏钱让学生植发；每学期送学生参加英语口语培训班，放手让学生参加国际学术会议；为已毕业的学生写出国推荐信等。教职工家人得重病动大手术，他都会帮忙找熟识的大夫。甚至学生家长生病住院，他常去探望，还代付医药费。2012 年，李建成被评为“湖北省十佳师德标兵”、并获“湖北五一劳动奖章”、“宝钢优秀教师特等奖”。2013 年又荣获了“全国五一劳动奖章”。

◆国家测绘地理信息局局长徐德明颁发院士纪念证书

“测绘学院是武汉大学学生资助工作特色基地，各类学生奖学金数目可观。李院长善于推动社会力量设立奖学金，想方设法鼓励优秀学生。”李建成的老搭档、副院长徐亚明说。因科研实力雄厚且乐于助人，李建成帮许多公司解决了技术难题，每当这些公司要求给他报酬，他就建议公司到学院设立奖学金，借校企合作实现双赢。“夏坚白测绘创业与科技创新奖”被誉为中国测绘学界的“诺贝尔奖”，还设立了“陈永龄院士优秀学生科技创新奖学金”、“李庆海奖学金”、“熹光测绘奖学金”……各类奖励基金高达近千万元。

当了14年测绘学院院长的李建成有4个字的管理经——“无私无畏”。财务公开是李建成上任院长后做的第一件事。接下来每年都由学院工会检查监督学院财务状况，使财务透明化。这一举动对一个领导来说是一个很大的约束，但是李建成因此赢得了全体职工的信服和认同。而这一举动更深远的影响在于整个学院形成了一个严于律己的风气。

“做学问，他是个追求完美，非常谦虚、低调的一个人。做领导，他一心为公，很大气，以学院的发展为至高利益。他待人真诚，为师生办事不遗余力，是个很值得信赖的人。”院党委书记孙萍高度赞扬她的这位搭档，“李院长因他的人格魅力和学术影响力，赢得了师生的信任和行业的支持，2012年10月测绘学院举行的56年院庆取得了圆满成功。”

多年前，李建成曾在一篇文章中写道：“我是一名战士，一名在人生的沙场上、在科学的重任中顽强不屈的战士；我希望自己是一名奋斗不息的永远的战士，为社会做出的贡献多些，再多些。”这并非一时的豪言壮语。2012年，作为首席科学家，李建成又带领他的团队获得了国家重点基础研究计划（“973”计划）在大地测量领域的首个资助项目“高分辨率高精度地球重力场及其时变效应和动力学机理研究”，将构建重力场精细结构，提取高精度重力场时变信号，研究与时变重力场相关的地球动力学现象，揭示地球系统物质迁移规律，

研究成果将广泛影响并促进相关学科（地球物理学、地震学、海洋学、航天科学和军事科学等）的发展，有力支持国家基础设施建设，应对水资源短缺、预防和减轻重大地震灾害的应对决策、推进地球科学发展及深化多学科交叉研究全球变化等国家发展战略需求。同时，还获得了国家高技术研究发展计划（“863”计划）和国家自然科学基金国际（地区）合作与交流项目的资助，将在3至5年时间内构建适用于我国应用的新一代2160阶全球重力场模型，建立陆海统一的新一代厘米级（似）大地水准面模型，提供基于精密似大地水准面模型的我国现代高程基准建设的关键技术和解决方案，以期满足我国高程基准建设和相关地学应用的迫切需求。

后记

POSTSCRIPT

为了以实际行动学习贯彻党的十八大精神和湖北省第十次党代会精神，弘扬科学精神，倡导“尊重知识、尊重人才”的社会风尚，激发广大科技工作者的创新智慧，努力实现创新驱动发展，促进湖北科学发展、跨越式发展，按照省委领导的指示，在社会各界和相关部门的大力支持下，省科协顺利完成了报告文学集《科学家的故事——湖北院士风采》的组织撰稿工作。

湖北是科教大省。数十位在鄂中国科学院院士或中国工程院院士是湖北宝贵的科教资源和财富。本书旨在通过宣传院士生活、学习、工作的小故事，以及院士对人生、事业的独特见解，启迪读者，尤其是科技工作者和青少年，以院士为榜样，学习他们在攀登科技高峰、作出重大科技贡献的过程中持之以恒默默求索、克难攻坚、开拓创新、拼搏进取的崇高精神；学习他们务实诚信、爱岗敬业、无私奉献、造福人类的高尚情操，进一步增强社会责任感和使命感，自觉为建设创新湖北、促进湖北科学发展、跨越式发展作贡献。本书院士的编排以院士当选时间、院士类别和年龄为序。

为了编好本书，2012年底，省科协委托湖北省报告文学学会专门组建了由省内优秀报告文学作家组成的创作团队，正式展开采访、撰稿工作。在采写过程中，创作人员本着高度负责的精神和实事求是的态度，认真收集资料，实地采访，反复沟通、斟酌、修改，为保证本书的质量打下了坚实基础。

本书在编撰过程中，得到了中共湖北省委人才工作领导小组办公室、武汉大学、华中科技大学、华中师范大学、武汉理工大学、华中农业大学、中国地质大学（武汉）、海军工程大学、中国科学院武汉分院、长江水利委员会、中铁大桥局集团有限公司、中铁大桥勘测设计院有限公司、武汉邮电科学研究院、中国长江三峡集团公司、武钢集团、中国船舶重工集团第七一九研究所、中国船舶重工集团第七〇一研究所和各院士所在单位广大朋友的鼎力支持和帮助，在此一并致以崇高的敬意和衷心的感谢。本书每位院士的稿件，均经院士在百忙中审阅认可，他们及其家人对本书的编写给予了无私的帮助和支持，令人感佩。

由于时间仓促，编审过程中难免有疏漏和不足之处，敬请广大读者谅解并给予批评指正。

编　者

2013 年 6 月